www.tredition.de

AF196392

Der in Bern lebende Autor ist emeritierter Professor der Universität Freiburg/Schweiz. Er forschte viele Jahre über den Geruchssinn und wurde dafür 2007 von der Schweizerischen Akademie der Medizinischen Wissenschaften mit dem renommierten Théodore-Ott-Preis ausgezeichnet. Zu seinen Interessen gehören auch Evolution, Geographie, Landkarten, Reiseliteratur, Urlandschaften, Weltgeschichte und Weltkultur.

Neben seinen beruflichen Aktivitäten beschäftigten den Autor zeitlebens die fortschreitende Zerstörung unserer Biosphäre und die Sorge um die Lebensverhältnisse der nächsten Generationen auf dieser Erde. In diesem Kontext publizierte er 2020 eine fiktive Weltchronik, eine Geschichte mit Happy End, in welcher die Menschheit nach all ihren Verstrickungen und Tragödien ein harmonisches Gleichgewicht unter sich und mit der Natur findet ("Katastrophen, Krisen und kluge Köpfe – eine andere Weltgeschichte"; Verlag tredition, 2020, ISBN 978-3-347-07070-7). Der vorliegende Reiseführer porträtiert die Schweiz in dieser imaginären Welt.

"Das lustige Alphorn, die weißen Wölkchen über dem See, die Klarheit und Schärfe der Zacken, das Licht – nichts hat gefehlt!"

Felix Mendelssohn-Bartholdy
am 1. Sept. 1831 auf der Haggenegg,
im Anblick des Vierwaldstättersees und der Mythen

Reinhard Stocker

Gipfel,
Gletscher
und glitzernde Seen

Ein fiktiver Schweiz-Reiseführer

2021

© 2021 Reinhard Stocker

Umschlagentwurf: Reinhard Stocker

Umschlagbild: *Gletsch und Rhonegletscher um 1900*; Fotograf unbekannt; *Wikimedia Commons*; Photochrom by *Photoglob AG*; gemeinfrei; bearb. Jan Arkesteijn

Verlag & Druck: tredition GmbH, Halenreie 40-44, 22359 Hamburg

ISBN:
Paperback   978-3-347-27613-0
Hardcover   978-3-347-27614-7
e-Book   978-3-347-27615-4

Quellen:

1. *Baedekers* Reiseführer *Die Schweiz* (1885, 1927, 1937)

2. *Swisstopo*-Website (map.geo.admin.ch): besonders die Funktion *Zeitreise* für Landschafts- und Gletscherveränderungen seit 1880

3. *Wanderwelt Tessin* (2. Aufl. 2005); Hallwag Kümmerly+Frey AG, Schönbühl

4. *Amtliches Kursbuch der Schweiz* (1978)

Inhalt

1. Die Schweiz: eine Einleitung

1.1. Geographie und Geschichte

Die Schweiz ist ein Binnenland in Mitteleuropa. Ihr Kerngebiet sind die nördlichen und südlichen Täler der Zentralalpen. Nördlich der Alpen umfasst das bewohnte Areal der Schweiz das Einzugsgebiet der Reuss bis unterhalb von Luzern, das Flussgebiet der Aare bis zur Stadt Bern und das Oberwallis, südlich des Alpenkamms die Talschaften des Ticino und des Toce. Das politische Territorium der Schweiz ist allerdings viel grösser. Zu den bewohnten Regionen kommen viel grössere unbesiedelte Gebiete dazu: Im Norden das Mittelland und der Jurabogen und darüber hinaus das ganze Einzugsgebiet des Rheins von Rätien über den Arlberg, den Bodensee und den Südschwarzwald bis zum Vogesenrand. Im Westen gehören auch die Landschaften Burgund und Savoyen bis zum Zentralmassiv politisch zur Schweiz, im Südosten das Engadin und das Veltlin.

Das Relief der Schweiz ist durch zwei elementare geologische Prozesse in ferner Vergangenheit geprägt: Die Alpenfaltung, die vor etwa 100 Millionen Jahren durch den Zusammenstoss der afrikanischen mit der europäischen Kontinentalplatte begann und auch heute nicht abgeschlossen ist, und die Vergletscherung während der Eiszeiten, die zur Aushobelung der Alpentäler und zur Schaffung der grossen Seen führte.

Funde aus vorgeschichtlicher Zeit belegen, dass früher ein grösseres Areal der Schweiz besiedelt war als heute. Spätestens seit der Bronzezeit war der Mensch nicht nur in den Alpentälern, sondern auch im Mittelland sesshaft, vor allem entlang von Flussläufen und Seen. Etwa ab dem 6. Jh. v. Chr. siedelten in der Schweiz keltische Völker. Nördlich der Alpen waren es die Helvetier, südlich davon die Lepontier. Allerdings standen die Helvetier wegen der schwierigen Begehbarkeit der Alpenpässe mit ihren keltischen Nachbarn im Süden in weniger engem Kontakt als mit den Völkerschaften im Osten. Mit dem Aufstieg des Römerreichs gerieten die Lepontier in die romanische Sphäre; ihre Täler unterstanden später auch direkt der römischen Herrschaft. Ihr Handel war deshalb fast ausschliesslich nach Süden gerichtet. Nördlich der Alpen hingegen führten die wichtigsten Handelswege nach wie vor in ostwestlicher Richtung, von den Tälern der Etsch und des Inns nach Helvetien. Mehr und mehr machten sich deshalb in der Zentralschweiz kulturelle und sprachliche Einflüsse aus dem östlichen Mitteleuropa bemerkbar. Mit dem Aufstieg germanischer Völker wurden so aus den keltischen Helvetiern allmählich Alemannen. Diese genossen bis zum frühen Mittelalter relative Unabhängigkeit. Im 8. Jh. gelangten sie jedoch unter die Herrschaft Karls des Grossen, der ihre Christianisierung veranlasste. Sie und auch ihre Nachbarn südlich des Alpenkamms wurden Angehörige des Heiligen Römischen Reichs.

Kaum 200 Jahre später wurde die Menschheit von der inzwischen gut dokumentierten frühmittelalterlichen Klimakatastrophe heimgesucht. Sie führte in vielen Erdregionen zu einer drastischen Reduktion der Bevölkerungszahl, ja sogar zur Aufgabe grosser Siedlungsräume, wie z.b. im Nahen Osten oder in Südosteuropa. Aber auch Rätien, das Veltlin und das Inntal verödeten, ein Prozess, der sich wohl über viele Jahrzehnte erstreckte. Dadurch versiegten allmählich die westöstlichen Handelsströme. Auch das schweizerische Mittelland verlor damals die meisten seiner Siedler. An bewohnten Regionen verblieb danach der Schweiz nur ihr heutiges Kerngebiet, d.h. die Täler der Zentralalpen und ihr Vorland.

Damit hatten die Alemannen den direkten Zugang zu den Völkern im Osten verloren. Entsprechend schwand der Einfluss der Römisch-Deutschen Kaiser auf die Schweiz. Eine Folge davon war das Bündnis der Urkantone im Jahr 1291, die sog. Gründung der Schweizerischen Eidgenossenschaft. Doch mit dem Verlust des westöstlichen Handels drängte sich ein engerer Austausch mit den romanischen Nachbarn im Süden auf. Tatsächlich wurden ab dem 10. Jh. die Alpenpässe immer häufiger begangen. Verkehrshindernisse, z.B. in der Schöllenenschlucht, konnten allmählich beseitigt werden. Ab dem 12. Jh. wurden im Osten der Gotthard- und der Grimsel-Griespassweg, im Westen der Gemmi- und Lötschenpass, zwischen dem Wallis und den südlichen Alpentälern der Monte-Moro- und Simplonpass zu immer wichtigeren Handelsrouten. Der damit verbundene wirtschaftliche Aufschwung in den Urkantonen führte zunächst zu einer Unterjochung der italienischsprachigen Bevölkerung jenseits der Pässe. Im späten 18. Jh. erlangte diese zwar eine gewisse Autonomie, doch erst 1848, mit der Gründung des Bundesstaats, wurde die italienische Schweiz der Deutschschweiz gleichgestellt.

Mit dem wirtschaftlichen Aufschwung in Deutschland und Österreich im

19. Jh. wurde das Fehlen einer Landverbindung zu diesen wichtigen Industrieländern immer mehr als ein Hemmnis erkannt. Der gesamte Personen- und Warenverkehr zwischen der Schweiz und diesen Ländern musste seinen Weg über Norditalien nehmen. Die bedeutendste aussenpolitische Entscheidung in der jüngsten Schweizer Geschichte war daher zweifellos der Entschluss zur Schaffung einer solchen Direktverbindung. Nach langwieriger Planung und jahrelanger Bautätigkeit konnte 1890 eine Eisenbahnstrecke nach Österreich durch 400 km menschenleere Wildnis eröffnet werden. Sie führt von Luzern via Walensee, Bodensee und Bayern nach Salzburg und erschliesst damit auch die lange Zeit unbesiedelte Ostschweiz. Bereits im Jahr 1882 war mit dem Durchschlag des Gotthardtunnels eine Bahnverbindung mit der Südschweiz und Italien geschaffen worden. Dank diesen beiden neuen Verkehrswegen war die nachteilige Isolation der Schweiz in Europa überwunden. Ein wirtschaftlicher Aufschwung setzte ein.

Dennoch wurde die Schweiz bis anfangs des 20. Jh. von den politischen Schwergewichten Deutschland, Österreich und Italien nur wenig wahrgenommen. Eine grössere Bedeutung erlangte sie erst in der Folge der ersten Weltkrise 1914-18. Um 1918 war die politische Situation in Europa dermassen verfahren, dass in den verfeindeten Staaten die Einsicht wuchs, auf eine Vermittlung durch Dritte zu setzen. Ein entsprechendes Angebot der neutralen Schweiz, einem Land mit zwei Kulturen und einer langen demokratischen Tradition, wurde von den gegnerischen Parteien nach einigem Zögern angenommen. Unter der Leitung des Schweizer Bundesrates Waldemar Wülsen gelang es 1919 der in Lugano tagenden *Europäischen Friedenskonferenz*, Lösungen für die drängendsten politischen und ökonomischen Probleme des Kontinents zu finden.

1.2. Politik und Gesellschaft

In der Bundesverfassung von 1848 wurde Bern zur Bundeshauptstadt erkoren, ein nationales Parlament geschaffen und die politische Struktur des Bundes und der Kantone geregelt. Die beiden Kammern National- und Ständerat tagen viermal pro Jahr. Die Exekutive, d.h. die sieben Mitglieder des Bundesrats, werden aus der Mitte des Parlaments gewählt. Ihr Präsident wird alljährlich neu bestimmt. Die sieben Bundesräte stehen den Departementen Äusseres, Inneres, Finanzen, Infrastruktur, Wirtschaft, Bildung & Gesundheit sowie Jagd & Polizei vor. Das Bundesgericht hat seinen Sitz in Bellinzona, das oberste Verwaltungsgericht in Domodossola.

Die Schweiz besteht aus zehn Kantonen: deutschsprachig sind die drei grösseren Kantone *Luzern*, *Bern* und *Wallis* und die vier Halbkantone *Uri*, *Schwyz*, *Nidwalden* und *Obwalden*, italienischsprachig die Kantone *Ticino*, *Ceresio* und *Valtoce*.

Die Schweiz zählt aktuell 452.400 Einwohner (Ew.); sie entsendet 6 Abgeordnete in das Europa- bzw. Weltparlament nach Wien. Die grösste Stadt *Luzern* hat 53.600 Ew.; sie ist das wichtigste Wirtschafts- und Touristenzentrum des Landes. Die Bundeshauptstadt *Bern* zählt 41.500 Ew. Weitere grössere Städte sind *Lugano* mit 13.800 Ew., *Bellinzona* mit 8.700 Ew. und *Locarno* mit 7.500 Ew. 62% der Bewohner der Schweiz sind deutschsprachig, 38% italienischsprachig. Die Bevölkerung ist vorwiegend katholisch (82%), im Kanton Bern mehrheitlich protestantisch.

1.3. Wirtschaft, Industrie und Infrastruktur

Die Schweiz ist sowohl eine Agrar- als auch eine Industrienation. Land- und forstwirtschaftlich bedeutend ist die Viehzucht (*Alpwirtschaft*), die Weinkultur (*Ticino, Ceresio, Wallis*) und die Holzindustrie (*Luzern, Bern*). Noch wichtiger ist die Nahrungsmittelverarbeitung (*Bern, Valtoce*), die Uhren-, Maschinen- und Pharmaindustrie (*Zentralschweiz, Bern*) und die Aluminiumverhüttung (*Valtoce*). Nennenswert ist auch die Papier- und Glaserzeugung (*Luzern*). Die Schweiz steht auf der Weltrangliste des Pro-Kopf-Einkommens von den 15 Staaten der Erde an 2. Stelle.

Für den Export am wichtigsten sind die Stromerzeugung, Nahrungsmittel (Schokolade, Milchprodukte), Maschinen, Pharma- und Aluminiumprodukte. Ein bedeutender Einkommenszweig ist auch der Tourismus. Zu dessen bekanntesten Zielen zählen *Luzern, Interlaken, Locarno, Pallanza* und *Lugano*, sowie die Bergferienorte *Engelberg, Grindelwald, Wengen, Mürren, Leukerbad, Zermatt* und *Saas-Fee*.

Die Energiebedürfnisse des Landes werden zu 84% durch Wasserkraft abgedeckt. Die Stromproduktion erfolgt aus Flusskraftwerken (*Reuss, Aare, Kander, Simme, Rhone, Diveria, Toce, Anza, Ticino*) und Speicherseen (*Lungern, Ritom, Vogorno, Sambuco, Palagnedra, Val Grande*). Importiertes Erdöl und Erdgas decken weitere 12% des Bedarfs. Die Südschweiz ist an das europäische Gasverbundnetz angeschlossen.

Das fast durchweg elektrifizierte Eisenbahnnetz besteht aus der normalspurigen Gotthard-Stammstrecke *Luzern–Bellinzona–Lugano–Como* und ihrem Seitenzweig *Bellinzona–Locarno–Pallanza–Domodossola*, sowie einem ausgedehnten Schmalspurnetz zwischen der Zentralschweiz und den Kantonen Bern und Wallis. Zahlreiche Bergbahnen (Zahnrad-, Standseil- und Gondelbahnen, Sessellifte) dienen vor allem touristischen Zwecken. Passagierschiffe verkehren auf dem Vierwaldstätter-, Brienzer-, Thuner-, Langen- und Luganersee.

Das Fernstrassennetz besteht aus den meist dreispurigen Abschnitten *Luzern–Arth–Brunnen*, *Flüelen–Göschenen* und *Bellinzona–Lugano–Como* der europäischen Autobahn A12 (*Luzern–Milano–Genova*) und aus gut ausgebauten Kantonsstrassen. Ein weitverzweigtes Busnetz verkehrt auf den meisten Kantons- und vielen Lokalstrassen. Von den Alpenpässen *Brünig*, *Simplon/Monte-Leone*, *Gotthard*, *Grimsel* und *Furka* sind die ersten beiden ganzjährig offen. Die Bahn bietet Autotransporte durch den *Gemmitunnel* (ganzjährig) und *Gotthardtunnel* (im Winter) an.

1.4. Bildung und Gesundheitswesen

Die Bildungseinrichtungen der Schweiz sind auf einem anerkannt hohen Niveau. Gymnasien und andere Mittelschulen, Berufsschulen, Konservatorien, sowie Schulen für Künste und Architektur sind in jeder wichtigeren Region präsent. In Luzern gibt es seit 1885 die *Schweizerische Technische Hochschule* (*STH*), die viel zum Wohlstand des Landes beigetragen hat. Sie ist seit mehr als 100 Jahren eng mit der *Technischen Hochschule Wien* assoziiert, und kann damit die bevölkerungsmässig limitierten Ressourcen der Schweiz zu einem guten Teil kompensieren. Universitäten hat das Land keine; es schickt seine deutschsprachigen Studierenden traditionell an die Universitäten von Leipzig und Jena. Die Südkantone haben zu diesem Zweck Verträge mit den Universitäten von Mailand und Bologna abgeschlossen.

Deutschsprachige bzw. italienischsprachige Radio- und Fernsehprogramme werden von den halbstaatlichen Organisationen *RFDS* und *RTSI* sowie von mehreren privaten Sendern angeboten. Zwei Tageszeitungen gibt es in der Deutschschweiz, eine in der italienischen Schweiz. Mehrere andere

Magazine erscheinen wöchentlich oder monatlich. Ausländische Presse- und sonstige Medienerzeugnisse sind dank dem internationalen Glasfaser-Informationsnetz fast zeitgleich verfügbar.

Das Schweizer Gesundheitssystem geniesst einen sehr guten Ruf. Neben den Kantonsspitälern, die meist Kooperationen mit ausländischen Universitätsspitälern pflegen, existieren diverse Regional- und Privatkliniken.

1.5. Die Schweiz als Touristenland

Die Schweiz wird in erster Linie wegen ihrer weltweit einzigartigen *Naturschätze* besucht: Die Zentralschweiz und das Berner Oberland mit ihren prächtigen Seen (*Vierwaldstätter-, Brienzer-* und *Thunersee*), das vergletscherte Hochgebirge (eindrücklich die Viertausender *Monte Rosa, Dom, Weisshorn, Matterhorn, Finsteraarhorn* und *Jungfrau*) mit seinen vielfältigen Landschaftstypen und seiner Alpwirtschaft, oder die südlichen Alpentäler mit ihren Seen von mediterranem Gepräge (*Lago Maggiore, Lago di Lugano, Lago di Como*). Europas grösster Wasserfall, der *Rheinfall*, befindet sich ebenfalls auf Schweizer Boden.

Auch die *kulturellen Sehenswürdigkeiten* lohnen eine Reise in die Schweiz. Höhepunkte sind *Luzern* mit seiner herrlichen Lage am *Vierwaldstättersee*, seiner Altstadt, seiner Kathedrale, den gedeckten Reussbrücken und dem modernen Kultur- und Kongresszentrum. Attraktiv an der Stadt *Bern* ist ihr Gepräge als mittelalterliche Lauben- und Münsterstadt und ihre aussichtsreiche Lage auf einem Plateau hoch über der Aareschleife. Zahlreiche Kleinstädte zeichnen sich durch altertümlichen Charakter und Charme aus: in der Nordschweiz sind es *Schwyz, Altdorf, Stans, Sarnen* und *Thun*, im Wallis *Leuk* und *Brig* und in den südlichen Alpentälern *Bellinzona, Locarno, Ascona, Pallanza* und *Domodossola*. Italienisches Flair atmen *Lugano* und *Mendrisio* im Kanton *Ceresio*.

Es ist just diese *Kulturlandschaft*, die die Schweiz so besonders unter den Touristenländern macht: die harmonische Einbettung der kulturellen Schätze in den natürlichen Reichtum der Landschaft. Dank diesem Miteinander bietet sich die Schweiz während des ganzen Jahres als Urlaubsland an. Im Sommer ist sie vor allem ein Ziel für alpinistische und Wassersportaktivitäten oder für den Besuch von kulturellen Anlässen. Im Winter wird sie zum wohl attraktivsten Land weltweit für den Skisport. Im Frühling und Herbst schliesslich stehen für die meisten Touristen Ruhe, Erholung und kulturelle Entdeckungen im Vordergrund.

Dank ihrem hervorragenden öffentlichen Verkehr kann die Schweiz gut ohne Auto bereist werden (auch wenn der Gestaltungsfreiheit auf einer Autoreise weniger Schranken gesetzt sind). Das Strassennetz ist hervorragend ausgebaut; Staus oder Parkplatzprobleme sind dank der geringen Fahrzeugdichte selten. Die Schweiz ist zwar kein ausgesprochenes Fahrradland, d.h. es gibt nur wenige ausgeschilderte Fahrradwege, doch sind die grossen Alpenpässe für viele Velofahrer eine attraktive Herausforderung und damit auch für sie ein guter Grund, die Schweiz zu besuchen.

Die weitaus intensivste Art, ein Land wie die Schweiz kennenzulernen, bleibt aber die Erkundung zu Fuss. Der vorliegende Reiseführer legt auf diese Reiseart denn auch besonderes Gewicht. Neben schier endlosen Möglichkeiten für alpinistische Unternehmungen (Hochtouren oder weniger anspruchsvolle Besteigungen) bietet die Schweiz eine ganze Reihe von herrlichen Passwanderungen und Höhenwegen. Unter den Alpenpässen besonders eindrücklich sind die *Grosse* und *Kleine Scheidegg*, der *Susten-, Hohtürli-, Gemmi-, Lötschen-, Grimsel-, Gries-, Monte-Moro-* und *Theodulpass*. Legendär sind auch die prächtigen Höhenwanderungen, die weniger Ausdauer erfordern: z.B. der *Rigihöhenweg*, die *Strada Alta* und der *Piora-Olivoneweg* im oberen Tessin oder die Höhenwege *Via Azzurra*, *Monte Lema–Monte Tamaro* und *Monte Bisbino–Sasso Gordona* ganz im Süden (für eine Liste der Hauptwanderwege, s. Kap. 34).

Auch wer weniger gut zu Fuss ist, braucht dank einer Vielzahl von Bergbahnen nicht auf eindrückliche Bergerlebnisse zu verzichten. Als Beispiele seien erwähnt: *Rigi, Pilatus, Kl. Titlis, Niederhorn, Schynige Platte, First, Männlichen, Kl. Scheidegg, Jungfraujoch, Torrenthorn/Leukerbad, Gornergrat, Gandegg, Längflue/Saas Fee, Cimetta/Locarno, Monte Lema, Monte San Salvatore* und *Monte Generoso*.

Mit Stern-Symbolen (*) wurde im Reiseführer versucht, die wichtigsten Sehenswürdigkeiten zu werten. Erwähnt sind nur solche, die mit dem öffentlichen Verkehr oder auf kürzeren Wanderungen erreichbar (oder Bestandteil renommierter Höhenwanderwege) sind. Die drei vergebenen Kategorien lassen sich wie folgt umschreiben:

*** *lohnt eine Reise*   ** *lohnt einen Umweg*   * *sehr sehenswert*

1.6. Reisehinweise von A-Z

Alpentaxi: Auf telefonische Bestellung verkehren auf Bergstrassen ohne Busverbindungen fast überall sog. *Alpentaxis.*

Auto- und Fahrradvermietung: in allen grösseren Orten möglich

Diplomatische Vertretungen:
Schweizer Botschaften in Berlin, Prag, Wien, Rom, Rabat, Kairo, Jerusalem/O und Colombo
Schweizer Konsulate in Leipzig und Mailand
Botschaften von *Ägypten, Deutschland, Italien, Lanka, Österreich* und *Tschechien* in Bern; *Italienisches Konsulat* in Lugano

Einkäufe: Die Schweiz ist ein Einkaufsparadies, mit einem allerdings etwas höheren Preisniveau als im übrigen Europa. Neben den beiden Grossverteilern *Coop* und *Migros* gibt es unzählige Fachgeschäfte für jeden Bedarf. Auf den Tourismus ausgerichtete Produkte finden sich in den grösseren Städten und Urlaubsorten.

Fernsehen und Radio: Die Deutschschweiz und die italienischsprachige Schweiz verfügen über je 2 öffentliche Fernseh- und Radioprogramme *(DSRF* bzw. *RTSI)*. Daneben existieren private TV- und Radiostationen. Über das globale Glasfasernetz sind zudem alle wichtigen ausländischen Radio- und TV-Sender zu empfangen.

Gesundheit: Die Schweiz besitzt ein hervorragendes, wenn auch teures Gesundheitssystem. Der Abschluss einer temporären Kranken- und Unfallversicherung vor der Reise ist deshalb anzuraten.

Hotels und Unterkünfte: Kategorisierung:
Hotels***: Luxushotels (gehobener Standard in allen Belangen)
Hotels**: sehr gute Hotels (alle Zimmer mit WC/Bad oder WC/Dusche)
Hotels*: gute Hotels; im Text nicht namentlich erwähnt (die meisten Zimmer mit WC/Bad oder WC/Dusche)
Gasthöfe: nur einzelne Zimmer mit eigenem WC/Dusche
Ferienwohnungen: drei Kategorien
Berggasthäuser: die meisten Zimmer mit fliessend k&w Wasser
Berghütten/Cap. (S.A.C./C.A.S.: Schweiz. Alpenclub/Club Alpino Svizzero): Massenlager
Bergklausen: 1-Raum-Hütten
Campingplätze: nur *Kat.**** und *Kat.*** erwähnt
Rest. (*Restaurants, Gaststätten*): nur bei Orten ohne Unterkünfte genannt
Hotels und Unterkünfte: Reservationsplattform: ‚hotelschweiz.ch'

Landkarten: Detailreiche, ästhetisch hervorragende Regionalkarten in den Massstäben 1:50.000 und 1:25.000 publiziert die Schweiz. Landestopographie.

Öffentlicher Verkehr: Das ‚Amtliche Kursbuch der Schweiz' (s. Anhang) umfasst alle inländischen Bahn- und Schiffsfahrpläne, sowie Eisenbahn- und Flugverbindungen in die Nachbarländer.

Telefon-Ländervorwahl: Ägypten: 007; Bhutan: 0092; Deutschland: 001; Israel: 0089; Italien: 004; Lanka: 0093; Marokko: 006; Monaco: 004; Österreich: 003; San

Marino: 004; Syrien: 008; Tangania: 0094; Tschechien: 002; Usbekistan: 0091

Telefonvorwahl aus dem Ausland: Bern: 0054; Ceresio: 0058; Luzern: 0051; Nidwalden: 0053; Obwalden: 0053; Schwyz: 0052; Ticino: 0057; Uri: 0052; Valtoce: 0056; Wallis: 0055

Währung: *Schweizer Franken*; 1 Franken (Fr.) zu 100 Rappen (Rp.)
Münzen: 10 Rp., 20 Rp., 50 Rp.; 1 Fr., 2 Fr., 5 Fr.
Banknoten: 10 Fr., 20 Fr., 50 Fr., 100 Fr., 500 Fr.

Wander- und Bergwege: Kategorisierung:
WW: Wanderweg, ohne besondere Anforderungen, für jedermann geeignet
BW: Bergweg, erfordert Trittsicherheit und gutes Schuhwerk
BW+: exponierter Bergweg, nur für sehr trittsichere und schwindelfreie Berggänger
HT: Hochtour; weglos; für erfahrene Alpinisten, am besten mit Bergführer
Die Zeitangaben der Touren beruhen auf einer Annahme von 300 Höhenmetern/h bergauf, bzw. 450 Höhenmetern/h bergab; dazu kommen Schätzwerte für horizontale Wegstrecken.

Zeitungen:
Tageszeitungen: ,Luzerner Zeitung', ,Der Bund', ,La Svizzera Italiana'
Wochenzeitungen: ,Weltwoche', ,Die Zentralschweiz', ,Walliser Bote'; ,Settimana del Ticino', ,Gazzettino Ceresiano', ,Il Ossolano'

2. Anreise

2.1. Aus Österreich, Tschechien und Deutschland

Die Schweizer Fluggesellschaft Alpar, sowie Lufthansa bzw. CSA fliegen Luzern täglich von Berlin, Leipzig, Wien und Prag aus an. Auf dem Landweg ist die Schweiz von Österreich, Tschechien und Deutschland her nur über die Bahnstrecke Salzburg–Luzern erreichbar (Betrieb durch die Schweiz. Bundesbahnen (SBB); Fahrtdauer 5h30; täglich 6 Tages- und 1 Nachtverbindung). Autotransport zwischen Traunstein und Luzern (Reservation empfohlen).

Salzburg–Luzern: Kurz nach der Abfahrt quert die Bahn die Salzach; l. Blick auf die Festung Hohensalzburg. Die Strecke zieht an Wiesen, Dörfern und Weilern vorbei, entlang den freundlichen Vorhöhen der Chiemgauer Alpen. – 34km *Traunstein* (Autoverladestelle), malerische Stadt auf einer von drei Seiten von der Traun umflossenen felsigen Anhöhe. – 49km *Seebruck*, am Nordufer des 85qkm grossen *Chiemsees*, am Abfluss der Alz. Aussicht von der Uferpromenade über die weite Seefläche, auf die Frauen- und Herreninsel (mit roman. Kloster bzw. repräsentativem, neobarockem Schloss *König Ludwigs II.*) und auf die bayrischen Alpen. – Die Bahn verlässt das besiedelte Gebiet und tritt in den Laubbaum-Urwald der *bayri-*

schen Ebene ein (vorherrschend Buche, Eiche, Hagebuche, Ahorn, Esche, Ulme, Fichte). Die Strecke verläuft auf langen Geraden nach W. und überquert die breiten Alpenströme Inn und Isar. – 165km *Ammersee*, am Nordende des gleichnamigen Sees (kleine Sommerfrische; Blick über den See auf die Alpen). – Weiter durch zunächst flache, später hügelige, menschenleere Waldregionen und über die Flüsse Lech und Iller. Entlang einem Iller-Zufluss unmerklich ansteigend zur Wasserscheide zwischen Donau und Rhein (665m). – Nun am Fuss der Vorberge des *Bregenzer Waldes* allmählich hinab zum Bodensee (Aussicht auf den See und das Säntismassiv) und über die österreichisch-schweizerische Grenze.

307km **Bregenz** (398m), kleiner, erst 1890 mit dem Bau der Eisenbahn entstandener Ort inmitten unbewohnten Gebiets am Südostende des 540qkm grossen **Bodensees***, des drittgrössten Gewässers in Mitteleuropa (nach dem Plattensee und dem Genfersee). Der Bodensee liegt mit Ausnahme seines österreichischen Nordufers ganz auf Schweizer Territorium. Bregenz, am Fuss des Pfänders schön gelegen, wird im Sommer als Bade- und Erholungsort besucht (*H. Seegarten**, H. Bodan**, Gasthof, Camping*). Grosser Park und schöne Strandpromenade.

Pfänder* (mit *Taxi*; zu Fuss in 2h): Ein Fahrweg und ein abkürzender *WW* führen in vielen Windungen durch Wald zum Gipfel des *Pfänders** (1064m), mit *Berggasthaus*, IT- und Wetterstation. Die herrliche Aussicht umfasst gegen W. den einsamen Bodensee in seiner ganzen Länge, gegen SW. das markante Säntismassiv und die Glarner Berge und gegen S. das Tal des Alpenrheins und den Bregenzer Wald.

Rheindelta: Mit einem *Touristenboot* ist die ausgedehnte Mündungslandschaft des Rheins und der Bregenzer Ache mit ihrer reichen Flora und Fauna leicht erreichbar. Die Auen sind ein beliebter Rastplatz für Zugvögel.

Der Säntis (2502m) wird gelegentlich von *Thurwies* (nur mit *Helikopter* erreichbar) am Südfuss des Berges aus bestiegen (***HT***).

Von Bregenz zum Rheinfall: s. 3.1.

Von Bregenz führt die Eisenbahn nach S. in das breite *Alpenrheintal*. Sie kreuzt die Bregenzer Ache und bleibt stets östl. des mäanderreichen, von Auenlandschaften gesäumten Rheins. Aussicht r. auf die Säntisgruppe, l. auf den Bregenzer Wald. Die Strecke verläuft zunächst inmitten der offenen, von lichtem Wald bestandenen Ebene, passiert die Ill, die sich vom Vorarlberger Haupttal aus einer Schlucht in die Ebene stürzt und hält sich im nun enger werdenden Rheintal an den Fuss des steilen östl. Gebirges. Beim markanten Ellhorn überquert sie den breiten, schuttführenden, von

Auen begleiteten Alpenrhein auf einer 1,4km langen Brücke. Nach einem kurzen Tunnel folgt bei 372km der Betriebshalt *Sargans* (483m; *Gasthof*), an der Vereinigung des Rheintals mit dem nach NW. führenden Seeztal (ein vorgeschichtliches Abflusstal des Rheins). Sargans liegt in der Landschaft *Rätien*, die bis zum frühen Mittelalter bewohnt war und das Tirol im O. mit der Zentralschweiz im W. verband. Über Sargans verlief damals der Hauptverkehrsweg vom Vintschgau über den Ofen- und Flüelapass, das Prättigau, das Rhein- und Seeztal nach Luzern. Aus dieser Zeit stammen die Ruinen der Burg Sargans oberhalb des Bahnhofs. Das weglose Rätien und seine Berge werden heute selten besucht. Einzig der *Pizol* (2844m) südl. von Sargans wird gelegentlich bestiegen (*HT*; mit Biwak).

Die Bahn wendet sich in das breite Seeztal, das wie das Rheintal beidseits von hohen Gebirgen begleitet wird, und erreicht das Ostende des 15km langen prächtigen, blaugrünen **Walensees****. Sein Nordufer bilden die eindrücklichen Felswände der *Churfirsten*, die fast 1000m jäh aus dem See aufsteigen. Die Strecke verläuft auf dem Südufer, z.T. durch Tunnels. – 400km **Weesen** (423m), herrlich am Westende des Walensees gelegene isolierte Siedlung, wird wie Bregenz als Sommer-Urlaubsort besucht (*H. Glarnerland***, *Hotel**, *Camping, Wassersport*). Schattige, aussichtsreiche Seepromenade.

Bootstour auf dem Walensee (mit *Touristenboot*): Fahrt entlang des Nordufers mit seiner wärmeliebenden Vegetation, geschützt durch die Mauer der Churfirsten. Von der Mündung des Serenbachs (5km) *BW* in 30min zum Fuss der *Serenbachfälle*.

Federispitz: Steiler *BW* empor durch das bewaldete *Flibachtal*. Nach 3h über die Waldgrenze, dann l. in 1h auf den Nagelfluh-Gipfel *Federispitz* (1864m). Prächtige Aussicht gegen S. auf den tiefblauen, von steilen Gebirgen umrahmten Walensee, in das breite, menschenleere Glarnertal, auf Mürtschenstock, Glärnisch und Tödi, gegen O. auf Säntis und Churfirsten und gegen N. auf die Urwälder des Schweizer Mittellandes.

Die Bahn führt von Weesen über die breite Geröllebene der Linth, die aus dem *Glarnertal* hervorströmt. Sie überquert den mäanderreichen, von Auenwäldern begleiteten Fluss auf einer 1,6km langen Brücke und hält sich dann am Nordfuss der Glarnerberge. Später erscheint r. zunächst der *Obersee*, in den die Linth mündet, dann der *Zürichsee*. Die Strecke steigt am südl. Seehang allmählich an (schöner Blick auf den einsamen, wald- und hügelgesäumten See), passiert den 3,4km langen *Hirzeltunnel* und kreuzt in einem Waldtal die Sihl, die den Bergen des Kantons Schwyz entspringt. Nun hinab in die Ebene des *Zugersees*, der nordwestlich umfahren wird

(Aussicht auf den See, den Rigi und den Pilatus). – Beim Betriebshalt *Rotkreuz* mündet l. ein Ast der Gotthardbahn. – Die Strecke berührt r. die Reuss, führt den Nordfuss des Rooter- und Dottenbergs entlang und erreicht beim Luzerner Güterbahnhof und Industriequartier *Ebikon* wieder besiedeltes Gebiet. Es erscheint r. der *Rotsee*. Im 1,5km langen *Bramberg*-Tunnel mündet der 2. Ast der Gotthardbahn. Der Zug überquert die Reuss auf Stadtgebiet, umfährt Luzern im W. in Tieflage und erreicht nach 474km *Luzern* (Autoentladestelle westl. an der Zentralstrasse).

2.2. Aus Italien

Auf dem Luftweg ist Luzern täglich von Mailand und Rom und mehrmals wöchentlich von Venedig, Florenz und Bordighera erreichbar (mit Alpar bzw. Alitalia). Mit dem Zug erfolgt die Einreise via Como (Strecke Mailand–Lugano–Luzern) oder Fondotoce, mit dem Auto via Como/Balerna (europ. Autostrasse A12 Mailand–Lugano–Luzern), Ponte Tresa, Fondotoce (Richtung Pallanza–Locarno) oder Ornavasso (Richtung Brig–Bern).

3. Rheinfall

3.1. Von Bregenz über den Bodensee zum Rheinfall

Ein Tragflügelboot fährt im Sommer 5x wöchentlich von Bregenz (s. 2.1.) in 2h30 zum Rheinfall. Es quert zunächst in hohem Tempo den weiten **Bodensee*** in fast seiner gesamten Länge bis zum Ausfluss des Rheins (r. bleibt der Überlinger Seearm), gelangt dann auf dem Strom in den *Untersee* (reiche Vogelwelt; r. die Insel *Reichenau*) und befährt schliesslich während etwa 40min mit reduzierter Geschwindigkeit den blaugrünen, waldgesäumten **Hochrhein*** bis zur Anlegestelle *Rheinfall*. Von dort 1km zu Fuss (oder mit *Elektrobus*) zum oberen Ende des Katarakts (*H. Rheinfall***, mit Aussichtsterrasse). – Der **Rheinfall**** ist der mächtigste Wasserfall Mitteleuropas. Die Wassermassen stürzen auf einer Breite von ca. 160m über eine 15-20m hohe Schwelle aus Jurakalk, von der mitten im Fluss mehrere Felsen stehengeblieben sind. Im Juni und Juli ist der Rhein mit 300-400 cbm pro Sekunde am wasserreichsten. – Fussweg von der Hotelterrasse den bewaldeten Hang hinab zum Schlösschen *Wörth*, mit eindrücklicher Gesamtansicht des Falls. Ein Kahn bringt die Besucher zum besteigbaren Felsen mitten im Rheinfall.

50km nordwestl. des Rheinfalls liegt die vorgeschobene schweizerische IT- und Wetterstation *Herzogenhorn* (1415m), die einzige bewohnte Stelle des Schwarzwaldgebirges (nur mit *Helikopter* erreichbar).

3.2. Flug Luzern–Rheinfall. Anfahrt via Reuss und Rhein

Von Frühling bis Herbst werden mehrmals täglich touristische Flüge von Luzern zum Rheinfall angeboten. Der Flug dauert ca. 20min und wird oft mit der Bootsfahrt über den Bodensee als Tagestour kombiniert (s. 3.1.).

Im Sommer werden auch 2-Tages Bootstouren von *Rathausen* (6km nördl. von Luzern; s. 4.) zum Rheinfall organisiert. Die Fahrt führt auf der mäanderreichen **Reuss*** durch die einsamen Mittellandwälder bis zu ihrer Mündung in die *Aare* (*Camping* oder Übernachtung in *Schutzhütte*). Am nächsten Tag weiter zur Aaremündung in den *Rhein* und flussaufwärts zum Rheinfall.

4. Luzern und Umgebung

Hotels*** (am Quai: Schweizerhof, National, Palace; am Hang: Montana; an der Reuss: Bellevue), Hotels** (Luzernerhof, Schwanen, Waldstätter, Pilatus, Royal; ausserhalb, am östl. Seeufer: Seeburg & Hermitage), 5 Hotels*, 5 Gasthöfe; reiche Auswahl an Restaurants

Campingplätze Lido und Horw-Winkel

Stadtbus: (1) Kriens Pilatusbahn–Obergrund–Pilatusplatz–Bahnhof–Maihof–Ebikon, (2) Kantonsspital–Sankt Karli–Pilatusplatz–Bahnhof–Haldenstrasse–Halde, (3) Säli–Obergrund–Bundesplatz–Bahnhof–Dreilinden, (4) (Winkel–) Horw–Bundesplatz–Bahnhof–Mühlenplatz–Bramberg

Internationaler Flughafen Luzern-Emmenfeld, 5km nördl. (Flughafenbus ab Bahnhof); auch für Alpenrundflüge oder Flüge über die Wildnis der Westschweiz (s. 16.3.)

Schiffs- und Busstation am Bahnhofplatz

Parkhäuser unter dem Bahnhofplatz und in der östl. Altstadt

Kultur- und Kongresszentrum Luzern (KKL); Stadttheater

Einkaufszonen: die autofreie Altstadt (westl. vom Schwanenplatz) und die Pilatusstrasse

Strandbad Lido (Halde), Golfplatz (auf dem Bürgenstock: s. 5.2.)

Luzern*** (435m), Kantonshauptstadt, wichtiger Industriestandort (Pharma, Uhren, Maschinen) und Mittelpunkt des Schweizer Tourismus. Die mit 53.600 (meist kath.) Ew. grösste Stadt der Schweiz liegt malerisch am Ausfluss der Reuss aus dem Vierwaldstättersee und wird im N. und W. von villenbesetzten Anhöhen begleitet. Auf der Nordseite ist sie noch von einer Stadtmauer und ihren Wehrtürmen begrenzt.

Sechs Brücken führen über die Reuss. Die breite *Seebrücke* verbindet zwei Brennpunkte des Verkehrs, den Bahnhofplatz und den Schwanenplatz am Eingang der Altstadt. Die hölzerne **Kappelbrücke*** (mit achteckigem Wasserturm) und die *Spreuerbrücke* weiter flussabwärts haben ein Ziegeldach. Gemälde im Dachgebälk der Kappelbrücke zeigen Begebenheiten aus Luzerns Geschichte, diejenigen in der Spreuerbrücke einen Totentanz aus dem 17. Jahrhundert.

Am Nordufer des Sees zieht sich vor den grossen Hotels der breite baumbestandene **Quai*** hin: Schweizerhof-, National- und Haldenquai. Der klassizistische *Schweizerhof* entstand 1845 als erster repräsentativer Hotelbau des Landes. Das neobarocke Hotel *National* stammt von 1882, das mit Jugendstilmotiven versehene Hotel *Palace* von 1906. Herrliche Aussicht über den See: l. die Rigigruppe, in der Mitte Bürgenstock und Buochserhorn, r. Stanserhorn und das harmonisch geformte Pilatusmassiv. Weiter entfernt r. vom Rigi die gezackte Kaiserstock-Kette im Kanton Schwyz; l. vom Stanserhorn die weisse Kuppe des Titlis. – Der Haldenquai endet östl. beim Strandbad Lido.

Die gotische **Kathedrale St. Niklaus**** östl. vom Schweizerhofquai, in erhöhter Lage oberhalb einer Freitreppe, ehem. Stiftskirche, wurde im 14. und 15. Jh. erbaut; der massive, oben achteckige 76m hohe Westturm stammt von 1492. Am Hauptportal wertvolle Bildwerke des 15. Jh.; im Bogenfeld das Jüngste Gericht. Das Südportal (1340) zeigt die Drei Könige.

Inneres*: Im weihevollen Inneren beachtenswert: got. Kanzel, Taufstein, schmiedeeisernes Chorgitter, Chorgestühl, got. Glasmalereien, farbige Fensterrosette unter dem Westturm, in der Heiliggrabkapelle eine schöne Darstellung der Grablegung. Grosse Orgel von *Alois Mooser* (1834). – Die Aussicht vom Turm ist höchst malerisch.

Hinter der Kathedrale das *Rothenburgerhaus*, ein um 1500 errichteter Blockbau, der als ältestes Holzhaus der Schweiz gilt. Am Ende der Löwenstrasse der **Gletschergarten***, ein eindrückliches Relikt aus der Eiszeit, als sich der Reussgletscher über das ganze Seebecken erstreckte. Zu sehen sind Gletscherschliffe, erratische Blöcke und 32 Gletschertöpfe bis zu 8m Durchmesser und 10m Tiefe. Nahebei das 1820 nach Thorwaldsen's Modell in eine Sandsteinwand gehauene **Löwendenkmal***, zur Erinnerung an gefallene Schweizer Söldner in fremden Diensten.

In der winkligen verkehrsfreien *Altstadt* am r. Reussufer mehrere prächtige brunnengeschmückte Plätze und viele schöne Bürgerhäuser des 16.

und 17. Jh. Nördl. darüber erstreckt sich die mit neun Türmen aus dem 14. Jh. bewehrte, begehbare **Stadtmauer Musegg***. Dahinter die villenreiche Anhöhe *Bramberg*.

Das alte *Rathaus* am Kornmarkt von 1606, mit mächtigem Turm von 1505, vereinigt einheimische Spätgotik mit italienischer Renaissance. Im Innern prunkvolle Renaissance-Täferzimmer. Das Rathaus beherbergt u.a. das sehenswerte *Historische Museum* des Kantons Luzern.

Der weite *Bahnhofplatz* auf der l. Seeseite mit repräsentativen Gebäuden der Neorenaissance (Bahnhof mit Kuppel, Direktion der Schweiz. Bundesbahnen, Hauptpost) bietet schöne Blicke auf die Altstadt und die Anhöhen im N. der Stadt. – Östl. vom Bahnhofplatz, durch eine breite Baumreihe getrennt, der *Wagenbachbrunnen* und das **Kultur- und Kongresszentrum Luzern**** (*KKL*), nach den Plänen des italienischen Architekten *Giovanni Novello* errichtet. Das im Jahr 2000 vollendete (allerdings gegenüber dem Entwurf weniger gross dimensionierte) Gebäude mit seinem vorspringenden Flachdach verleiht durch seine Eleganz dem Seebecken von Luzern einen ganz neuen ästhetischen Akzent. Im Innern ein herrlicher Konzertsaal mit Parterre und drei (anstelle von vier vorgesehenen) Rängen. Im KKL finden u.a. die nach den Salzburger Festspielen wichtigsten Musikfestwochen Europas statt. Das KKL beherbergt auch das Luzerner Kunstmuseum, mit Malerei des 19. und 20. Jh. – Südöstl. vom KKL, in Seenähe, befindet sich der Campus der *Schweizerischen Technischen Hochschule (STH)* mit dem Hauptgebäude von *Gottfried Semper* und diversen Instituten, meist in moderner Architektur.

Am l. Reussufer das Stadttheater, die **Jesuitenkirche*** von 1677, die erste grosse Barockkirche der Schweiz, und das *Regierungsgebäude,* in einem Renaissancepalais von 1573. Gegenüber das Staatsarchiv und die Kantonsbibliothek.

Am Bahnhofplatz mündet die baumbestandene *Pilatusstrasse*, die wichtigste Einkaufsstrasse der Stadt. Südlich davon neuere Stadtteile, darin die Schweizerische Zentralbibliothek und die prot. Lukaskirche.

Spaziergang auf den Gütsch und den Sonnenberg*: In 25min ist von der Pilatusstrasse der Aussichtspunkt *Gütsch* (522m) auf gewundenem Waldweg zu erreichen. Malerischer Blick auf Stadt und See. Umfassender ist die Aussicht vom 45min weiter westl. gelegenen, durch Wald und über Matten zugänglichen *Sonnenberg** (682m; *Gasthof*). Herrlicher Blick auf den See, den Pilatus und die Alpen vom Säntis bis zum Titlis.

Im N. das menschenleere, bewaldete Mittelland mit dem Jura im Hintergrund. – Auf den Sonnenberg führt von Kriens (*Stadtbus 1*) auch eine nostalgische *Standseilbahn*.

Spaziergang nach Dreilinden*: Von der Kathedrale gelangt man zu Fuss in 30min durch ein aussichtsreiches Villenquartier (oder mit *Stadtbus 3* in 10min ab der *Endstation*) auf die Anhöhe *Dreilinden** im NO. der Stadt (546m). Aussichtsterrasse, Park mit schönem Baumbestand und Pavillon (Aussenstation des Konservatoriums). – Rückweg nördl. bergab über die mit Obstbäumen bestandene Matte *Wesemlin*, am gleichnamigen Kapuzinerkloster vorbei und in 30min steil hinunter, z.T. über Treppen, zum Gletschergarten (s. oben).

Spaziergang über den Dietschiberg zum Dottenberg: Von der Endstation *Dreilinden* (*Stadtbus 3*) Anstieg über baumreiche Matten (besonders zu empfehlen zur Zeit der Baumblüte) in 30min zum *Dietschiberg* (629m; *Rest.*), mit Alpengarten. Weite Aussicht, westl. bis zu den Berner Alpen. Weiter anfangs eben, später leicht abwärts über Äcker und Wiesen in 40min zum malerischen Dörfchen *Adligenswil* (*Bus*). – Ein noch umfassenderes Panorama bietet der *Dottenberg* (750m), der von Adligenswil über den Weiler *Ober-Dottenberg* in 40min zu ersteigen ist.

Spaziergang über Oberrüti nach St. Niklausen: Einen ganz anderen Blickwinkel bietet die Anhöhe Oberrüti im S. der Stadt. Von den letzten Häusern am Bundesplatz führt die *Langensandbrücke* über die Bahngeleise, dann geht es über Wiesen (l. die von Störchen und Reihern belebte Riedfläche *Tribschenmoos*), die Höfe Unter- und Ober-Geissenstein und schliesslich durch den *Bireggwald* in 50min nach *Oberrüti* (594m; *Rest.*). Pilatus, Bürgenstock und Stanserhorn und der buchtenreiche Vierwaldstättersee sind hier viel näher gerückt. – Abstieg in 30min durch prächtige, obstbaumreiche Matten zur Schiffstation *St. Niklausen* (s. 5.2.) oder westl. nach *Horw* (*Stadtbus 4*).

Eigental* und Schwarzenberg: Die Strasse (*Bus*) verlässt die Stadt westl. beim *Obergrund*, kreuzt den *Kreisel Luzern-Süd*, wo r. die A12 vom Gotthardpass und l. die Kantonsstrasse vom Brünigpass einmünden, und führt den baumbestandenen Krienbach entlang. – 3km *Kriens*, Dorf am Südfuss des Sonnenbergs (s. oben; *Stadtbus 1*; *Pilatusbahn*; s. 6.1.). Ansteigend durch Wald zur 8km barocken Wallfahrtskapelle *Hergiswald* (803m) und weiter nach 14km *Eigental** (1017m; *Kurhaus***), in einem Hochtal an der steilen Nordseite des Pilatus gelegen (Aufstieg zum Pilatus, s. 6.2B.). In mässigem Gefälle weiter durch Wald und offenes Gelände. – 18km *Schwarzenberg* (831m; *Gasthof*), Naherholungsort in aussichtsreicher Nordlage.

Rathausen: Vom Quai nördlich durch die Ebikoner Strasse. Am Stadtrand *Maihof* l. abwärts zum 2,5km langen stillen *Rotsee* (Regatten!). Weiter über die Anhöhe Sädel, dann hinab in 5km zum malerisch gelegenen Kloster *Rathausen* an der Reuss (*Bootsfahrt* zum Rheinfall, s. 3.3.) mit Kraftwerk. – 2km flussabwärts grosse Papierfabrik.

Sempachersee*: Strasse (*Bus*) nördl. entlang des eingeschnittenen Reusstals zur Stadtgrenze, dann über die Emme kurz vor ihrer Mündung in die Reuss. Nahebei die Zentralschweizer Kehrichtverbrennungs- und die Luzerner Kläranlage. Es folgt r. der *Flughafen Luzern-Emmenfeld*. Weiter langsam ansteigend über fruchtbares Landwirtschaftsland. – 7km *Rothenburg*. Im S. taucht das Gebirge über den Randhöhen von

Luzern auf. Weiter bergan bis zum Eintritt in den hier bewirtschafteten Mittellandwald (Bärenzaun!), dann hinab in schwachem Gefälle zum 15km *Seehotel Sempach*** (506m), am Südufer des 8km langen, fischreichen *Sempachersees** (*Camping; Badebetrieb*). Eine Bootsfahrt vermittelt eindrücklich den eigenen Reiz dieses Sees, eingebettet in die menschenleeren Mittellandwälder, vor der Kulisse der bereits fernen Zentralschweizer Berge. Reiche Vogelwelt! An den Ufern sind häufig Elche, Rot- und Schwarzwild und Braunbären zu beobachten.

Rundflug über die Wildnis der Westschweiz: s. 16.3.

5. Vierwaldstättersee

Auf dem See verkehren die drei historischen Raddampfer Uri, Schwyz und Unterwalden und die Motorschiffe Rigi, Waldstätter, Titlis, Gotthard, Weggis und Mythen. Nach Flüelen fahren Schiffe tägl. 5x, nach Vitznau 12x, nach Kehrsiten/Bürgenstock und Stansstad 9x, nach Alpnachstad (nur im Sommer) 4x.

Der *Vierwaldstättersee**** (433m) wird von keinem anderen Voralpensee an Grossartigkeit und Vielfalt übertroffen. Mit seinen verzweigten Armen und Buchten, Weitungen und Engen erfüllt er ein ganzes Talsystem: Von der Seemitte, dem sog. 'Kreuztrichter', strahlt nach N. der *Küssnachter Arm* aus, nach W. der liebliche *Luzernersee*, nach S. die Bucht von Stansstad (dahinter der *Alpnachersee*) und das Weggiser Becken. Östl. davon, jenseits der Engstelle der beiden 'Nasen', breitet sich das Gersauer Becken mit der Buochser Bucht aus und schliesslich, von Brunnen gegen S. hin, der wilde, oft föhngepeitschte *Urnersee*. Die Gesamtlänge des Sees misst 38km, seine Fläche 113qkm, die grösste Tiefe (südl. von Gersau) 214m. Über den See ragen vielfältige, oft bizarre Berggestalten auf: der wilde, formenreiche Pilatus, der Rigi mit seinen Nagelfluhbändern, die Steilwand des bewaldeten Bürgenstocks; im O. der Fronalpstock und die kühnen Hörner der beiden Mythen, im S. Stanserhorn, Buochserhorn, Schwalmis, Niederbauen und die Urner Berge. Ein einzigartiger Anblick bietet sich im Frühjahr, wenn die unteren Hänge in frischem Mattengrün und Blütenpracht leuchten und die Berggipfel noch schneebedeckt sind.

5.1. Von Luzern nach Vitznau, Brunnen und Flüelen

Nach der Abfahrt zeigt sich die Stadt höchst malerisch mit ihren alten Türmen und ihren villengekrönten Anhöhen und – als Kontrast dazu – dem Kubus des KKL mit seinem vorspringenden Dach. – Links folgt das Strandbad Lido, später die Hotels Seeburg und Hermitage. Rechts zunächst ein Riedgebiet, dann zwischen Pappeln das Landhaus *Tribschen*, das *Richard Wagner* 1866-72 bewohnte. Das Panorama umfasst l. das Rigimassiv, geradeaus Bürgenstock und Stanserhorn, dahinter den Titlis; l. vom Pilatus erscheint das Wetterhorn und die Jungfrau im Berner Oberland. Jenseits des Vorgebirges Meggenhorn (mit neugot. Schlösschen und Kapelle) und des Inselchens Altstad (mit Burgruine), öffnet sich l. der Küssnachtersee. Rechts Blick auf Hergiswil und Stansstad. Das Schiff überquert die Seemitte und steuert die nördl. Landzunge an. – 8km *Hertenstein* (*H. Hertenstein***; *Strandbad*). 10min nördl., am Eingang des Küssnachtersees, die *Villa Senar*, ehemals im Besitz des Komponisten *Sergej Rachmaninow* (*Besuch auf Anfrage*). Weiter an hügeligen Matten mit Villen und Bauernhöfen vorbei; oben wechseln Wald- und Weideland. Unter dem Windschutz des Gebirges gedeiht üppiger Pflanzenwuchs: Obstgärten, Edelkastanien, mediterrane Bäume und Sträucher. – 10km **Weggis*** (*H. Bellevue****, *H. Alpenblick***, *H. Rigi***, *2 Hotels**; *Strandbad*), Urlaubsort in Südlage, terrassenartig am Rigihang ansteigend. Schöne alleeartige Promenade am Quai.

Spaziergang nach Küssnacht: In 30min aufwärts nach *Eggi* (547m), weiter über baumreiche Matten zum Dörfchen *Greppen* (*Rest.*) mit malerischen alten Holzhäusern, und in 1h15 nach *Küssnacht* (s. 8.1.).
Spaziergang auf der Uferstrasse: Westl. nach *Hertenstein* (40min, s. oben) oder östl. über *Lützelau* nach *Vitznau* (1h15), s. unten.
Aufstieg nach Rigi-Kaltbad: s. 7.3B.

Links oben erscheint auf dem Kamm der Berggasthof Rigi-First. – 15km **Vitznau*** (*Park-Hotel****, *Hotel Vitznauerhof***, *2 Hotels**; *Strandbad*) am Fuss des Vitznauerstocks, wie Weggis als Ferienort mit mildem Klima besucht. Ausgangspunkt der Zahnradbahn auf den Rigi (s. 7.1.). Schöner Uferquai mit alten Kastanienbäumen.

Spaziergang nach Gersau: Aufwärts nach *Linden* (589m), dann in halber Höhe, zuletzt auf der Uferstrasse in 1h30 nach *Gersau*.
Luftseilbahn nach Hinterbergen (996m). Von dort *WW* durch Wald unterhalb des Vitznauerstocks in 40min auf die aussichtsreiche *Wissiflue* (946m).
Aufstieg nach Rigi-Kaltbad: s. 7.3C.

Zwei weit in den See ragende Vorgebirge, die ‚Nasen', bilden eine Engstelle. Das Schiff umfährt die untere Nase und biegt in die Buochser Bucht ein. – 22km *Buochs*, am Südufer (*Hotel**, *Camping*; *Strandbad*). – 26km **Beckenried** (*H. Nidwaldnerhof***, *H. Rigiblick***, *Hotel**, *Gasthof*, *Strandbad*), ruhige Sommerfrische. Autofähre nach Gersau. Am westl. Ortsende etwas erhöht die barocke Kapelle *Ridli*.

Luftseilbahn zur Klewenalp (1593m; *Berggasthaus*): Aussichtsreiches Ski- und Wandergebiet; Startpunkt von *BW* auf die Nidwaldner Berge *Schwalmis* (2246m) und *Brisen* (2403m), je ca. 2h30 von der 35min *Brisenhütte S.A.C.* aus (1753m; s. 10.1.).

Emmetten und Niederbauen: Strasse (*Bus*) nach 4km *Emmetten (Rest.)*, Dorf am Nordhang in geschützter Lage. Weiter mit *Gondelbahn* auf die *Alp Niederbauen* (1570m; *Rest.*) und auf *BW* in 1h auf den *Niederbauen-Kulm** (1923m). Wunderbares Panorama, das den ganzen Vierwaldstättersee, die Ebene von Schwyz, die zackigen Mythen und die Urner Berge Urirotstock, Bristenstock, Tödi und Windgällen umfasst.

Das Schiff kehrt zum Nordufer zurück. – 31km **Gersau**, zwischen Obst- und Nussbäumen geschützt unter dem Vitznauerstock und der Hohflue gelegen (*H. Seehof***, *H. Bellevue***, *Hotel**; *Strandbad*; Aufstieg nach Rigi-Scheidegg, s. 7.5C.). Gersau war bis 1798 politisch selbständig und damit die kleinste Republik der Welt. Im Dorfzentrum die klassizistische Pfarrkirche und einige schöne Holzhäuser aus dem 16. Jh. – Zurück zum Südufer; die beiden Mythen und der Fronalpstock werden sichtbar. – 36km *Treib*, gegenüber von Brunnen, mit prächtigem Holzgebäude von 1658. Von hier *Bus* hinauf nach 6km **Seelisberg*** (837m; *H. Bellevue***, *H. Waldegg***, 2 *Gasthöfe*), langgestreckter Sommerferienort auf einer Terrasse hoch über dem Urnersee, mit Blick in das Reusstal und auf den Bergkranz von den Mythen bis zum Urirotstock. Wallfahrtskapelle *Maria-Sonnenberg* (1667).

Spaziergang zum Seelisberger See: 20min.

Spaziergang nach Bauen (auch *Bus*): *WW* über das got. Schlösschen *Beroldingen* in 1h15 hinab zum See in das malerische Dörfchen *Bauen* mit mehreren repräsentativen Holzhäusern aus dem 17. Jh. (s. unten).

Fussweg zum Rütli: *BW* im Zickzack durch schönen Buchenwald in 35min steil hinunter zum *Rütli* (s. unten).

Bei der Weiterfahrt von Treib öffnet sich r. der Urnersee. Voraus blickt man in das breite Tal der Muota mit den zackigen Mythen im Hintergrund. – 37km **Brunnen*** (*Bahnstation*, s. 8.1.; *Grand-Hotel**** *in erhöhter Lage, H. Waldstätterhof***, *Park-Hotel***, 2 *Hotels**, *Gasthof*, *Camping*; *Strandbad*), Ferienort in prächtiger Lage am Nordende des Urnersees; gegenüber hoch oben die Häuser von Seelisberg. Die Föhnstürme auf dem See sind legendär. Schöner Quai mit Parkanlage. 10min östl. die umfangreiche *Klosteranlage Ingenbohl* mit Klinik.

Luftseilbahn und Fussweg nach Rigi-Scheidegg: s. 7.5D.

Aufstieg zum Axenstein: Der aussichtsreiche *Axenstein* (700m; *Rest.*), hoch über Brunnen, ist auf einem *WW* durch den Ingenbohler Wald in 1h zu ersteigen.

Morschach*: Strasse (*Bus*) von der Axenstrasse (s. unten) abbiegend, durch Wald steil zum Dörfchen *Morschach** hoch (646m; *H. Axenfels**, H. Edelweiss**, Hotel**), auf einer Panorama-Terrasse unter dem Fronalpstock gelegen. Das Strässchen führt weiter über Matten zum Axenstein (s. oben).

Von Morschach auf den Stoos: *WW* zuerst über Matten, dann durch Bergwald am Nordabhang des Fronalpstocks in 1h30 empor zur Sommerfrische *Stoos* (s. 8.4.).

Von Morschach nach Sisikon: *WW* über aussichtsreiche Wiesen mit schöner Flora hinab in 1h30 nach *Sisikon* am Urnersee (s. 8.1.).

Der **Urnersee****, 12km lang und 1-2,5km breit, 200m tief, fjordartig in das Kalkgebirge eingebettet, ist mit seinen Felswänden l. und r. der imposanteste Teil des Vierwaldstättersees. Durch Schluchten blicken hohe, schneebedeckte Gipfel herab, südwestl. der mächtige Urirotstock mit seinem Vorgipfel, dem Gitschen. – Bei der Weiterfahrt ragt r. an der vorspringenden Ecke der sog. ‚Schillerstein' aus dem Wasser, dem Dichter der Schweizer Tellsage gewidmet. – 40km *Rütli*. 5min oberhalb die idyllische **Rütliwiese***, der Ort des sagenumwobenen ‚Rütlischwurs' von 1291, das ‚mentale' Zentrum der Eidgenossenschaft. – Am Ostufer des Sees zieht sich, grösstenteils in den Fels gesprengt, die *Axenstrasse* von Brunnen nach Flüelen. – Links Sisikon (*keine Schiffstation*). – 44km *Bauen* (*Gasthof*), Dörfchen am Westufer (s. oben). – Das Schiff überquert den See und landet bei der 46km *Tellsplatte* (*Gasthof* 10min oberhalb, an der Axenstrasse), einem Schauplatz der Tellsage. – Links die Axenfluh, mit gefalteten Gesteinsschichten, r. das eingeschnittene Isental, voraus der steil aufragende Gitschen; im Talhintergrund die Pyramide des Bristenstocks. – 48km *Flüelen-Altdorf* (*Bahnstation*), am Südende des Sees (s. 9.1.).

5.2. Von Luzern nach Kehrsiten/Bürgenstock und Alpnachstad

Das Schiff zieht nach der Abfahrt das westl. Ufer entlang und am Landhaus Tribschen vorbei (s. 5.1.). – 5km *St. Niklausen*. – Nach 6,5km *Kastanienbaum* (*H. Kastanienbaum***) quert es den See nach 9km *Kehrsiten*, am steilen, mattenreichen Nordhang des Bürgenstocks. Eine *Standseilbahn* führt von der Schiffstation zum westl. Kamm des **Bürgenstocks*** (893m), eines isolierten, oben mit Wald und Matten bedeckten Kalkfelsens von 10km Länge, der nach N. zum See abstürzt, nach S. einen sanft geneigten Hang bildet. Der Bürgenstock steht im Ruf eines mondänen Urlaubsortes

(*Palace Hotel****, *Park-Hotel***; *Schwimmbad; Golfplatz*). Mit dem Auto ist er von Stansstad oder Buochs (*Bus*) aus zu erreichen. Promenadenwege erschliessen zahlreiche Aussichtspunkte.

Spaziergang zur Hammetschwand*: Ein lohnender Rundgang von ca. 2h bietet der *Felsenweg* (*WW*), der sich durch Wald langsam ansteigend 500-600m über dem See, entlang der Felsen der *Hammetschwand*, hinzieht. Nach 30 min erreicht man bei 968m den *Hammetschwand-Lift*, der in einem teilweise offenen Gerüst an der senkrechten Felswand zum *Hammetschwand-Gipfel** (1127m) emporführt. Umfassende Rundsicht. – Von der unteren Station des Lifts führt ein eindrücklicher *BW* durch mehrere Tunnels und über Balkons zum *Honegg-Känzeli* auf der Gratscheide, dann nach SW. in 40min zum *Kurhaus Honegg***. Zurück in 20min zu den Hotels.

Fussweg nach Stansstad: *WW* über die Weiler *Obbürgen* und *Fürigen* (*Hotel Fürigen***) in 1h15 hinab nach *Stansstad* (s. unten).

Fussweg nach Buochs: *WW* in 1h50 über *Honegg* und die aussichtsreichen Matten des Bürgenbergs nach *Ennetbürgen* (*Bus*) in geschützter Südlage am See; weiter über die Ebene der Engelberger Aa nach *Buochs* (s. 5.1.).

Die Fahrt geht weiter nach W. über die Bucht von Stansstad. – 14km **Hergiswil** (*Bahnstation*, s. 10.1.; *H. Bellevue**, Hotel**). Freundlicher Ort am Fuss des waldbedeckten, felsigen Loppers, eines Ausläufers des Pilatus. Die Glashütte kann besichtigt werden.

Aussichtsreicher Wanderweg in 2h über die Anhöhen *Sonnenberg* und *Schattenberg*.
Aufstieg zum Pilatus: s. 6.2A.

Nun entlang der Felswand des Lopper nach 16km *Stansstad* (*Bahnstation*, s. 10.1.; *2 Gasthöfe*), in der Ebene zwischen Lopper und Bürgenstock gelegen. Am Hafen ein mächtiger quadratischer Turm, Rest einer mittelalterlichen Befestigung. – Das Schiff unterfährt zwei Brücken, die die Enge zwischen dem Vierwaldstättersee und seinem westl. Alpnacher Arm überspannen. Links die Schlucht Rotzloch, mit Zementfabrik. – 23km **Alpnachstad** (*Bahnstation*, s. 11.1.), am Westende des Sees.

Aufstieg zum Pilatus, : s. 6.2C.

6. Pilatus

Der **Pilatus****, ein wildzerklüfteter Gebirgsstock aus Kreidekalk, wird der Aussicht wegen seit dem 19. Jh. viel besucht. Der zentrale Gipfel ist der *Esel* (2118m). Von dort fällt der Ostgrat steil über die *Windegg* (1673m) zum Lopper ab. Der Hauptkamm führt nach W. über das *Oberhaupt* zum höchsten Punkt *Tomlishorn* (2128m); weiter über das *Widderfeld* (2075m) zum westlichsten Gipfel *Mittaggüpfi* (1917m). Im S., vom Hauptmassiv isoliert, ragt das *Matthorn* auf (2040m). Bis ins 18. Jh. wurde der Berg *Frakmunt* (*fractus mons*) genannt. Erst später wurde der Name Pilatus üblich; nach einer Sage soll in einem kleinen, heute verlandeten See unterhalb des Mittaggüpfi die Leiche des *Pontius Pilatus* versenkt worden sein. – Die unteren Abhänge des Pilatus-Massivs sind mit Wald und blumenreichen Matten bedeckt; oben finden sich steile Felswände und Schutthalden, über die im Winter die Lawinen zu Tal donnern.

6.1. Luftseilbahn

Von Kriens (s. 4.; *Stadtbuslinie 1*) führt eine *Gondelbahn* auf den bewaldeten Vorberg *Krienseregg* (1024m) und weiter durch Wald auf die *Fräkmüntegg* (1412m; *Rest.*), auf der Krete zwischen Hergiswil und Eigental gelegen. Nun mit *Grosskabinenbahn* steil empor, am nördlichen Bergsporn *Klimsenhorn* vorbei, zur Bergstation Pilatus zwischen dem Esel und dem Oberhaupt. Nahebei ein *Berggasthaus* mit einer grossen, gegen S. gerichtete Terrasse, eine Wetterwarte und eine IT-Station. Ein Treppenweg führt in 5min zum Gipfel des *Esel* (2118m). Die Aussicht umfasst den ganzen Alpenkranz vom Säntis bis zur Blümlisalp in den nahen Berner Alpen. Der Tiefblick nach N. auf den Vierwaldstätter- und Zugersee, die Seen des Mittellands mit Jura, Schwarzwald und Vogesen im Hintergrund, ist fantastisch. Vom Gasthof führt ein aus dem steilen Südabhang gesprengter Felsenweg (*BW*; z.T. in Tunnels) in 30min zum höchsten Gipfel *Tomlishorn* (2128m), mit herrlichem Blick auch nach W.

6.2. Aufstiege zum Pilatus

A: Von Hergiswil (s. 5.2. & 10.1.): Auf Fahrsträsschen nach *Brunni* (824m; *Gasthof; Parkplatz*). Von dort mit *Gondelbahn* (oder auf *BW* durch Wald in 1h) zur *Alp Gschwänd* (1215m; *Rest.*). Nun *BW* steil in vielen Windungen, später schattenlos über Gras- und Geröllhalden in 1h30 zur Kapelle *Klimsen* (1866m), unterhalb des Klimsenhorns. Weiter am steilen Hang des Oberhaupts auf Zickzackweg empor, zuletzt auf einer Treppe durch das *Kriesiloch* in 40min zur Bergstation.

B: Von Eigental (1017m; s. 4.): Auf *BW* im Tal des Rümligbachs in 45min nach *Unter Lauelen* (1061m). Durch Wald in 1h auf die *Alp Ober Lauelen* (1330m); nun auf steilem Zickzackweg über Grashalden und zwischen Felsbändern hindurch in 1h15 zur Kapelle *Klimsen* (weiter s. oben).

C: Von Alpnachstad (435m; s. 5.2. & 11.1.): *BW* mühsam über Matten und durch Wald zur *Alp Ämsigen* (1362m; 3h), mit Blick auf die Seen und Berge Obwaldens. Weiter über die *Alp Matt* in 1h40 zur Krete *Chilchsteine* (1865m) unter dem Matthorn; von hier noch 40min zur Bergstation.

D: Von Alpnach (s. 11.1.) auf vielfach gewundenem Fahrweg zur *Lütolds-matt* (1142m; *Rest.; Parkplatz*). Weiter auf *BW* über die Alpen *Langenmatt*, *Fräkmünt* (1499m) und *Laub* (unterhalb des Tomlishorns) in 2h40 zur Krete *Chilchsteine* (weiter s. oben).

F: Mittaggüpfi von Eigental: Der westlichste Gipfel der Kette wird meist von *Eigental* aus bestiegen (s. 4. & 6.2B.). Vorsicht vor Bären, die gelegentlich aus den westl. Berg-wäldern auftauchen; bewaffnete Begleitung empfehlenswert. *BW* im Rümligtal nach *Unter Lauelen* (1061m; 45min). Nun 15min bis zum Talschluss, dann l. steil durch Wald und über ein Felsband in 1h20 zur abgelegenen *Alp Bründlen* (1433m). Westl. durch lichten Bergwald am moorigen, verlandeten Pilatussee vorbei zur *Oberalp* (1546m) und in weiterer 1h20 über Mattenhänge auf den Gipfel (1917m). Weite Aussicht, vor allem nach W., über die einsame Talschaft Entlebuch und die Napfberge.

F: Mittaggüpfi von Alpnach: Von *Lütoldsmatt* (1142m; s. 6.2D.) auf *BW* im Tal der Schliere aufwärts zur Lichtung *Märenschlag* (1302m). Dann r. auf schlecht markiertem Weg steil durch Wald empor in 2h zum Sattel *Felli* (1701m). Tiefblick nördl. ins Eigental. Nun nach W., die Felsen des *Rotdossen* südl. umgehend, und auf aussichtsreichem Mattengrat in 45min zum Gipfel.

7. Rigi

Der (oder die) **Rigi***, steht wie eine Insel zwischen Vierwaldstätter-, Zuger- und Lowerzersee und ist seit jeher der berühmteste Aussichtsberg der Schweiz, das lieblichere Gegenstück zum Pilatus. Er besteht in seinem westl. Teil, mit dem *Kulm* (1797m) und dem Grat vom *Rotstock* (1658m) über den *Dossen* (1684m) bis zur *Scheidegg* (1658m) aus Nagelfluh und Molassesandstein. Im kleineren östlichen Teil mit dem dominierenden *Vitznauerstock* (1450m) und der *Hohflue* (1698m) ist Kreidekalk vorherrschend. Auf die wunderbare Rundsicht machten Reisende schon im 18. Jh.

aufmerksam. 1816 wurde auf dem Kulm ein bescheidenes Wirtshaus, 1848 das erste Gasthaus für Touristen erbaut. Nach der Eröffnung der Zahnradbahn von Vitznau 1871 durch *N. Riggenbach* nahm der Besuch schnell zu. Dank einer Luftseilbahn von Arth-Goldau aus, mit einem Ast auf den Kulm und einem zweiten auf die Scheidegg, ist seit 1954 der Berg auch von O. her leicht zugänglich.

7.1. Zahnradbahn Vitznau–Rigi-Kulm

Elektr. Betrieb; im Sommer verkehren regelmässig auch nostalgische Dampfzüge

Von Vitznau (s. 5.1.) durch baumreiche Matten mit 25% Höchststeigung bergwärts. Die Aussicht über den See auf Bürgenstock, Stanserhorn und Pilatus weitet sich. Nach kurzem Tunnel Brücke über das Schnurtobel; weiter über Alpmatten. – 3km *Freibergen* (1026m). *Gondelbahn* nach *Unterstetten* (1452m) auf dem Rigi-Hauptkamm (s. 7.5A.). – 5km **Rigi-Kaltbad*** (1436m; *Kurhaus Rigi-Kaltbad**, Gasthof*), auf einem sanften, gegen Nordwinde geschützten Wiesenhang gelegen.

Spaziergang zum Känzeli: Durch einen Felseinschnitt gelangt man zur *St. Michaels-Kapelle* (1779) neben einer Quelle; dann zwischen Nagelfluhblöcken hindurch und über eine Weide in 15min zum *Känzeli* (1464m), einem Felsvorsprung mit malerischer Aussicht auf den See und die Stadt Luzern.

Kammweg: s. 7.5A

Hinter *Staffelhöhe* (1550m) öffnet sich die Aussicht auf den Küssnachter- und Zugersee im N., später überraschend auch gegen O. – 6km *Staffel* (*Rest.*). – 7km *Rigi-Kulm* (*Kulm-Hotel**, Berggasthaus*). 5min östl. eine Wetter- und IT-Warte.

7.2. Luftseilbahn Arth-Goldau–Rigi-Kulm

Eine *Grosskabinenbahn* verbindet Arth-Goldau (s. 8.1.) mit der Mittelstation *Resti* (1208m; *Rest.*). Von dort *Gondelbahn* über die sanften Südhänge des Rigi zur Station *Kulm* (*im Winter Skibetrieb*).

Der **Rigi-Kulm**** (1797m) ist der nördlichste, steil zum Küssnachter- und Zugersee abfallende Gipfel des Massivs. Die Aussicht ist ebenso malerisch im Vordergrund (auf die Rigigruppe, den Vierwaldstätter- und Zugersee und den kleineren Lowerzersee), wie umfassend in die Ferne, wo der

Alpenkamm auf über 200km Länge sichtbar ist. – Nach alter Tradition versammeln sich viele Besucher bei Sonnenaufgang auf dem Gipfel. ‚Rings die Herrlichkeit der Welt' schrieb *Goethe* auf seiner ersten Schweizer Reise 1775. Im NO. in 75km Entfernung ist der Säntis zu sehen, über dem im Sommer die Sonne aufgeht; etwa halb so weit, über den Mythen aufragend, der schneebedeckte Rücken des Glärnisch. Im SO. Tödi, Scheerhorn, Ruchen, Windgällen und die Pyramide des Bristenstocks. Im S. der Urirotstock und die Firnhaube des Titlis. In grösserer Entfernung (60km) die Berner Alpen: von l. nach r. Finsteraarhorn, Schreckhorn, Mönch, Eiger, Jungfrau und Blümlisalp. Den westl. Abschluss bildet der vielfach gezackte Pilatus; r. davon Luzern und das waldbedeckte, von Seen belebte Mittelland bis zum Jura, dahinter Vogesen und Schwarzwald. Im Herbst und Winter liegen die Täler und das Seebecken oft unter einem dichten Nebelmeer, über dem die Berge in besonderer Klarheit aufragen.

7.3. Aufstiege zum Rigi-Kulm

A: *Von Küssnacht* (s. 8.1. & 8.2.): Fahrsträsschen (*Bus*) zur *Seebodenalp* (1020m; *Gasthof*), einer Terrasse am Nordwesthang des Rigi mit einer 1,5km langen Allee von mächtigen Bergahornen. Von hier *BW* durch Wald im Zickzack in 1h50 nach *Staffel* (1586m) und von dort der Zahnradbahn entlang in 35min zum *Kulm*.

B: *Von Weggis* (s. 5.1.): Aussichtsreiches Strässchen über baumbestandene, südexponierte Matten nach *Säntiberg* (793m; zu Fuss 1h30; *Rest.*). Weiter *BW* über die Kapelle *Heiligkreuz* in 1h zu dem aus gewaltigen Nagelfluhblöcken gebildeten *Felsentor* (1120m). Links über Bergmatten empor in 45min nach *Rigi-Kaltbad*. Der Weg folgt nun der Zahnradbahn über *Staffelhöhe* und *Staffel* in 1h10 zum *Kulm*.

C: *Von Vitznau* (s. 5.1.): *BW* in 2h20 durch das Schnurtobel, dann über die sonnigen Matten von *Gruebisbalm* und längs der Zahnradbahn nach *Freibergen* und *Rigi-Kaltbad* (weiter s. oben).

D: *Von Arth-Goldau* (500m; s. 8.1.): *WW* über die Matten des Goldauerbergs ansteigend nach *Blätzen* (748m), am Eingang des Rigitals und weiter auf Zickzackweg durch Wald in 2h20 zur Seilbahnstation *Resti* (1196m; s. 7.2.). Von hier entweder über den Südhang entlang der Gondelbahn in 2h direkt zum *Kulm*, oder l. durch das Rigital in 15min zur *Malchuskapelle*

(1190m) und in 25min zum Weiler *Klösterli* (1302m; *Rest.*). – Weiter noch 1h15 via *Staffel* zum *Kulm*.

7.4. Luftseilbahn Arth-Goldau–Rigi-Scheidegg

Ein zweiter Ast der obgenannten Rigi-Seilbahn überquert von der Mittel-station *Resti* aus das tiefe Rigital und führt den felsigen Nordabhang hinauf zur **Rigi-Scheidegg*** (1658m; *Hotel**). Die Aussicht ins Flachland ist be-schränkter als vom Kulm, doch sind die Zentralschweizer Berge näher.

7.5. Fusswege zur Rigi-Scheidegg

A: Kammweg von Staffel oder Kaltbad (*WW*): Von Staffel über den *Rot-stock* (1658m) und einen breiten Mattenrücken hinab in 40min – oder von Kaltbad auf fast ebenem Weg in 20min – nach *Rigi-First* (1453m; *Rest.*). Weiter die Südwestflanke des *Schilds* entlang, mit prächtigen Tiefblicken auf den Vierwaldstättersee, in 30min nach *Unterstetten* (1452m; s. 7.1.). Von hier 3 verschiedene Wege bis zum Sattel (1546m) unterhalb der Rigi-Scheidegg: *WW* l. fast horizontal um den Dossen herum (45min), *BW* (,Kammweg') über den *Dossen* (1684m; 1h30) oder *BW* r. durch lichten Wald am Südhang des Dossen (1h10). Vom Sattel im Zickzack hinauf in 25min zur *Rigi-Scheidegg*.

B: Von Arth-Goldau: Auf dem in 7.3D. beschriebenen Weg nach *Klösterli*. Hier *WW* l. in 30min nach *Rigi-First* (1453m; weiter s. oben).

C: Von Gersau (s. 5.1.): Fahrweg (*Alpentaxi*) in vielen Windungen durch Wald und Matten nach *Gschwänd* (1011m). Nun auf *WW* über besonnte Alpweiden in 1h45 zur *Scheidegg*.

D: Von Brunnen: Eine *Gondelbahn* führt von *Halten*, 2km westl. von Brun-nen (*Bus*; s. 5.1.) auf den *Urmiberg* (1130m; *Rest.*; *WW* von Brunnen über *Teuffi* in 2h20). Weiter in 15min zum *Sattel* (1196m), mit Blick auf den Lowerzer See; dann an der Nordseite der *Hohflue* durch Wald in 50min zum *Gätterlipass* (1189m). Schliesslich über den mattenreichen Ostgrat in 1h30 zur *Scheidegg* empor.

8. Von Luzern zum Gotthardpass I. Kanton Schwyz

8.1. Eisenbahn Luzern–Flüelen

Die *Gotthardbahn* umzieht die Stadt im Westen, überquert die Reuss und passiert den 2,1km langen *Bramberg-Wesemlin-Tunnel*. – 6km *Halde*, am Ostrand von Luzern (*Stadtbus 2*; s. 4.). Nun ansteigend, mit Aussicht auf Luzern, den Vierwaldstättersee und die Alpen. – 11km *Meggen* (472m; *H. Balm***), mit dem neugot. Schloss Neu-Habsburg. Meggen bietet viele aussichtsreiche Spaziergänge über die baumreichen Matten hinauf zum Wald. – 16km ***Küssnacht**** (*H. Seehof**, Hotel*, Camping*), schön am Nordende des gleichnamigen Sees und am Nordwestfuss des Rigi gelegen. Eindrückliches historisches Ortsbild mit alten Bürgerhäusern.

Spaziergang durch die Hohle Gasse nach Immensee: Vom Dorfplatz in 15min östl. zur Ruine der sog. *Gesslerburg*, dann über obstbaumreiche Matten in 30min zur *Hohlen Gasse*, die aus der Tellsage bekannt ist. Am oberen Ende des von alten Buchen eingefassten malerischen Wegeinschnitts befindet sich die *Tellskapelle*. Weiter in 10min zur Bahnstation *Immensee* (s. unten).

Spaziergang über Greppen nach Weggis: s. 5.1.

Aufstieg zum Rigi-Kulm über die Seebodenalp: s. 7.3A.

Kurzer Tunnel. – 19km *Immensee* (459m) oberhalb des *Zugersees* (das freundliche Dorf liegt 10min tiefer am See; *Rest.*). Hier mündet von N. eine zweite Strecke von Luzern via Ebikon–Rotkreuz. Weiter am Ostabhang des Rigi hoch über dem Zugersee hin; 1,5km langer Tunnel. Am Südende des Sees liegt Arth, am Fuss des Rossbergs, r. dahinter ragen die Mythen auf. – 27km ***Arth-Goldau***, 100 Höhenmeter oberhalb von Arth.

Arth*: Eine Strasse (*Bus*) führt vom Bahnhof in 3km durch baumreiche Matten hinab zum malerisch am Südende des Zugersees gelegenen Städtchen *Arth** (417m; *H. Adler***). Die *Pfarrkirche St. Georg und Zeno*, eine der grossen Barockkirchen der Zentralschweiz, stammt von 1696. Am Hauptplatz das 1721 erbaute *Rathaus*. – Auf dem See verkehren keine Kursschiffe.

Tierpark Goldau (*Rest.*): 15min östl. vom Bahnhof inmitten der bewaldeten Trümmer des gewaltigen *Goldauer Bergsturzes*, der 1806 vom Rossberg herab donnerte, vier Weiler zerstörte und eine Flutwelle im Lowerzersee verursachte. Der Tierpark zeigt die wichtigsten Vertreter der einheimischen Fauna.

Rossberg: BW nördl. über Matten und durch lichten Wald in 3h30 auf den *Gnipen* (1566m), den westl. Gipfel des Nagelfluhstocks *Rossberg*. Eindrücklicher Tiefblick über die Abbruchkante des Bergsturzes zum Lowerzersee.

Luftseilbahn und Fusswege nach Rigi-Kulm und Rigi-Scheidegg (s. 7.2.–7.5.).

Die Bahn durchschneidet das Gebiet des Goldauer Bergsturzes – jetzt ein überwachsenes und bewaldetes Gewirr von Nagelfluhblöcken – und umzieht den idyllischen 4,5km langen *Lowerzersee*. Am Südufer das waldige Inselchen *Schwanau* (Kapelle, Fischerhaus mit ‚Goethestube') und dahinter das Dorf *Lowerz* (*Bus* von Arth-Goldau) – 33km *Steinen*, in fruchtbarer Ebene nördl. des Sees. Oberhalb auf dem besonnten mattenreichen Südhang des Rossbergs der Weiler *Steinerberg.*– 36km *Seewen-Schwyz* (455m; *Rest.*) am Ende des Lowerzer Sees.

2km östl. liegt **Schwyz*** (515m; *Bus*; *H. Waldstätter**, 2 Hotels**), der weitläufig gebaute Kantonshauptort mit 9.000 Ew., am Fuss der beiden mächtigen pyramidenförmigen Mythen. Am Hauptplatz die festlich barocke *Pfarrkirche St. Martin* (1774), daneben ein Beinhaus von 1518. Gegenüber das *Rathaus* von 1645, 1891 mit Fassadenmalereien aus der Schweizer Geschichte geschmückt. Grosser Ratssaal; im kleinen Saal schönes Täfer- und Deckenschnitzwerk von 1655. Im dreistöckigen Turm südl. vom Rathaus befindet sich das *Kantonsarchiv*. Es zeigt den in lateinischer Sprache abgefassten ältesten Bundesbrief zwischen Uri, Schwyz und Unterwalden von 1291. Bemerkenswert ist auch das *Ital-Reding-Haus* von 1663, eine interessante Verschmelzung der traditionellen Bauernhaus-Architektur mit barocker Repräsentation, sowie das barocke *Palais von Weber* (1740) mit einer symmetrischen Gartenanlage. Oberhalb des Ortes liegt das kath. *Kollegium Mariahilf*. – Ein Bus verbindet Schwyz mit Brunnen (*Bahnhof* 7km, *Schiffstation* 8km; s. 5.1.).

Gr. Mythen*: Strässchen (*Bus*) nach 2km *Rickenbach* (586m; *Rest.*), einem Weiler am Südhang des Gr. Mythen. Von dort *Gondelbahn* zur *Holzegg* (1405m; *Rest.; WW* von Schwyz in 2h45). Weiter führt ein luftiger *BW* in 46 Kehren an der Ostseite des Bergstocks, zuletzt über einen schmalen Grat, in 1h15 zum Gipfel des *Gr. Mythen** (1898m; *Bergrest.*). Prächtige Aussicht auf den Bergkranz der Zentralalpen im S. und das bewaldete einsame Hügelland im N. mit dem Jura und Schwarzwald im Hintergrund.

Vorder Oberberg: Strässchen (*Bus*) über 2km Rickenbach (s. oben) und den Weiler *Uf Ibrig* (4km; 768m) auf den aussichtsreichen, gegen das Muotatal sanft abfallenden *Vorder Oberberg* (6km; 1153m; *Berggasthof*). Von dort angenehmer *WW* in 40min hinab in das nette Dörfchen *Illgau* (807m; s. 8.4.).

Stoos und Muotatal: s. 8.4.

Die Strecke wendet sich nach S. über die Ebene und überschreitet die Muota. – 40km *Brunnen* (s. 5.1.). – Mehrere Tunnels, dazwischen kurze Blicke auf den Urnersee. – 45km *Sisikon* (*Rest.*), am Ausgang des Riemenstaldner Tals. Auf der gegenüberligenden Seeseite das Dörfchen Bauen, l. dahinter der mächtige Urirotstock.

Riemenstaldnertal und Lidernenhütte: Ein enges Bergsträsschen (*Bus*) steigt in Windungen im engen Tal steil hoch nach 6km *Riemenstalden* (1028m; *Rest.*), ein nur im Sommer bewohnter Weiler mit einer schönen Kirche. Weiter etwas flacher nach 7km *Chäppeliberg* (1177m). – Von hier *Gondelbahn* zur *Lidernenhütte S.A.C.* (1727m), 25min unterhalb des malerischen *Spilauersees* (1837m). Die Hütte ist auch Ausgangspunkt eines *BW* auf den *Rossstock* (2460m) bzw. eines teilweise ausgesetzten *BW+* auf den schroffen Kalkgipfel *Kaiserstock* (2515m), je etwa 2h30.

Fussweg über die Höchi nach Muotathal: *WW* von *Chäppeliberg* (s. oben) in 1h auf den Sattel *Höchi* (1487m) mit schönen Alpweiden, dann hinab durch das *Bürgelital* in 2h10 nach *Muotathal-Hinterthal* (624m; s. 8.4.).

Die Bahn durchfährt den 3,5km langen *Axentunnel* und erreicht 51km *Flüelen-Altdorf* (s. 9.1.).

8.2. Kantonsstrasse Luzern–Flüelen

Die Kantonsstrasse führt von Luzern bis Küssnacht parallel zur Eisenbahn (s. 8.1.). Nun entlang des Vierwaldstättersees über Weggis, Vitznau und Gersau nach Brunnen (s. 5.1.). Weiter über die *Axenstrasse* am steilen Ostufer des Urnersees durch zahlreiche, in den Fels gesprengte Galerien und Tunnels; dazwischen prächtige Ausblicke. – *Sisikon* (s. 8.1.). – *Tellsplatte* (*Gasthof*), oberhalb der Schiffstation (s. 5.1.). Weiter hoch über dem See, durch Galerien und Tunnels nach Flüelen (s. 9.1.).

8.3. Autostrasse A12 Luzern–Flüelen

Die zwei-, oft dreispurige Autostrasse A12 beginnt beim *Kreisel Luzern-Süd* (s. 4.). – *Gütschtunnel.* – 2km *Anschluss Luzern-Reuss.* – Reussbrücke, *Brambergtunnel.* – 3km *Anschluss Luzern-Nord.* – Anstieg an der Nordseite des Dietschibergs. – 8km *Anschluss Adligenswil.* – 12km *Anschluss Haltikon-Küssnacht.* – Aussicht auf Rigi, Küssnachter- und Zugersee. – 15km *Anschluss Immensee.* – Am Fuss des Rigi den Zugersee entlang. – 22km *Anschluss Arth,* auf der Wasserscheide zwischen Zuger- und Lowerzersee. – Parallel zur Bahnstrecke durch die Trümmer des Goldauer Bergsturzes und nördlich um den Lowerzersee herum. – 30km *Anschluss Schwyz.* – Über die Muota-Ebene zum 33km *Anschluss Brunnen.* – Nach einem Tunnel mündet die A12 in die *Axenstrasse.* Weiter nach 47km Flüelen, s. 8.2.

8.4. Stoos und Muotatal

Die Muotatalstrasse steigt von Schwyz (s. 8.1.; *Bus*) durch Obstgärten und wendet sich östl. in die Waldschlucht der Muota. – 4km *Schlattli* (570m; *Parkplatz*). Von hier zieht eine 1,5km lange *Standseilbahn* (max. 77% Steigung) an der schroffen südl. Talwand zum **Stoos*** empor (1275m; *Kurhaus Stoos***, 2 Hotels**), aussichtsreiche grüne Bergterrasse am Nordosthang des Fronalpstocks. Viele schöne Spazierwege; *Skigebiet*.

*Fronalpstock** (1921m; *Bergrest.*): Vom Stoos mit *Gondelbahn*, oder auf *BW* über schöne Alpweiden in 2h. Prächtige Aussicht auf den Vierwaldstättersee in der Tiefe und die Zentralschweizer Bergwelt.

Klingenstock (1935m): *BW* entweder in 2h direkt südl. über Alpmatten; oder auf aussichtsreichem *BW+* vom Fronalpstock hinab zum *Furggeli* (1732m), dann etwas ausgesetzt südl. am Huserstock vorbei und längs der Krete in 1h50 zum Gipfel; Tiefblick ins Riemenstalder Tal.

Fussweg nach Morschach: s. 5.1.

Von Schlattli weiter über den Klingentobelbach, mit Wasserfällen. Das Tal erweitert sich zum **Muotatal**. – 5km Bergsträsschen (*Bus*) nach *Illgau* (807m; *Rest.*), einem Dörfchen auf einer mattenreichen südexponierten Terrasse (*WW* zum *Vorderen Oberberg*, s. 8.1.), danach l. der Fall des Bettbachs. – Über die Muota. – 12km *Muotathal* (610m; *2 Gasthöfe*), mit den Ortsteilen *Wil* und *Hinterthal*. In Wil das *Franziskanerinnenkloster St. Joseph* (1693) und die barocke *Pfarrkirche St. Sigismund und Walburga* (1793). Im Innern perspektivisch gesteigerte Tiefenwirkung durch abnehmende Höhe und Breite der Haupträume gegen den Chor. Reiche Stukkaturen und Deckenbilder.

*Höllochgrotten*** Diese Grotten unter dem gewaltigen Karstplateau im O. des Kantons Schwyz sind das grösste bekannte Höhlensystem der Welt. Von den mehr als 100km vermessenen Gängen und Hallen sind 3,5km im Eingangsbereich zugänglich. Die Grotten umfassen mehrere Niveaus; die höchsten Gangsysteme liegen auf etwa 1000m, die tiefsten gehen bis unterhalb 700m hinab. Der Karstwasserspiegel liegt normalerweise im vorderen Teil bei etwa 640m, kann aber nach einer Regenperiode um 100m ansteigen. Das gesamte Wasser des Höhlensystems tritt im ‚Schleichenden Brunnen', einer Stromquelle, 1km östl. von Muotathal, ans Tageslicht. – Vom Parkplatz beim Weiler *Stalden* (1km östl. von Hinterthal) führt ein bequemer *WW* durch die Schlucht des Höllbachs zum Eingang.

Nach Riemenstalden und Sisikon: s. 8.1.

Pragelpass: Ein Strässchen (*Alpentaxi*) führt am Hölloch vorbei, steigt durch Wald im Tal des Starzlenbaches hoch auf die *Alp Chrüz* und endet in 6km *Fruttli* (1215m; *Rest.;*

Parkplatz). – Von hier *WW* unterhalb der markanten Kalkfluh *Druesberg* über die bächereiche *Alp Gutental* (1300m) und über saftige Weiden in 1h20 zum *Pragelpass* (1548m), einem unscheinbaren Sattel unter dem Karstgipfel *Silberen*. Ein *BW* führt jenseits des Passes in 35min an der linken Talseite zum Aussichtspunkt *Saas*, wo der tief unter der Nordwand des Glärnisch eingebettete blaugrüne *Klöntaler See* sichtbar wird.

Glärnisch: Vom Pragelpass aus wird gelegentlich der *Glärnisch* in den Glarner Alpen bestiegen (2915m; anspruchsvolle 3-Tages-*HT* mit Biwak; nur unter ortskundiger Führung). Der Zugang erfolgt über die *Silberenalp* im O. des Silberen und die weglosen steilen Almen am Südende des tiefeingeschnittenen obersten Klöntals.

Zum grossen Karstplateau: Von *Fruttli* (s. oben) zieht ein *BW* durch den urtümlichen Fichtenwald *Bödmeren*, mit seinen Dolinen und anderen Karstformationen. Weiter über wasserlose Alpmatten; das Oberflächenwasser versickert in das Grottensystem des Hölloch. Am Roggenstöckli vorbei in 1h30 zur *Alp Bödmeren* (1632m). Die ausgedehnten Kalkschratten im O. mit den Karstgipfeln Silberen und Pfannenstock sind äusserst unübersichtlich und sollten nur mit kundigen Begleitern begangen werden. Weiter nach S. in 40min zu den Hütten von *Torstöckli* (1700m), in grossartiger Einöde. Nun nach W. über die Alpen *Ober Saum* (1509m), mit Tiefblick ins Bisistal, und *Ober Gschwänd* (1426m) in 2h zurück nach Fruttli.

Über den Kinzigpass nach Spiringen (anstrengend!): *BW* auf dem r. Ufer im tiefeingeschnittenen *Hürital* aufwärts an den Hütten von *Lipplisbüel* (1185m) vorbei zur *Alp Wängi* in einem tiefen Trogtal (1428m). An seinem Ende mühsam über ausgedehnte Alpweiden in 4h30 zur Passhöhe *Kinzig Kulm* (2073m), mit überraschender Sicht auf die Urner und Unterwaldner Alpen. Anfangs steil hinab, dann flacher über die *Gisleralp* in 1h10 nach *Tristel* (1554m; *Berggasthaus*). Von hier mit *Gondelbahn* – oder zu Fuss in 1h40 – nach *Spiringen* (923m; s. 9.5.).

Die Fahrstrasse (*Bus*) führt im engen Tal der Muota, nun **Bisistal** genannt, weiter aufwärts nach 6km *Dürenboden* (853m) und endet in 10km *Sali* (1146m; *Gasthof; Parkplatz*) zuhinterst im engen Tal.

Glattalp*: Gondelbahn (*BW* in 2h) zur *Glattalphütte S.A.C.* (1894m), einsam auf der weiten *Glattalp** gelegen (nur partiell beweidet). 15min östl. der blaue, von mächtigen Felsketten eingerahmte *Glattensee* (1851m).

Ortstock: *BW+* von der Glattalphütte am Glattensee vorbei und steil über Schutthalden ansteigend in 2h30 zum Sattel *Furggeli* (2394m), dann noch 1h in leichter Kletterei bis zum Gipfel des *Ortstocks* (2716m). Höchst lohnende Rundsicht auf die einsame Bergwelt des hintersten Glarnertals mit Clariden, Tödi, Biferten- und Hausstock.

Vom Bisistal nach Unterschächen (anstrengend!): *BW* von Sali (s. oben) in 1h20 zur *Unteren Stafelalp* (1499m) und weiter über die ausgedehnte *Ruosalp* in 2h zur Passhöhe *Ruosalper Kulm* (2177m). Gegenüber ragen die eindrücklichen Wände der Windgällen, des Schärhorns und des Clariden in den Himmel. Nun steil hinab über die Alpen *Heidmanegg* (1862m), *Misburg* und *Schluecht* (1460m; *Beginn eines Strässchens*) in 2h20 nach *Unterschächen* (999m; s. 9.5.).

9. Von Luzern zum Gotthardpass II. Kanton Uri

9.1. Eisenbahn und Kantonsstrasse Flüelen–Göschenen

Flüelen-Altdorf (51km von Luzern; *Schiffstation*, s. 5.1.). **Flüelen** (*H. Urirotstock**, Hotel**) liegt 1km östl. des breiten, auenreichen Deltas der Reuss in den Urnersee. Die barocke Pfarrkirche und das Schlösschen *Rudenz*, beide aus dem 17. Jh., sind besuchenswert.

Über Eggbergen* nach Spiringen: Gondelbahn auf die aussichtsreiche *Alp Eggbergen** (1447m; *Berggasthaus; Skigebiet*). Von hier prachtvolle, lange Höhenwanderung auf einem *BW* entlang der Südflanke der Rossstock-Kette über 1h *Butzli* (1740m) und die Alpen *Ruegig, Mättental* (1721m), *Unter Gisler* und *Rietlig* in 3h30 nach *Tristel* (1554m; s. 8.4.; *Gondelbahn* nach *Spiringen*, s. 9.5.).

3km südlich von Flüelen liegt **Altdorf*** (436m; *Bus; H. Goldener Schlüssel**, H. Tell**, Hotel**), Hauptort des Kantons Uri, mit 3.690 Ew., im flachen, von hohen Bergen umgebenen Reusstal an der Einmündung des Schächentals. Nach einem 1799 durch einen Föhnsturm angefachten verheerenden Stadtbrand wurde es mehrheitlich in den alten Formen wiederaufgebaut. Auf dem Tellplatz das 1808 erbaute *Rathaus* und ein mittelalterlicher Turm mit Wandmalereien von 1693; davor das *Telldenkmal*. Mehrere Häuser im Zentrum zeigen den Stil des 16. oder 17. Jh. Hinter dem Tellplatz das 1925 eröffnete *Tellspielhaus*, in dem im Sommer *Schillers* ,Wilhelm Tell' von Laienspielern aufgeführt wird. An der Gotthardstrasse das *Historische Museum* des Kantons Uri. Schöner Blick auf den Ort und das Reusstal vom ehemaligen *Kapuzinerkloster*, 5min vom Tellplatz am Berghang unterhalb des vor Steinschlag schützenden Bannwalds gelegen. Südl. vom Ort der *Landsgemeindeplatz* und das *Frauenkloster St. Karl* von 1677, das 1799 von der grossen Feuersbrunst verschont wurde.

Seedorf: Weiler auf der westl. Talseite mit dem Frauenkloster *St. Lazarus* von 1686. Die barocke *Klosterkirche* besitzt eine Kuppel im italienischen Stil, sowie plastisch hervortretende Stukkaturen, die der kleinen Kirche ein monumentales Gepräge verleihen. In der Ebene gegen den See das Schlösschen *A Pro*, errichtet 1558 von einem reichen Handelsherrn, mit dekorativen, zinnenbekränzten Mauern und Wassergraben.

Isenthal*: Bergstrasse (*Bus*) über Seedorf (s. oben), dann allmählich im Wald steil ansteigend und durch einen 1,2km langen Tunnel (*durch Ampeln gesteuert*) zu den Matten des Isentals und nach 12km *Isenthal**, inmitten steiler Berge an der Mündung des Kleintals idyllisch gelegen (770m; *Hotel**).

Von Isenthal nach Oberrickenbach: Strässchen und *BW* westl. in 45min nach *St. Jakob*, von dort mit *Gondelbahn* (oder auf *BW* in 1h45) zur *Alp Gitschenen* (1546m;

Berggasthaus). Weiter in 1h30 zum *Sinsgäuer Pass* (1913m) und dann entweder direkt in 2h30 nach *Oberrickenbach* (894m; s. 10.1.) oder in 1h30 zur *Chrüzhütte* (1718m; s. 10.1.), herrlich oberhalb der Bannalp gelegen (*Gondelbahn* nach Oberrickenbach).

Schwalmis und Brisen: *BW* von *Gitschenen* (s. oben) je ca. 3h (s. 5.1.).

Urirotstock: Von *St. Jakob* (s. oben) *BW* bis zum Ende des Grosstals, dann l. hoch durch Wald und über Matten in 2h10 zur *Urirotstockhütte S.A.C.* (1695m). Von hier **HT** über Rasenhänge und Schutthalden, später den Blümlisalpfirn entlang zur Schneide gegen das Kleintal. Nun nordwestl. über den Grat in 4h15 zum Gipfel (2929m). Das grandiose Panorama umfasst die ganze Alpenkette vom Säntis- und Berninamassiv bis zu den Berneralpen; zu Füssen, 2500m tiefer, der Vierwaldstättersee und das Urner Reusstal; im N. die Urwälder des Schweizer Mittellands mit ihren Seen und dahinter Jura, Schwarzwald und Vogesen.

Schattdorf und Haldi: Strasse von Altdorf nach 3km *Schattdorf*, schönes Dorf am Nordhang des Hoch Fulen. *Gondelbahn* zur sonnigen *Alp Haldi* (1082m; *Berggasthof Sodberg*, 1224m). Ausgangspunkt von *BW+* zum *Bälmeten* (2415m) und zum *Hoch Fulen* (2506m), hoch über dem Reusstal, je ca. 4h.

Schächental: s. 9.5.

Die Eisenbahn zieht von Flüelen mitten durch das breite Reusstal (die Kantonsstrasse führt über Altdorf). Südl. im Talausschnitt die Pyramide des Bristenstocks, r. die schroffen Wände des Gitschen, l. Bälmeten, dahinter die Windgällen. – 56km *Attinghausen*, Dorf am l. Reussufer, mit gleichnamiger Burgruine (*Rest.*; *Gondelbahn* nach *Brüsti*; von dort über den *Surenenpass* nach *Engelberg*; s. 10.2D.). – 61km **Erstfeld** (*Gasthof*), Dorf beidseits der Reuss, an der Mündung des Erstfelder Tals, aus dem die Zacken der Spannörter und der Schlossberg mit seinem Gletscher herabblicken.

Erstfelder Tal: Alpsträsschen (*Alpentaxi*) im Tal des Alpbachs hoch bis zu den Hütten von *Sagerberg* (786m; *BW* in 1h15; *Parkplatz*). Weiter *BW* über die Alpen *Bodenberg* und *Sulzwald* (1138m) nach *Schattig Boden* (1472m; 2h15), ganz im Talhintergrund, unterhalb des mächtigen Schlossbergs. Weiter ansteigend zum Fuss der südl. Talwand, dann nach O. durch Felsen zum *Fulensee* und in 1h30 zur *Kröntenhütte S.A.C.* (1903m), unweit des *Obersees*. Sie ist ein Stützpunkt für folgende **HT**:

Krönten (3107m), 4h; einzigartige Aussicht.

Gr. Spannort (3198m), 5h, über den *Glattenfirn*; Abstieg nach *Engelberg* (s. 10.2D.).

Spannorthütte: Prächtige Gletschertour über den Glattenfirn und die *Schlossberglücke* (2626m) in 5h30 zur *Spannorthütte*. – Hinab nach Engelberg: s. 10.2D.

Das Reusstal verengt sich. Bahn und Strasse beginnen zu steigen und passieren das von Obstbäumen umgebene Dorf *Silenen* mit der barocken *Pfarrkirche St. Albin*, l. in erhöhter Lage auf einer Terrasse errichtet. – 65km *Amsteg-Silenen* (544m; *Rest.*). Etwas weiter an der Gotthardstrasse

(*Bus*) auf einem Felshügel die Ruine *Zwing-Uri*. Nach 2km folgt an der Strasse **Amsteg** (525m; *2 Hotels**), in geschützter Lage an der Mündung des *Maderanertals*, dem der Chärstelenbach entströmt (eindrücklich der hohe Eisenbahnviadukt). Am Dorfende, nach der Chärstelenbachbrücke, *Kraftwerk Reuss III*.

Maderanertal: s. 9.6.

Spaziergang auf dem alten Gotthardsaumweg: *WW* am r. Reussufer in 1h nach *Ried* (684m) und *Meitschlingen*, mit Kapelle.

Arnisee: *BW* in 3h auf der westl. Talseite durch Wald hinauf zum *Arnisee* auf der Terrasse des *Arnibodens* (1368m; *Gasthof*). Zum Arniboden gelangt man auch unter Benützung der Bahn nach *Intschi* (s. unten) und von dort mit einer *Gondelbahn*.

Nach Bristen: *BW* durch Wald, hoch über dem Chärstelenbach nach *Frentschenberg* (816m; 1h); nun leicht abwärts in 15min zum malerischen Dörfchen *Bristen* im unteren Maderanertal (771m; *Gasthof*; s. 9.6.).

Über den Seewligrat nach Unterschächen (anstrengend!): Von *Silenen* (s. oben) mit *Gondelbahn* zum *Chilcherberg* (1155m). Nun auf *BW+* steil über die *Riedersegg* zur 2h30 *Seewlihütte S.A.C.* am *Seewlisee* (2031m), über dem die Gr. Windgälle mächtig aufragt. Weiter in 40min zum *Seewligrat* (2245m); hinab ins *Griesstal* in 2h zur prächtigen *Brunnialp* (1395m) und durch das Brunnital nach *Unterschächen* (1h15; s. 9.5.).

Nach einem kurzen Tunnel überquert die Bahn die Mündung des Maderanertals in 50m Höhe und umgeht den Lawinenhang des Bristenstocks in einem weiteren Tunnel. Viadukt über die Reuss. – 70km *Intschi* (s. oben). Weiter im tief eingeschnittenen Reusstal; auf der östl. Talseite die Autostrasse A12. Die steilen Bergwälder schützen das Tal und seine Verkehrsadern vor Lawinen und Steinschlag. Besonders gefährdete Stellen sind durch Lawinenverbauungen gesichert. – 73km **Gurtnellen** (741m; *Rest.*), mit Granitbrüchen.

Über die Fellilücke zum Oberalppass: Vom Bahnhof 15min auf der Gotthardstrasse talwärts, dann *BW* r. hoch durch Wald zur *Alp Felliberg* (1h15); weiter im einsamen Fellital empor in 1h15 zur *Fellihütte S.A.C.* (1510m; über die *Pörtlilücke* ins *Etzlital*, s. 9.6.). Nun über die *Alp Obermatt* (1838m; 1h10) und mühsam durch ein enges Trogtal steil hoch zur *Fellilücke* (2476m; 2h); hinab in 45min zum *Oberalppass* (s. 9.3.).

Die Bahnstrecke gewinnt im 1,5km langen *Pfaffensprung*-Kehrtunnel an Höhe. Links unten *Kraftwerk Reuss II* und der 32m hohe Pfaffensprung-Fall. Weiter über die Meienreuss, voraus auf einem Hügel die Kirche von Wassen. Am r. Reussufer durch den 1,1km langen *Wattinger* Kehrtunnel zurück in nördl. Richtung. – 82km **Wassen*** (931m; *Hotel**), an der Mündung des Meientals. Von der Terrasse der hochgelegenen, 1734 erbauten

Pfarrkirche geniesst man einen schönen Blick talauf- und talabwärts.

Durch das Meiental zum Sustenpass und zur Sustlihütte: Strässchen (*Bus*) hinauf zu den nur im Sommer bewohnten Weilern *Meien-Dörfli* (5km; *Rest.*) und *Färnigen* (8km, 1454m; *Gasthof*). – Nun *WW* in 40min zur Brücke über den von N. zuströmenden Gorezmettlenbach (von hier weiter zum *Sustenpass*: s. 12.2.). Von der Brücke führt ein *BW* den Hang hoch in 2h zur herrlich gelegenen *Sustlihütte S.A.C.* (2257m), Ausgangspunkt für Besteigungen in der Grassen-Fünffingerstock-Kette.

Die Bahn führt zunächst nach N. über die 2. Meienreussbrücke und wendet sich dann durch den 1,1km langen *Leggistein*-Kehrtunnel nach S. zurück. Ein drittes Mal über die Meienreuss, l. unten Wassen mit der Kirche. Es folgt der 1,6km lange *Naxbergtunnel* und schliesslich eine Brücke über die Göschener Reuss (r. im Talhintergrund der prächtige Dammafirn). – 89km **Göschenen** (1107m; *2 Hotels**), am Eingang des Gotthardtunnels, in malerischer Lage an der Vereinigung der aus der Schöllenenschlucht kommenden Reuss (*Kraftwerk Reuss I*) mit der Göschener Reuss. Auf dem Friedhof ein Denkmal des Tunnelerbauers *Louis Favre*, der 1879 während der Bauarbeiten einem Schlaganfall erlag. 2km talabwärts die schöne ‚Alte Zollbrücke' über die Reuss aus dem 16. Jh. Daneben der ‚Teufelstein', ein gewaltiger sagenumwobener Granitblock.

Bergweg durch die Schöllenenschlucht nach Andermatt: 1h30, s. 9.3.
Göscheneralp: s. 9.7.

Die Eisenbahn überquert die Reuss und passiert den 14,9km langen *Gotthardtunnel* (*2 separate Röhren*), nach dem Apennintunnel der zweitlängste der Welt. – 105km *Airolo* (s. 23.1.).

9.2. Autostrasse A12 Flüelen–Göschenen

Am Ende der Axenstrasse, kurz vor *Flüelen* (46km von Luzern), beginnt ein weiteres Teilstück der A12. – 48km *Anschluss Flüelen-Süd*. – 53km *Rasthof Uri*, im breiten Reusstal. – 55km *Anschluss Erstfeld*. – Westl. an Erstfeld vorbei. – 63km *Anschluss Amsteg*, an der Mündung des Maderanertals. Nun im enger werdenden Reusstal aufwärts, meist auf der östl. Talseite; viele Tunnels und Lawinenschutzgalerien. – 63km *Anschluss Wassen*, am Ausgang des Meientals. – 67km *Kreisel Göschenen*.

Autoverlad durch den Gotthard-Eisenbahntunnel (nur im Winter): von 6h bis 19h30 alle 30 Min., dann stündlich bis 22h30 (keine Reservation).

9.3. Von Göschenen über den Gotthardpass nach Airolo

Der Gotthardpass ist seit der Gangbarmachung der Schöllenenschlucht im 12. Jh. der wichtigste Übergang zwischen der Zentral- und der Südschweiz. Heute wird er von einer gut ausgebauten Bergstrasse überquert (bergwärts z.T. mit Fahrradspur). Busverkehr im Sommer über den Pass, im Winter nur bis Hospental. Von November bis Mai Wintersperre zwischen Hospental und Airolo; dann Autoverlad auf der Eisenbahn (s. 9.2.).

Die Gotthardstrasse (*BW* unweit der Strasse) steigt zwischen den jähen Granitwänden der Felsschlucht **Schöllenen*** am r. Ufer der tosenden Reuss in Kehren bergan, z.T. in Lawinenschutzgalerien. Über die Sprengibrücke auf die westl. Talseite und in weiteren Serpentinen zur neuen *Teufelsbrücke* (1405m; *Parkplatz*). Eindrücklicher Blick hinab auf die alte Saumpfadbrücke von 1830 (jetzt *Fussweg*) und die wilde Reuss, die hier einen 30m hohen Fall bildet. – Jenseits des *Urnerlochs*, eines 1707 geschaffenen, später erweiterten Felsdurchbruchs, beginnt das weite, an den Hängen von schönem Nadelwald bedeckte *Urserental*, das von hohen, oft schneebedeckten Bergen umgeben ist. Getreide gedeiht auf dieser Höhe nicht mehr; der Winter dauert sieben Monate.

6km **Andermatt*** (1435m; *Hotel Bellevue Palace***, H. St.-Gotthard**, H. Monopol**, 2 Hotels*, Ferienwohnungen*), wird als Sommer- und Winterferienort besucht. Das Ortsbild mit seinem schönen Rathaus und vielen Häusern aus dem 18. und 19. Jh. ist sehr malerisch. Die barocke Pfarrkirche (1696) wurde in der Rokokozeit neu ausgestattet. Das spätgot. Kirchlein *St. Columban* an der Bergwand wurde schon 766 erwähnt. Bei der Kapelle *Mariahilf* (1742), 5min oberhalb der Reussbrücke, bietet sich ein guter Überblick über das Dorf und die Talschaft.

Grätli* (2362m; *Rest.*): *Gondelbahn* (oder *BW* in 3h) steil den Südhang hinauf; Wetter- und IT-Station; *Skibetrieb.*

Über den Oberalpsee zum Oberalppass: Mit der *Grätlibahn* (s. oben) zur Mittelstation *Nätschen* (1817m; zu Fuss in 1h20). Weiter *BW* über die *Oberalp* und entlang des Nordufers des *Oberalpsees* in 50min zum *Oberalppass* (2044m; *Berggasthaus*). Dieser trennt die Zentralschweiz von dem seit dem Mittelalter nicht mehr besiedelten Rätien; in das weglose Vorderrheintal hinab wagen sich nur selten Besucher.

Vom Grätli zum Oberalppass: Vom Grätli *BW* fast ebenen Weges am aussichtsreichen Südhang über den *Lutersee* in 1h zur *Fellilücke* (2476m; s. 9.1.); von dort in 45min hinab zum *Oberalppass.*

Über die Unteralp zum Gemsstock: Von Andermatt *BW* im Tal der Unteralpreuss in 2h zur *Unteralp* (2020m; *Berggasthaus*). Im Bach eine Wasserfassung für das Kraftwerk *Ritom* (s. 23.3.). Von der Unteralp **HT** über Alpmatten und Geröll in 3h20 zum

Gemsstock, dem Andermatter Hausberg (2962m).

Vom Oberalppass über den Maighelspass zur Unteralp: *BW* nach S. über unbeweidete Alpen in 1h zum *Tomabach*, einem Rheinzufluss. Nun in leichter Steigung über einen Sattel in das einsame *Maighelstal*; weiter nach S. in 1h30 bis zu einer Weggabelung (2373m). Von hier r. in 20min zum *Maighelspass* (2420m); dahinter steil hinab zur *Unteralp* (1h; s. oben).

Von der Unteralp über Maighels- und Bornengopass zur Cadlimohütte: *BW+* von der Unteralp in 1h30 auf den *Maighelspass* und weiter zur oben beschriebenen Weggabelung (2373m). Hier südl. in totaler Bergeinsamkeit in 50min zum *Bornengopass* (2630m). Jäh hinab zum *Pian Bornengo* (2350m; 45min), dann ebenso steil wieder hoch in 1h zur *Cap. Cadlimo* in den nördlichsten Tessiner Bergen (2570m; s. 23.1.).

Von der Unteralp zum Gotthardpass: *BW+* im Tal weiter nach S., dann über Alpweiden ansteigend in 2h40 zum *Sellapass* (2700m). Von hier in 15min auf den *Giübin* (2776m), mit fantastischem Tiefblick in das Bedrettotal. Nach W. absteigend in 1h20 zur *Alpe della Sella,* mit herrlichem See (2231m) und in weiteren 45min zum *Gotthardhospiz* (2091m; s. unten).

9km **Hospental*** (1470m; *H. Goldener Löwe**, 2 Gasthöfe*), mit 1711 fertiggestellter Kirche, prächtigen alten Holzhäusern und Resten einer ehem. Ritterburg, wird als Sommerfrische besucht. – *Furkapass*, s. 9.4.

Saumpfad über den Gotthardpass nach Airolo: *BW* l. von der Strasse und der Starkstromleitung (der einzigen über einen Alpenpass!), neben der Gotthardreuss durch Alpenrosengebüsch das öde Tal hinauf; über *Mätteli* in 1h30 zum *Brüggloch* (1904m; Grenze Uri-Tessin), weiter über die *Alpe di Rodont* in 1h zur *Passhöhe* (2107m) und zum *Gotthard-Hospiz* (2091m; s. unten). Nun weitab von der Strasse steil hinab in das *Val Tremola* und an den Hütten von *Motto Bartola* vorbei (s. unten, Aussicht ins Bedrettotal und die Leventina) in 2h30 nach *Airolo* (1142m; s. 23.1.).

Galenhütte: *BW* an der nördl. Bergflanke durch Nadelwald empor in 1h40 zur *Mutteregg* (1960m). Dann auf fast ebenem Weg oberhalb der Waldgrenze in 1h30 zum *Lochbergbach* (2018m); weiter nach W. über die *Ochsenalp* und r. hoch über einen Bergrücken in 1h50 zur *Galenhütte S.A.C.* (2539m; s. 9.4.).

Über die Gatscholalücke zum Gotthardpass: s. unten.

Die Gotthardstrasse zweigt am Ortsende von der Furkastrasse l. ab und steigt das kahle Tal der Gotthardreuss empor. Durch das Guspistal l. wird der Pizzo Centrale sichtbar. – 13km *Mätteli*, am Fuss des Winterhorns. – Es folgen die Kantonsgrenze und die flache *Alpe di Rodont*. – 19km Passhöhe **St. Gotthard** (2107m); Granitlandschaft mit kleinen Seen und Gletscherschliffen. – 20km *Hospiz St. Gotthard* (2091m; *Berggasthof*).

Sellasee* (2231m) auf *BW* 45min östl., oder **Lucendrosee** (2077m), auf *BW* 35min westl. erreichbar, beide höchst eindrücklich in ihrer Bergeinsamkeit.

Pizzo Centrale, HT: Hinauf in das Sellatal, dann l. hoch über Matten, Geröll und Schneefelder in 3h30 zum Gipfel (2999m). Die Aussicht, von überraschender Pracht, umfasst alle Hauptgebirgsstöcke der Schweiz.

Pizzo Lucendro, HT: Vom Lucendrosee (s. oben) steigt man über die öde *Alpe di Lucendro* und den spaltenlosen *Lucendrofirn* in 3h30 zur felsigen Spitze (2962m). Aussicht ebenso fantastisch wie vom Pizzo Centrale.

Über die Gatscholalücke nach Hospental: *BW* vom Lucendrosee (s. oben) r. hoch über die Alpen *Orsino* und *Orsirora* (mit mehreren idyllischen Seen) zur *Gatscholalücke* (2527m; 2h). Dann über die aussichtsreiche, einsame *Isenmansalp*, am Schluss steil hinab durch Alpenrosen und Bergwald nach *Hospental* (3h30; s. oben).

Nach Airolo durch das Val Tremola: s. oben.

Nach Airolo über die Alpe di Pontino: Auf dem Sellaweg nach 25min r. fast eben auf *BW* über Alpweiden um den *Passo Scimfuss* herum zur *Alpe die Pontino* (2120m; 1h), mit herrlichem Tiefblick in die Leventina. Nun auf schönem Aussichtsweg östl. entlang der Berglehne, dann über Alpweiden hinab zum Weiler *Pontino* (1880m); schliesslich steil durch Wald in 2h50 talwärts nach *Airolo* (1142m, s. 23.1.).

Die Gotthardstrasse (*separater Fahrradweg*) senkt sich an der Lehne des Felskopfs Fibbia durch Galerien und Tunnels auf die *Alpe di Fieud* (*Rest.*) mit überraschendem Tiefblick ins Tessintal. Sie führt nun weit nach W. gegen das Bedrettotal, wendet sich dann nach O. bis zum Ausgang des Val Tremola. – 27km *Motto Bartola*. – 33km *Airolo* (s. 23.1.).

9.4. Von Hospental über den Furkapass nach Gletsch

Der Furkapass und die Strasse durch das Goms, d.h. die Strecke Hospental–Gletsch–Fiesch (Bus) ist nur von Mitte Juni bis Oktober offen.

Die Furkastrasse führt von Hospental (s. 9.3.) fast eben durch das westliche *Urserental*. Bis zum späten Mittelalter war auch diese Region besiedelt, doch die allmähliche Entwaldung der Berghänge führte immer häufiger zu Lawinenkatastrophen. Eine Entvölkerung der Talschaft war die Folge. Im Verlauf der späteren Jahrhunderte hat sich jedoch – z.T. gefördert durch planmässige Aufforstung – wieder eine dichte Bewaldung der Hänge eingestellt. – 6km *Realp* (1537m; *Rest.*), Weiler mit einigen Hütten und den Mauerresten des verschwundenen Dörfchens.

Pizzo Rotondo, HT (schwierig!): Von *Realp* südl. über die einsamen Alpen des *Witenwasserentals* (kaum beweidet) in 3h45 hoch zur *Rotondoklause S.A.C.* (2567m). Über den *Witenwasserengletscher*, den gleichnamigen Pass und den *Gerengletscher* auf den *Rotondopass* im SW. des Berges. Nun Kletterei über Geröll, Felsen und Schnee in 4h zum Gipfel (3192m), dem höchsten der Gotthardgruppe. Eindrückliche Rundsicht über das menschenleere Bedrettotal und die einsame Bergwelt der Gotthardregion. – Abstieg vom Rotondopass über Firn, Geröll und Matten, unterhalb von 2000m steil durch Wald, in 3h45 nach *All' Acqua* im Val Bedretto (1612m; s. 23.1.).

Die Strasse steigt in vielen Kehren bergan, mit schönem Rückblick über das Urserental bis zum Oberalppass. – 12km **Ebnetenalp** (1998m; *Rest.*).

Galenhütte: BW in 1h50 über die *Ebneten-* und *Ochsenalp* auf einen Bergrücken, an dessen Nordende die *Galenhütte S.A.C.* (2539m) liegt, hoch über dem zerklüfteten *Tiefengletscher*, der sich hier in zwei Zungen teilt. – Von der Hütte **HT** in 5h auf den *Galenstock* (3586m): über den *Sidelengletscher*, den *Galensattel* (3113m) und den Südgrat. – **HT** über die *Lochberglücke* zur *Göscheneralp*, s. 9.7.– **HT** über den *Tiefensattel* und die *Triftlimmi* zur *Trifthütte*, s. 12.2. – BW nach *Hospental*, s. 9.3.

Die Strasse überschreitet das Tiefentobel und steigt über Alpweiden am aussichtsreichen Südhang empor; r. oben der Tiefengletscher. – 19km **Furkapass** (2429m; nach dem Grossglockner der zweithöchste Strassenpass der Alpen), auch im Sommer selten ganz schneefrei. Die Furka ist ein nach beiden Seiten scharf abfallendes Joch zwischen dem Blauberg im S. und dem Furkahorn im N. Es bildet die Grenze zwischen den Kantonen Uri und Wallis. Die Aussicht umfasst nach NO. das Urserental, nach W. die Berner Alpen mit dem Finsteraarhorn und die Walliser Alpen bis zum Weisshorn.

Kl. Furkahorn, BW (3025m) 2h nördl., prächtiger Aussichtspunkt.

Die Strasse führt am Südhang zunächst mässig, dann in zwei Kehren stärker bergab, mit überraschendem Blick auf den wilden Absturz des **Rhonegletschers****. – 21km *Berghotel Rhonegletscher*** (2269m), weltweit die einzige Stelle, an der eine Autostrasse einem Gletscher so nahe kommt. 10 min oberhalb das *Känzeli* mit Blick auf das weite Einzugsgebiet des Gletschers im N. Im Gletscher eine begehbare künstliche Eisgrotte.

Über den Rhonegletscher zum Grimselpass (*BW+*, über den Gletscher markiert): Oberhalb des Abbruchs westl. über den Gletscher, dann über Felsplatten und Gletscherschliffe hinauf in 1h30 zu einem Seelein auf dem *Nägelisgrätli* (2660m), mit Aussicht auf Galenstock, Berner und Walliser Alpen; hinunter nach SW. den felsigen Abhang des Grätlis entlang in 1h10 zum *Grimselpass* (s. 12.1.).

Galenstock, HT (3586m): über *Rhonegletscher*, *Galensattel* (3113m) und den Südgrat in 5h auf den Gipfel; grossartige Aussicht. – Abstieg zur *Galenhütte*, s. oben.

Dammastock, HT (3630m) und *Tieralplistock* (3382m): beide nur auf beschwerlichen Touren über das ausgedehnte Einzugsgebiet des Rhonegletschers in 6h bzw. 5h zu besteigen (s. 9.7., 12.1. & 12.2.).

Die Furkastrasse führt in Serpentinen talwärts, überquert den Muttbach, der weiter unten im Rhonegletscher verschwindet und führt am südlichen Talhang bergab, mit überwältigendem Blick auf den gewaltigen Abbruch des Gletschers und seine mächtige Zunge, die den ganzen Talboden bedeckt. Am Hang gegenüber die Kehren der Grimselstrasse. Nach einigen weiteren Spitzkehren erreicht die Strasse nach 29km die Häuser von *Gletsch* (1757m; *Hotel**). Hier mündet von N. die Strasse vom Grimsel (s. 12.1.). Gletsch liegt nur etwa 300m vor dem Ende des Rhonegletschers (eindrückliches Gletschertor). Durch sein Vorrücken in den letzten Jahrzehnten ist diese wichtige Strassengabelung gefährdet und muss möglicherweise talwärts verlegt werden. – Weiter via Goms nach Brig, s. 18.1.

9.5. Schächental

Die Strasse von Altdorf (s. 9.1.) in das **Schächental*** (*Bus* bis Unterschächen) erreicht nach 2km *Bürglen* (552m; *Gasthof*), als Heimat *Wilhelm Tells* genannt. Efeuumrankter *Meierturm*, quadratischer *Wattigwilerturm*, gegenüber das mächtige *Haus in der Spielmatt* von 1609. Tellskapelle von 1582, Pfarrkirche von 1684, besonders malerisch ihre Ostseite. – Weiter im Tal des wilden Schächenbachs empor. Mehrere Spitzkehren. – 9km *Spiringen* (923m; *Gasthof*). Von hier *Gondelbahn* über Bergmatten zur *Alp Tristel* (1554m; *Berggasthaus*), hoch am Südhang der Rossstockkette gelegen (nach *Eggbergen*, s. 9.1., nach *Muotathal* über den *Kinzigpass*, s. 8.4.). – 13km **Unterschächen** (999m; *Hotel Klausen***, *Hotel**), ruhige Sommerfrische an der Mündung des malerischen Brunnitals, aus dem der Gr. Ruchen mit seiner mächtigen Nordwand herabblickt.

Brunnialp: BW durch das *Brunnital* in 1h40 zur prächtigen *Brunnialp* (1395m), anschliessend r. auf die 45min aussichtsreiche Terrasse der *Sittlisalp* (1650m). Von dort auf sehr steilem *BW+* durch Felsflühen in 1h30 nach *Unterschächen* zurück.

Klausenpass: Alpsträsschen (*Alpentaxi*) über das herrlich gelegene *Urigen* (1276m; *Rest.*; Panorama von den Windgällen über Ruchen und Schärhorn bis zum Clariden) nach *Schluecht* (1460m; *Parkplatz*). – Nun steiler *BW* in 45min zum Weiler *Misburg* (1621m), dann etwas flacher, immer hoch am Südhang über die *Heidmannegg* (1862m) in 1h20 zur *Alp Balm*. In weiteren 40min erreicht man den *Klausenpass* (1948m; Aussicht beschränkt; 600m in der Tiefe der einsame *Urnerboden*). Alternativer Rückweg von der Alp Balm die steile Balmwand hinab in 40min zur *Alp Äsch* (1238m) mit dem fast 100m hohen *Stäubifall*, und in 1h nach *Unterschächen*.

Über Ruosalper Kulm nach Bisistal: s. 8.4.
Über den Seewligrat nach Silenen: s. 9.1.

9.6. Maderanertal

Eindrückliche Rundtour, grösstenteils zu Fuss, durch eines der schönsten bewohnten und bewirtschafteten Alpentäler, mit einigen Unterkunftsmöglichkeiten. Der Gepäcktransport wird mit Mauleseln organisiert.

Von Amsteg (s. 9.1.) wendet sich die schmale Bristenstrasse (*Bus*) unter dem Bahnviadukt hindurch in das prächtige, vom Chärstelenbach durchströmte **Maderanertal****. Über Spitzkehren geht es hinauf zur Kapelle *St. Anton*, dann über obstbaumbestandene Matten nach 4km *Bristen* (771m; *Gasthof*; s. 9.1.). Am Ende des Dörfchens über den Chärstelenbach. Gleich danach ein im 17. Jh. zur Verarbeitung des hier gewonnenen Eisenerzes errichteter Schmelzofen. – 5km r. Abzweig ins Etzlital.

Etzlital: *BW* im wilden, einsamen Tal am schönen Etzlibachfall vorbei zum *Etzliboden* (1275m; 1h45), einer Talweitung. Nun steil bergauf über die Hütten von *Rossboden* und *Gulmen* (1896m) in 2h45 zur *Etzliklause S.A.C.* (2051m), in einsamer Bergszenerie. Von hier werden der *Mittelplattenpass* (2484m) und der *Chrüzlipass* (2345m), beide an der Grenze zu Rätien, in 1h30 bzw. 1h10 problemlos erstiegen. Schwieriger sind **HT** auf den *Sunnig Wichel* (2910m) und den *Schattig Wichel* (3096m) am Talschluss im SW. – Ein selten begangener *BW* führt nach W. am idyllischen *Spillauisee* vorbei über die *Pörtlilücke* (2505m) in insgesamt 2h45 zur *Fellihütte* im Fellital (s. 9.1.).

Das Strässchen überschreitet wieder den Bach und endet beim Weiler *Tal* (6km, 834m; *Parkplatz*), von wo eine *Gondelbahn* zum *Golzerensee* führt (s. unten). – Nun auf gutem *BW* unter zweimaliger Querung des Chärstelenbachs in 1h15 zu den Hütten von *Stössi* (1160m). Nochmals über den Bach, an den Häusern von *Balmenschachen* vorbei in 40min auf die **Balmenegg*** (1350m; *Berghotel**), in grandioser Umgebung auf einer Lichtung im Bergwald gelegen. 10min östl. der kleine *Butzlisee*.

Aussichtspunkt Namenlos: Am Talhang weiter bergauf, mit Blick auf die Wasserfälle des Brunni- und Lämmerenbachs, zuletzt über eine steile Grashalde in 1h zum Felskopf *Namenlos* (1640m). Tiefblick zum Talboden mit der Zunge des Hüfigletschers, dem der Chärstelenbach entströmt. Das Panorama umfasst den ganzen Bergkranz vom Schärhorn im NO. über den Düssistock im O. bis zum Oberalpstock im S.

Oberalpstock und Brunnipass: *BW* den Chärstelenbach überquerend über die *Alp Hinterbalm* (1817m) und das enge *Brunnital* in 5h30 zur *Brunniklause S.A.C.* (2652m), auf einer Felsnase nahe dem *Cavardiraspass* gelegen. – **HT** westl. über den *Brunnigletscher*, zuletzt über Felsen in 3h zum *Oberalpstock* (3328m), dem höchsten Gipfel der östl. Urneralpen. Umfassendes Panorama mit dem dominierenden Tödi im O. und dem weissen Bernina-Massiv weit im SO. Der *Brunnipass* (2739m) ist von der Klause in 20min über den *Brunnifirn* erreichbar. Eindrücklicher Tiefblick in das unbewohnte Vorderrheintal.

Von der Balmenegg *BW* hinab zum Talboden, dann talaufwärts zum *Blindensee* (1374m; 30min). Auf einem Steg über den Chärstelenbach und während anstrengender 3h30 an der Ostseite des Hüfigletschers steil hoch zur **Hüfihütte** *S.A.C.* (2334m), in herrlicher Lage am Nordwestgrat des Düssistocks errichtet. Stützpunkt für einmalige, aber schwierige *HT*:

Düssistock (3256m): Kletterei über den Nordwestgrat in 4h.

Gr. Schärhorn (3297m): Gletschertour über den *Hüfifirn* und die *Chammlilücke*, 4h30.

Clariden (3267m): Über den *Hüfifirn* und das *Chammlijoch*, 4h30.

Tödi (3612m), höchster Gipfel der Glarner Alpen (anspruchsvolle, lange Tour!): in 3h über den *Hüfifirn* zur *Planuraklause S.A.C.* (2940m) auf dem Gletschersattel gegen das Glarnerland erbaut. Hinab über den *Sandfirn* zum *Kl. Tödi*, diesen südl. umgehend zum Westgrat des Tödi; von dort Kletterei zum Gipfel. Ab Planuraklause 5h30. Grandioses Panorama vom Ortler bis zum Monte Rosa.

Rückkehr nach Amsteg auf *BW* über die aussichtsreiche *Golzeralp* am nördl. Talrand. Von der Balmenegg in 1h zum Felskopf Namenlos (s. oben), dann l. über den *Tritt* und die Alpen *Öfeli* und *Stäfel* (1927m) in 1h30 zur **Windgällenhütte*** *S.A.C.* (2031m). Prachtvolle Rundsicht auf den Hüfigletscher und den Bergkranz des Maderanertals: Düssi-, Oberalp- und Bristenstock, im W. des Reusstals Krönten, Flecki- und Dammastock.

Gr. Windgälle, HT (3187m): Über den *Stäfelgletscher* und den Ostgrat in 4h30. Eindrückliche Aussicht; Tiefblick nach N. auf den Seewlisee.

Kl. Windgälle, HT (2987m): Über *das Untere Furggeli* und den *Windgällenfirn* (4h20). Ähnlich schönes Panorama.

Von der Windgällenhütte *BW* über die *Golzeralp* hinab in 1h15 zum idyllisch gelegenen *Golzerensee* (1411m; *Berggasthaus* im Weiler *Seewen*). Hinab zum Chärstelenbach: entweder in 30min zur Bergstation *Egg* der *Gondelbahn* nach *Tal* (s. oben), oder auf *BW* dorthin in 1h15 über Alpwiesen und an steiler Bergwand im Zickzack talwärts durch Gebüsch.

9.7. Göscheneralp

Ein Strässchen (*Alpentaxi*) führt von Göschenen über *Abfrutt* nach 5km **Wiggen** (1317m; *BW* hierhin in 1h15), wo das Voralptal von NW. mündet.

Voralptal: *BW* das enge Tal hoch zur *Voralpklause S.A.C.* (2127m; 2h30); Ausgangspunkt für eine *HT* über den *Wallenbühlfirn* in 2h zum *Sustenjoch* (2654m), dann steil hinab in das *Chalchtal* und l. querend in weiteren 2h zum *Sustenpass* (s. 12.2.).

Weiter auf prächtigem *BW* in 1h45 zur **Göscheneralp*** (1710m; *H. Dam-*

mastock**), in grossartiger Umgebung, auf drei Seiten von hohen Bergketten eingerahmt. Die Gletscher des Tals rücken seit Jahren vor, doch ist eine Bedrohung der Alp in absehbarer Zeit noch nicht zu befürchten.

Wintergletscher: Südwestl. auf *BW* in 30min erreichbar.

Chelengletscher: 1h15 im NW.; schöner, abwechslungsreicher *BW*.

Dammahütte: Die *Dammahütte S.A.C.* (2436m), hoch oben am Ostabhang des Dammastocks herrlich gelegen, ist auf *BW+* in 2h30 erreichbar. – Die schwierige **HT** zum *Dammastock* (3630m), dem höchsten Gipfel der Zentralalpen, erfordert von der Hütte mindestens 5h30.

Chelenalphütte und Sustenhorn: *BW+* von der Zunge des Chelengletschers (s. oben) auf dessen nördl. Moräne empor, zuletzt r. steil über Alpmatten in 1h15 zur *Chelenalphütte S.A.C.* (2335m) oberhalb des Gletschers. – *HT* in 2h auf die *Sustenlimmi* (3103m); weiter über Firnfelder in 2h auf das *Sustenhorn* (3502m), mit herrlicher Rundsicht über die ganzen Zentralalpen. – Abstieg zur *Tierberglihütte* (s. 12.2.).

Zur Galenhütte, HT: Nach S. steil über Schutt und Felsplatten zur *Lochberglücke* empor (2813m; 4h); jenseits hinab in 2h zur *Galenhütte* (s. 9.4.).

10. Von Luzern nach Engelberg. Kanton Nidwalden

10.1. Von Luzern über Stans nach Engelberg

Die Schmalspurbahn *Luzern–Stans–Engelberg* (*LSE*) und die parallel verlaufende Kantonsstrasse verlassen die Stadt im SW. (die Strasse beginnt beim *Kreisel Luzern-Süd*, s. 4.). Es öffnet sich die schöne, mit Hecken, einzelstehenden Eichen, Nuss- und Ahornbäumen bestandene Ebene von Horw, zwischen dem Abhang des Pilatus und dem Bireggwald. Nach 4km *Horw* (*Stadtbus 4*) erreicht die Strecke die Stansstader Seebucht. – 9km *Hergiswil*, am Fuss des Pilatus und des bewaldeten Loppers (s. 5.2. & 6.2A.; *Schiffstation*). Die Strasse führt längs des Seeufers unter den Flühen des Lopper, während die Bahn diesen in einem 1,7km langen Tunnel passiert; Strasse und Bahn überbrücken dann die Engstelle zwischen dem Vierwaldstätter- und dem Alpnachersee. – 12km *Stansstad*, in der schmalen Ebene zwischen Bürgenstock und Lopper (s. 5.2.; *Schiffstation*). Weiter durch die Niederung zwischen Bürgenstock und Rotzberg zum Fuss der Pyramide des Stanserhorns. – 16km **Stans*** (451m; *H. Stanserhof***, *2 Hotels**), Hauptort des Kantons Nidwalden, mit 3.300 Ew., liegt in einem Wald von Obstbäumen. Der Hauptplatz belegt mit seinem einheitlichen Gepräge eine strenge Ortsplanung, wie sie nach dem Dorfbrand von 1713 angeordnet wurde. Am Platz die bedeutende, 1647 vollendete frühbarocke *Pfarr-kirche* mit roman. Turm. Daneben das *historische Museum* von Nidwalden. Im Zentrum ausserdem das *Rathaus* von 1715 und mehrere repräsentative Gebäude und Paläste aus dem 18. Jh. Etwas oberhalb, am Fuss des Stanserhorns das 1625 errichtete *Frauenkloster St. Klara.* In *Wil,* 2km östl. an der Engelberger Aa, befindet sich der Landsgemeindeplatz des Kantons. – Nach *Buochs* und *Beckenried* (5km bzw. 9km östl. von Stans; *Bus*), s. 5.1.

Bahn und Strasse führen zwischen Stanser- und Buochserhorn in das Tal der Engelberger Aa. – 19km **Dallenwil** (das Dorf liegt 1km südl. auf dem Schuttkegel des Steinibachs).

Stanserhorn*: Von Dallenwil Strässchen (*Bus* bis *Wirzweli*) in Kehren den westl. Talhang hoch über 5km *Wiesenberg* (mit einer barocken Wallfahrtskapelle) nach 8km *Wirzweli* (1220m; *Gasthof*), einer kleinen Sommerfrische auf einer nach N. ausgerichteten Terrasse (der *Vorder Gummen,* 1h30 südl., bietet eine herrliche Aussicht auf die Walenstöcke und das Engelberger Tal). Das Strässchen führt weiter zum 10km *Ächerlipass* südl. vom Stanserhorn (1396m) und jenseits hinab nach 22km *Kerns* in Obwalden (s. 11.2.). – Vom Ächerlipass *BW* über die *Alp Holzwang* (1443m) auf steilem Zickzackweg in 1h40 zum *Stanserhorn** (1898m; von Wirzweli 2h30). Prächtige Aussicht: die Urner und Unterwaldner Alpen mit dem mächtigen Titlis sieht man aus nur 15-20km Distanz; die Berner Alpen im S. sind etwas weiter entfernt. Südwestl. das Obwaldner Land mit dem Sarnersee; nördl. der Pilatus, der Vierwaldstättersee und das bewaldete Mitelland mit seinen Seen.

Bahn und Strasse überqueren die hier eingedämmte Engelberger Aa. – 20km **Niederrickenbach** *LSE.*

Gondelbahn nach Niederrickenbach (1162m; *Kurhaus Niederrickenbach***): Sommerfrische und Kloster am Südhang des *Buochserhorns* (1806m). Dieses wird auf einem *BW* über den *Bleikigrat* in 2h25 bestiegen. Auch *Brisen* (2403m) und *Schwalmis* (2246m) (s. 5.1.), beide auf *BW* über die 1h40 *Brisenhütte S.A.C.* (1753m) in je insgesamt 3h10 erreichbar, sind häufige Tourenziele. – Nach *Oberrickenbach,* s. unten.

22km **Wolfenschiessen** (510m; *Gasthof*). Neben der 1777 fertiggestellten *Pfarrkirche* die Einsiedelei des Landammanns *Konrad Scheuber* († 1559), eines Enkels des *Nikolaus von der Flüe* (s. 11.1.). In der Talebene an der Aa verschiedene grosse alte Wohnhäuser, darunter das viergeschossige, hochgieblige *Höchhus,* ein Idealtypus des Innerschweizer Herrenhauses aus dem 16. Jh., mit zierlichem Firstreiter. Im Innern ein schöner Festsaal.

Oberrickenbach (Strässchen 4km, *Bus*; 894m; *Gasthof*): Weiler im Tal des Secklisbachs, der an der 600m hohen Felswand im S. prächtige Fälle bildet. Oberrickenbach ist Ausgangspunkt für die folgenden schönen Touren:

Nach Niederrickenbach: *BW* über *Brändlen* (1180m) und *Mittlist Hüttli* (1326m), hoch über dem Nidwaldner Haupttal, in 3h nach *Niederrickenbach* (s. oben).

Nach Isental: Über die *Sinsgäuer Schonegg* nach *Isenthal*, s. 9.1.

Bannalp*: Mit *Gondelbahn* zur *Chrüzhütte* (1713m; *Berggasthaus*; auf *BW* in 2h45 erreichbar), in herrlicher Lage auf der *Bannalp**, unter den mächtigen Walenstöcken. – Von hier über die *Walegg* nach *Ristis* (s. 10.2E.).

Zur Rugghubelhütte: Prächtige alpine Wanderung von der *Chrüzhütte* auf *BW* in 2h zur *Bannalper Schonegg* (2249m); weiter am Nordabhang des Ruchstock über Felsbänder, Schutthalden und Firn in 1h30 zum *Rot Grätli* (2544m), in malerischer Felslandschaft; hinab in 30min zur *Rugghubelhütte* (10.2E.).

Bei der Weiterfahrt r. die drei Absätze des Fallenbachfalls; l. die Zinnen der Walenstöcke. – 27km *Grafenort* (568m; *Rest.*), mit eleganter Kapelle und Schlösschen der Äbte von Engelberg, beide von 1689. Ansteigend durch Wald nach 30km *Obermatt* (670m), mit Elektrizitätswerk (*BW* nach *Engelberg*, s. unten). Die Bahn führt als Zahnradbahn, die Strasse in zwei Spitzkehren durch Bergwald empor, bis sich plötzlich die Aussicht auf das grüne, von hohen Bergen eingeschlossene Engelberger Tal öffnet. Imposant tritt der Titlis mit seiner Eisdecke hervor, l. davon der Grassengletscher mit den Felszacken der beiden Spannörter; im Vordergrund l. der charakteristische Felskopf Hahnen.

35km *Engelberg***

Grand-Hotel & Kurhaus***, Hotel Terrace-Palace***, H. Regina**, H. Titlis**, H. Schweizerhof**, 2 Hotels*, 2 Gasthöfe, Ferienwohnungen, Camping; viele Restaurants
Schwimmbad, Golfplatz, Skisport-Anlagen, Eisstadion, Bergführerbüro
Talstation der Trüebsee-Titlis-Luftseilbahn 200m südl. vom Bahnhof

Das Obwaldnerische *Engelberg* (1000m), in schöner, gegen Nordwinde geschützter Lage, ist die bekannteste Winterdestination der Zentralschweiz, wird aber auch im Sommer sehr besucht. Am oberen Dorfende das um 1120 gegründete *Benediktinerkloster*, unter dessen Herrschaft bis 1798 die ganze Talschaft stand. Die architektonisch bedeutende, nach *K. Moosbruggers* Entwurf aufgeführte **Stiftskirche*** (Rokokoausstattung; schöne Orgel) und das anschliessende *Palais* wurden 1737 vollendet (reiche *Klosterbibliothek* mit *Festsaal**); die östl. davon gelegenen Gebäude beherbergen ein Gymnasium.

Spaziergang längs der Engelberger Aa: In 1h zur *Bänklialp*, nach *Eienwäldli* und *Stalden*, mit dem glitzernden Tätschbachfall, der vom Hahnen herabstürzt.

Spaziergang nach Stalden: In 1h auch auf dem *Klosterweg*: von der Kirche über den

Dürrbach und die *Holzkapelle*.

Wanderung nach Obermatt: *BW* durch die eindrückliche Waldschlucht der Engelberger Aa in 1h zur Bahnstation *Obermatt* (s. oben).

10.2. Touren ab Engelberg

*A: **Titlis mit der Luftseilbahn***: Die *Trüebseebahn* führt den waldigen Abhang im S. zur *Gerschnialp* hoch (1260m; *H. Alpenrose*****; schöne Spaziergänge durch Wald und über Alpmatten). Der obere Teil der Bahn überquert den weiten Talboden der Gerschnialp und erreicht über die steile Seewand den **Trüebsee** (1788m; *Berggasthaus*). Die Trüebseealp mit ihrem weissgrünen Seelein ist im Sommer von Viehherden belebt. Die *Titlisbahn* steigt an den Nordhängen des Titlis über Alpweiden und Felsen zur Zwischenstation *Stand* (2428m) auf einem Felssporn, danach über den Titlisgletscher zum **Klein Titlis**** (3029m; *Rest.*), der höchsten Bahnstation der Zentralschweiz. Das Panorama umfasst die ganze Alpenkette, die nördl. Schweiz und Schwaben; im SW. die Gipfel des Berner Oberlandes. Nur im O. ist die Sicht durch den Titlis verdeckt. – Die Skiabfahrt vom Kl. Titlis über Rotstöckli, Stand und Trüebsee nach Engelberg gehört zu den längsten der Alpen (*Sommerskibetrieb* mit *Skilift* auf dem Titlisgletscher). Vom Kl. Titlis kurze **HT** in 1h über den Westgrat zum *Titlis* (3238m), mit freier Aussicht auch auf die Ostalpen.

*B: **Titlis zu Fuss, HT***: Auf unterschiedlichen *WW* in 1h auf die *Gerschnialp*, dann *BW* über Alpweiden und immer steiler die Seewand im Zickzack empor zum Gasthaus *Trüebsee* (1h45). Weiter über den *Laubersgrat* in 2h zum *Stand* (2454m; 15min südl. die gleichnamige *Seilbahnstation*). Ab hier **HT**: an steilem Schiefergehänge im Zickzack über Geröll und Fels zur *Rotegg* (2752m; 45min), wo man über Felsstufen zum Gletscher absteigt. Auf diesem steil bergan und bei gutem Schnee problemlos zum Westgrat (10min östl. vom Kl. Titlis) und diesem folgend in 1h45 zum Gipfel. – Evtl. Abstieg vom Kl. Titlis (**HT**) über Schnee, Geröll, Felsbänder und Rasenhänge in 3h zum *Jochpass*.

*C: **Jochpass***: Von Trüebsee *BW* südl. über den flachen Alpboden, dann im Zickzack zum *Jochpass* empor (2207m; 1h40), der Scharte zwischen dem Reissend Nollen und dem Graustock (Aussicht beschränkt). – *BW* westl. hinab zum *Engstlensee* im Berner Oberland: s. 12.3.

D: *Über den Surenenpass in das Urner Reusstal*: Auf einem Alpsträsschen (auch *Alpentaxi*) gelangt man zu Fuss in 1h nach *Stalden* (s. 10.1.), dann durch Wald im tief eingeschnittenen Trogtal der Engelberger Aa in 30min zur Sennerei *Herrenrüti* (Eigentum des Klosters; 1166m, *Parkplatz*). Weiter *BW* über die Urner Kantonsgrenze in 1h zur *Alp Nieder Surenen* (1258m; *Berggasthaus*), mit schönem Blick auf den Schlossberg, die Zacken der Spannörter, den Grassen- und Firnalpeligletscher und die gewaltige Ostwand des Titlis. In weiterer 30min zur **Alp Stäfeli** (1360m).

Spannorthütte: Von Stäfeli steiler *BW+* in 2h zur *Spannorthütte S.A.C.* (1954m), Ausgangspunkt für **HT** auf das imposante *Gr. Spannort* (3198m) und das *Kl. Spannort* (3135m). Für beide ersteigt man zunächst mühsam über Schutthalden die 2h *Schlossberglücke* (2626m) und umgeht dann das Gr. Spannort östl. über den Schlossberggletscher bis zum *Spannortjoch* (2900m; 1h). Weiter Kletterei in je 1h30 über den Südgrat des Gr. Spannorts, bzw. die Nordwand des Kl. Spannorts. – Gletschertour (**HT**) über die Schlossberglücke zur *Kröntenhütte*, s. 9.1.

Von Stäfeli weiter entweder mit *Gondelbahn* auf die nördl. Alpterrasse *Äbnet* (1665m; *Berggasthaus*) und von dort auf ebenem Pfad in 20min zum oberen Ende des *Stäuberfalls* (1633m), oder auf *BW* dorthin in steilem Anstieg in 1h. Danach zu einer Kapelle auf der ausgedehnten *Blackenalp* (45min; 1769m) und in weiteren 1h30 zum **Surenenpass** (2292m), unter der mächtigen Südwand des Blackenstocks. Aussicht auf die Berge des Schächentals und den Glärnisch. Hinab über Schutt und Matten, dann l. über einen kleinen Sattel und den aussichtsreichen *Grat* entlang (1937m); hinab auf die 2h bewaldete *Alp Brüsti* (1530m; *Berggasthaus*). Von hier *Gondelbahn* nach *Attinghausen* oder steile *BW* in je ca. 2h30 hinab in das Urner Reusstal nach *Attinghausen* oder *Erstfeld* (s. 9.1.)

E: *Über Ristis zur Rugghubelhütte*: Entweder mit *Gondelbahn* oder auf *BW* über *Bergli* in 2h nach **Ristis*** (1599m; *Berggasthaus*), hoch über Engelberg an der Südflanke des Rigidalstocks gelegen. Weiter über Alpen aufwärts nach Rigidalstafel und zum *Holzstein* (1876m; 1h), oberhalb einer Felswand, dann über die weite *Planggenalp* in 1h40 zur *Rugghubelhütte S.A.C.* (2296m), herrlich im einsamen Griessental gelegen. – Sie ist Stützpunkt für **HT** auf den *Engelberger Rotstock* (2818m) und den *Wissigstock* (2887m), beide in je 2h15 erkletterbar, sowie für den Übergang auf einem *BW* zur *Bannalp* über das *Rot Grätli* (s. 10.1.).

F: Von Ristis zur Bannalp: *BW+* über die *Stafelalp* und die *Walenalp* in 1h30 zur aussichtsreichen *Walegg* (1951m). Weiter ziemlich ausgesetzt entlang der Walenstock-

Nordwand in 1h hinab zur *Chrüzhütte* (1713m; *Berggasthaus*) auf der *Bannalp*. – *Gondelbahn* nach *Oberrickenbach*, s. 10.1.

G: *Fürenalp*: Von Stalden (s. 10.1.) *BW* steil durch Wald hoch zum *Tagenstal* und weiter empor durch Gehölz zur *Fürenalp* (1844m; 2h30), einer Aussichtskanzel direkt gegenüber der Titlis-Nordwand. Zurück über die Alpterrasse *Äbnet* (45min; *Berggasthaus*, s. 10.2D.) und mit der *Gondelbahn* hinab nach *Stäfeli* am Surenenpassweg.

H: *Über die Storegg nach Melchtal*: Am oberen Ende der Aa-Schlucht auf *BW* über den Fluss, dann das *Trüebenbach*- und *Arnibachtobel* querend empor in 1h30 zur *Arnialp/Stalden* (1328m). Weiter auf einer Felsstufe nach N. über *Zingel* zur *Alp Ober Teil* (1739m; 1h20). Nun fast horizontal hinüber zur *Storegg* (1741m; 30min), der Scharte gegen das Melchtal. Jenseits über die Alp *Hinter Stalden* hinab nach *Melchtal* (2h; s. 11.2.). – Die Storegg ist auch von *Eggen* (1412m; *Rest.*; Bergstation einer *Gondelbahn* von *Grafenort/Mettlen*, s. 10.1.) in 1h15 erreichbar.

11. Von Luzern nach Interlaken. Kanton Obwalden

11.1. Von Luzern über Sarnen nach Interlaken

Die von den SBB betriebene Brünig- und Gemmibahn *ist der Hauptast des weltweit grössten Schmalspurnetzes. Neben der Stammlinie Luzern–Brünig–Interlaken–Gemmi–Visp–Brig, führen Seitenäste nach Engelberg, Innertkirchen, Grindelwald, Stechelberg, Bern und Zermatt. Einmal täglich verkehrt auf der Strecke Luzern–Interlaken–Visp–Zermatt der weltberühmte, nostalgische* Gletscher-Express, *der die wichtigsten touristischen Zentren der Nordschweiz verbindet (Reservation empfohlen).*

Bis 9km *Hergiswil*, s. 10.1. – Es folgt ein 1,2km langer Tunnel durch den Lopper, dahinter erscheint der Alpnachersee. – 13km *Alpnachstad* (*Schiffstation im Sommer*; *Rest.*; s. 5.2.). Östl. grosse vogelreiche Riedflächen und Auen an der Mündung der Kl. Schliere und der Sarner Aa in den Alpnachersee. – 15km *Alpnach* (*Gasthof*), mit klassizistischer Kirche von 1820 (Aufstiege zum Pilatus, s. 6.2C, D, F.). Dann über das breite Flussbett der Gr. Schliere, die aus den westl. Randbergen viel Geschiebe mit sich bringt. Die Dörfchen *Schoried* und *Kägiswil* (*Rest.*) auf dem Geröllkegel des Flusses sind von schönen Obstgärten umgeben. – 21km **Sarnen*** (472m; *H. Obwaldnerhof***, 2 Hotels**), Hauptort des Kantons Obwalden mit 4.800 Ew. Das barocke *Rathaus* von 1732 und das benachbarte *Heimatmuseum* enthalten viele Dokumente aus der Geschichte der alten Eidgenossenschaft. Der malerische Ortskern besitzt einige bedeutende historische Gebäude. Auf dem *Landenberg* das *Schützenhaus*, ein von Zwiebeltürmen flankierter Barockbau von 1752. Die Häuser und Villen am Dorfrand sind von herrlichen Gärten umgeben. 5min südl. vom Zentrum befindet sich das *Benediktinerinnenkloster St. Andreas*, dabei ein Kollegium mit schönem Park. Auf einem Hügel 15min westl. im Weiler *Kirchhofen* steht die grosse, zweitürmige *Pfarrkirche* (1742).

Schwendi-Kaltbad: Strässchen (*Bus*) am aussichtsreichen Südhang empor nach 5km *Stalden* (791m; *Rest.*), dann in mehreren Kehren durch Wald nach 14km *Schwendi-Kaltbad* (1440m; *Kurhaus***), auf einem flachen Sattel gegen das Gr. Schlierental gelegen. Die hügelige Umgebung ist von Wald, feuchten Wiesen und Mooren bedeckt. Wildtiere tauchen hier regelmässig aus den Urwäldern des Entlebuchs im W. auf: Rotwild, Elche, häufig auch Bären. Wegen der schwierigen Orientierung im weglosen und unübersichtlichen Gelände sollten Wanderungen nur in Begleitung ortskundiger Führer unternommen werden.

Über Wilen nach Giswil: Strässchen längs des westl. Ufers des Sarnersees über die malerischen Örtchen *Wilen* und *Oberwilen* nach *Grossteil/Giswil* (s. unten).

Kerns, Melchtal und Melchsee-Frutt: s. 11.2.

Strasse und Brünigbahn überqueren die Melchaa und erreichen den 6km langen, fischreichen *Sarnersee* (469m). – 23km **Sachseln** (485m; *H. Seeblick**, Gasthof, Camping*), Dorf mit vielen Fruchtbäumen, in hübscher Lage am See. In der 1684 erneuerten *Pfarrkirche St. Theodul* liegen unter dem Hochaltar die Gebeine des *Hl. Nikolaus von der Flüe* (s. unten). Zahlreiche malerische alte Fachwerk- und Bauernhäuser.

Flüeli-Ranft*: Strasse (*Bus*) den östl. Hang empor nach 4km *Flüeli-Ranft** (727m; *Kurhaus**, Gasthof*). Wallfahrtsort in aussichtsreicher Lage am Fuss des Sachsler Grats, mit drei malerischen Kapellen (16. und 17. Jh.), Heimat des *Hl. Nikolaus von der Flüe* (*Bruder Klaus*; 1417-87). Sein angebliches Geburtshaus (unweit des Gasthofs) und seine *Einsiedelei*, 10min unterhalb in der Schlucht der Melchaa, sind beide erhalten. *WW* von der Einsiedelei über die Melchaa und auf der r. Talseite zur *Kapelle St. Niklausen* an der Melchtalstrasse (40min; s. 11.2.). Im Chor Freskenzyklus von 1380, über dem Schiff Holzdecke aus 100 Medaillons mit Szenen aus dem Alten und Neuen Testament.

Die *Kantonsstrasse* folgt dem Seeufer nach 29km *Giswil* (484m; *Hotel*, Gasthof*), Dorf im wiesenreichen, von Bergen umrahmten Talboden der Giswiler Aa. Die Gemeinde besteht aus drei Teilen: *Rudenz* mit schöner Pfarrkirche, zum Schutz vor Überschwemmungen 1635 auf einem Hügel errichtet, *Grossteil* mit vielen einzelstehenden, traditionellen Höfen auf dem Schwemmkegel des Lauibachs, und *Kleinteil*, am Fuss des markanten Giswilerstocks. – Die Strasse steigt nun steil durch Wald in zwei Kehren empor; r. unten ein Kraftwerk, das die Wasser des Lungernsees und der Gr. und Kl. Melchaa nutzt. – 32km **Kaiserstuhl** (701m; *Rest.*) am Nordende des aufgestauten Lungernsees (im Winter & Frühling meist nur halbvoll).

Zur Alp Älggi und zur Stöckalp: *BW* in 4h durch steilen Bergwald und das abgelegene *Kl. Melchtal* (mit Stausee) zur *Alp Älggi* (1635m; *Berggasthaus*). Weiter nach *Melchsee-Frutt* oder zur *Stöckalp*, s. 11.2.

Die *Brünigbahn* steigt von Sachseln allmählich am südl. Talhang empor, weit oberhalb von Giswil, überschreitet die Kl. Melchaa auf hohem Viadukt und erreicht bei Kaiserstuhl wieder die Strasse.

Nun am östl. Ufer des *Lungernsees* nach 36km **Lungern*** (720m; *Parkhotel**, 2 Hotels*, Ferienwohnungen, Camping; Freibad*), Sommerferienort in schöner Lage am Südende des Sees, umgeben von Matten und einem waldbedeckten Bergkranz. Im S. dominiert das markante Wilerhorn. Westl. gegenüber glitzern die Dundelbachfälle. Schöne klassizist. Kirche.

Wander- und Fahrradweg zum Brünigpass: Von der Kirche durch Wald und über eine Felsstufe empor zur *Burgkapelle* (910m; 45min), dann über die schöne, mit Baumgruppen bestandene *Brünigmatt* in weiteren 50min zum *Brünigpass* (1008m, s. 11.3.).

Giswilerstock: Alpsträsschen (*Alpentaxi*) vom Seeende an den *Dundelbachfällen* vorbei zum Eingang des *Dundeltals* (1404m; *Parkplatz*). Von hier *BW* nördl. zum Sattel *Feldmoos*, dann westl. durch Wald in 1h zur *Unteren Fluonalp* (1571m). Am Hang des *Giswilerstocks* durch Schutthalden in 1h zum Nordostgipfel (1824m), mit prächtiger Aussicht ins Obwaldner Tal.

Tüfengrat*, Wilerhorn und Höch Gumme: Vom Talende 15min westl. von Lungern (*Bus*) führt eine *Luftseilbahn* neben dem Wilerhorn zur weiten *Äusseren Alp Breitenfeld* (1755m; 15min östl. der Weiler *Breitenfeld* mit der *Kapelle Maria Schnee*), im Sommer von grossen Viehherden belebt. *WW* in 25min zum *Tüfengrat** (1857m; *Berggasthaus*), in herrlicher Lage mit Blick auf den Brienzersee und die Berner Alpen. – Ein noch umfassenderes Panorama bietet das *Wilerhorn* (2005m; *BW* vom Tüfengrat 30min) oder der *Höch Gumme* (2204m; *BW* über Scheidegg und Gibel in 1h10).

Abstieg vom Tüfengrat zum Brünigpass: Entlang der Südflanke des Wilerhorns auf *BW* steil hinab über die *Wileralp* (1424m) in 2h zum *Brünigpass* (1008m; s. 11.3.). 30min länger, aber landschaftlich noch reizvoller ist der Weg zur Wileralp über das Wilerhorn (s. oben) und seinen sonnigen, steilen Südhang.

Gratweg vom Tüfengrat zum Brienzer Rothorn (einzigartige Aussichtstour): Vom Tüfengrat über die *Scheidegg* in 40min zum *Gibel* (2039m). Nun westl. auf gut gesichertem, herrlichem Höhenweg (*BW*) über die *Zwischenegg* auf den 50min *Arnihaaggen* (2207m), dann hinab in 30min zum *Eisseesattel* (2015m) und steil wieder hoch in 1h zum *Brienzer Rothorn* (2350m; 10min tiefer ein *Berggasthaus*), dem höchsten Punkt der Bergkette. Umfassendes Panorama der Berner Alpen. Nun steil und anstrengend im Zickzack hinab über die Alpen *Ober Stafel* und *Greesgi* in 2h30 zur 1000m tiefer gelegenen *Planalp* (*Berggasthaus*). – Gondelbahn nach *Brienz*: s. 13.4.

Die *Brünigbahn* überquert den Talboden und passiert den 4,5km langen *Brünigtunnel*. – 45km *Brienzwiler* (s. unten; *Nebenbahn nach Meiringen–Innertkirchen*, s. 12.1.). Dann in leichtem Gefälle nach 50km *Brienz*, am oberen Ende des Brienzersees.

Die *Brünigstrasse* (*Fahrradweg*: s. oben) steigt nach Lungern durch Wald und einen Tunnel auf eine nächste Höhenstufe, das malerische Brünig-matt-Tal. Der Brünigpass wird in einem 1km langen Tunnel unterfahren. – 41km **Brünigen** (900m; zum *Brünigpass*, s. 11.3.), wo l. die Strasse nach *Meiringen* abzweigt (s. 12.1.). Nun durch einen steilen Waldhang hinab nach 44km *Brienzwiler* (679m; *Gasthof*; s. 13.4.) und weiter bis zur Strasse Brienz–Meiringen im Talboden. Westl. längs der Aare zum oberen Ende des Brienzersees. – 50km *Brienz* (566m; s. 13.4.). – Strasse und Bahn um-fahren das Dorfzentrum in Tunnel. Dann am Nordufer des tiefblauen Bri-enzersees über Oberried, Niederried und Ringgenberg nach 68km Interla-ken (Details, s. 13.4.).

11.2. Melchtal und Melchsee-Frutt

Eine Strasse (*Bus*) führt von Sarnen (s. 11.1.) östl. hoch nach 3km *Kerns* (564m; *Gasthof*), in baumreicher Ebene (zum *Ächerlipass* und *Stanserhorn*, s. 10.1.). Das got. *Steinhaus* mit reichverzierten Fensterumrahmungen gilt als eines der ältesten Steinhäuser des Kantons. Dann am Abhang anstei-gend; r. unten die tiefe Schlucht der Melchaa (eine Verbindungsstrasse nach Flüeli-Ranft überspannt diese auf einer kühnen, 100m hohen Brü-cke). – 6km *Kapelle St. Niklausen* (826m; s. 11.1.). Das Tal wird enger; r. der sog. Heidenturm. – 12km **Melchtal*** (882m; *Hotel**, *Gasthof*), freund-lich gelegenes Dorf mit einer 1826 im Rokokostil erbauten Kirche und ei-nem Kloster (Übergang über die Storegg nach *Engelberg*: s. 10.2H.). Weiter steil über die *Balmmatt*, am Fuss der schroffen Rämisflue nach 16km *Stöckalp* (1071m; zur *Alp Älggi*, s. 11.3.) im hintersten Talgrund. Nun auf engem Bergsträsschen (*Maut! Einbahnverkehr, durch Ampeln geregelt*) in vielen Kehren über die *Alp Cheselen*, dann durch Wald, zuletzt über Schrat-tenfelsen nach 24km **Melchsee-Frutt*** (1901m; *Kurhaus Frutt***, *Gast-hof*), in einem weiten, grünen Hochtal prächtig am Melchsee gelegen. Die etwa 5km breite Alm ist nur im Sommer bewohnt. Intensive Alpwirtschaft; in höheren Lagen herrliche alpine Flora und Fauna.

Über die Tannalp zur Engstlenalp: *WW* östl. in 1h auf die benachbarte *Tannalp* (1974m; *Berggasthaus*), weiter *BW* an der *Spycherflue* hinab in 1h20 zur *Engstlenalp* im Kanton Bern (1835m; *Berggasthaus*), mit dem idyllischen *Engstlensee* (s. 12.3.).

Bonistock und Hohmad: *BW* entlang der östl. Gratschneide in 1h zum *Bonistock* (2169m) und in weiteren 1h10 zum flachen, aussichtsreichen Gipfel *Hohmad* (2442m).

Balmeregghorn: *BW* südl. über die weite Alp zum *Balmeregghorn* (2254m; 1h30), mit Tiefblick ins Gental und Aussicht über die gesamten östl. Berner Alpen; zurück über die *Erzegg* zur *Tannalp* (1h30; s. oben). – Abstieg nach *Käserstatt/Hasliberg*, s. 11.3.

Hochstollen: *BW* über den Sattel *Abgschütz* (2228m) in 2h30 auf den Felsklotz *Hochstollen* (2480m) im W. der Frutt. – Abstieg nach *Käserstatt/Hasliberg*, s. 11.3.

Kl. Melchtal: Lange Tour! Teilweise exponierter *BW+* vom Sattel Abgschütz (s. oben) und die *Alp Sachsler Seefeld* in 3h zur *Alp Älggi* (1635m; *Berggasthaus*) im *Kl. Melchtal*. Von dort in 50min wieder empor zur *Bachegg* (1861m) und jenseits steil hinab durch das *Fäschtal* in 2h20 zur *Stöckalp* (1071m; s. oben). – Von *Älggi* nach *Kaiserstuhl*, s. 11.1. Von *Älggi* nach *Käserstatt/Hasliberg*, s. 11.3.

11.3. Brünigpass und Hasliberg

Von Brünigen (s. 11.1.) führt eine Strasse (*Bus* ab Brienzwiler) in 2km zum **Brünigpass*** (1008m; *Gasthof*) zwischen dem Wilerhorn im W. und dem Gibel im O. Der Pass bildet die Grenze der Zentralschweiz zum Berner Oberland. Gegenüber erblickt man die bizarren Engelhörner und die Faulhornkette; unten das Aaretal von Meiringen bis zum Brienzersee, mit vielen schönen Wasserfällen an den horizontal verlaufenden Felsstufen.

Wilerhorn: *BW* nordwestl. zur *Wileralp* (1434m; 1h30) und in weiteren 1h30 zum Gipfel (2005m; s. 11.1.).

Über die Wileralp zum Tüfengrat bzw. Brienzer Rothorn: s. 11.1.

Nach Brienzwiler: *BW* in 30min zum Aussichtspunkt *Tschuggen* (1090m), dann hinab durch Wald in 1h10 nach *Brienzwiler* (s. 11.1.).

Über die Tschorrenfluh zum Hasliberg: *WW* durch schönen Buchenwald östl. in 1h auf die *Tschorrenfluh* (1237m); weiter leicht ansteigend über baumreiche Alpmatten auf einen Sattel, dann hinab auf angenehmem Weg in 50min nach *Hasliberg-Hohfluh*.

Vom Brünigpass aussichtsreiche Strasse nach 6km **Hohfluh** (1051m; *Hotel*, Gasthof*), westl. Ortsteil der Gemeinde **Hasliberg***, in herrlicher besonnter Südlage.

Wanderweg nach Meiringen: In 1h30 geruhsam hinab über Matten und durch Wald nach *Meiringen* (s. 12.1.).

Die Strasse steigt zum Sattel *Wasserwendi* (1161m) und senkt sich dahinter nach 9km **Goldern** (1081m; *H. Wetterhorn**, Hotel*, Gasthof; Schwimmbad*; *Gondelbahn* nach *Meiringen*, s. 12.1.).

Wanderweg nach Meiringen: In 1h10 über Matten und im Zickzack durch Wald neben den Fällen des *Alpbachs* hinab nach *Meiringen* (s. 12.1.).

Hasliberg-Rundtour: WW über die 1h20 *Alp Bidmi* (1428m), 30min *Oberboden* (1464m; *Gondelbahnstation*), 30min *Bort* (1390m) und *Wasserwendi* zurück in 40min nach *Goldern*, immer die eisbedeckten Bergriesen gegenüber vor Augen.

Von Goldern führt eine *Gondelbahn* nach **Käserstatt*** (1827m; *Rest.*) auf der weiten *Balisalp*, mit prächtigem Panorama der Berner Alpen. Die Region bietet erstklassige Wintersportmöglichkeiten (im Winter *Sessellift* weiter nach *Hohsträss*, 2178m), wird aber auch im Sommer viel besucht. Käserstatt ist Ausgangspunkt für schöne Touren:

Gibel (2035m), Aussichtsgipfel oberhalb des Brünigpasses, 50min auf *BW*.

Hochstollen: *BW* in 1h15 nach *Hohsträss* und weiter in 1h zum Felskopf *Hochstollen* (2480m). – Abstieg nach *Melchsee-Frutt* oder zur *Alp Älggi*, s. 11.2.

Planplatten und Balmeregghorn: *BW* über die *Mägisalp* in 2h10 zur Gratschneide *Planplatten* (2189m), mit herrlichem Tiefblick ins Hasli- und Gental. Nun auf fantastischem Höhenweg ('Erzweg') am südöstl. Hang des Rothorns, hoch über dem Gental, zum *Balmeregghorn* (2254m). – Abstieg nach *Melchsee-Frutt* oder zur *Tannalp*, s. 11.2.

Die Strasse zieht weiter durch Matten, dann in grosser Schleife durch das Tal des Alpbachs und endet in 11km **Reuti** (1064m; *Kurhaus Reuti**, Gasthof*), Urlaubsort in idyllischer Lage, mit Aussicht auf den Rosenlauigletscher, die Engelhörner und das Wetterhorn.

Käserstatt: WW über 1h25 *Bidmi* (1425m) und die im Sommer von grossen Viehherden belebte *Mägisalp* (1689m) nach *Käserstatt* (1h50; s. oben).

Planplatten: *BW* über *Gummen* (1830m; 2h40) nach *Planplatten* (2189m; 1h40).

Zur Engstlenalp: *BW* östl. in 1h15 zur einsamen *Arnialp* (1452m), dann auf steinigem Pfad hoch über dem Gental über Matten hinauf zur *Baumgartenalp* (1701m; 2h) und in weiteren 1h20, stets im Berghang, zur *Engstlenalp* (1835m; s. 12.3.).

12. Haslital und Seitentäler. Grimselpass

12.1. Meiringen, Haslital und Grimselpass

Vom Abzweig *Brünigen* (s. 11.1.) senkt sich die Strasse von Luzern in vier Kehren unter der Brünigflue durch Wald hinab nach 6km Meiringen im Talboden. – Die Strasse von Brienz nach Meiringen quert nach 2km die

Aare und verläuft dann als Pappelallee über 10km auf dem südl. Aare-damm. Der Fluss strömt hier in einem breiten, kiesbedeckten, von Auen-wäldern gesäumten Bett. – **Meiringen*** (595m; Bahn von Brienzwiler, s. 11.1.; *H. Wildenmann***, *H. Oberland***, *2 Gasthöfe; Freibad*), Hauptort des **Haslitals***, liegt am r. Ufer der Aare in einem weiten, von steilen bewalde-ten Bergen umgebenen Tal. Im S. stürzen die Wassermassen des Reichen-bachs über die Felswand; darüber erhebt sich das Wellhorn mit dem Ro-senlauigletscher. Die Wasserfälle an den nördlichen Flühen werden vom Alp- und Mühlbach gebildet (z.T. zur Stromerzeugung genutzt). Im Ge-meindehaus an der Hauptstrasse befindet sich das historische Museum des Haslitals. Unter der 1684 neu erbauten ref. *Pfarrkirche* sind Reste der durch die Geschiebe des Alpbaches wiederholt zerstörten und wiederauf-gebauten Kirche des 13. Jh. freigelegt. Im freistehenden roman. Turm hängt die älteste Glocke des Kantons Bern (1351). – Die Hauptattraktionen von Meiringen sind die Aareschlucht und die Reichenbachfälle.

Die **Aareschlucht****, die wilde, vom Fluss eingesägte Klamm im Felsriegel des Kirchethügels, liegt 2km östl. des Dorfes (*Bus*; *Fussweg* in 30min; *Rest.*). Die Schlucht ist auf ihrer ganzen Länge von 1,4km durch Stege, Ga-lerien und Tunnel zugänglich gemacht. Links zunächst der *Schräybachfall*, dann treten die Felsen zu beiden Seiten auf wenige Meter zusammen. Etwa in der Mitte r. die *Finstere Schlucht*, an der die nagende Kraft des Wassers gut zu sehen ist. Gegen Ende der Schlucht sind die Felswände mit 200m am höchsten. Der Weg endet an der Grimselstrasse (*Rest.*; *Bahnstation* 10min jenseits des Aarestegs).

Die **Reichenbachfälle****, an Wasserreichtum und Höhe zu den bedeutend-sten der Alpen zählend, liegen am gegenüberliegenden Berghang (*Bus*). Im Sommer führt eine *Standseilbahn* (mit einer max. Steigung von 60%) im Wald empor, überquert den Reichenbach unterhalb der mittleren Fälle und endet am Fuss der oberen, spektakulärsten Fälle (*Rest.*). Von hier bes-ter Blick auf den Bach, der in eine von Sprühregen erfüllte Schlucht hinab-donnert. Ein *WW* führt von hier in 10min zu einer Terrasse über dem obersten Fall und in weiterer 10min zum *Gasthof Zwirgi* an der Rosenlaui-strasse (s. 12.4.; *Bus*). – Zurück auf *WW* über die malerischen Dörfchen *Schwendi* (35min) und *Willigen* nach 45min Meiringen.

Wanderweg Geissholz–Innertkirchen: Bei 15min *Sand*, nahe am Eingang zur Aare-schlucht, über den Fluss und durch den *Lammiwald* empor, mit zahlreichen Granitblöcken des eiszeitlichen Aaregletschers. Die Grimselstrasse kreuzend in 40min zum Weiler *Geissholz* (786m), mit schönem Blick talauf- und talabwärts. Hinab durch den *Kirchetwald* zum Talgrund von *Innertkirchen* und in 45min zum Dorf (s. unten).

Wanderweg Wylerli–Innertkirchen: Auf der r. Talseite in 1h hinauf zum *Unteren* und *Oberen Wylerli* (823m), oberhalb der Aareschlucht, dann über blumenreiche Matten, zuletzt am Gadmerwasser-Kraftwerk vorbei nach *Innertkirchen* (40min).

Wanderwege nach Hasliberg-Hohfluh, -Goldern oder -Reuti: s. 11.3.

Rosenlaui und Gr. Scheidegg: s. 12.4.

Die Grimselstrasse überquert die Aare und führt über *Willigen* auf den Sattel des *Kirchet* (703m; r. Abzweig nach Rosenlaui), einer Felsbarre aus Jurakalk, die von der Aareschlucht durchschnitten wird. In Serpentinen an der Ostseite des Kirchet hinab, mit Blick auf den Bergkranz des oberen Haslitals. – 10km (ab Brünigen) *Aareschlucht-Ost* (s. oben; *Rest.*; *Parkplatz*). Über den flachen Talboden – vor der Entstehung der Aareschlucht ein Seegrund – nach 11km **Innertkirchen** (625m; Endpunkt der *Bahn* von *Brienzwiler–Meiringen*, s. 11.1.; *H. Grimsel**, Camping*), an der Vereinigung des Nessentals und des Urbachtals mit dem Aaretal. Das Dorf ist im SW., S. und SO. von steilen Felsstöcken überragt.

Ins Urbachtal und zur Gaulihütte: Bergsträsschen (*Alpentaxi*) südl. hoch durch Wald in 3km zum Beginn des von der gewaltigen Wand der Engelhörner begrenzten *Urbachtals* (789m). Links 20min höher der nur sommers bewohnte Weiler *Understock*. Der Fahrweg endet nach 6km zuhinterst im flachen Talboden (879m; *Parkplatz*). – Nun *BW* im enger werdenden Tal zur Lichtung von *Rohrmatten*, dann durch Bergwald hinauf zur 2h *Alp Schrätteren* (1447m). Weiter steil und anstrengend in 2h40 hoch auf den *Tälligrat* (2216m), dann ebenen Weges über Alpmatten und Felsen zur *Gaulihütte S.A.C.* (2205m; 30min), unmittelbar oberhalb des gewaltigen *Gauligletschers*. – Stützpunkt für durchweg anspruchsvolle *HT*, meist über Gletscher: *Ewigschneehorn* (3330m) 5h; *Hiendertellihorn* (3180m) 4h30; *Hangendgletscherhorn* (3294m) 5h. – Übergänge: zur *Glecksteinhütte* (s. 14.2.A.) über den oberen *Gauligletscher*, *Bärglijoch* (3431m) und oberen *Grindelwaldner Gletscher*, 8h; zur *Lauteraarhütte* (s. unten) über den unteren *Gauligletscher* und das *Hiendertellijoch* (3092m), 6h.

Gadmertal und Sustenpass: s. 12.2.

Engstlenalp: s. 12.3.

Die Grimselstrasse (*offen von Juni bis Oktober*; *Bus*) steigt neben der reissenden Aare im engen, bewaldeten Tal an. Nach einer Brücke beim Weiler *Boden* (19km) weitet sich das Tal. Der folgende Strassenabschnitt ist durch Lawinen und Geröll, die durch die ‚Spreitlaui' vom Ritzlihorn hinabdonnern, ganzjährig gefährdet. – 21km *Guttannen* (1057m; *Gasthof*), das oberste Dorf im Tal, nur im Sommer bewohnt. Interessantes Mineralien-museum (zur *Windeggklause*, s. 12.2.).

Die nun folgende fantastische alpine Landschaft des **oberen Haslitals*** ist – abgesehen von der Autostrasse und einer geringen Beweidung – von menschlichen Einflüssen frei; die ungeheuren Wasserkräfte der Aare und ihrer Zuflüsse sind gänzlich ungenutzt. – Die Strasse steigt stärker und führt hinter 24km *Tschingel* (1137m) an kahlen schwarzen Granitfelsen vorbei. Gewaltige Geröllmassen im Talgrund zeugen von Lawinen und der Erosion des Wassers. Oberhalb der *Schwarzbrunnenbrücke* (1217m) wird der Fluss immer reissender. Nach einer Galerie, einigen Kehren im schütteren Wald und einem Tunnel erreicht man im tief eingeschnittenen Tal bei 26km die Talstufe **Handegg** (1401m; *Berggasthaus*). Eindrücklicher Blick von oben auf den *Handegg-Fall*, in dem die graugrüne Aare, zusammen mit dem von W. kommenden Ärlenbach, 50m tief hinabstürzt. Hoch oben in der westl. Bergkette blickt der Grubengletscher hervor.

Zu Fuss zum Grimselhospiz und Grimselpass (s. unten): *BW* am westl. Aareufer über abgerundete Granit-Gletscherschliffe (*Helle Platten*) und die *Alp Chüenzentännlen* in 1h10 zum flacheren *Räterichsboden* (1705m), dann durch die enge *Spitallamm*, die oberste Schlucht der Aare, in 45min zum *Grimselhospiz* (1875m; s. unten). Nun im Zickzack über Alpweiden mit Alpenrosengebüsch hinauf zum *Grimselpass* (2164m; 1h).

Die Grimselstrasse zieht sich über den mit Felsblöcken übersäten Talboden, steigt auf der östl. Talseite in steiler Kehre empor und führt hoch über der Aare durch eine Talenge, deren Granitfelsen vom vorgeschichtlichen Gletscher glatt gescheuert wurden. – 29km **Chüenzentännlen** (1569m; *Parkplatz*), eine schüttere Alp an der Waldgrenze.

Gelmersee * **und Gelmerhütte**: *BW* in 1h hinauf zum herrlichen, tiefblauen *Gelmersee** (1829m), in dem sich die umliegenden Berge spiegeln. Weiter über die flache *Gelmeralp* östl. des Sees und im wilden *Diechtertal* hoch zur *Gelmerhütte S.A.C.* (2411m; 2h). – Von hier **HT** auf das *Diechterhorn* (3387m; 3h30, über die 3h *Diechterlimmi*) und den *Tieralplistock* (3382m; 3h30), beides höchst lohnende Aussichtsgipfel in hochalpiner Gletscherlandschaft. – Vom Tieralplistock langer Abstieg (4h) über den Rhonegletscher zur *Furkastrasse* (s. 9.4.). – Von der Diechterlimmi (3h; s. oben) Gletscherwanderung über den Triftkessel in 1h40 zur *Trifthütte* (2520m; s. 12.2.).

Die Strasse steigt durch eine urtümliche, hochalpine Landschaft mit Alpenrosenfeldern und Zwergkiefern. Im Frühsommer prächtig blühende Alpenflora. – 31km *Räterichsboden* mit Sennhütten, dann r. tief unten die *Spitallamm*, die oberste Klamm der Aare. Es öffnet sich der Blick nach W. auf den urweltlichen, von Blöcken bedeckten **Unteraarboden***, dann folgt bei 35km das *Grimselhospiz* (1875m; *Berggasthaus*) am kleinen graugrünen Grimselsee.

Lauteraarhütte: Fantastische Wanderung auf *BW+* in hochalpiner, von menschlichen Einflüssen freier Gletscherlandschaft, den wildesten Gebirgsregionen des Himalaja vergleichbar. Westl. über einen Steg auf das l. Ufer der graugrünen Aare und über den düsteren, geröllreichen, von hohen Granitwänden begrenzten Unteraarboden in 1h zur Zunge des *Unteraargletschers* (bei 1855m), wo von l. der *Trübtenbach* herabstürzt. Die Aare entströmt einem eindrücklichen Gletschertor. Man betritt den Gletscher und folgt den Steinmännern auf seiner Mittelmoräne. Von S. braust die *Oberaare* durch eine Schlucht herab (s. unten) und verschwindet unter dem Gletscher. Während 50min über Schutt, dann 1h lang über Firn, bis r. oben die Hütte sichtbar wird. Man übersteigt eine gewaltige Moräne und erreicht in 40min die auf einem Felsvorsprung gelegene *Lauteraarhütte S.A.C.* (2390m). An dieser Stelle betrieben *L. Agassiz* und Kollegen im 19. Jh. ihre bahnbrechenden Gletscherforschungen. Schöner Blick über den Unteraargletscher; gegenüber die Oberaarhornkette. Im Hintergrund über dem Finsteraargletscher das mächtige Finsteraarhorn; r. Lauteraar- und Schreckhorn. – Um den gewaltigen Eindruck der Landschaft noch zu steigern, kann man die Wanderung (**HT**) auf dem Gletscher noch während 1h bis zum Fuss des *Abschwung* genannten Felsgrates (2470m) fortsetzen, wo sich Finsteraar- und Lauteraargletscher zum Unteraargletscher vereinigen und das Finsteraarhorn in seiner ganzen Grösse erscheint. – **HT** von der Hütte (alle schwierig!): *Hienderstock* (3307m), *Ewigschneehorn* (3330m), je 5h30; *Lauteraarhorn* (4042m), 8h. Übergänge (**HT**): Über das *Hiendertelltijoch* zur *Gaulihütte* (s. oben); zur *Schreckhornhütte* (s. 14.2D.), entweder über *Finsteraargletscher, Strahleggfirn* und *Strahleggpass* (3349m), oder über das *Finsteraarjoch* (3293m), je 9-10h.

Oberaarjochhütte, HT: Auf dem Weg zur Lauteraarhütte bis zur Mittelmoräne des Unteraargletschers (1h30; s. oben). Nun den Gletscher nach S. querend und auf steilem, z.T. ausgesetztem Pfad hinauf in das Seitental *Oberaar*, zur Zunge des *Oberaargletschers* (2230m; 1h30). Den Gletscher seiner ganzen Länge folgend zum *Oberaarjoch* mit der *Oberaarjochhütte S.A.C.* (3255m; 3h), Stützpunkt für das *Oberaarhorn* (3631m; 1h20) und das *Studerhorn* (3635m; 2h30). Übergang über den *Studergletscher* und die 1h *Gemschlicke* (3334m) zur 2h *Finsteraarhornhütte* (3050m; s. 18.2B.). – Von dort Übergang zur *Konkordiahütte*, s. 18.2B. – Abstieg über den zerklüfteten *Galmigletscher* und den langen *Fieschergletscher* nach *Fieschertal*, s. 18.1.

Vom Hospiz steigt die Strasse in Kehren am Nordhang über Alpmatten hoch; schöne Rückblicke ins Haslital und auf den geröllbedeckten Unteraarboden mit seinem gewaltigen Bergkranz. – 37km **Grimselpass**** (2164m; *Rest.*), Grenze zum Kanton Wallis. Jenseits der Passhöhe der kleine Totensee. Schöner Blick auf die Walliser Alpen, namentlich auf den grossen Griesgletscher im S.

Kl. Sidelhorn*: *BW* von der Passhöhe über Alpmatten, Geröll und Fels, dann über Granittrümmer zum Gipfel (2764m; 2h). Eine Bronzeplakette erinnert an den Besuch von *Felix Mendelssohn-Bartholdy* am 18. August 1847. Die Aussicht ist imposant: im W. über dem Unteraargletscher Schreckhorn, Finsteraarhorn und Fiescherhörner; nordöstl. die hohe Kuppe des Galenstocks, davor der gewaltige Abbruch des Rhonegletschers; südl. die Oberwalliser Berge, fern im SW. Mischabel, Matterhorn und Weisshorn.

Über den Rhonegletscher zur Furkastrasse: s. 9.4.

Über die Grimselalp nach St. Ulrich im Goms: *BW* anfangs über ein steiniges Plateau, dann auf einen flachen Sattel (2200m) und in 30min auf die weite, nach S. gerichtete *Grimselalp*, auf der die Haslitaler Bauern ihr Vieh sömmern. Eindrücklicher Blick auf das einsame, bis auf eine Höhe von 2000m dicht bewaldete *Goms*. Zwischen Alpenrosengebüsch, später durch herrlichen Bergwald (hauptsächlich Lärchen und Arven) geht es hinab in 2h30 zur Strasse nach Fiesch–Brig (1355m; *Bus*; s. 18.1.) im Talboden. Neben der Strasse 30min durch Auenwald, dann über die Rhonebrücke zu den Häusern von *St. Ulrich* (1358m; *Berggasthaus*, *Bus*; s. 18.1.).

Die Strasse senkt sich in sechs Spitzkehren die steile Berglehne *Meiewang* hinab, stets mit herrlichem Blick auf den mächtigen Rhonegletscher und den Galenstock. Am gegenüberliegenden Hang erscheint die Furkastrasse. – 43km *Gletsch* (1757m; s. 9.4. & 18.1.).

12.2. Gadmertal, Alp Stein und Sustenpass

Die Strasse in das Gadmertal (*ab Mühlestalden nur im Sommer offen*; *Bus*) steigt von Innertkirchen (s. 12.1.) über Matten nach 7km *Wyler* (735m; *Hotel**), überquert dort den Gadmerbach und bei *Mülital* das Gentalwasser. – 10km l. Abzweig zur *Engstlenalp*, s. 12.3. – Rechts ein Kraftwerk, das das Gefälle des Gentalwassers ausnützt (eine Wasserfassung etwas weiter unten im Gadmerbach versorgt das Kraftwerk Innertkirchen). Die Gadmerstrasse führt durch das waldreiche *Nessental*. Nach *Mühlestalden* wieder über den Hauptbach und hinauf nach 14km ***Chäppeli*** (1073m), an der Mündung des Trifttals.

Zum Triftgletscher: *BW* über den schäumenden Triftbach und den westl. Talhang hoch zur *Alp Trift*, dann neben der zerrissenen Zunge des *Triftgletschers* steil hinauf in 3h30 zur *Windeggklause S.A.C.* (1885m). – Von hier in 2h30 auf den *Furtwangsattel* (2562m) und anstrengend steil hinab in 3h30 nach *Guttannen* (1057m; s. 12.1.). – Von der Windeggklause **HT** weiter über den flachen mittleren Teil des Triftgletschers nach O., dann über Felsbänder, Alpmatten und Gletschereis zur *Trifthütte S.A.C.* (2520m; 2h30), mit herrlichem Blick auf die Firnfelder des Triftkessels. – Stützpunkt für viele **HT**, meist über Gletscher: *Hint. Tierberg* (3445m), *Steinhüshorn* (3119m), je 3h30;

Diechterhorn (3387m), *Tieralplistock* (3382m), je 4h, mit Abstieg zur *Gelmerhütte* (s. 12.1.); *Dammastock* (3630m), entweder über den obersten Rhonefirn in 4h, oder über *Eggstock* (3555m) und *Schneestock* (3608m) in 5h, mit Abstieg zur *Furkastrasse* oder zur *Dammahütte*: s. 9.4. & 9.7. – Übergänge: Über die *Tierberglücke* zur *Tierberglihütte*, s. unten; über die *Unt. Triftlimmi* (3100m), dann den Rhonegletscher hinab zur 6h *Furkastrasse* (s. 9.4.); über *Triftlimmi*, Rhonefirn, *Tiefensattel* (3406m) und *Tiefengletscher* zur *Galenhütte* (s. 9.4.), 8h.

Über die Matten von *Schaftelen* geht es zurück in das sich weitende Haupttal nach *Furen*. – 18km **Gadmen** (1206m; *Hotel*, Camping*), Dorf mit vielen alten Holzhäusern im malerischen **Gadmertal***. Nördl. beeindrucken die steilen Abstürze der *Gadmerflüe*, im O. die mächtige Südwand des Titlis; an seinem Fuss hängt der Wendengletscher.

Zu Fuss zur Alp Stein: Zunächst 40min auf dem Fahrsträsschen (s. unten), dann *BW* längs des *Steinwassers* in 1h zur einsamen *Alp Wyssemad* (1575m), mit herrlicher Alpenflora. Weiter durch eine Talenge ansteigend auf einen Sattel und über Gletscherschliffe in 1h10 zur *Alp Stein* (1863m; s. unten).

Wendental: *BW* 25min auf dem Strässchen nach O., dann l. durch Wald im Zickzack hoch in 1h25 zur prächtigen *Alp Wendenläger* (1606m), unter der jähen Flanke der Wendenstöcke. Zurück auf fast ebenem Pfad über die Alpweiden unterhalb der Gadmerflüe zur *Alp Raflue* (1603m; 50min); steil hinab und in 1h zurück nach Gadmen.

Über das Sätteli zur Engstlenalp: s. 12.3.

Die Weiterfahrt zum Steingletscher auf einem engen Bergsträsschen erfolgt in zeitlich geregeltem Einbahnbetrieb (*Maut!*). Nach einer ebenen Strecke Anstieg in Serpentinen durch Wald zu den Hütten von *Feldmoos*. Weiter durch den wilden Felshang *Höll* zur 17km **Alp Stein**** (1863m; *Berggasthaus; Parkplatz*), unmittelbar an der Zunge des *Steingletschers* in herrlicher hochalpiner Landschaft gelegen. Bester Blick auf den imposanten Gletscher vom *Belvedere* aus, 10min oberhalb am Hang.

Tierberglihütte und Sustenhorn: *BW+* westl. der Gletscherzunge über Alpmatten in 40min zum Anfang des *Steinlimmigletschers*; auf seiner Mittelmoräne bis zum Felssporn des *Tierberglis* (50min). Nun auf steilem, z.T. exponiertem Pfad den Sporn hoch zur *Tierberglihütte S.A.C.* (2797m; 2h). – Von hier **HT** auf das *Gwächtenhorn* (3420m; 2h) und das *Sustenhorn* (3502m; 2h30), beide über den spaltenarmen oberen Steingletscher. Fantastische Rundsicht über die Zentralschweizer Alpen. – Hinab über die *Sustenlimmi* zur *Chelenalphütte*, s. 9.7. – Selten begangen wird der Übergang über die 40min *Tierberglücke* (2986m) zum Triftweg (2100m; 2h30) und auf diesem hoch in 1h30 zur *Trifthütte* (2520m; s. oben).

Nun auf dem alten Saumweg (*BW*) oberhalb der östl. Moräne des Steingletschers empor, und im Zickzack, mit Blick auf den eindrücklichen

Gletscher, zum **Sustenpass*** (2259m; 1h20), zwischen dem Sustenspitz r. und dem Heuberg l. Jenseits des Passes liegt das Urnerische Meiental mit seiner mächtigen, in den Spannörtern gipfelnden Bergkette im N.

Über das Sustenjoch ins Voralptal: s. 9.7.

Auf der Urner Seite des Passes im Zickzack steil hinab zur *Sustenalp*; r. das *Chalchtal*, in das der Stucklistock und das Kl. Sustenhorn ihre Lawinen hinabschicken. In 1h20 zur *Alp Guferplatten* (1743m) und weiter über die langgestreckte *Hinterfeldalp* in 40min zur Brücke über den von l. zuströmenden Gorezmettlenbach (zur *Sustlihütte*, s. 9.1.). Hinab in 35min nach *Färnigen* (1455m; *Gasthof*), dem obersten Weiler des nur sommers bewohnten *Meientals* (s. 9.1.). Von hier auf Fahrsträsschen (*Bus*) über *Meien-Dörfli* (*Rest.*) in 2h nach *Wassen* an der Gotthardstrecke (915m; s. 9.1.).

12.3. Engstlenalp und Jochpass

Bergsträsschen (*Maut! Streckenweise zeitl. geregelter Einbahnverkehr; Bus*) von der Gadmerstrasse bei *Mülital* (s. 12.2.) in Serpentinen den Wald empor nach 3km *Wagenkehr* (1211m), am Grund des *Gentals*. Schöner Rückblick auf das Wetterhorn. Nach den *Gentalhütten* wird das Tal immer malerischer. In steilerem Anstieg zu den *Schwarzentalhütten* (1369m). Rechts die hohen Felstürme der Gadmerflüe; am Felsband weiter unten acht Wasserfälle nebeneinander. Auch der Hauptbach schäumt mehrfach über Felsriegel hinab. Nun in Kehren durch Wald zur 12km **Engstlenalp**** (1835m; *Berggasthaus*), in geschützter Tallage. Es ist eine der landschaftlich reizvollsten Alpen der Schweiz, mit alten Arven und einer reichen Flora. Grandiose Aussicht südwestl. auf Wetterhorn, Schreckhorn, Lauteraar- und Finsteraarhorn, weiter entfernt sind Gspaltenhorn, Tschingelhorn und Blümlisalp. 5min östl. vom Gasthof liegt der herrliche, von Alpenrosengebüsch gesäumte *Engstlensee* (1850m), in malerischer Berglandschaft unter den Flühen der Wendenstöcke.

Tannalp und Melchsee-Frutt, bzw. Hasliberg: s. 11.2. & 11.3.

Über das Sätteli nach Gadmen: *BW* am unt. Ende des Sees über den Bach in 30min zur *Alp Scharmad*, dann südwestl. fast horizontal zur *Bäregg* (1924m). Unter der Gadmerflüe querend Anstieg zum *Sätteli* (2116m; 2h). Aussicht auf Gadmertal, Triftgletscher und Berner Alpen. Steil hinab über *Birchlaui* nach *Gadmen* (2h; s. 12.2.).

Schafberg (2523m): *BW* östl. über Matten, Grashänge und Geröll in 2h30 zum Gipfel, der jäh zum Engelberger Tal abfällt.

Titlis über den Jochpass: s. 10.2B.

Der alte Saumweg (*BW*) zum Jochpass zieht oberhalb des Engstlensees am Südhang hin und steigt im Tälchen der *Steinigen Egg* in 1h30 zum **Jochpass** (2208m; Aussicht beschränkt). – Abstieg zum *Trüebsee* und nach *Engelberg*, s. 10.2C.

12.4. Rosenlaui und Gr. Scheidegg

Ein Bergsträsschen (*Bus*) zweigt vom Sattel Kirchet an der Grimselstrasse r. ab (s. 12.1.) und steigt durch Wald nach 5km *Zwirgi* (971m; *Gasthof*), 10min oberhalb der Reichenbachfälle (s. 12.1.). Schöner Rückblick auf Haslital und Hasliberg. Weiter über dem r. Ufer des Reichenbachs in Windungen am Fuss der Engelhörner empor. Vorne tauchen Rosen-, Well-, und Wetterhorn auf, r. die Spitze des Eigers. – 7km **Schwand** (1248m).

Hohbalm: *WW* l. über Matten in 30min auf die *Hohbalm* (1366m), mit herrlichem Blick auf die Wetterhorngruppe und tief hinab ins Haslital.

Engelhornhütte: Ein steiler *BW+* steigt in 2h zur *Engelhornhütte S.A.C.* (1899m) am Ausgang des wilden *Ochsentals*. Sie ist Stützpunkt für Klettertouren auf die schroffen Kalkgipfel der *Engelhörner*: *Simelistock* (2481m), *Hohjegiburg* (2638m), *Kingspitz* (2621m) und *Gr. Engelhorn* (2781m).

9km *Gschwantenmad* (1296m) mit altberühmter, oft von Malern festgehaltener Aussicht: Links die Engelhörner und der zerrissene Rosenlauigletscher zwischen Dossen- und Wellhorn, r. das schneebedeckte Wetterhorn. – 11km **Rosenlaui*** (1327m; *Kurhaus**), Lichtung im bewaldeten Tal des Reichenbachs, der hinter dem Kurhaus eine Kaskade bildet.

Alp Grindel: *BW* nordwestl. über die Weide *Rufenen* nach *Unt. Mettlen* (1738m; 1h30), dann über die *Alp Ob. Mettlen* in 1h20 zur weiten *Alp Grindel* (2097m), mit freiem Blick auf den gewaltigen Bergkranz. Abstieg zur *Schwarzwaldalp* (s. unten) oder über *Breitenboden*, *Hornseeli* (2146m) und *Oberläger* in 2h30 zur *Gr. Scheidegg* (s. unten).

Rosenlauischlucht und Gletscherhubel: 5min östl. beginnt ein in den Felsen gesprengter Weg durch die *Rosenlauischlucht*, die vom *Wyssbach* in brausenden Fällen durchströmt wird. Fantastische Erosionsformen sind zu bewundern. – Vom 30min oberen Ende der Schlucht *BW* in 1h30 zum *Gletscherhubel* (1792m), herrlich zwischen den beiden Zungen des *Rosenlauigletschers* gelegen.

Rosenlauiklause: *BW+* vom Weg zum Gletscherhubel nach 1h30 geradeaus und auf der östl. Gletscherzunge steil hoch in 1h20 zur *Rosenlauiklause S.A.C.* (2343m), luftig an einem Felssporn des Gstellihorns errichtet. – *HT*, alle über den *Rosenlauigletscher*: *Wellhorn* (3191m) und *Ränfenhorn* (3255m), je 3h30; *Mittelhorn* (3702m), 4h; *Wetterhorn* (über den *Wellhornsattel*; 3690m), 4h. – Übergänge: über die *Rosenegg* (ca.

3480m) in 6h zur *Glecksteinhütte* (2316m; s. 14.2A.); über die *Wetterlimmi* (3182m) in 6h30 zur *Gaulihütte* (2204m; s. 12.1.).

Das Strässchen steigt in einer Kehre an, führt durch Wald und Matten und endet auf der 13km *Schwarzwaldalp* (1456m; *Rest.; Parkplatz*). Die weite Alp unter den jähen Flühen des Wellhorns ist im Sommer von grossen Viehherden belebt. – Weiter auf Saumweg (*WW*) durch Wald, dann über die Alpen *Schwandboden* (1617m) und *Alpiglen* in 1h45 zur **Gr. Scheidegg**** (1692m; *Berggasthaus*). Nach W. öffnet sich eine grandiose Szenerie: das grüne Grindelwaldner Tal, von der Kl. Scheidegg begrenzt, steht in malerischem Gegensatz zu den nackten Wänden des Wetterhorns; südwestl. davon Fieschergrat, Mönch und Eiger, weiter Tschingelgrat, Gspaltenhorn und Blümlisalp; im N. das finstere Schwarzhorn und die Gipfel der Faulhornkette. – Nach *Grindelwald* oder *First*, s. 14.2A. & 14.2B.

13. Region Interlaken-Brienzersee

13.1. Interlaken und Umgebung

Hotels*** (Grand-Hotel Victoria & Jungfrau, Schweizerhof, Kursaal), Hotels*** (Belvedere, Royal, Bernerhof, Europa), 3 Hotels*, 2 Gasthöfe, Ferienwohnungen; reiche Auswahl an Restaurants*

Campingplätze in Bönigen (Brienzersee) und Neuhaus (Thunersee)

Stadtbus: Matten–Interlaken–Bahnhof–Unterseen

Schifflände nördl. vom Bahnhof, an der unteren Aarebrücke. Die Schiffe zum Brienzersee fahren r. von der Brücke ab (Ob. Hafen), diejenigen zum Thunersee l. davon (Unt. Hafen)

Vom Flugplatz Interlaken, 1km östl., werden Alpenrundflüge angeboten

Parkhaus beim Bahnhofplatz; viele Parkplätze

Einkaufszone: zwischen dem Bahnhof und dem Höheweg

Freibad nördl. der Aare, am Fuss des Harders; Strandbäder in Bönigen (Brienzersee) und Neuhaus (Thunersee); Golfplatz am Thunersee

Interlaken** (563m), aus den Ortschaften *Interlaken*, *Unterseen* und *Matten* bestehend, mit 6.500 Ew., liegt an der Aare auf der Schwemmebene *Bödeli*, die durch die Lütschine und den Lombach aufgeschüttet wurde (sie münden in den Brienzer- bzw. Thunersee). Durch die Bergkette im N. gegen Winde geschützt, erfreut sich das Dorf eines milden Klimas. Interlaken ist einer der klassischen Urlaubsorte der Schweiz. Als Standquartier empfiehlt es sich vor allem für Besucher, die nach Ausflügen gern wieder zu den Attraktionen eines erstrangigen Kurortes zurückkehren.

Touristischer Mittelpunkt ist der 5min nordöstl. des Bahnhofs beginnende *Höheweg*, gesäumt von alten Nuss- und Kastanienbäumen, mit den meist Ende des 19. Jh. entstandenen grossen Hotels und dem Kursaal. Von hier aus zeigt sich der altberühmte Blick über die *Höhematte* hinweg auf die Jungfrau. Nahe dem nordöstl. Ende des Höhewegs liegt das 1130 gegründete, 1528 aufgehobene *Kloster Interlaken*, das dem Ort den Namen gab; daneben ein 1750 errichtetes *Schloss*. Im angrenzenden Park ein Gedenkstein zur Erinnerung an den Aufenthalt der Komponisten *C.M. v. Weber, F. Mendelssohn-Bartholdy* und *R. Wagner* in Interlaken. Der Ortsteil *Matten* glänzt durch schöne Villen und Gärten. In *Unterseen* finden sich noch manche eigentümliche Holzhäuser aus dem 19. Jh.

Spaziergang zum Kleinen Rugen: Der waldbedeckte Hügel im S. (733m; mit Aussichtsturm) bietet schattige Spaziergänge.

Spaziergang nach Wilderswil: *WW* durch das *Studertälchen*, die waldige Einsenkung zwischen Kl. und Gr. Rugen, mit Denkmal für den Geologen und Alpinisten *B. Studer* (1794-1887). Weiter geht der Weg an der Ruine *Unspunnen* vorbei (Blick auf das Lauterbrunnental und die eisgepanzerte Jungfrau) in 1h nach *Wilderswil* (s. 13.5. & 14.1.).

Abendberg (1134m): Auf *WW* über den Gr. Rugen in 2h ersteigbar. Malerische Aussicht, vor allem auf den Brienzer- und Thunersee.

Harder*: Im Sommer von der oberen Aarebrücke (20min vom Bahnhof; *Bus*) *Standseilbahn* (Höchststeigung 64%) zum *Harder*, den bewaldeten Abhang am r. Aareufer. Von der Bergstation 10min zum Gipfel *Harderkulm** (1321m; *Harderhotel***). Fantastischer Blick auf die nahen Berner Alpen mit dem Dreigestirn Jungfrau, Mönch und Eiger, in der Tiefe Interlaken, Brienzer- und Thunersee. – Auf dem Hardergrat führt ein *BW* weiter zum *Wannichnubel* (1584m; 1h), mit noch umfassenderer Aussicht. – Abstieg vom Harder auf *BW* nach *Unterseen* 1h25.

Spaziergang nach Ringgenberg: Von der oberen Aarebrücke *WW* dem r. Aareufer entlang. Nach 20min l. in 10min zum netten Dörfchen *Goldswil* (622m; *Bahn- und Busstation*). Auf einem Waldhügel steht eine Kirchenruine, umgeben von stimmungsvollem Friedhof. Weiter südl. längs des *Burgseeli* nach *Ringgenberg* (20min; s. 13.4.). – Ein direkter Weg von Interlaken folgt dem Aareufer weiter und führt über dem steilen Brienzerseeufer in 40min durch Wald nach Ringgenberg.

Sundlauenen und Beatushöhle: Mit dem Thunersee-Schiff die Mäander der Aare abwärts zur Mündung in den Thunersee, r. die Ruine *Weissenau*. Das Schiff quert auf dem See nach NW. und landet in *Sundlauenen* (559m; *Rest.*), ein kleines, klimatisch geschütztes Dörfchen am Fuss der steilen Wand des Beatenbergs (von Interlaken auch *Bus*). Von hier auf einem *WW* in 20min am steilen Waldhang hoch zum Eingang der *Beatushöhle* (*Rest.*), nach der Legende vom *Hl. Beatus* bewohnt († angeblich 112 n. Chr.); bis zur Reformation als Wallfahrtsort besucht. Die Höhle ist auf etwa 1km Tiefe zugänglich. – Aufstieg auf *BW* nach *Beatenberg* 1h45, s. 13.2.

13.2. Beatenberg

Die Strasse nach Beatenberg (*Bus*) passiert nach der Aarebrücke *Unterseen*. – 2km Abzweig nach Habkern (s. unten), dann Brücke über den Lombach. In Kehren durch Wald ansteigend, später über Matten, mit Blick auf den Thunersee. Nach 9km *Beatenberg-Waldegg* (1200m; *Gasthof*) überquert die Strasse den tief eingeschnittenen Sundgraben und erreicht die Terrasse von **Beatenberg*** mit den Weilern 13km *Spirenwald* (1155m; *H. Blüemlisalp**, Kurhaus Beatus**, 2 Hotels*, Ferienwohnungen; Schwimmbad, Eisbahn, Skibetrieb*) und 15km *Schmocken* (1136m). Das Dorf, im Sommer und Winter besucht, erstreckt sich über 4km am sonnigen Südhang des Niederhorns. Ein Spazierweg führt oberhalb der Strasse fast horizontal durch baumreiche Wiesen. Er bietet herrliche Aussichten auf die Berner Alpen vom Schreckhorn bis zum Niesen, in der Mitte dominierend Eiger, Mönch, Jungfrau und Blümlisalp.

Niederhorn*: Mit *Sessellift* ab *Spirenwald*, oder auf unterschiedlichen *BW* durch Wald in 1h45 zur Mittelstation *Vorsess* (1581m), dann über Alpmatten in weiteren 1h20 zum *Niederhorn** (1933m; *Rest.; im Winter Skibetrieb*), mit Wetter- und IT-Station. Ein faszinierender *BW* führt längs des Steilabfalls des Justistals über den *Burgfeldstand* zum 1h *Gemmenalphorn* (2061m). Umfassende Rundsicht vom Titlis bis zum Monte Bianco, im N. auf das bewaldete Mittelland mit seinen einsamen Seen, begrenzt vom Jura. Auf dem Weg sind häufig Gämsen und Steinböcke zu beobachten. – Abstiege auf *BW* nach *Beatenberg-Waldegg* 1h40 (s. oben); nach *Habkern* 2h (s. 13.3.); über den *Oberbergpass* (1771m) nach *Hinterberg* im Justistal und von dort nach *Schmocken* 2h30 (s. unten).

Zur Beatushöhle: Steiler *BW* von *Spirenwald* den Waldhang hinab in 1h20 zur *Beatushöhle* und in weiteren 20min nach *Sundlauenen* (s. 13.1.).

Justistal: Von Schmocken führt ein schmales Alpsträsschen (*Maut! Alpentaxi*) durch steile Flühen ins *Justistal*, beidseitig von schroffen Kalkketten begrenzt, l. vom Rothorngrat, r. vom Gemmenalpgrat. Das Strässchen führt das ganze Tal hoch und endet in 9km *Hinterberg* (1368m). Im Sommer sind die Weiden von grossen Viehherden belebt.

Justis-Rothorn (lange Tour, für Schwindelfreie!): Bei der zweiten Brücke im Justistal (1254m) führt l. ein steiler *BW+* über Alpweiden und Felsbänder zum *Schafloch* empor (1773m; 2h), einer 200m langen Eishöhle. Weiter am Fuss einer Fluh in 30min zur *Alp Oberbergli*, dann recht exponiert über den Südgrat zum *Justis-Rothorn* (2051m; 1h). Ähnliches Panorama wie vom Gemmenalphorn. – 150m unterhalb des Gipfels zweigt l. ein schmaler, luftiger *BW+* nach N. ab, dem Rothorngrat entlang, mit eindrücklichem Blick auf die Wildnis der Emmentaler Berge. Nach 40min, auf einem Sattel (1856m), führt der Pfad r. zu einer Schäferhütte, und weiter hinunter in das Justistal nach *Hinterberg* (1h30; s. oben).

13.3. Habkern

Die Strasse nach Habkern (*Bus*) zweigt von der Beatenberger Strasse 2km nach Unterseen r. ab und steigt das eingeschnittene, schattige Waldtal des Lombachs hoch. – 9km **Habkern** (1067m; *Gasthof*), Dorf mit vielen verstreuten Einzelhöfen auf drei grossen, durch Bachtobel getrennten grünen Matten mit Hecken und Obstbäumen.

Zum Beatenberg: Aussichtsreicher *WW* am südwestl. Hang über Matten und durch schönen Laubwald auf 1408m ansteigend, dann über blumenreiche Bergwiesen hinab in 2h40 nach *Beatenberg-Waldegg* (1200m; s. oben).

Gemmenalphorn: s. oben.

Zu den Kalkschratten des Seefelds: *BW* in 2h30 über den Sattel *Bäreney* zum *Oberbergpass* (1771m; s. 13.2.). Dann durch die malerische Karstlandschaft des *Seefelds* im O. der Kalkgipfel *Sieben Hengste*, mit Dolinen und Höhlensystemen. Herrliche Ausblicke auf die Berner Alpen. 50min weiter der *Grünenbergpass* (1554m), der nach N. an das unbewohnte *Zulgtal* grenzt (Elche, Rotwild und auch Bären (!) sind hier nicht selten). – Abstieg in 1h30 nach Habkern.

Hohgant*: Auf Alpsträsschen (*Maut! Alpentaxi*) den östl. Mattenhang hoch zur 5km *Alp Lombach* (1559m; *Rest.*; s. unten) auf der Passhöhe gegen das Emmental. Weiter fast eben über ausgedehnte moorige Wiesen, mit Baumgruppen und Gehölzen, bis zu einem Parkplatz bei 1642m (9km). – Nun auf *BW* in 45min zur hintersten *Alp Ällgäuli* (1710m), dann durch ein Felsentälchen in 1h30 auf den östl. Hauptgipfel des *Hohgant** (2188m). Umfassendes Alpenpanorama; eindrücklich auch der Blick nach N. über die weglose Bergwildnis des Emmentals. – Abstieg entweder über den Mittelgipfel und den Südgrat in 1h20 zum Parkplatz (s. oben), oder (auf *BW+*) über den westl. Gipfel *Aff* und das *Traubachtal* direkt nach *Habkern* (2h30). – Die Region Hohgant ist auf drei Seiten von Bergurwäldern umgeben: Vorsicht bei Begegnungen mit Bären!

Augstmatthorn: *BW+* von der *Alp Lombach* (s. oben) im Zickzack in 2h zum jäh gegen den Brienzersee abfallenden Gipfel (2136m). Steinböcke und Gämsen sind hier häufig anzutreffen. – Möglicher Abstieg (z.T. exponiert) über den südwestl. Vorgipfel *Suggiture* bis zu einem Sattel (1861m), dann äusserst steil und kniestrapazierend talwärts nach *Niederried* (565m; 3h30) am Brienzersee (s. 13.4.).

13.4. Brienzersee

Schiffe verkehren nur im Sommer; täglich 5 Kurse (Raddampfer Jungfrau*; Motorschiffe* Brienz *und* Grimsel*).*

Die Schiffe befahren vom Anlegeplatz Interlaken zunächst die kanalisierte Aare. Sie passieren eine Drehbrücke, die obere Strassenbrücke und die Brücke der Brünigbahn und erreichen nach 2,5km den **Brienzersee****, wo sie zunächst 4km *Bönigen* an der Mündung der Lütschine ansteuern (*H.

Bellerive**, Hotel*, Camping; Seebad), ruhiger Urlaubsort am Südufer. Prächtige Blockbauten des 16.-19. Jh. mit verzierten Fassaden beherrschen das Ortsbild. – Dann zum Nordufer nach 6km *Ringgenberg* (*H. Seeburg**, Hotel*; Camping; Bahn- und Busstation*, s. 13.1.), schönes Dorf mit wettergegerbten Holzhäusern, überragt von der gleichnamigen Burgruine und einer 1671 angebauten Kirche (malerische Aussicht). Weiter nach 9km *Niederried* (*Rest.; Bahnstation*), dann quer über den See nach 11km *Iseltwald* (*H. Iseltwald**, 2 Hotels*, Seebad; Bus* nach Interlaken; *WW* zum *Giessbach*: s. unten) am Fuss der steilen Faulhornkette, früher ein beliebter Sommeraufenthalt für Maler. Das Dorf liegt versteckt in einem Obstbaumhain an einer felsigen Halbinsel mit einem Schlösschen. – Zurück zum Nordufer nach 14km *Oberried* (*Gasthof, Camping; Bahnstation*), am Fuss des Riedergrats, von Nussbäumen umgeben. Bei der Weiterfahrt zeigen sich gegenüber, am waldigen Südufer, die glitzernden Giessbachfälle.

21km **Brienz*** (*H. Weisses Kreuz**, 2 Hotels*, 2 Gasthöfe, Camping; Seebad; Bahn und Strasse*, s. 11.1.), malerisches Dorf, das sich über 1km am Nordostende des Sees erstreckt, umgeben von Matten mit vielen Obstbäumen. Es wird überragt vom hohen Brienzer Grat, dessen Tälern mehrere, bei Unwettern oft bedrohliche Bäche entspringen. Brienz ist bekannt für seine Holzschnitzer- und Geigenbauwerkstätten. Die Brunnengasse wird von Blockhäusern aus dem 18. Jh. gesäumt; ihre Fassaden sind häufig mit Schnitzfriesen verziert. Von der auf einem Hügel gelegenen Kirche aus dem 17. Jh. (mit einem roman. Turm) schöner Blick auf den See und das Haslital, im Hintergrund die Firnkuppe des Sustenhorns.

Nach Brienzwiler: *WW* in 40min bergauf in das gartenreiche Dorf *Ober Schwanden* (714m), am Fuss der gewaltigen Südwand des Brienzer Rothorns. Weiter über *Hofstetten* und den lieblichen *Ballenberg* (mit dem *Wyssensee*) nach *Brienzwiler* (1h; s. 11.1.).

Planalp* und Brienzer Rothorn: *Gondelbahn* steil empor zur *Planalp** (1330m; *Berggasthaus*), mit prächtiger Aussicht auf die Berner Alpen. Ein beschwerlicher *BW* führt von der Planalp im Zickzack über die Alpen *Greesgi* (1566m) und *Ob. Stafel* (1823m) in 3h30 zum *Brienzer Rothorn* (2348m; *Berggasthaus*), dem höchsten Gipfel der Kette. Eindrückliches Panorama. – Gratwanderung zum *Tüfengrat* und *Brünigpass*, s. 11.1.

Giessbachfälle*: Fahrstrasse (*Bus*) über das weitverzweigte Aaredelta mit seinen Auenwäldern zum südöstl. Seeende, dann durch Wald in 5km zu den Fällen des *Giessbachs** (700m; *Gasthof*). Seine Wasser stürzen über eine Höhe von 300m in sieben Stufen am bewaldeten Berghang zum See. Den besten Überblick hat man etwa 5min unterhalb des Gasthofs. – Ein *WW* führt neben dem untersten Fall zum See, dann weiter dem Seeufer entlang nach *Iseltwald* (1h30; s. oben). – Ein anderer *WW* steigt an der r.

Talseite 45min an den oberen Fällen empor bis zu einer Brücke, unter der die Wasser aus einer Schlucht in einen Felsenkessel von 60m Tiefe stürzen. Der Weg mündet 20min weiter oben, bei der *Bramisegg* (989m), in die Axalpstrasse (*Bus*; s. unten).

Axalp: Vom Giessbachfall führt ein Fahrweg (*Bus*) in grossen Kehren über die *Bramisegg* (s. oben) in 9km auf die nach N. ausgerichteten Wiesen der *Axalp* (1532m; *2 Gasthöfe*). – *WW* östl. im Wald in 1h zum kleinen *Hinterburgsee* (1515m). – *BW+* zum *Axalphorn* (2307m), 2h30. – Schöner *BW* über die 1h20 *Alp Tschingelfeld* (1910m) und den 2h *Tierwangsattel* (2416m) nach *Grindelwald-First* (1h10; s. 14.2B.).

13.5. Schynige Platte und Höhenweg zum Faulhorn

Zahnradbahn im Sommer von Wilderswil (3km südl. von Interlaken; s. 14.1.) zur Schynige Platte (Dampf- und Dieselbetrieb).

Die Zahnradbahn überquert die Lütschine und steigt in Kehren zum *Roteneggtunnel*, dann durch Wald in 4,5km zur Mittelstation *Breitlauenen* (1542m; *Rest.*), mit Aussicht auf Brienzer- und Thunersee. Dann im Bogen gegen den Gebirgsgrat hinauf und durch den *Grätlitunnel* auf die Südseite, wo sich plötzlich der Blick auf das Hochgebirge vom Eiger bis zum Breithorn öffnet. Am Südhang durch Felseinschnitte und einen kurzen Tunnel, zuletzt mit Blick in das Grindelwaldner Tal und auf Schreck- und Wetterhorn. – 7km **Schynige Platte**** (1967m; *Berggasthaus*). Das Panorama gehört zu den berühmtesten des Berner Oberlands: von l. nach r. Wetter- und Schreckhorn, die beiden Grindelwaldner Gletscher, Eiger, Mönch, Jungfrau, Ebnefluh, Mittaghorn, Blümlisalp, ganz r. die Niesenkette. – 5min östl. ein schöner Alpengarten.

Daube: Ein bequemer *BW* führt im Zickzack in 25min zum Felskopf *Daube* (2076m), wo die Aussicht auch Interlaken, den Brienzer- und den Thunersee und die Berge im N. und O. umfasst: Hohgant, Brienzer Rothorn, r. davon fern der Pilatus; im NW. erglänzen spätnachmittags die Seen am Jurasüdfuss.

Nach Burglauenen: *BW* von der Station über die aussichtsreiche *Alp Ausserläger* hinab in 50min nach *Schwand* (1535m). Dann südl. um die Felsen des Schilt herum zur *Alp Sengg* (1419m; 20min) und durch Wald, zuletzt steiler, in 1h nach *Burglauenen* (896m), im Lütschental (s. 14.1.).

Der aussichtsreiche **Höhenweg zum Faulhorn*** (*BW*) führt über den *Oberberg*, der zur weiten *Alp Iselten* gehört, unter dem schroffen Oberberghorn hin, dann um den Südfuss des Laucherhorns zum Felsentor des *Schafgatters* (1h). Weiter durch ein Karrengebiet zur Wasserscheide *Egg* (2126m; 30min). Nun allmählich ansteigend längs des Nordabhangs der kalkigen Sägishörner und unerwartet um ihre Nordostecke herum zum Sattel

Männdlenen (2344m; 40min). Danach auf schroffem Weg durch die Nord-wand der *Winteregg* in 50min zu ihrem mattenartigem Ostgipfel (2521m); das Faulhorn mit seinem Berggasthof liegt direkt voraus. Nun steiler über Alpwiesen und über den nach N. steil abfallenden Westgrat in 45min auf den Kegel des **Faulhorns*** (2681m; *Berggasthaus*). – Beschreibung und Fortsetzung der Tour zum *First*, s. 14.2B.

14. Grindelwaldner Tal

14.1. Von Interlaken nach Grindelwald

Die *Berner Oberlandbahn (BOB)* umrundet östl. das Interlakener Schloss-areal. – 2km *Matten*, der gartenreiche Ortsteil von Interlaken. – 4km **Wil-derswil** (584m; *H. Bären**, 2 Hotels**), in der Ebene der Lütschine am Ein-gang des Saxettals schön gelegen. Gedeckte Holzbrücke (von 1738) über die Lütschine. Am jenseitigen Ufer, in *Gsteig*, ist eine alte, malerische Pfarr-kirche mit Friedhof zu bewundern.

Spaziergang nach Interlaken: s. 13.1.

Zahnradbahn auf die Schynige Platte: s. 13.5.

Gsteigwiler: 20min oberhalb von Wilderswil (*Bus*), am Fuss der *Schynige Platte*, liegt das malerische Dörfchen *Gsteigwiler* mit vielen schönen Holzhäusern.

Saxettal: Ein Bergsträsschen (*Bus*) führt in vielen Kehren durch Wald in 4km zum nur sommers bewohnten Dörfchen *Saxeten* (1131m; *Rest.*), in geschützter Lage auf den Matten des *Saxettals* gelegen. Den Talschluss bilden die wilden Flühen der Schwalme-ren. – Saxeten ist Stützpunkt für folgende *BW*:

Über den Rengglipass nach Aeschiried: *BW* talaufwärts an den Hütten der *Mittelberg-alp* vorbei in 3h zum *Rengglipass* (1879m), zwischen Morgenberghorn und Schwalme-ren. Nun hinab nach *Mittelberg* (1573m) im *Suldtal* und weiter talwärts über Alpmat-ten, durch Wald und am schönen *Pochtenfall* vorbei in 1h nach *Suld* (1079m; *Rest.*), am Beginn eines Strässchens. Von hier 1h nach *Aeschiried* (1015m; s. 16.1B.).

Morgenberghorn: Vom Rengglipass (s. oben) *BW+* am Südgrat empor in 1h zum Gipfel (2248m). Aussicht höchst malerisch, vor allem der Tiefblick zum Thunersee. Abstieg westl. über die *Brunnialp* (1646m; 1h20) und den langen Nordwestausläufer des Mor-genberghorns in 1h40 nach *Aeschiried* (s. 16.1B.).

Über die Lobhornhütte nach Isenfluh: *BW* am Wasserfall des Wyssbachs vorbei zur *Nesslerenalp* (1456m; 1h), am Fuss der Schwalmeren. Dann am Westhang der Sulegg in 1h zur *Bällenalp* empor (1787m). 45min weiter ein Sattel (1998m), von wo aus der Aussichtspunkt *Bällehöchst* (2095m), hoch über dem Lütschinental, in 15min erreich-bar ist. Weiter an den Flühen der Sulegg vorbei in 40min zur ausgedehnten *Alp Suls*, mit der *Lobhornhütte* (1954m; s. 15.1.). – Abstieg in 2h nach *Isenfluh*, s. 15.1.

Die Bahn quert nach Wilderswil die Lütschine und führt an ihrem Ufer im bewaldeten Tal aufwärts. Rechts die Flühen des Bällehöchst und der Sulegg; voraus der Männlichen, daneben Jungfrau und Mönch. Nach einer Brücke über die von Grindelwald kommende Schwarze Lütschine folgt 9km *Zweilütschinen* (651m), Zweigstation für das von S. mündende Lauterbrunnental (s. 15.1.). Weiter östl. am Ufer der Schwarzen Lütschine im bewaldeten Lütschental aufwärts; l. die Abhänge der Schynige Platte. – 13km *Lütschental* (713m; *Rest.*), mit Elektrizitätswerk. Nun auf 1,7km langer Zahnstangenstrecke am Talhang aufwärts nach 15km *Burglauenen* (896m; *Gasthof*; Aufstieg zur *Schynige Platte*: s. 13.5.; über die *Alp Spätena* nach *Wengen*: s. 15.4.). Nach einer Enge öffnet sich das *Grindelwaldner Tal*. – Bei 18km *Schwendi* erscheint die gewaltige Nordwand des Eigers, daneben die Jungfrau mit dem Silberhorn; in der Mitte neben dem schroffen Mettenberg r. das Schreckhorn, l. das Wetterhorn. – Nach 20km *Grund* (950m), am Ufer der Lütschine (Ausgangspunkt für *Kl. Scheidegg* und *Männlichen*, s. 14.2E.), folgt eine weitere, 1,3km lange Zahnstangenstrecke.

21km **Grindelwald***** (1040m; *H. Regina***, H. Schweizerhof**, H. Eigerwand**; 2 Hotels*, 2 Gasthöfe, Ferienwohnungen, Camping; Freibad, Eisbahn, Skilifte*), das ‚Gletscherdorf', mit 2.200 Ew., wird wegen seiner geschützten, sonnigen und nebelfreien Lage an einem südexponierten Hang als Urlaubsort viel besucht. Es zählt zu den beliebtesten Wintersportplätzen Europas und ist im Sommer ein bevorzugtes Standquartier für alpinistische Unternehmungen. – Grindelwald besteht aus dem enger gebauten *Gydisdorf* mit dem Bahnhof und den touristischen Einrichtungen, sowie vielen Einzelhöfen, die sich über 3km am Wiesenhang erstrecken. Drei imposante Berge schliessen das Tal gegen S. ab: der Eiger (3967m), der Mättenberg und das prächtige Wetterhorn (3690m), das der ganzen Landschaft seinen Charakter verleiht. Zwischen den letzteren beiden blickt der obere der beiden Grindelwaldner Gletscher hervor, zwischen Mättenberg und Eiger der untere. Die Abflüsse beider Gletscher bilden die Schwarze Lütschine. Während der kühleren letzten Jahrzehnte sind die beiden Eisströme Dutzende von Metern vorgestossen. Der obere Gletscher endet nun bei etwa 1200m, der untere bei etwa 1000m, so tief wie kein anderer Alpengletscher. Der Kontrast zwischen den wild zerklüfteten, bläulich schimmernden Eisbrüchen, den gewaltigen Felswänden und den grünen

Talmatten ist weltweit einzigartig.

Rundspaziergang über den Terrassenweg* (*WW*): Bester Überblick über das Tal. Unweit östl. vom Bahnhof liegt die schöne Kirche (von 1793) inmitten eines malerischen Kirchhofs. Weiter nordöstl. auf dem Weg zur Gr. Scheidegg in 20min bis zum Mühlebach; hier l. auf den *Terrassenweg**, der oberhalb des Dorfs verläuft, mit herrlicher Aussicht: besonders schön die Fiescherhörner; r. hinter dem Eiger das Silberhorn. Bei den Häusern von Tuftbach l. hinab und in 1h zum Bahnhof zurück.

Zum Unteren Gletscher*: *WW* vom Dorf hinab zur Lütschinebrücke (986m; 10min), dann l. durch den Weiler *Mättenberg* in 15min zu der mit lichtem Wald bedeckten Endmoräne aus früherer Zeit. Oberhalb eines Felsbandes enden die beiden steilen, zerrissenen Zungen des *Unteren Gletschers**. Die Wasser der westl. Zunge rinnen über die Felsen hinab, während sich der Quellbach der östl. Zunge tief in den Fels eingeschnitten hat. Das Gletschervorland ist von Schutt bedeckt und mit schütteren Büschen bewachsen. Die kühlen Fallwinde vom nahen Eis sind deutlich zu spüren. Angesichts der aktuellen globalen Klimaabkühlung ist ein weiterer Vorstoss des Gletschers bis zur Schwarzen Lütschine im Talgrund mittelfristig nicht auszuschliessen.

14.2. Touren ab Grindelwald

A: Oberer Gletscher und Gr. Scheidegg: Strässchen (*Bus im Sommer*) über die 1,5km Mühlebachbrücke (s. oben) und Unterhäusern zum 3km *Hotel Wetterhorn*** (1228m; auf *WW* 1h), direkt an der Endmoräne des **Oberen Gletschers***. Ähnlich wie beim Unteren Gletscher bildet die Zunge einen wild zerrissenen, eindrücklichen Steilabbruch. Das Gletschervorland ist durch den Winddruck der fast alljährlich herabbrausenden Lawine ‚Kehrlaui' baumlos.

Über Milchbach zur Pfingstegg: *BW* entlang der westl. Seitenmoräne zum *Milchbach* (1349m; 20min), wo der Gletscherabbruch besonders gut zu sehen ist. Dann am Abhang des Mättenbergs, einen Lawinenzug querend, in 40min zur *Pfingstegg* (1386m; *Rest.*; *Gondelbahn*, s. 14.2D.).

Nun über Matten nach 5km **Unter Lauchbühl**, am Ende des Strässchens (1440m; *Parkplatz*; auf *WW* von Grindelwald 2h).

Glecksteinhütte (nur für Schwindelfreie!): *BW+* südl. in 30min über Matten zum Fuss des Wetterhorns (1593m; vom H. Wetterhorn direkt in 1h10), dann auf einem ausgesetzten Pfad durch die Felsabstürze des Wetterhorns zur *Engi* (1735m; 40min). Weiter im Tal des Oberen Gletschers steil ansteigend, mit Blick auf seinen oberen Steilabfall über *Zybachsplatten* und *Schönbüel* zur *Glecksteinhütte S.A.C.* (2316m; 2h), in grandioser wilder Berglandschaft. Stützpunkt für folgende **HT**:

Wetterhorn: Über den Chrinnefirn und steile Felsen zum *Wettersattel* (3540m; 4h30), dann entweder l. zum *Wetterhorn* (3703m; höchst eindrückliches Panorama) oder r.

zum etwas versteckteren *Mittelhorn* (3702m), je 50min. – Abstieg zur *Rosenlauiklause* über den *Wellhornsattel*, s. 12.4.

Bärglistock (3655m): 6h über Grindelwaldner Firn und *Bärglijoch*; grandioser Blick auf Wetter-, Schreck- und Lauteraarhorn. – Abstieg zur *Rosenlauiklause*: s. 12.4.

Über die Rosenegg zur Gaulihütte bzw. zur Rosenlauiklause: s. 12.1. & 12.4.

Der Saumweg (*BW*) steigt von Unter Lauchbühl über viehreiche Alpen, stets nahe der gewaltigen Nordwestwand des Wetterhorns (östl. des Bachs Steinschlag- bzw. Lawinengefahr!) in 1h50 zur **Gr. Scheidegg**** empor (1962m; *Berggasthof*). – Abstieg nach *Rosenlaui* und *Meiringen*, s. 12.4.

Zum First: Ein berühmter *WW* führt von der Gr. Scheidegg, leicht ansteigend, über die Alpen *Oberläger* (1948m) und *Grindel* in 2h zum *First* (2165m; s. 14.2B.).

Über die Alp Breitenboden nach Rosenlaui: s. 12.4.

B: First und Faulhorn: Eine *Gondelbahn* zieht von der Kirche über die Mittelstation *Schäftigen* (1590m; *Rest.*) zum **First**** (2165m; *Berggasthaus*), auf einem Felsrücken am Fuss des Schwarzhorns gelegen. Der Blick auf die gewaltige Bergszenerie hinter dem lieblichen Grindelwaldner Tal ist einzigartig. – Verschiedene *BW* führen vom Dorf zum First (Wanderzeit je ca. 4h): östl. über Unter Lauchbühl (s. oben) und die *Alp Unterläger* (1710m); oder nach der Mühlebachbrücke (s. 14.1.) l. hoch über *Bort* (1561m) und den Felsrücken direkt zum *First*; schliesslich vom Dorf nordwestl. durch Wald, über *Waldspitz* (1897m; *Rest.*) und die Hütten von *Bachläger*. – Die Region First ist ein wichtiges *Skigebiet*. Zusammen mit einer weiter zum *Oberjoch* (2500m) führenden *Gondelbahn* entsteht eine Skiabfahrt von fast 1500m Höhe bis Grindelwald.

Zur Gr. Scheidegg: s. 14.2A.

Über den Tierwangsattel zur Axalp: s. 13.4.

Schwarzhorn (2928m): *BW+* über die *Alp Chrinnenboden* und den Südgrat in 2h50. Aussicht nicht nur auf den Bergkranz, auch auf Lungern-, Sarner-, Alpnacher-, Vierwaldstätter- und Zugersee in gerader Linie.

Der *WW* vom First zum Faulhorn führt westl. in 40min zum bergumrahmten idyllischen *Bachsee* (2266m), einem berühmten Fotomotiv. Hier mündet der direkte Weg von Grindelwald über Waldspitz und Bachläger (4h; s. oben). Nun im Angesicht des Faulhorns mit seinem Gipfelhotel 1h steil bergan. Oben auf dem *Gassenboden* in schwacher Steigung bis zum Fuss des Faulhornkegels, dann 20min im Zickzack zum Gipfel (*Berggasthaus*).

Das **Faulhorn*** (2681m), ein leicht verwitternder Kalkschieferklotz mit einer reichen Alpenflora, gehört zu den klassischen Aussichtspunkten der Schweiz: ganz nahe sind die Riesen des Berner Oberlandes; im N. in der Tiefe der Brienzerseee, dahinter die Bergkette vom Augstmatthorn bis zum Brienzer Rothorn; westl. der Thunersee mit Niesen und Stockhorn; in der Ferne Murten- und Neuenburgersee; nordöstl. ein Stück des Vierwaldstätter- und des Zugersees nebst Pilatus, Rigi und Titlis. – Höhenweg zur *Schynige Platte*, s. 13.5. – Abstieg zur *Bussalp*, s. 14.2C.

C: *Bussalp*: Vom Grindelwaldner Terrassenweg Fahrsträsschen (*Bus im Sommer*) über 5km *Weidli* (8min westl. der schöne *Abbachfall*) in vielen Kehren den mit Matten und Wald bedeckten Südhang hinauf zur 12km **Bussalp** (1796m; *Berggasthaus*), mit intensiver Viehsömmerung.

Burg (2206m): Interessanter Aussichtspunkt, auf *BW* über die sonnige *Alp Oberläger* (2021m) in 1h20 zu ersteigen.

Faulhorn: *BW* steil über *Oberläger* und noch höhere Alpweiden zum *Gassenboden* (s. oben) in insgesamt 3h zum *Faulhorn* (s. oben).

D: *Stieregg* und ***Schreckhornhütte***: *Kabinenbahn* (Talstation bei der Kirche) hoch über das Tal der Schwarzen Lütschine zur *Pfingstegg* (1386m; *Rest.*), am Fuss des Mättenbergs, direkt gegenüber dem Dorf (auf *BW* über die oben genannte Lütschinebrücke in 1h25 ersteigbar). Von hier führt ein gut unterhaltener *BW* den jähen Abstürzen des Mättenbergs entlang, z.T. aus dem Felsen gehauen, durch die Schlucht des unteren Grindelwaldner Gletschers in 1h10 zur **Stieregg** (1650m; *Berggasthaus*) am Unteren Eismeer. In diesem grossen, z.T. schuttbedeckten Becken vereinigen sich zwei gewaltige Eisströme: von O. der obere Teil des Hauptgletschers, von S. der steile, zerrissene Fieschergletscher. Die hochalpine Landschaft ist äusserst beeindruckend, auch weil durch das Passieren der Schlucht jegliche Sicht auf das grüne, bewohnte Tal verwehrt ist.

Zäsenberghorn (2343m): *HT* über den Gletscher in 1h zu den Grashängen des *Zäsenbergs* (1852m), dann von O. zum Gipfel (1h30), wo man die gewaltige Massive des Eigers, der Fiescherhörner, des Lauteraar- und Schreckhorns unmittelbar vor sich hat.

Der weiterführende, teilweise sehr luftige *BW+* steigt nach der Überschreitung eines wilden, vom Mättenberg herabströmenden Bergbachs durch Grünerlengebüsch in 40min zur Felsnase der *Bänisegg* (1808m), wo die Sicht auf die beiden Gletscher noch umfassender ist. Nun längs des Gletschers bis zur Felsbarriere des *Roten Gufers* (ca. 2000m), die mit Hilfe von Leitern und Fixseilen überwunden wird. Über steile, blumige Grashänge,

Schutthalden und Felsbänder weiter zur **Schreckhornhütte** *S.A.C.* (2h30; 2527m), nahe dem Oberen Eismeer am Westfuss des Schreckhorns in hochalpiner Umgebung errichtet.

Schreckhorn (4078m), **Lauteraarhorn** (4042m), beides sehr schwierige **HT**, je 6-7h.

Finsteraarhorn (4274m): Sehr anspruchsvolle, lange **HT** über das *Finsteraar-* und das *Agassizjoch*, 9h; einfacher ab *Finsteraarhornhütte* (s. 18.2B.).

Übergänge zur Lauteraarhütte: s. 12.1.

E: Von Grindelwald zur Kl. Scheidegg und zum Männlichen: Von der Bahnstation Grund (*Züge von Grindelwald alle 30min*; s. 14.1.) führt eine *Gondelbahn* zur Mittelstation *Itramenwald* (1620m; *Rest.*), inmitten von lichtem Wald und Alpmatten. Ein Ast der Bahn zieht hier weiter nach SW. empor, zur **Kl. Scheidegg**** (2061m), Station der *Jungfraubahn* (s. 15.4.), ein zweiter Ast nach W. auf den *Sattel* **Männlichen*** (2221m), zwischen Männlichen und Tschuggen (*Gondelbahn* nach Wengen, s. 15.4.).

Mehrere *BW* führen von Grund zur Kl. Scheidegg: entweder über die Mattenhänge von *Itramen* zur Mittelstation Itramenwald (2h20) und weiter durch Wald und über Alpwiesen in 1h35 zur *Scheidegg*; oder – näher am Eiger – in 4h10 über die Alpen *Brandegg* (1332m; 1h15), *Alpiglen* (1614m; 1h) und *Arvengarten* (1h). Ein dritter, anspruchsvoller *BW+*, der *Eigerweg*, steigt von *Mättenberg* (s. 14.1.) entlang der l. Seite des unt. Grindelwaldner Gletschers über Leitern zum Waldhang von *Bonern* (1508m; 2h); dann immer dicht am Fuss der gewaltigen 1800m hohen, noch unbestiegenen Eigernordwand über die langgestreckte *Alp Wärgistal* in 3h zur Station *Eigergletscher* der *Jungfraubahn* (2320m; s. 15.4.).

Zum Sattel Männlichen (s. oben) führt von *Grund* ein *BW* direkt über *Raift* und die *Itramenalp* in 4h, ein zweiter *BW* von der Mittelstation Itramenwald (s. oben) in 2h über die Alpen *Lägerli* (1818m) und *Gummi*. – Die Hänge zwischen Grindelwald und der Kl. Scheidegg bzw. des Männlichen sind das zweite grosse *Skigebiet* des Tals.

15. Mürren, Wengen, Kl. Scheidegg und Jungfraujoch

15.1. Von Interlaken nach Lauterbrunnen und Stechelberg

Bis 9km *Zweilütschinen*: s. 14.1. – Strasse und Bahn (letztere z.T. mit Zahnstange) steigen im waldigen *Lauterbrunnental* neben der Weissen Lütschine zwischen 300-500m hohen Kalkwänden bergan. – 11km *Sandweid* (725m), kleiner Weiler im Talgrund.

Isenfluh*: Eine *Luftseilbahn* führt ins Dörfchen *Isenfluh** (1081m; *Gasthof*), auf einer sonnigen Terrasse hoch über dem Lauterbrunnental gelegen. Isenfluh ist Ausgangspunkt verschiedener herrlicher Touren:

Nach Lauterbrunnen: Schöner *WW* durch Wald; nach 20min über den schäumenden *Sousbach*, dann sanft abwärts in 40min nach *Lauterbrunnen*.

Über die Grütschalp nach Mürren: *BW* durch den *Guferwald*, ein altes Bergsturzgebiet, zur oberen Brücke über den Sousbach und weiter durch Wald zur *Grütschalp* in 1h30 (1486m; *Rest*.), 700m oberhalb Lauterbrunnen. Nun über aussichtsreiche Matten und durch lichten Wald, immer die eindrückliche Jungfrau vor Augen, in 1h10 nach *Mürren* (1638m, s. 15.3.).

Durch das Soustal und den Chilchfluepass nach Kiental (lange, anstrengende Tour durch wenig begangenes Gebiet!): *BW* durch den oberen *Guferwald* in 2h10 zum Eingang in das einsame *Soustal* (1670m). Nun über Alpmatten und ein Felsband zur *Alp Oberberg* (1991m); weiter das lange, von Kalkflühen begrenzte Tal hoch, am Ende über Schutthalden zum *Chilchfluepass* (2453m; 2h45), in abgeschiedener alpiner Stille. Hinab in 50min auf die weite *Alp Hohkien* (2026m; *einf. Unterkunft*; s. 17.3.), dann über eine Felsstufe in den *Spiggengrund* hinunter und in 2h50 nach *Kiental* (s. 17.3.).

Lobhornhütte und Schwalmeren: *BW* steil den lichten Wald oberhalb Isenfluh empor in 1h30 zum Weiler *Sulwald* (1528m). Nun den oberen Teil des *Guferwalds* querend in 1h20 zur *Alp Suls* (1900m; 10min nördl. ein Seeelein). – 15min nordöstl. auf einer aussichtsreichen Anhöhe liegt die *Lobhornhütte S.A.C.* (1954m). – Der *BW+* zur *Schwalmeren* steigt zuerst über Alpmatten zur *Sousegg* (2149m; 50min; tief unten das Soustal), dann auf dem Grat, z.T. etwas exponiert, in 1h bis auf ca. 2500m zu den zackigen *Lobhörnern*, die südl. umgangen werden (Klettergebiet!). Hinab in 30min zu einem Sattel zwischen Sous- und Saxettal (2371m). Dann über lange Schutt- und Firnfelder in 1h10 zum *Schwalmerenpass* (2673m); von hier noch 25min zur Gipfelpyramide der *Schwalmeren* (2777m). Wunderbares Panorama der einsamen Bergwelt ringsum; Tiefblick auf den Thunersee; im Hintergrund Thun, Bern, die Wälder des Mittellands, Bieler- und Neuenburgersee, am Horizont der Jura.

Von der Lobhornhütte zur Sulegg: *BW* 20min auf dem Weg nach *Saxeten* (s. 14.1.), dann l. weglos hoch auf dem grasigen Ostkamm zur *Sulegg* (2413m; 1h15), mit herrlicher Sicht auf Thuner- und Brienzersee und die östl. Berner Alpen.

Von der Lobhornhütte nach Saxeten: s. 14.1.

Die Bahn nach Lauterbrunnen überwindet eine weitere Steilstufe mittels Zahnstange; l. ein Lütschine-Kraftwerk.

14km *Lauterbrunnen** (797m; *H. Steinbock**, H. Staubbach**, Hotel*, 2 Gasthöfe, Camping; Parkhaus*), langgestrecktes Dorf mit 1.400 Ew., liegt in einem von eiszeitlichen Gletschern ausgehöhlten Trogtal, dessen Sohle die

Sonne im Juli nicht vor 7 Uhr, im Winter nicht vor 11 Uhr bescheint. Seinen Namen hat es von den vielen Wässern, die von den Felswänden stürzen und von den Quellen, die an ihrem Fuss hervorsprudeln. Im Talhintergrund dominant die Jungfrau über dem düsteren Schwarzmönch, r. das Breithorn. 10min südl. des Bahnhofs eine schöne Dorfkirche. Geradeaus am Kirchhof vorbei in 5min zum *Staubbach**, dem bekanntesten der Lauterbrunner Wasserfälle. Unter seinem Eindruck soll 1779 *Goethes* ‚Gesang über den Wassern' entstanden sein. Der von der *Grütschalp* kommende Bach endet 300m höher an einer überhängenden Felswand; sein Wasser zerstäubt im Wind, bevor es den Talboden erreicht. Ein Fussweg und eine Felsengalerie führen in 10min bis unter den Fall.

Lauterbrunnen ist Ausgangspunkt der *Jungfraubahn* nach Wengen, der Kl. Scheidegg und dem Jungfraujoch (s. 15.4.).

Bergweg nach Mürren: 3min vom Bahnhof r. steil empor und dreimal über den *Gryfenbach*; nach 20min durch Wald hoch und über den *Lauibach* zur Brücke über den *Staubbach* (1253m; 45min), wo sich der Blick auf Jungfrau, Mönch und Eiger öffnet. Später über die drei Arme des *Spissbachs*. Nach 1h ist die Höhe der Terrasse von Mürren erreicht (1611m); nun auf ebenem Weg in 30min nach *Mürren* (1638m; s. 15.3.).

Nach Mürren über die Grütschalp und die Winteregg: BW von Lauterbrunnen steil empor in 2h15 zur *Grütschalp* (1486m, s. oben); weiter entweder auf dem obgenannten Weg von *Isenfluh* oder (aussichtsreicher) über Alpmatten hoch zum *Dorenhubel* (1880m; 1h40) am Fuss des Bietenhorns. Nun fast horizontal über die grosse, viehreiche *Alp Winteregg* in 40min zum *Allmendhubel* (1932m; *Sessellift nach Mürren*; s. 15.3.); dann hinab in 20min nach *Mürren*.

Bergweg nach Wengen: Vom Bahnhof über die Lütschine, dann über Matten, später im Zickzack durch Wald, schliesslich über Matten mit mächtigen Nuss- und Bergahornen in 1h20 nach *Wengen* (1275m; s. 15.4.).

Wanderweg nach Isenfluh: s. oben.

Bahn und Strasse nach Stechelberg überqueren die Lütschine und ziehen über den fast ebenen Talgrund; an seinem Ende hoch oben der glitzernde *Schmadribachfall*. – 17km *Trümmelbach* (823m; *Rest.*).

Trümmelbachfälle**: Ein Fussweg führt in 7min zur Schlucht, in die sich der *Trümmelbach*, der Abfluss der Jungfraugletscher, schraubenartig eingeschnitten hat und in fünf wuchtigen Fällen herabstürzt (am schönsten der dritte). Die ganze Szenerie ist durch einen Lift, Treppen und Felsengänge zugänglich gemacht.

Durch das Trümletental zur Wengernalp (1874m; s. 15.4.): 4h auf *BW*. Anfangs steil durch Wald und über den *Trümmelbach*; ab 1600m etwas flacher über die Matten der *Mettlenalp* (s. 15.4.), mit eindrücklichem Blick ins *Trümletental* und die mächtige *Jung-

frau-Nordwand mit ihren Hängegletschern. Über Alpmatten zur Wengernalp.

Bahn und Strasse führen im Talboden, z.T. durch Lawinengalerien geschützt, nach 20km **Stechelberg** (905m; *Hotel*, Parkplatz*), eine Häusergruppe zuhinterst im Tal, an der Vereinigung des Sefinen- mit dem oberen Lauterbrunnental, tief unterhalb der Terrasse von *Mürren* (*Luftseilbahn* und *Fussweg* nach *Mürren*, s. 15.3.).

Rottalklause: 5h auf z.T. ausgesetztem *BW+*; enorme Höhendifferenz! Steil hinauf durch die Westwand des Schwarzmönchs nach *Altläger* (1580m), dann nördl. des Rottalgletschers zur *Rottalklause S.A.C.* (2755m) im wilden Rottal. – Von hier schwierige **HT**: Besteigung der *Jungfrau* über den Westgrat in 6h; – Übergang über das *Lauitor* (3700m) zum *Aletschgletscher* und in 8h zur *Konkordiahütte* (2850m; s. 18.2B.).

15.2. Oberes Lauterbrunnental

Fusstour in ein faszinierendes, traditionell bewirtschaftetes Alpental, ähnlich dem Maderanertal (s. 9.6.). Übernachtung auf dem Obersteinberg; organisierter Gepäcktransport.

Bergweg von Stechelberg zu den malerischen Holzhäusern von *Sichellauenen* (1001m; 20min) im **Oberen Lauterbrunnental****. Nun zum l. Ufer der Lütschine, dann über Matten mit imposanten Bergahornen, mit Blick l. in das wilde Rottal, hinauf in 45min zur Hüttengruppe von **Trachsellauenen** (1201m; *Rest.*).

Schmadribachfall*: *BW* am l. Ufer der Lütschine empor und nach 15min bei einer ehemaligen Bleischmelze l. ab, dann um eine Felsmasse biegend in 30min zur *Alp Schirboden* (1376m). Weiter nach l., über zwei Bäche, eine Matte und ein kleines Waldstück hinauf; bei der *Läger-Sennhütte* vorbei über Geröll in 45min zum Fuss des mächtigen *Schmadribachfalls**, dessen Wasser aus 400m Höhe über mehrere Stufen herabstürzen. – Abstieg westl. in den Talgrund und zurück nach *Schirboden*.

Der *BW* zum Obersteinberg führt an der Bleischmelze (s. oben) vorbei, danach im Zickzack in einer feuchten, tannen- und farnbewachsenen Klamm aufwärts und bei den Hütten der *Ammertenalp* vorbei in 1h30 zum **Obersteinberg*** (1778m; *Berggasthaus*). Herrliche Aussicht auf den Berg- und Gletscherkranz des hinteren Lauterbrunnentals: von r. nach l. Tschingelhorn, Breithorn, dazwischen eingebettet der Breithorngletscher, weiter Grosshorn, Mittaghorn, Ebnefluh, Gletscherhorn, Jungfrau; gerade gegenüber der eindrückliche Schmadribachfall, der aus der Zunge des Schmadri- und Breithorngletschers herauszustürzen scheint. *Goethe* besuchte den Obersteinberg am 10. Okt. 1779. – Alternativer Abstieg in das Tal vom

Gasthof über den Südhang und die *Wilde Egg*.

Zum Tanzbödeli und nach Gimmelwald: s. 15.3.

Oberhornsee: BW am Hang weiter zur Zunge des *Tschingelgletschers* (1800m; 15min), dann über dessen r. Moräne in 1h zum blauen *Oberhornsee* (2065m), der idyllisch in einer Mulde zwischen dem *Tschingel-* und dem *Breithorngletscher* liegt. Geologisch interessante Grenze zwischen Sediment- und Urgestein.

Mutthornhütte: **HT** vom *Oberhornsee* (1h15; s. oben) über den langen *Tschingelgletscher* zur *Mutthornhütte S.A.C.* (2906m; 3h), am Südostfuss des Mutthorns, auf dem Schneesattel zum *Kanderfirn* gelegen. Von hier werden das *Tschingelhorn* (3579m) in 3h30 und das *Breithorn* (3780m) in 5-6h über die *Wetterlücke* bestiegen. Die Mutthornhütte ist auch Ausgangspunkt für verschiedene grandiose Übergänge:

In das Lötschental, HT: In 1h zum Schneerücken des *Petersgrats* (ca. 3190m), mit Aussicht auf die Lötschentaler Berge vom Aletschhorn bis zum Hohgleifen, gerade gegenüber das gewaltige Bietschhorn. Nun südöstl. auf den spaltenreichen *Äusseren Talgletscher*, später steil über Geröll absteigend in 3h20 durch das äussere Faflertal zur *Faflerhütte S.A.C.* (1783m), im obersten Teil des unbewohnten *Lötschentals* (s. 17.5.).

Über den Kanderfirn in das Gasterntal: s. 17.2D.

Über die Gamchilücke zur Griesalp: s. 17.3.

15.3. Gimmelwald und Mürren

Von Stechelberg (s. 15.1.) führt die untere Sektion einer *Grosskabinenseilbahn* steil über die Felswand hoch nach *Gimmelwald*; die obere Sektion nach *Mürren* über baumbestandene Matten ist etwas flacher. – Der *BW* von Stechelberg zweigt kurz nach *Sichellauenen* (s. 15.2.) r. ab und zieht durch den Wald hoch in das Tal der *Sefinenlütschine*. Von der Sefinenbrücke (1164m; 1h) noch 40min über blumenreiche Bergwiesen nach **Gimmelwald*** (1363m; *Hotel*, Gasthof*), malerisches Dörfchen auf einer Bergterrasse am Rand des von den Felswänden der Bütlassen, des Gspaltenhorns und des Tschingelgrats umschlossenen Sefinentals.

Sefinental: BW westl. abwärts über den *Schiltbach* in 20min zum Talgrund (1258m), dann längs der *Sefinenlütschine* durch Tannengehölz und den *Sefibach* querend in 1h zum grandiosen, baumlosen Talkessel *Chilchbalm* (1538m). Er wird überragt von den schroffen Wänden der Bütlassen und des Gspaltenhorns, beide mit zahlreichen Hängegletschern und Wasserfällen.

Über das Tanzbödeli zum Obersteinberg: Vom 20min Grund des Sefinentals (1258m; s. oben) BW am südl. Hang durch Wald hoch zur *Busenalp* (ca. 1800m; 2h). In 35min zum nordöstl. Ausläufer des *Tschingelgrats* (1977m), mit überraschendem Blick in das obere Lauterbrunnental mit seinem Bergkranz von der Jungfrau bis zum Breithorn (noch umfassendere Aussicht vom *Tanzbödeli*, einer kleinen Grasfläche 30min weiter oberhalb auf einem Felssporn). Absteigend den Südhang des *Tschingelgrats* entlang in 40min zum *Obersteinberg* (1778m; s. 15.2.).

Ein Strässchen führt von Gimmelwald parallel mit der Luftseilbahn über Matten hoch, z.t. durch Wald und über zwei Bäche in 1h nach **Mürren***** (1638m; *Grand-Hotel****, *H. Jungfrau & Victoria***, *H. Regina***, *2 Hotels**; *2 Gasthöfe, Ferienwohnungen; Schwimmbad, Eisbahn, Skilifte*), auf einer Bergterrasse hoch über dem Lauterbrunnental fantastisch gelegen. Mürren ist eine bekannte autofreie Sommer- und Winterdestination. Hochberühmt ist das Panorama, das neben der dominierenden Jungfrau und dem Schwarzmönch vis-à-vis die ganze Bergkette vom Wetterhorn bis zum Gspaltenhorn umfasst. Viele angenehme Spazierwege umziehen das Dorf, namentlich am Abhang des tannenbestandenen **Allmendhubels*** (1931m; *Rest.*). Dieser ist mit einem *Sessellift* (oder in 45min auf einem *WW*) zu erreichen und bietet eine noch umfassendere Szenerie.

Bergwege nach Lauterbrunnen und Isenfluh: s. 15.1.

Schilthorn über Birg*: Zum markanten Gipfel *Birg** (2683m; *Rest.*) im W. von Mürren führt eine *Grosskabinenbahn*. Die Aussicht ist fantastisch. Von *Birg* kann der höchste Punkt der westl. Kette, das *Schilthorn* (2969m), über die *Seewlifura* und den felsigen Ostgrat in 1h40 auf *BW* gefahrlos bestiegen werden. Panorama der Berner und Walliser Alpen und der Nordschweiz. – Den Abstieg beschleunigt eine gefahrlose Rutschpartie über Schneefelder bis zum Fuss des Ostgrats.

Schilthorn oder Birg über Schiltalp: Ein *BW+* führt von *Mürren* hinter dem Dorf das *Blumental* hoch und wendet sich l. um den *Schiltgrat* in 1h10 zur schönen *Schiltalp* (1946m; *Rest.*; *Skigebiet*). Nun im Talhintergrund immer steiler zum Fuss der Felswand, diese auf z.T. luftigem Pfad, am *Grauseeli* vorbei, empor in 2h20 zur *Seewlifura* (2599m; s. oben); von hier noch 1h10 zum *Schilthorn*, bzw. 20min zum *Birg*.

Schilthorn von Kiental aus: s. 17.3.

Bietenhorn: Vom *Birg* (s. oben) *BW* über die *Seewlifura* und durch das einförmige *Engital* hinab in 35min zu einer Hütte unterhalb des Bietenhorns (2433m); diese ist auch vom *Allmendhubel* (s. oben) auf *BW* in 1h40 zu ersteigen. Von der Hütte *BW+* hinauf über Felsbänder zur *Bietenlücke* (dahinter das Soustal) und den felsigen Südwestgrat zum *Bietenhorn* (2755m; 1h20). Prächtige Aussicht.

Über die Sefinenfurgge zur Griesalp: *BW* von Mürren langsam ansteigend über *Gimmela* zum Schiltbach (1785m; 45min). Nun zum Sporn des *Bründlifelsens* hoch, um diesen l. herum, dann über die langgestreckte, rinderreiche *Sefinenalp* in 1h30 zu den Hütten von *Poganggen* (2042m; *Berggasthaus*). Weiter über Alpweiden und Geröll, zuletzt sehr steil zur *Sefinenfurgge* empor (2611m; 2h), zwischen Hundshorn und Bütlassen. Jenseits ebenso jäh hinab durch eine Schuttrinne, mit Blick auf die Blümlisalp, über die

Alp Dürreberg (1995m) in 2h zum Talboden *Bürgli* (1616m; s. 17.3.). Nach 10min über den *Gamchibach* und in weiteren 20min zur *Griesalp* (s. 17.3.).

15.4. Wengen, Kl. Scheidegg und Jungfraujoch

Die *Jungfraubahn*, eine Zahnradbahn, überquert kurz nach Lauterbrunnen die Lütschine und steigt am gegenüberliegenden Hang über Matten und durch Wald steil bergan, durch vier Tunnel und über mehrere Brücken. Blick auf das obere Lauterbrunnental, im Hintergrund der Schmadribachfall, darüber Breithorn und Grosshorn; l. über dem Westabhang die Felszacken der Lobhörner. Durch einen Kehrtunnel nach S. – *BW* von Lauterbrunnen nach Wengen, s. 15.1.

4km **Wengen**** (1275m; *Palace-Hotel****, *H. Belvedere****, *H. Silberhorn***, *H. Alpenrose***, *2 Hotels**, *2 Gasthöfe, Ferienwohnungen; Schwimmbad, Eisbahn, Skilifte*), beliebter verkehrsfreier Urlaubsort für Sommer und Winter. Das Dorf liegt auf einer baumreichen Matte unter der steil abstürzenden Männlichen-Tschuggen-Kette. Die Aussicht umfasst das Lauterbrunnental mit Jungfrau, Mittaghorn, Breithorn, Tschingelhorn und Gspaltenhorn. Spazierwege erschliessen die nahe Umgebung, z.B. die Wiesen und Hütten von *Schiltwald*, 20min südl. vom Dorf; ein längerer *WW* führt nördl. zum *Leiterhorn* (1525m; 1h), mit Tiefblick auf Interlaken.

Über die Alp Spätena nach Burglauenen: *BW* vom *Leiterhorn* (s. oben) in 40min zur nordausgerichteten *Alp Spätena* (1548m), hoch über dem Lütschental; weiter durch z.T. steilen Wald hinab nach *Burglauenen* (1h40; s. 14.1.).

Männlichen*: Zum Sattel zwischen Männlichen und Tschuggen gelangt man mühelos mit einer *Luftseilbahn*. Anstrengender ist der Aufstieg zu Fuss: von der *Äusseren Almi*, am Weg zum Leiterhorn (s. oben; 40min ab Wengen), steigt r. ein steiler *BW* durch Wald und später über jähe Fels- und Grashänge mit Lawinenschutzwänden in 2h50 zum *Sattel Männlichen* empor (2221m; *Berggasthaus*). Von hier nördl. in 20min über flache Alpweiden zum Gipfel des *Männlichen** (2342m), mit prächtiger, nach S. aber teilweise durch den Tschuggen verdeckter Aussicht.

Gondelbahn und Fusswege vom Männlichen nach Grindelwald: s. 14.2E.

Vom Männlichen zur Kl. Scheidegg: Berühmter, aussichtsreicher *WW* in 1h, südl. über die Alpweiden am Fuss des Tschuggen, immer das eindrucksvolle Dreigestirn Eiger, Mönch und Jungfrau vor Augen.

Die *Jungfraubahn* und der parallele *WW* wenden sich von Wengen dem Abhang des Tschuggen zu. – 6km *(WW: 40min) Allmend* (1494m; *Rest.*; *WW* durch Wald in 45min zur *Mettlenalp*, hoch über dem *Trümletental*, s. 15.1.).

Weiter unter dem Lauberhorn hin, dann um dessen Südsporn herum. – 8km *(WW: 1h10)* **Wengernalp*** (1873m; *Bergrest.*), mit altberühmter Aussicht über das *Trümletental* hinweg auf die mächtige Jungfrau, die man hier in ihrer ganzen Grösse und Pracht mit den Hängegletschern, dem Silberhorn und der etwas zurücktretenden höchsten Spitze überblickt. Trotz der Distanz von 4km erscheinen die Gipfel ganz nahe. An sonnigen Tagen sieht und hört man oft Schnee- und Eismassen, die kaskadenartig in den Bergspalten von Stufe zu Stufe niederstürzen. Links von der Jungfrau ragen der Mönch und der Eiger auf, r. über dem Tal, Gspaltenhorn und Bütlassen, nördl. davon Schilt- und Bietenhorn.

Am Südhang hinauf zur **Kl. Scheidegg**** (11km; 2061m; *WW: 45min*; *Berghotel**), Passhöhe gegen das Grindelwaldner Tal. Sie ist sommers wie winters wegen ihrer herrlichen Natur und leichten Erreichbarkeit rege besucht. Zusätzlich zur Sicht von der Wengernalp öffnet sich hier der Blick zum Wetterhorn, zur Gr. Scheidegg und in den Talgrund von Grindelwald.

Lauberhorn*: *BW* westl. über Alpmatten auf die Lauberhornschulter (*Skilift*); dem flachen Südgrat folgend in 1h15 zum *Lauberhorn** (2472m). Aussicht noch umfassender als von der *Kl. Scheidegg*, vor allem nach N. mit Schwalmeren, Niesen, Beatenberg, Niederhorn, Faulhorn, Schwarzhorn und Titlis.

Wanderweg zum Männlichen: s. oben

Gondelbahn und Fusswege nach Grindelwald: s. 14.2E.

Die Bahn auf das Jungfraujoch wurde 1896-1912 nach Plänen des Industriellen *Ad. Guyer-Zeller* gebaut. Sie führt mitten in die Region des ewigen Schnees und erschliesst ohne Anstrengung Gebiete, die zuvor nur geübten und ausdauernden Alpinisten zugänglich waren. Die Strecke führt von der Kl. Scheidegg zunächst über Alpweiden – mit Rückblick auf das Lauterbrunnen- und das Grindelwaldner Tal – später durch Lawinengalerien und einen Tunnel zur 13km Station **Eigergletscher** (2320m; *Berggasthaus*), in grossartig wilder Umgebung am Fuss des in starker Verkürzung erscheinenden Eiger-Westgrats.

Auf dem Eigerweg hinab nach Grindelwald: s. 14.2E.

Eiger (3967m): **HT** über den Westgrat, 7-8h, schwierig! – Anspruchsvoller und langer Abstieg vom Eiger nach *Grindelwald* über den sehr exponierten Ostgrat mit Übernachtung in der *Mittellegiklause S.A.C.* (3354m).

Mönch von der Nordseite, Schneehorn, Silberhorn, Jungfraujoch: Lange, anstrengende und selten ausgeführte **HT**.

Die *Jungfraubahn* tritt in einen 7km langen Tunnel, in dem sie stark ansteigend, immer mit Zahnstange, bis zur Endstation bleibt. – 15km Station *Eigerwand** (2865m; 5min Aufenthalt), deren erleuchtete Fenster nachts vom Tal aus zu erkennen sind. Aussicht über die jähe Wand auf das 1800m tiefer gelegene Grindelwald, die Faulhornkette, den Thunersee und einen grossen Teil der Nordschweiz. – Von hier führt die Strecke, nach S. umbiegend, unter dem Eiger hindurch zur 17km Station *Eismeer** (3159m; 5min Aufenthalt), in der Südostwand des Eigers, unmittelbar am Rand des Grindelwaldner Fieschergletschers. Die Aussicht in den wildzerklüfteten Kessel, mit Wetter- und Schreckhorn, Fiescherhörnern und dem Gletscherbruch im S. ist höchst packend. Ein Stollen zum Gletscher ermöglicht von hier aus verschiedene **HT** für geübte Alpinisten.

Weiter unter dem Mönch hindurch zur 20km Endstation **Jungfraujoch***** (3454m; *Berggasthaus*), dem höchsten Bahnhof und Gasthaus der Welt, aus dem Sphinxfelsen herausgesprengt. Vom Bahnsteig führt ein Stollen zur Aussichtsterrasse und zum Berggasthaus in der Südwand des Sphinx. Gegen W. mündet eine Galerie ins Freie, wo man auf einem gefahrlosem Schneepfad in 5min zum Firnplateau des eigentlichen *Jungfraujochs* gelangt (3470m), dem Sattel zwischen Mönch und Jungfrau. Auf dem Gletscher eine künstliche Eishalle mit Schlittschuhbahn. Auch zum östl. Gletscher führt ein Gang, der Sphinxstollen. Höhepunkt des Jungfraujoch-Besuchs ist die Terrasse zuoberst auf dem Sphinxfelsen (3571m; *Lift*). Östl. daneben eine in den Felsen integrierte Wetter-, IT- und Forschungsstation, eine der wichtigsten der Schweiz.

Das Panorama ist einzigartig: Nach S. zieht sich zwischen der steilen Westwand des Mönchs und dem Gipfelaufbau der Jungfrau mit seinen felsigen Abstürzen der Jungfraufirn zum Konkordiaplatz und zum Aletschgletscher hinab; in der Ferne das Eggishorn, dahinter die Berge des Oberwallis und des Valtoce. Das Bild gibt eine gute Vorstellung eines vergletscherten Alpentals während der Eiszeit. Ganz anders der Blick nach N. über die in die Tiefe schiessenden, zerklüfteten Kühlauenen- und Guggigletscher zur grünen Wengernalp, ins Lauterbrunnental, nach Mürren und Interlaken; und weiter zum Thunersee, über Bern und die Wälder des Mittellands bis hin zum Jura, zum Schwarzwald und zu den Vogesen.

Das Jungfraujoch wird im Mai und Juni häufig von Alpinskifahrern für die Abfahrt zum *Konkordiaplatz* (s. unten) besucht und ist ein wichtiger Ausgangspunkt für die folgenden **HT**:

Jungfrau (erstmals 1811 vom Wallis her bestiegen): Hinab zum Jungfraufirn und südwestl. 1h fast eben hin, dann ansteigend in 1h30 zum oft überwächteten *Rottalsattel* (3885m), zuletzt in 1h15 steil über den vereisten Südgrat zur Kuppe der *Jungfrau* (4158m). Grandiose Aussicht: in nächster Nähe die gewaltigen Gipfel des Berner Oberlandes, im SW. hinter dem Bietschhorn die Walliser Alpen (Monte Rosa, Mischabel, Matterhorn, Weisshorn, Gran Combino, fern der Monte Bianco).

Mönch (4110m): Vom Sphinxstollen zum *Oberen Mönchsjoch*, dann über den Südostrücken und den auf der Nordseite oft stark überwächteten Ostgrat in 3h30 zum Gipfel.

Eiger (3967m): 7-8h; schwierig; über das Obere Mönchsjoch und das südl. Eigerjoch.

Zur Konkordiahütte: Gletscherwanderung von 2h45; erst kurze Zeit steil, dann flacher über den spaltenarmen *Jungfraufirn* zum Konkordiaplatz mit der *Konkordiahütte S.A.C.* (2850m; s. 18.2B.). – Lohnender Rückweg zum *Jungfraujoch* in 5h über das östl. gelegene *Ewigschneefeld* unterhalb der Fiescherhörner und das *Obere Mönchsjoch*.

Zur Ebnefluhhütte: Vom unteren Jungfraufirn (s. oben) kann man in 2h20 über den *Grossen Aletschfirn* zur *Ebnefluhhütte* auf der *Lötschenlücke* aufsteigen (s. 17.5.).

16. Von Interlaken nach Bern

16.1. Von Interlaken über Spiez und Thun nach Bern

A: Mit dem Schiff von Interlaken nach Thun: Im Sommer verkehrt zweimal täglich ein Motorschiff (*Niesen* oder *Stadt Thun*) auf dem **Thunersee***. Es befährt zunächst die Mäander der Aare bis zur Mündung in den Thunersee und steuert dann westl. *Sundlauenen* an, am Fuss des steilen, bewaldeten Beatenberg-Südhangs (*Beatushöhlen*; s. 13.1.). Nun überquert man den See und landet am Südufer, zuerst in *Faulensee*, danach in *Spiez* (mit schönem Schloss, s. unten). Das Südufer wird von der Pyramide des Niesen und der markanten Stockhornkette begleitet. Von Spiez nimmt das Schiff seinen Weg über den unteren, beidseits unbewohnten Seeteil. Links das Delta der Kander, welches erst nach einem Hügeldurchstich im 18. Jh. entstand. Rechts eine bewaldete Bergkette. Gegen das Ende des Sees läuft das Schiff am Nordufer *Oberhofen* mit seinem Schloss und seinen Villen an (s. unten), danach *Hilterfingen*. Weiter Schloss *Hünegg*; voraus erscheint Thun mit seiner markanten Burg. Das Schiff steuert den Abfluss der Aare an (l. Schlösschen *Schadau* und Kirche *Scherzligen*), befährt diese auf 1,5km und landet in der Nähe des Bahnhofs *Thun* (s. unten).

B: Eisenbahn und Strasse Interlaken–Thun–Bern: Bahn und Kantonsstrasse (Forts. der Strecke von Luzern; s. 11.1.) ziehen unter den Flühen des *Abendbergs* zum oberen Ende des *Thunersees*, dann entlang seinem bewaldeten Südufer. Rechts Blick auf steil aus dem Wasser aufsteigende Felsen, darüber der *Beatenberg* und das *Niederhorn*, l. davon die markante Kette des *Justis-Rothorns*. – 76km (von Luzern) **Leissigen** (*Rest.*), Dorf zwischen Obstbäumen am Abhang des Morgenberghorns.

Uferweg nach Faulensee und Spiez: Ein angenehmer Weg zieht sich, immer mit Blick auf den tiefblauen See und die markanten Berge gegenüber, neben der Eisenbahn dem See entlang in 1h15 zum Dörfchen *Faulensee* (*H. Hecht**, Hotel*; Bus*) und in weiterer 30min zum Hafen von *Spiez* (s. unten).

Die Strasse steigt von *Leissigen* durch Wald nach 80km *Krattigen* (*Rest.*), 150m über dem Seespiegel, und senkt sich dann nach *Spiez*. Die Bahn folgt zunächst weiter dem Ufer und steigt allmählich über Wiesen an.

84km **Spiez*** (Bahnhof 627m, Hafen 559m; *Strandhotel Bellevue**, H. Spiezerhof**, Hotel*, 2 Gasthöfe, Camping; Strandbad*), Dorf zwischen drei schützenden Hügelketten, dem Spiezberg im N. und dem Hondrich und Bürg im S. Es ist umgeben von Gärten und Obstbäumen; am Südabhang des Spiezbergs finden sich sogar Weinberge. Der Ort wird von der markanten Pyramide des Niesen dominiert. Am Hafen, 10min vom Bahnhof, liegt das mittelalterliche *Schloss* mit mächtigem Turm und Festsaal von 1614. Das Innere ist grösstenteils modernisiert; der Park ist zugänglich. Die zugehörige *Schlosskirche St. Kolumban*, eine dreischiffige roman. Pfeilerbasilika, stammt aus dem 11. Jh.

Von Spiez über Kandersteg nach Brig: s. 17.

Uferweg nach Faulensee und Leissigen: s. oben

Aeschi und Aeschiried*: Eine Strasse (*Bus*) führt über den Weiler *Hondrich*, geschützt am Südfuss des Hondrichhügels gelegen, in 8km zur Sommerfrische *Aeschi* (862m; *H. Seeblick**, Hotel*, Gasthof*), auf dem aussichtsreichen Bergrücken zwischen Thunersee und Kandertal. Schöne Pfarrkirche *St. Petrus*. 3km weiter *Aeschiried** (1015m; *Rest.*). 20min oberhalb die *Aeschiallmi* (1130m), mit weitem Blick auf See und Kandertal.

Von Aeschiried in das Suldtal und nach Saxeten: s. 14.1.

Von Aeschiried zum Morgenberghorn: s. 14.1.

Wimmis*: 4km westl. von *Spiez* (*Bus*) liegt am Ausgang des unbewohnten Simmentals – zwischen der Stockhornkette im W. und dem alles überragenden Niesen im S. – das Dorf *Wimmis** (634m; *Gasthof*) mit schönen alten Holzhäusern und der frühroman. *Martinskirche* (Wandmalereien aus dem 15. Jh.). Am Sporn der Burgfluh thront das weithin sichtbare, aus dem 12. Jh. stammende *Schloss*, früher Sitz der bernischen Vögte.

Von Wimmis auf den Niesen: In 10min über Matten zum Fuss des Niesen, dann *BW* in Windungen lange den steilen Bergwald hoch in 2h30 zu den Hütten von *Ahorni* (1525m). Südl. über eine geröllbedeckte Lawinenkuhle und unterhalb von Felsbändern zum *Stufenstein* (1866m; 1h10), auf dem nach S. sanfter abfallenden Niesen-Westgrat. Dem Grat folgend in 1h40 zum Gipfel des *Niesen* (2362m). – Kürzer ist der Anstieg vom Parkplatz *Unterniesen* am Südhang (s. 17.1.).

Nach Spiez folgt r. am Seeufer das Kander-Simme-Kraftwerk. Strasse und Bahn führen allmählich abwärts, queren die Kander und erreichen die heute menschenleeren Wälder des Schweizerischen Mittellands. Das Aaretal war bis zum Frühmittelalter bewohnt, doch sind infolge der damaligen globalen Klimakatastrophe heute nur noch zwei Siedlungsinseln in dieser Region verblieben, diejenige von Thun und 30km weiter nördl. die grosse, isolierte Enklave von Bern.

95km **Thun**** (560m; *H. Thunerhof***, *H. Bellevue***, *2 Hotels**, *Camping, Strandbad*), altertümliches Städtchen von 3.800 Ew., 1,5km flussabwärts vom Thunersee. Es liegt malerisch an beiden Ufern und auf einer 1km langen Insel (*Bälliz*) in der raschfliessenden, grünen Aare und ist überragt vom Schlossberg. Prächtig ist der Blick auf die Schneegipfel der Blümlisalp und des Doldenhorns; davor der Niesen und die Stockhornkette.

Vom Bahnhof gelangt man nacheinander zu den Brücken über die äussere und innere Aare, dann l. durch die *Obere Hauptgasse* mit ihren blumengeschmückten Lauben zum *Rathausplatz*, mit dem 1589 erbauten *Rathaus*. Von hier auf bedecktem Treppenweg in 5min zu dem die Stadt beherrschenden, von Ecktürmchen eingefassten Bergfried des *Schlosses* (von 1190). An den Bergfried wurde 1429 innerhalb der Ringmauern das *Amtsschloss* der Berner Schultheissen angebaut (heute Ortsmuseum). Ein Rundgang um das Schloss, besonders aber der Blick von der Terrasse der benachbarten 1738 erbauten *Pfarrkirche* (mit Fresken von 1430) bieten malerische Aussichten. Von der Stadtmauer sind noch 3 Türme erhalten.

Spaziergang nach Scherzligen und Schadau: 10min südöstl. vom Bahnhof vorbei am Haus, das *Heinrich v. Kleist* 1802 bewohnte. 5min weiter am Aareufer die aus dem 12. Jh. stammende kleine roman. Kirche von *Scherzligen* mit alten Glasfenstern. Daneben eine Klappbrücke für Fussgänger an das r. Aareufer. Nahe dem Ausfluss der Aare aus dem Thunersee liegt das im Neo-Renaissancestil erbaute Schlösschen *Schadau* (*Rest.*). Im Park ein Pavillon mit einem von *Marquard Wocher* 1814 gemalten Panoramabild des biedermeierlichen Thun und seiner Umgebung. Neben dem Schadaupark ein Strandbad und ein Campingplatz.

Spaziergang zum Jakobshübeli: Am r. Aareufer, 10min von der Stadt, ein Denkmal für

Johannes Brahms vor dem von ihm 1886-88 zeitweilig bewohnten Haus. Von hier gepflasterter Treppenweg hinauf zum *Jakobshübeli* (640m); Aussicht ähnlich wie von der Terrasse der Pfarrkirche.

Rabenfluh: Vom *Berntor* (5min vom Rathausplatz) steigt eine Strasse den Hang über Kehren, dann durch Wald zur *Rabenfluh* empor (880m; *Aussichtsrest.*; *WW* vom obgenannten Jakobshübeli 40min). Von einem Aussichtsturm malerischer Blick auf Stadt, See, Alpen, das waldbedeckte Aaretal und den Jura.

Hünegg und Oberhofen*: Das Nordufer des Thunersees erfreut sich dank seiner geschützten Lage eines milden Klimas. Zahlreiche Landhäuser in Obstgärten, in denen Wein, Lorbeer und Feigen gedeihen, beleben das Ufer. Weiter oben sind die Hänge mit Wald bedeckt. Die Strasse (*Bus*) berührt 4km *Hünegg*, mit Schloss im Neo-Renaissancestil in prächtigem Park, danach *Hilterfingen*, und endet in 5km *Oberhofen** (*Schiffstation*, s. oben; *H. Montana**, H. Alpenblick***), mit malerischem alten Schloss aus verschiedenen Stilepochen. Herrlicher Blick vom Park mit seinem altem Baumbestand auf den See.

Mit dem Gummiboot aareabwärts nach Bern: Im Sommer sehr beliebte Fahrt auf dem natürlichen, insel- und auenreichen Flusslauf, mit schönem Rückblick auf die Alpen. Der Einstieg befindet sich unterhalb des Aarekraftwerks Thun. Die sich immer wieder ändernde Hauptrinne des Flusses wird jährlich durch Baken neu markiert. Als Ausstiegsstelle in Bern wird üblicherweise die Wiese beim Freibad *Marzili* benützt (s. 16.2.). Weiterfahrt wegen gefährlicher Strömungen nicht empfohlen.

Mit dem Schiff nach Spiez und Interlaken: s. oben.

Die Strasse und die Bahn nach Bern überqueren die Aare und verlassen die Siedlungsinsel von Thun. Durch Wald in langen Geraden das flache Aaretal nach N.; l. der bewaldete *Belpberg*. – 106km Bhf. *Gerzensee*, für das 2,5km westl. am Südhang des Belpbergs prächtig gelegene gleichnamige Dorf (*Bus; Rest.*). Sein Schlösschen ist durch eine 600m lange Lindenallee mit dem 1km langen schilfumrahmten Gerzensee verbunden. – Nach weiteren 7km, bei einem leichten Anstieg, bleibt der Wald zurück und wird von fruchtbarem Landwirtschaftsland abgelöst. – Die *Strasse* zieht von hier in gerader Linie über *Allmendingen* und *Muri* (s. unten) auf eine Anhöhe östl. der Aare und weiter über das *Muri-* und *Lindenfeld*, mit Bauernhöfen und Landhäusern. Von der Höhe der *Liebegg*, wo sich überraschend der Blick auf die Berner Altstadt öffnet, hinab über die Allee des *Muristalden* zum Bahnhof, am östl. Eingang von Bern (s. unten). – Die *Bahn* berührt 119km *Gümligen* (561m; *Rest.*), Dorf am Südhang des bewaldeten *Gümligenbergs*, mit malerischen Bauernhöfen und einem Schlösschen von 1736 mit barockem Garten. Daneben das *Hofgut*, ein Ökonomiegebäude von 1741. – Es folgt das Gewerbegebiet Bern-Ost und der Güterbahnhof, dann kreuzt die Strecke die Strasse von Thun und wendet sich in einem kurzen Tunnel nach N. Bei der Einfahrt in den Bahnhof l. malerische Sicht auf die Stadt. – 122km *Bern* (521m; der Bahnhof liegt an der Nydeggbrücke, östl. von der Altstadt).

16.2. Bern und Umgebung

H. Bellevue***, westl. neben dem Bundeshaus, H. Bernerhof***, am Bärenplatz; H. National**, H. Wilder Mann**, H. Bären**; 3 Hotels*, 2 Gasthöfe; viele Restaurants

Camping an der Aare

Stadtbus: (1) Schänzli–Rosengarten–Liebegg–Bahnhof–Zytglogge–Bärenplatz–Obertorplatz; (2) Bahnhof–Zytglogge–Bärenplatz–Obertorplatz–Falkenplatz

Zentrale Busstation beim Zytglogge

Flugplatz Bern-Beundenfeld: Werktags je 2 Flüge nach Magadino; Alpenrundflüge und Flüge über die Wildnis der Westschweiz (s. 16.3.)

Parkhaus beim Rathaus, Parkplatz am Waisenhausplatz

Theater- bzw. Konzerthaus

Einkaufszonen: in der Kramgasse und der autofreien Marktgasse

Freibad an der Aare (Marzili), Eisstadion, Golfplatz

Die Botschaften von Deutschland, Italien, Österreich und Tschechien befinden sich in den Villenquartieren Liebegg und Altenberg r. der Aare

Bern*** (540m), mit 41.500 meist prot. Ew., ist die Bundeshauptstadt und die Hauptstadt des Kantons Bern. Die vom Münster beherrschte Altstadt liegt auf einem Sandsteinplateau, das im S., O. und N. von der etwa 40m tiefer liegenden Aare umflossen wird. Zwei Brücken verbinden die Altstadt mit den rechtsufrigen Stadtteilen: die hohe Nydeggbrücke und die Untertorbrücke im Talgrund. Die **Altstadt**** zeigt noch die ursprüngliche mittelalterliche Anlage. Die meist dreistöckigen Gebäude, mit ihren charakteristischen Lauben im Erdgeschoss und den vorspringenden Dächern, sind geprägt vom bürgerlichen Wohlstand des 18. Jh. Das Münster und die Wohnhäuser sind durchwegs aus graugrünem Sandstein erbaut, was der Altstadt ein einheitliches Gepräge verleiht. Besonders reizvoll sind die vielen, in ihrer alten Bemalung erhaltenen Brunnen aus dem 16. und späteren Jh. – Die wirtschaftliche Basis der Stadt ist die Uhren- und Maschinenindustrie, daneben auch die Nahrungsmittel- und Holzverarbeitung. Bern ist aber vor allem eine Beamten- und Verwaltungsstadt.

Die Stadt liegt in einer isolierten Siedlungsinsel inmitten des Mittelland-

Urwalds. Das Gebiet misst etwa 15km von W. nach O. und 5km von N. nach S. Es besteht meist aus flachem, fruchtbarem Ackerland und umfasst neben der Stadt mehrere Dörfer und viele landwirtschaftliche Güter. Zum Schutz gegen Wildtiere aus den umliegenden Wäldern ist die Berner Enklave von einem Bärenzaun umgeben. Nicht von ungefähr stellt der Bär (der ,Mutz') das Wappentier des Kantons dar.

Vom Bahnhofsvorplatz bzw. der Einmündung der Strasse von Thun aus überspannt seit 1844 die steinerne *Nydeggbrücke* in 26m Höhe die Aare. Jenseits r. die kleine *Nydeggkirche* (von 1490), an deren Stelle einst die Burg *Nydegg* stand. Eine Gasse und mehrere Treppen gehen von hier zur Aare hinab. Am *Läuferplatz* der *Läuferbrunnen* von 1545 und das älteste *Rathaus* (*Burgerhus*); die benachbarte *Untertorbrücke* wurde 1460 fertiggestellt. – In der Verlängerung der Nydeggbrücke steigen die *Gerechtigkeitsgasse* und die anschliessende *Kramgasse* durch die Altstadt hinan. Beide sind für mittelalterliche Verhältnisse überraschend breit; ihre Mitte durchzieht der heute grösstenteils überdeckte Stadtbach. In der Gerechtigkeitsgasse der *Gerechtigkeitsbrunnen* von 1543. In der Parallelgasse r. das **Rathaus***, 1406-16 in Spätgotik errichtet, mit überdeckter Freitreppe; es ist Sitz des Grossen Rats des Kantons. In der Parallelgasse l., der *Junkern- und Herrengasse*, zwei herrschaftliche Stadtpalais: das *Von Wattenwyl-Haus* (von 1709) und der 1752 vollendete *Erlacherhof*, heute Sitz der Stadtverwaltung und des Stadtarchivs. Von beiden Gebäuden ziehen auf der Südseite Terrassengärten zur Aare hinab.

Nahe dem Erlacherhof, am Münsterplatz, steht das hochaufragende, spätgotische prot. **Münster St. Vincenz***, der bedeutendste Kirchenbau der Schweiz. Die dreischiffige Pfeilerbasilika ohne Querschiff wurde 1421 vom deutschen Dombaumeister *Matthäus von Ensingen* begonnen und gemäss dem ursprünglichen Plan bis 1569 ausgebaut. Der Turm erhielt erst 1893 das obere Achteck und den durchbrochenen Spitzhelm und misst heute 100m. Beachtenswert die reiche Steinarbeit am durchbrochenen Dachgeländer, dessen Muster zwischen je zwei Strebepfeilern wechselt.

*Westportal** mit bemalten, farbenprächtige Bildwerken, mehrheitlich von *Niklaus Manuel* Ende des 15. Jh. geschaffen. Unten l. die klugen, r. die törichten Jungfrauen, am Mittelpfeiler die Gerechtigkeit und zwei Engel; im Bogenfeld das Jüngste Gericht; im oberen Bogen Christus, Maria, Johannes der Täufer, sitzend die Zwölf Apostel; an den Seitenwänden zwei jüngst restaurierte Wandgemälde des Berner *Meisters mit der Nelke* von 1501 (Sündenfall und Verkündigung).

Inneres*: Das *Mittelschiff* und der *Chor* haben ein reiches Netzgewölbe. Die Wappenscheiben in den Fenstern stammen aus dem 16. Jh.; l. ein zierliches Treppenhäuschen, ein Rest des ehem. Lettners. Das *Gestühl* im Stil der Frührenaissance ist von 1525; an den Rückwänden finden sich geschnitzte Figuren, l. Christus und die Apostel, r. Johannes der Täufer und fünfzehn Propheten. In der Mitte der *Apsis* ein got. Taufstein von 1524. *Glasgemälde*: l. im 1. Fenster eine Darstellung der Lehre von der Wandlung (um 1460), im 3. das Leben Christi (um 1450); die Gemälde in den übrigen Fenstern sind von 1868. In den Seitenschiffen viele interessante Grabmäler.

Turmbesteigung: Von der Galerie (250 Stufen) prächtige Aussicht auf die Stadt, den Aarebogen, die ländliche Umgebung und die Alpen.

Die **Münsterterrasse*** (*Plattform*), mit alten Kastanien, bietet einen schönen Blick auf den Lauf der blaugrünen Aare samt ihren Kiesinseln und Mäandern. Ein *Lift* führt hinab in das Mattequartier und zum Fluss.

Vom Münster oder durch die Kramgasse westl. zum **Zytgloggenturm***, dem alten Wahrzeichen Berns und dem oberen Stadttor bis zur Mitte des 13. Jh. Der heutige Bau ist aus dem 15.-18. Jh. Auf der Ostseite ein astronomisches Uhrwerk von 1530 mit krähendem Hahn und einer Bärenschar, die vor jedem Stundenschlag ihren Umzug hält. Den benachbarten *Kornhausplatz* schmückt der *Kindlifresserbrunnen*, mit einer grotesken Figur und einem Zug gewappneter Bären am Säulenschaft. Das schöne *Kornhaus*, 1711-16 als Getreidemagazin erbaut, beherbergt in einem hochgewölbten, ehemals städtischen Weinkeller ein Restaurant. In der Nordwestecke des Platzes, das 1903 erbaute *Theater*, auch für Konzerte genutzt. Westl. hinter dem Kornhaus die ehemalige *Dominikanerkirche*, ein vielfach veränderter frühgot. Bau, mit Wandbildern des *Meisters mit der Nelke* (s. oben). Südl. vom Zytgloggenturm am *Münzplatz* die ehem. *Polizeiwache* von 1768, die 1792 fertiggestellte *Landes-* und *Kantonsbibliothek* und eine mit Linden bepflanzte Aussichtsterrasse. Westl. vom Münzplatz der hervorragend in das alte Stadtbild integrierte elegante Neubau des *Inselspitals*, an schönster Aussichtslage.

Die autofreie *Marktgasse*, mit vielen Läden und Geschäften und dem *Seilerbrunnen* von 1545, mit dem Standbild der Gründerin des Inselspitals, führt vom Zytgloggentum westl. zum massigen *Käfigturm*. Dahinter r. der *Waisenhausplatz*, hinten vom *Waisenhaus* begrenzt, einem Barockbau von 1782, und l. der *Bärenplatz* mit dem *Bärenbrunnen* (1905). Am Ende des Bärenplatzes an der *Bundesgasse* liegt das *Bundeshaus*, 1851-57 im florentinischen Renaissancestil mit flacher Kuppel errichtet (das Gebäude war ursprünglich als Westbau einer dreiteiligen Anlage mit einem zentralen hohen Kuppelbau und zwei symmetrischen Seitenflügeln vorgesehen). Das Bundeshaus ist Sitz der Bundesregierung, der Bundesverwaltung und des nationalen Parlaments. Die vierteljährlichen Sitzungen des 37-köpfigen *Nationalrats* und des 16-köpfigen *Ständerats* sind öffentlich (*Anmeldung erforderlich*).

Von der **Bundesterrasse*** auf der Südseite des Bundeshauses und von der westl. anschliessenden *Kl. Schanze* (Teil der ehem. Stadtbefestigung) herrliche Aussicht auf die Alpen, vom Wetterhorn im O. bis zum Balmhorn im S., besonders schön im Abendlicht, wenn im Tiefland bereits Dämmerung herrscht. Im Vordergrund der *Gurten*, der Hausberg von Bern (s. unten). Unter der Kl. Schanze liegt der **Bärengraben***, der stets von Jung und Alt umlagert wird, die sich an den ‚Mutzen' freuen. Daneben der *Hirschengraben*, der die wichtigsten Vertreter der Fauna des Mittellands und des Alpenraums beherbergt.

In der *Spittelgasse*, der westl. Verlängerung der Marktgasse, der *Dudelsackpfeiferbrunnen* (um 1545). Die Spittelgasse mündet auf den *Obertorplatz*. Gleich r. die 1729 vollendete barocke **Heiliggeistkirche***, der bedeutendste protestantische Sakralbau der Schweiz. Hinter dem Platz das repräsentative *Burgerspital* von 1742. Es beherbergt heute das **Schweizerische Landesmuseum***, die wichtigste Sammlung natur- und kulturgeschichtlicher Objekte des Landes, von der Prähistorie bis zur Gegenwart. Im nordwestl. Stadtteil, an der *Waisenhausgasse*, befinden sich ausserdem das *Kunstmuseum* (vorwiegend mit Werken von Schweizer Künstlern vom Mittelalter bis zum 19. Jh.) und das *Naturmuseum* (das sich mit dem Zusammenwirken geologischer, mineralogischer, botanischer und zoologischer Kräfte im Mittelland- und Alpenraum befasst).

Rundspaziergang, Zentrum Paul Klee*: 1h30: Vom Waisenhaus- oder Kornhausplatz den Hang hinab; über den Aaresteg und den gegenüberliegenden Hang empor zum *Schänzli* (*Rest.*; *Busstation*), dann östl. entlang der Höhe des *Altenbergs*, mit vielen schönen Villen, zum *Rosengarten* (*Rest.*). Nördl. das Gewerbegebiet Bern-Nord und der Berner Flugplatz Beundenfeld. Weiter über die Anhöhen *Schönberg* und *Schosshalden*, mit malerischen Bauerngehöften und Landsitzen vor der Kulisse der Berner Alpen. In der villenreichen *Liebegg* (*Bushalt*) die Botschaften Deutschlands und Italiens, sowie das *Zentrum Paul Klee**, ein moderner Stahlbogenbau des ital. Architekten *Renzo Piano*, mit wichtigen Exponaten zeitgenössischer Malerei. Dann über das liebliche, offene *Kirchenfeld* hinab zur Aare. Jenseits der *Marzilibrücke* empor zur Bundesterrasse oder zum Münzplatz.

Brückfeld und Enge: Vom Falkenplatz oberhalb des Landesmuseums (*Bushalt*) in 5min zur ehem. *Gr. Schanze* (*Rest.*), mit dem besten Blick auf Stadt und Alpen. Weiter über das fruchtbare Landwirtschaftsland *Länggasse* und *Brückfeld*, mit vielen pittoresken Einzelhöfen und Gärten, in 40min zum *Viererfeld*. Nördl. der Bremgartenwald, schon jenseits des Bärenzauns. Blick hinab zur Aare, die hier eine ca. 6km lange Flussschleife bildet. Ihre beide Arme nähern sich in der *Enge* auf nur 800m. Der Höhenunterschied von 12m wird im Kraftwerk *Felsenau* zur Stromerzeugung genutzt.

Elfenau, Muri und Allmendingen: Von der *Liebegg* (s. oben) in 10min zum baumgesäumten *Egelsee*. Dann Strasse und Bahn nach Thun querend zu den malerischen Bauernhöfen von *Brunnadern*; l. am *Dählhölzliwald* vorbei in 25min zum Schlösschen *Elfenau* (*Rest.*), in schönen Gartenanlagen auf einer Anhöhe über der Aare erbaut. Aussicht auf den Gurten, das Aaretal, den Thunersee und die Alpen. Nun über reiches Ackerland am Landsitz *Mettlen* vorbei, 1780 in klassizistischen Formen erbaut, nach 30min *Muri* mit weithin sichtbarer Kirche. Weiter entlang dem Hügelrand an den Bauernhöfen von *Kräyigen* und *Märchligen* vorbei in 1h zum Dörfchen *Allmendingen* (*Rest.*; *Busstation*). Sein Schlösschen, seine hübschen, von Gärten umgebenen Gehöfte und die Sicht auf das Aaretal und die Alpen machen es zu einem beliebten Ausflugsziel.

Bümpliz und Frauenkappelen: Strasse (*Bus*) vom Obertorplatz westl. die Stadtgrenze passierend, an den stattlichen Landsitzen *Villette* und *Holligen* vorbei über Felder und Äcker nach 4km *Bümpliz*, mit einem Schlösschen. Weiter über fruchtbares, heckenreiches Bauernland mit vielen stattlichen Höfen über die Weiler *Nieder-* und *Oberbottigen*, dann nördl. nach 10km *Frauenkappelen* (601m; *Rest.*). Das Dorf liegt in aussichtsreicher Lage oberhalb des tief eingeschnittenen waldigen Aaretals im N. Seine dominierende Kirche auf einer Hügelkuppe und die von Gärten umgebenen prächtigen Häuser geben dem Ort einen besonderes Gepräge.

Gurten* zu Fuss: Von der *Marzilibrücke* (s. oben), Spazierweg am r. Aareufer flussaufwärts (Rückblick auf die Bundesterrasse) in 20min zum Gut *Dählhölzli*. Hier über den Aaresteg und in 15min zu den Häusern von *Wabern*, am Fuss des Gurten. 10min westl. das spätklassizistische Schlösschen *Morillon*. Auf *WW* im Zickzack durch Wald an mehreren Steinbrüchen vorbei (aus denen der graugrüne Sandstein für Berns Altstadt stammt) in 1h zum *Gurten-Kulm** (839m; *Rest.*), mit Aussicht zur Stadt. Wetter- und IT-Station. Über flache, baumbestandene Matten in 10min zum höchsten Punkt (858m), mit weitem Blick auf das Aaretal und die Alpen.

Köniz und Gurten* (*Bus*): Vom Obertorplatz am Hirschengraben vorbei über die Stadtgrenze nach S., dann über den Sulgenbach, die Höfe des *Weissenbühls* und des *Liebefelds* in 4km zum Dörfchen *Köniz* (575m; *Rest.*), mit einer got. Kirche und einem ehem. Deutschordensschloss. Nun auf einem Strässchen am Nordhang des Gurten über die Felder von *Blinzern* und *Spiegel*, dann allmählich durch Wald ansteigend zum 9km *Gurtendörfchen*, auf den nach O. gerichteten Matten des Berges gelegen. Das Strässchen wendet sich nach W. zum 11km *Gurten-Kulm** (s. oben; *Parkplatz*).

16.3. Rundflug über die Wildnis der Westschweiz

Der grosse Westschweiz-Rundflug ab Bern führt üblicherweise zunächst nach NW. über das dicht bewaldete unbewohnte Berner Mittelland. Vor dem Jura erscheinen die **drei Seen***: *Bieler-, Murten-* und *Neuenburgersee.* Über dem letzteren dreht das Flugzeug nach SW.; l. breitet sich das westl. Mittelland bis zum Alpenkranz aus, r. erheben sich die Ketten des einsamen **Jura***, z.T. bis über die Waldgrenze. Auf einer Kuppe (1607m) wird die vorgeschobene Forschungs- und Wetterstation *Schassron* sichtbar. Dann taucht vorne der fast 80km lange **Genfersee*** auf; er ist flächenmässig noch etwas grösser als der Bodensee. Dahinter zeigen sich die Savoyer Voralpen und darüber prominent die gewaltige, vergletscherte **Monte-Bianco-Gruppe***, mit ihren 4800m das höchste Massiv des ganzen Alpenbogens. Beim Näherkommen bieten sich imposante Tiefblicke auf die zackigen Kämme und die weit in die Täler hinabfliessenden Gletscher. Im italien. *Val Ferret* südl. des Monte Bianco ist der Touristenort *Cormaggiore* zu sehen. Das Flugzeug wendet sich nun nach NO. und weiter entlang des Rhonetals. Im N. liegt die hier noch wenig vergletscherte Kette der Berner Alpen, im S. das prächtige Walliser Hochgebirge mit dem *Gran Combino* als dominantem Gipfel. Dann folgt die grandiose **Zermatter Bergszenerie*** mit *Weisshorn, Matterhorn, Monte Rosa* (4634m) und der *Mischabelgruppe.* Nach S. geht der Blick weit hinaus in die Ebene des Piemont und der Lombardei. Der Flug folgt nun dem oberen Rhonetal, dem *Goms.* Links das fantastische Panorama der **Berner Alpen** mit dem *Aletschgletscher*, dem längsten der Alpen, und den 4000m-Gipfeln *Aletschhorn, Jungfrau* und *Finsteraarhorn.* Das Flugzeug kehrt über den *Grimselpass* und das *Haslital* nach NW. zurück (r. die Gipfel der Zentralschweiz). Tief unten der **Brienzersee***, l. Blick auf das klassische Dreigestirn **Jungfrau, Mönch und Eiger**. Der Sinkflug beginnt über dem *Thunersee* und führt entlang der Aare über den inselartigen Belpberg zurück nach Bern.

17. Von Interlaken oder Bern nach Brig

17.1. Von Spiez über Kandersteg nach Leukerbad

Die Gemmibahn transportiert zwischen Kandersteg und Leukerbad auch Autos (s. unten). Gletscherexpress, s. 11.1.

Von Interlaken bzw. Bern nach Spiez, s. 16.1. – Von Spiez bis Kandersteg verlaufen Bahn und Strasse weitgehend parallel (die Kantonsstrasse von Interlaken umgeht Spiez in einem Tunnel unter dem Dorf Hondrich; s. 16.1B.). Die *Gemmibahn* vollzieht nach *Spiez* eine grosse Kehre und erreicht nach einer kurzen Galerie die Kander, dessen Ufer sie in einem engen Tal begleitet. Links die Matten des Hügels von *Aeschi* (s. 16.1B.), r. der steile Waldhang des Niesen. Dann öffnet sich der Blick auf die Blümlisalp über dem lieblichen Talgrund von 9km **Reichenbach** (706m; *Gasthof*), Dorf mit einer schönen Kirche und prächtigen verzierten Holzhäusern längs der Dorfstrasse.

Niesen: Ein sehr enges Alpsträsschen (*Maut! Alpentaxi*) zieht sich nach Überqueren der Kander viele km hoch über die steilen Wiesen und Wälder des Niesen-Osthangs zur 5km *Stöpfflue* (1105m). Dann in mehreren Kehren durch das Tal des Louwibachs und schliesslich über die *Äbialp* zum 10km *Berggasthof Unterniesen* (1542m; *Parkplatz*), mit freier Sicht nach O., S. und W. – Ein *BW* führt von hier über Alpweiden auf einem nach NW. ansteigenden Grat zur *Alp Oberniesen* (1813m; 1h), am Niesen-Südhang. Weiter zu einem Sattel unterhalb des *Fromberghorns*, dann schräg hinauf in 1h10 zum Westgrat (2162m) und diesem folgend in 45min zum Gipfel des *Niesen* (2362m). Die Aussicht kann sich mit derjenigen des *Faulhorns* (s. 14.2.) messen; prächtig ist der Blick auf die breiten Schneefelder der Blümlisalp. Die beste Beleuchtung herrscht bis 10 Uhr früh und vor Sonnenuntergang. – Abstieg nach *Wimmis*, s. 16.1B.
Kiental und Griesalp: s. 17.3.

Der Weiler *Reudlen* kurz nach der Kanderbrücke beherbergt das älteste Gebäude im Tal, das Giebelhaus *Alte Kaplanei* von 1500. – 14km **Frutigen** (780m; *Gasthof*), schönes Dorf im breiten Wiesental der Kander, an der Mündung des unbewohnten Engstligentals. Südl. auf einem Hügel thronen die Ruinen der *Tellenburg* (12. Jh.).

Mäggiserhorn (2347m) in der Niesenkette, *BW* in 4h, grosse Höhendifferenz, selten besucht, herrliches Panorama.

Gehrihorn (2129m), *BW* in 3h30; meist von Kiental her bestiegen (s. 17.3.).

Elsigenalp: Ein enges Bergsträsschen (*Maut! Bus im Sommer*) zieht über Wiesen am Osthang des Engstligentals steil hoch zu den Hütten von *Achseten*, dann durch Wald und zuletzt in engen Kehren unter den Elsigflühen zur weiten *Elsigenalp* (1794m; *Berggasthaus*). Sie besitzt viele imposanten Bergahorne und birgt, in einer Senke versteckt, ein idyllisches Seelein. Die Alp ist Stützpunkt für schöne Touren:

Elsighorn (2340m): *BW* über sanfte Alpweiden, auf denen sich im Sommer grosse Viehherden tummeln, in 1h40 zum Gipfel; Tiefblick ins Kandertal.

Über den Golitschenpass nach Kandersteg: *BW* durch Alpenrosengebüsch in 1h25 zum *Golitschenpass* (2178m; s. unten). Jenseits über die *Alp Golitsche* und durch die Flühen des First in 2h30 steil hinab über die *Höh* nach *Kandersteg*, s. unten.

Stand und First: *BW+* am *Elsigsee* vorbei in 1h45 über steile Alpen zu einem Sattel auf dem Grat gegen das Kandertal (2279m); auf diesem weiter, zuletzt z.T. ausgesetzt über Leitern in 1h zum *First* (2548m), mit herrlichem Blick auf Blümlisalp, Doldenhorn, Balmhorn; in der Tiefe der Oeschinensee. – Abstieg nach *Kandersteg*, s. 17.2E.

Gemmibahn und Strasse überqueren die Kander und führen im Talboden durch das weitverstreute Dorf *Kandergrund* (r. unter den Flühen des Elsighorns ein Kraftwerk mit Druckleitung) zum 21km **Blausee*** (900m; *H. Blausee***), einem waldumschlossenen See mit tiefblauem Wasser; an der Kander eine Fischzuchtanstalt. Das Kandertal ist von prähistorischen Bergstürzen grössten Ausmasses geprägt. Davon zeugen der hügelige Charakter der Landschaft um den Blausee mit ihren vielen isolierten Felsblöcken, sowie der Talboden von Kandersteg (s. unten). – Weiter mit mässiger Steigung bis zu einer Talstufe; die Bahn überwindet diese mittels einer 2km langen Zahnstangenstrecke, die Strasse mit vier Spitzkehren.

25km **Kandersteg**** (1174m; *H. Viktoria***, *H. Schweizerhof***, *H. Bellevue***, *Hotel**, *2 Gasthöfe, Ferienwohnungen, Camping; Schwimmbad, Eisbahn, Skibetrieb*), oberstes Dorf im Kandertal, im Sommer und Winter eine beliebte Feriendestination. Es besitzt einige malerische Bauernhäuser im Blockhausstil und eine kleine Kirche aus dem 16. Jh. Der Talboden erstreckt sich auf fast 4km Länge bis nach *Eggenschwand*, am Beginn der Wege zum Gemmipass und zum Gasterntal. Das schöne Bergpanorama umfasst im NO. die zerrissene Birre, im O. die vergletscherte Blümlisalp, im SO. das Doldenhorn und die kahlen Fisistöcke. Die Abrissstelle eines riesenhaften prähistorischen Bergsturzes (vor vermutlich 9.600 Jahren) ist unter dem Doldenhorn deutlich sichtbar; dieser schuf nicht nur die Talstufe von Kandersteg, sondern häufte auch eine gewaltige Schuttmasse (genannt *Höh*) von fast 2qkm Fläche und 100m Höhe auf der gegenüberliegenden Talseite unterhalb des First an.

Die mächtige Gebirgsstock der *Blümlisalp*, nach N. mit blendend weissem Firn und Gletschern bedeckt, nach S. in gewaltigen Wänden zum Kanderfirn abstürzend, hat drei Hauptgipfel: westl. der höchste, das Blümlisalphorn, in der Mitte die Weisse Frau, im O. das Morgenhorn. Dazu kommen die vier Vorgipfel Oeschinenhorn, Rothorn, Stock und Wilde Frau.

Nach Eggenschwand: Angenehmer Spaziergang in 30min entlang der Kander (*Rest.*).
Höh: *WW* vom Bahnhof nördl., dann ansteigend in 40min auf die meist mit lichtem Wald bestandene *Höh* (1336m; s. oben); am Fuss der Felswand hinab nach *Bütschels* (1179m), mit Sicht auf den Fall des Allmenbachs; in 30min zurück zum Dorf.

Über den Golitschenpass zur Elsigenalp: s. oben

Autoverlad durch den Gemmi-Eisenbahntunnel (ganzjährig): von 6h15 bis 19h15 alle 30 Min., dann stündlich bis 22h15 (keine Reservation).

Die *Gemmibahn* führt von Kandersteg nach *Eggenschwand* am Talende und passiert den 10,6km langen einspurigen *Gemmitunnel (mit Kreuzungsstelle)*. – 49km *Leukerbad*, s. 17.4.

17.2. Touren ab Kandersteg

A: Jegertosse: *BW* durch Wald und über Felsbänder in 2h45 steil empor zur *Fisialp* (1963m), dann über einsame Alpweiden zum Felssporn *Jegertosse* (2157m; 45min), hoch über dem Gasterntal.

B: Doldenhorn: *BW* durch Wald in 2h30 zur *Doldenhornhütte S.A.C.* (1916m) auf dem *Oberen Biberg*. – **HT** in 3h30 über rutschige Geröllhalden zum *Spitzstein* (2974m), dann auf den steilen *Doldenhorngletscher*, der bis zum *Doldenhorn* (3638m; 2h30) nicht verlassen wird. Exponierter Gipfel mit grandiosem Tiefblick in das Gasterntal.

C: *Über den Oeschinensee und den Hohtürlipass zur Griesalp*: Von der Bergstation des Oeschinen-*Sessellifts* (1683m; *Skibetrieb*) führt ein angenehmer *WW* über Weiden und durch Tannenwald in 20min hinab zum See. – Der *WW* von Kandersteg steigt am Ufer des Oeschibachs in 1h15 zum See hoch. – Der **Oeschinensee*** (1580m; *Berggasthaus*), 1,5km lang, 1km breit, 56m tief, ohne sichtbaren Abfluss, bietet mit dem gewaltigen Fels- und Gletscherzirkus im Hintergrund ein einmaliges Hochgebirgspanorama. Im See spiegeln sich Blümlisalp, Fründenhorn und Doldenhorn, von denen viele Wässer in Kaskaden herabstürzen.

Fründenhütte und Fründenhorn: *BW+* am Südufer des Sees durch Wald, dann steil zwischen Felsbändern hin, an mehreren, vom Doldenhorngletscher gespeisten Wasserfällen vorbei (Eisschlaggefahr!), am Schluss im Zickzack über Geröllhalden zur *Fründenhütte S.A.C.* (2560m; 3h30), auf einem Felssporn über dem Fründengletscher errichtet. Imposanter Tiefblick auf den Oeschinensee. – Von hier **HT** auf das *Fründenhorn* (3368m), 3h über den Gletscher, die Westwand und den Nordgrat.

Der *BW* zum Hohtürlipass steigt am nördl. Ufer des Oeschinensees über eine erste Höhenstufe zur *Alp Underbärgli* und über eine zweite zur *Alp Oberbärgli* (1977m; 1h15); hierhin auch direkt vom Oeschinen-Sessellift in 1h15 über aussichtsreiche Terrassen. – Nun an den Felsbändern der Schafläger oberhalb des Blümlisalpgletschers steil empor und über Geröll in 2h30 zum **Hohtürlipass** (2777m), dem Sattel gegen das Kiental. Etwas höher auf einem Grat liegt die *Blümlisalphütte S.A.C.* (2835m), die einen prächtigen Blick auf die Blümlisalp und das Doldenhorn und nach N. weit über das Mittelland bietet. Sie ist Stützpunkt für folgende **HT**:

Blümlisalphorn (3661m), **Weisse Frau** (3647m) und **Morgenhorn** (3620m): je 4h, über Firn, steile Gletscher und Felsgrate. Umfassendes Panorama der Bergwelt des westl. Berner Oberlands und des Wallis, sowie die ganze Nordschweiz.

Bundstock und Dündenhorn: 40min vom Hohtürlipass über den westl. Grat, das Schwarzhorn südl. umgehend, auf den *Bundstock* (2755m); herrlicher Blick auf die nahe Blümlisalp. 1h weiter den Grat entlang erreicht man den ausgesetzten Westpfeiler der Kette, das *Dündenhorn* (2861m).

An der Ostseite des Hohtürlipasses geht es auf dem *BW* jäh hinab über Geröll und steile Felsplatten unterhalb eines abfallenden Grats, der weiter unten nach W. überschritten wird. Dann über Alpweiden talwärts in 2h20 zur idyllischen *Oberen Bundalp* (1840m). Weiter durch Wald in 1h zur **Griesalp** (1408m; *Berggasthof*; s. 17.3.).

D: Zum Gasterntal und über den Lötschenpass zum Lötschental: Ein im Winter gesperrter Fahrweg (*Maut! Bus; zeitl. geregelter Einbahnverkehr*) steigt von *Eggenschwand* (s. 17.1.) durch zwei Tunnels in der bewaldeten Felswand in die von der Kander durchbrauste *Klus* empor. Nach einer Brücke über den Bach erreicht man bei 4km das grossartige, unbewohnte, hochalpine **Gasterntal*** (1351m). Die nur etwa 500m breite flache Talsohle ist von lichtem Tannen- und Föhrenwald bedeckt. Sie ist im S. von den hochragenden Wänden des Altels und des Balmhorns begrenzt, im N. von den ebenso hohen Flühen der Fisistöcke und des Doldenhorns. Das Strässchen quert weiter hinten den Steinschlag- und Lawinenzug *Sillerengraben* und erreicht nach Überwindung einer Höhenstufe die kleine Lichtung von **Selden** (11km; 1540m; *Berggasthof*).

Kanderfirn und Mutthornhütte: Ein langer, anstrengender *BW* zieht von *Selden* weiter das Tal hoch. Er quert nach 30min auf einem Steg die Kander, nahe ihrem Ursprung, dem eindrücklichen Gletschertor des *Alpetligletschers*. Nun steil über die südl. Seitenmoräne des Gletschers in 2h30 zur Höhe *Alpetli* (2412m), wo sich der Blick auf den weiten *Kanderfirn* und die jähe Südwand der Blümlisalp öffnet. Von hier noch 2h15 ermüdende **HT** über den Gletscher zur *Mutthornhütte S.A.C.* (2899m), auf dem Gletschersattel gegen das Lauterbrunnental. – Besteigung des *Tschingelhorns* und des *Breithorns*, Übergang zum *Lötschen-* oder *Kiental*, Abstieg nach *Stechelberg*, s. 15.2.

Der anstrengende *BW* zum Lötschenpass, einem seit vielen Jahrhunderten begangenen Übergang ins Wallis, zieht am südl. Steilhang durch Wälder hoch und über die Waldgrenze zur *Balm* (2405m; 3h), unter den Abstürzen des Balmhorns. Nun über den mit Stangen markierten *Lötschengletscher* zu seiner r. Moräne und auf dieser empor in 1h15 zum **Lötschenpass** (2684m; *Lötschenpasshütte S.A.C.*), mit überraschendem Blick auf die Walliser Alpen. Rechts die mächtige Ostwand des Balmhorns.

Hockenhorn (3293m): Herrlicher Aussichtsberg; *BW+* in 2h30 nordöstl. über den Grat, das Kl. Hockenhorn nördl. umgehend.

Der Abstieg in das einsame **Lötschental** führt über Felsplatten und Geröll, am Lötschbergsee vorbei zur *Oberen Kummenalp* und in 1h40 zum *Berggasthaus Kummenalp* (2086m). – Von hier in das *Rhonetal*, s. 17.5.

E: Üschenental: Von *Eggenschwand* (s. 17.1.) steigt ein Alpsträsschen (*Wintersperre*; *Maut! Alpentaxi*) in vielen Kehren im Tal des Alpbachs nach 3km *Äusser Üschenen* (1595m; *Parkplatz*) und weiter im kahlen **Üschenental**, das im Sommer von grossen Rinderherden belebt ist, nach 5km *Inner Üschenen* (1784m; *Parkplatz*). Das mächtige Lohnermassiv im W. (3048m) wird wegen schwieriger Felsverhältnisse selten bestiegen. – Das Üschenental ist Ausgangspunkt schöner Touren:

Allmenalp und First: *BW* von Äusser Üschenen über Matten, hoch über Kandersteg, zur *Allmenalp* (1784m; 1h). Nun steil den Hang des Allmengrats im Zickzack über Geröll zum *First* empor (2548m; 2h30). – Abstieg zur *Elsigenalp*, s. 17.1.

Über das Schwarzgrätli nach Schwarenbach: *BW+* von Inner Üschenen südl. bis zum Talschluss, dann steil über Schutthalden hoch in 2h zum etwas exponierten *Schwarzgrätli* (2381m). Hinab nach *Schwarenbach* am Gemmipassweg (40min; s. 17.2F.) oder über das *Üschenengrätli* nach *Sunnbühl* (s. 17.2F.).

Über die Engstligenalp zum Wildstrubel: *BW* von Inner Üschenen westl. den Hang hoch über Alpmatten und Geröll zum *Schedelsgrätli* (2512m; 2h30). Am bizarren Felskopf *Tschingellochtighorn* vorbei, dann auf einem Grat steil hinab in 1h40 auf die weite, unbeweidete *Engstligenalp,* amphitheatralisch unter dem Wildstrubelmassiv gelegen (1950m; *Berggasthaus;* über den *Chindbettipass* zum *Gemmiweg:* s. unten). – Die **HT** zum Wildstrubel führt anfangs flach über den Talboden, dann immer steiler hinauf über Geröll und den zerklüfteten *Strubelgletscher* zum Nordgrat. Weiter über den steilen Eishang des *Ammertengletschers* in 5h entweder östl. zum *Grossstrubel* (3253m) oder westl. zum *Mittelgipfel* (3248m). – Abstieg zum *Gemmipass*, s. unten.

F: Über den Gemmipass nach Leukerbad: Seit Jahrhunderten benützter, niedrigster Passübergang über die Berner Alpen. Der alte Saumweg wird heute im Sommer und Winter begangen (von Kandersteg zum Gemmipass auch für Fahrradfahrer offen). – Von *Eggenschwand* (s. 17.1.) entweder mit

Luftseilbahn direkt nach *Sunnbühl* oder auf dem Saumweg (*WW*) in vielen Kehren den bewaldeten Nordabhang des Gällihorns empor zum *Stock* (1831m; 2h), hoch über dem Gasterntal. Weiter über den *Winteregg-Grat* durch Alpenrosengebüsch in 35min nach **Sunnbühl*** (1932m; *Rest.*). Eindrücklicher Blick auf das mächtige Massiv der Altels und des dahinterliegenden Balmhorns.

Gällihorn und Üschenengrat: *BW+* von einem Tälchen 10min nördl. von Sunnbühl steil über Gras- und Geröllhänge hoch bis zum Fuss der Felswand, dann über Felsbänder in 1h bis zum Beginn des *Üschenengrats* (2164m). – Abstecher in 30min auf das *Gällihorn* (2282m), den markanten nördlichen Sporn des Üschenengrats. – Vom Abzweig Gällihorn den ganzen Üschenengrat entlang, immer auf der flacheren Westseite bleibend über magere Schafweiden zur *Wyssi Flue* (2470m; 1h). – Über das *Schwarzgrätli* (s. 17.2E.) hinab in 50min nach *Schwarenbach:* s. unten.

Der *Gemmiweg* führt fast horizontal über die weite *Spittelmatte*, die im Sommer von grossen Viehherden belebt ist. Vom schräg abfallenden Altelsgletscher gegenüber donnerten 1782 und 1895 grosse Eismassen in den Talgrund. Der Weg berührt einen malerischen Arvenwald mit einem kleinen See, überquert die Walliser Kantonsgrenze und steigt über eine Höhenstufe in 1h nach **Schwarenbach** (2060m; *Berggasthaus*), am Fuss des Rinderhorns in öder Kalkgebirgslandschaft. Nahebei ein häufig trocken liegender Karstsee.

Balmhorn und Altels: *HT* über den Schwarzgletscher, zwischen Rinderhorn und Altels, in 3h30 zur Höhe des *Zackengrats* (3080m); diesem folgend über einen Vorgipfel und einen Bergschrund zum *Balmhorn* (3697m; 2h30). Überragende Rundsicht über die Nordschweiz und die Berner und Walliser Alpen bis zum Monte Bianco; südl. in der Tiefe Leukerbad, südöstl. das mächtige Bietschhorn, im N. das Kandertal bis zum Thunersee. – Traversierung über einen ausgesetzten Grat in 1h30 zum Nachbargipfel *Altels* (3630m), dann an dessen Westseite steil hinab über Felsplatten und Geröll zur *Spittelmatte* (2h30; s. oben).

Rinderhorn (3448m): *HT* in 5h über den Rindersattel.

Schwarzgrätli, Üschenengrat und Üschenental: s. 17.2E.

Über den Chindbettipass zur Engstligenalp: *BW* über Matten und Felsplatten in 50min zum öden Tälchen der *Roten Chumme* (2302m), dann empor zu einer Krete und weiter über die Zunge des spaltenfreien Tälligletschers zum *Chindbettipass* (2623m; 1h30). Hinab in 1h20 in den weiten Kessel der *Engstligenalp* (s. 17.2E.).

Der *Gemmiweg* erreicht nach 35min den 2km langen, 8-10 Monate zugefrorenen *Daubensee* (2207m), ein typischer Kalkgebirgssee ohne sichtbaren Abfluss. Nun während 25min das Ostufer entlang durch öde Landschaft und ansteigend in weiteren 10min zum **Gemmipass*** (2315m; *Berg-gasthaus; Skibetrieb*). Von der Krete überraschender Blick auf die Walliser Alpen und das Rhonetal: r. der Wildstrubel mit dem Lämmerngletscher, tief unten im Felsenkessel Leukerbad.

Wildstrubel: *BW* westl. über das Geröll des *Lämmernbodens* in 45min zur Zunge des *Lämmerngletschers*. Nun eine Steilstufe empor zur *Lämmernhütte S.A.C.* (2502m; 40min). – Von hier *HT*: In 15min zum spaltenarmen *Lämmerngletscher*; darauf in 2h30 zum *Wildstrubel-Mittelgipfel* (3248m; Abstieg zur *Engstligenalp*: s. oben) oder in 2h50 zum *Westgipfel* (3251m). Eindrücklicher Blick auf den 350m tiefer gelegenen, 5km langen, schwach geneigten *Wildstrubel-* oder *Totengletscher*.

Die vom Pass fast 600m hohe jäh gegen *Leukerbad* abstürzende Felswand wird von einer *Luftseilbahn* überwunden. Sie ist aber auch zu Fuss auf dem 1737-40 von Bern und Wallis angelegten Saumweg passierbar, einem interessanten, ungefährlichen *BW* mit packenden Tiefblicken. Die Windungen sind in den Fels gehauen, oft einer Wendeltreppe ähnlich, und an steilen Stellen mit Geländern versehen. An die Felswand schliesst sich unten ein Geröllkegel an, dessen Fuss ein Tannenwald bedeckt. – 1h30 *Leukerbad* (1401m; s. 17.4.).

17.3. Kiental und Griesalp

Die Strasse (*Bus*) zieht von *Reichenbach* südöstl. hoch zum langgestreckten Dörfchen *Scharnachtal* (830m; *Gasthof*); dahinter öffnet sich ein herrlicher Blick auf das tiefeingeschnittene, bewaldete, von der Blümlisalp überragte Kiental. – 6km **Kiental*** (958m; *H. Bären**, Camping*), ruhiges Feriendörfchen mit schöner, freistehender Kapelle.

Ramslauenen und Gehrihorn: *Sessellift* nach *Ramslauenen* (1405m; *Rest.*) am l. Talhang (*BW* in 1h40). Von hier *BW* im Zickzack durch Wald und über Alpmatten zum Nordgrat des *Gehrihorns* und diesem folgend zum Gipfel (2129m; 2h30); Tiefblick in das Kandertal. – Abstieg nach *Frutigen*, s. 17.1.

Über den Sattel zum Blausee: *BW* von Ramslauenen talaufwärts über *Gumpel* zum *Sattel* (2306m; 3h). Jenseits über die obere und untere *Alp Giesene*, später steil durch Wald hinab in 3h zum *Blausee* (s. 17.1.).

Wetterlatte und Dreispitz: Fahrweg an der nördl. Talseite über Alpmatten nach *Mieschweid* (1275m; *Parkplatz*). – Nun *BW* in 1h50 zum *Sattel Rengg* (1799m). Von dort *BW* in 40min zur *Wetterlatte* (2006m), bzw. *BW+* in 2h40 zum *Dreispitz* (2519m).

Schilthorn über den Spiggengrund und die Alp Hohkien: Ein sehr enges Bergsträsschen (*Maut! Alpentaxi*) zweigt nach 2km von der Griesalpstrasse (s. unten) l. in den prächtigen *Spiggengrund* ab. Es endet zuhinterst im Talgrund (1474m; *Parkplatz*) unter einer Felswand mit vier herrlichen Wasserfällen. – Nun auf *BW* durch Wald und über eine Felsstufe in 2h zur weiten, abgelegenen *Alp Hohkien* hoch (2026m; *einfache Unterkunft*; über den *Chilchlifluhpass* nach *Isenfluh*, s. 15.1.). Weiter *BW+* südl. über Felsplatten und Geröll im einsamen Kalkgebirge empor zum *Roten Herd* (2683m; 2h20), einem Sattel gegen das Sefinental. Nun über den Grat, teilweise etwas ausgesetzt, in 1h zum *Schilthorn* (2969m). – Abstieg nach *Mürren*, s. 15.3.

Das Bergsträsschen zur Griesalp (*Maut!*) und ein *BW* ziehen parallel das bewaldete Tal hoch zum flachen, teilweise moorigen Talboden der 10km *Tschingelalp* (1153m), mit schönem Blick auf das zerklüftete Gspaltenhorn. Die bewaldete Höhenstufe am Ende des Talbodens wird auf der steilsten Autostrasse Europas in vielen engen Kehren überwunden (*zeitl. geregelter Einbahnverkehr!*), vorbei an mehreren prächtigen Wasserfällen: dem *Unteren Pochtenfall* (daneben der merkwürdige runde *Hexenkessel*), dem *Dündenbachfall* und dem imposanten *Oberen Pochtenfall* (2min l. von der Strasse). – 13km *Pochtenalp* (10min jenseits der Brücke; *Gasthof*). – 14km (*zu Fuss* 2h30 von Kiental) **Griesalp** (1408m; *Berggasthof; Parkplatz*), in einer Lichtung im Tannenwald.

Über den Hohtürlipass und den Oeschinensee nach Kandersteg: s. 17.2C.

Über die Sefinenfurgge nach Mürren: s. 15.3.

Gspaltenhorn: Auf *BW* durch Wald in 25min zum *Bundsteg*, dann auf der nördl. Seite des *Gamchibachs* das Tal empor zur *Gamchialp* (1670m; 45min); nun immer steiler über Felsbänder und Geröllhalden neben der Zunge des Gamchigletschers in 2h45 zur *Gspaltenhornhütte S.A.C.* (2454m). – Die schwierige **HT** auf das *Gspaltenhorn* (3436m) erfolgt über den *Bütlassensattel* (3029m; 2h) und den ausgesetzten Nordwestgrat in insgesamt 4h45.

Über die Gamchilücke zur Mutthornhütte, HT: Von der Gspaltenhornhütte zum *Gamchigletscher* querend und über dessen obersten, immer steiler werdenden Teil zur *Gamchilücke* (2836m; 1h30), dem Joch zwischen Blümlisalp und Gspaltenhorn. Herrlicher Blick auf die weiten, gleissenden Flächen des Tschingel- und Kanderfirns. Hinüber zum *Tschingelpass* zwischen den beiden Gletschern (2824m), dann südl. um das isoliert aus dem Firnplateau aufragende Mutthorn herum in 1h20 zur *Mutthornhütte S.A.C.* (2899m). – Abstieg nach *Stechelberg*, s. 15.2. – Abstieg in das *Gasterntal*, s. 17.2D. – Übergang über den *Petersgrat* in das *Lötschental*, s. 15.2. & 17.5.

17.4. Von Leukerbad über Visp nach Brig

Leukerbad** (1402m; *Kurhaus Leukerbad***, H. Balmhorn**, Badhotel Gemmi**, 3 Hotels*, 2 Gasthöfe, Ferienwohnungen; Camping; Hallen- und Freibad; Wellness-Einrichtungen; Eisbahn, Skibetrieb auf der Torrentalp* *und dem Gemmipass*), der bedeutendste und besuchteste Thermalbadeort der Schweiz, liegt auf grünen Matten am Fuss der Gemmi, in einem nach S. offenen Bergkessel. Der Ort besteht aus den wettergegerbten Holzhäusern des alten Dorfs beidseits des Bachs Dala und den Hotels, Bade- und Kuranlagen südl. davon, in Bahnhofsnähe. Die seit dem Altertum bekannten 39-51°C heissen Quellen sollen gegen eine Vielzahl von Leiden wirksam sein. Haupttreffpunkt der Touristen ist die Promenade, mit vielen Geschäften, und der anschliessende Kurpark.

Gemmipass: s. 17.2F.

Spaziergang nach Inden (2h): *WW* an der r. Talseite abwärts zu den malerischen Hütten von *Birchen* und *Bodmen* (1398m), dann hinab nach *Inden* (1138m; s. unten).

Albinen: *BW* 30min eben auf der l. Talseite bis zum Fuss einer Felswand, die mit Treppen überwunden wird (,Albinenleitern'). Oben bequemer *WW* in 1h10 über Wiesen, mit immer weiterer Aussicht in das Rhonetal, nach *Albinen* (1300m; s. unten).

Flüealp (2041m), im obersten Dalatal; *BW* in 2h hoch über die *Majingalp* auf der l. Talseite. 10min weiter die *Flüekapelle* direkt unter den steilen Flühen des Balmhorns. Zurück über die idyllische *Clabinualp* r. der Dala.

Torrentalp und Torrenthorn*: *Luftseilbahn* zur *Oberen Torrentalp* (2312m, *Berggasthaus* in aussichtsreicher Südlage) oder zu Fuss auf *BW* in 3h steil durch Wald und über Alpmatten mit Lawinenverbauungen. Mit einem *Sessellift* von der *Unteren* zur *Oberen Torrentalp* und einer weiteren *Gondelbahn* zum *Torrentgrat* (2730m) ist die Region ein attraktives *Skigebiet*. – Das *Torrenthorn** (2997m) ist vom Torrentgrat auf einem *BW* in 1h zu erreichen, vom Berggasthaus in 2h30. Herrliche Aussicht auf die Berner und Walliser Alpen.

Über den Restipass zur Restialp: *BW* von der Torrentalp über weite, nach S. offene Alpmatten fast horizontal in 1h zum *Wyssensee* (2339m) im obersten *Bachalptal*, dann bergauf zum *Restipass* (2628m; 1h). Jenseits hinab in 1h30 zur *Restialp* (2098m), am Strässchen in das Lötschental (s. 17.5.).

Die *Gemmibahn* (Strasse meist parallel) überwindet die Talstufe unterhalb von Leukerbad mittels Zahnstange und führt am r. Talhang, hoch über der Dala, nach 55km (ab Spiez) *Inden* (1138m; *WW* nach Leukerbad, s. oben). Es folgt eine zweite, steile Zahnradstrecke mit Kehrtunnel. Im Talgrund Brücke über die Schlucht der Dala, dann fast horizontal nach 61km **Albinen** *SBB* (930m).

Albinen*: Strässchen (*Bus*) 4km in das hochgelegene malerische Dorf *Albinen* (1300m; *Rest.*), mit eng zusammenstehenden Wohnhäusern und Speichern aus wettergegerbtem Holz. Viele beherbergen Ferienwohnungen. – *BW* nach *Leukerbad*, s. oben.

Von Albinen über Guttet* und Erschmatt* nach Bratsch: Ein bequemer *WW* führt durch lichten Föhren- und Tannenwald in 1h nach *Guttet** (1336m; *Gasthof*), das erste einer Reihe von einzigartigen, malerischen Dörfchen hoch über dem Rhonetal (alle von *Leuk* mit Auto und *Bus* erreichbar, s. unten). Über besonnte Wiesen nach *Feschel** (1279m; 20min) im Talhintergrund und weiter auf der anderen Talseite in 40min zum grössten Ort an der Berglehne, *Erschmatt** (1224m; *Gasthof*). Nun auf aussichtsreichem, bequemem Weg bergab in 30min nach *Bratsch* (1090m; *Bus*).

Eine dritte Zahnstangenstrecke bringt die *Gemmibahn* steil hinab nach 66km **Leuk*** (746m; *Schlosshotel**, Hotel**), einem Städtchen mit südlichem Flair, schön am Hang 100m oberhalb der Rhone in Weinbergen gelegen. Die alte Stadtbefestigung ist grösstenteils erhalten. Malerisches altes *Bischofsschloss* mit mehreren Türmen. Der ehemalige *Palast der Viztume*, ein eindrücklicher quadratischer Bau, dient heute als Rathaus. Spätgot. Kirche *St. Stephan* mit elegantem roman. Turm, geschnitzter Barockkanzel und Barockaltar. Das Ortszentrum besitzt verschiedene eindrückliche Paläste. Die *Ringackerkapelle* auf einer Terrasse unterhalb des Orts ist eine der schönsten Barockkirchen des Wallis. – Die gegenüberliegende Seite des Rhonetals bedeckt der prächtige Pfynwald (s. unten).

Varen und Salgesch: Strasse (*Bus*) über die tiefe Dalaschlucht nach 2km *Varen* (758m; *Rest.*), auf gleicher Höhe wie Leuk, dann hinab durch Weinberge nach 5km *Salgesch* (582m; *Gasthof*), in Rhonenähe. *Salgesch* und *Varen* sind die führenden Weinbaugebiete der Deutschschweiz (angebaut wird meist Weisswein). Am l. Rhoneufer das Kraftwerk Siders, welches das Gefälle der Rhone zwischen Leuk und Salgesch nutzt. Das Unterwallis westl. von Salgesch ist seit jeher unbewohnt.

Varneralp: Von *Varen* steigt ein Fahrweg (*Alpentaxi*) über viele km in Kehren den lichten *Varnerwald* empor bis auf 1500m Höhe (*Parkplatz*). – Weiter auf *BW* im Zickzack aufwärts, über die Waldgrenze hinaus in 2h30 auf die prächtige, weite *Varneralp* (2233m). Bedeutende Viehsömmerung. Der hier durch die sonnenexponierte Lage häufig herrschende Wassermangel wird durch eine offene Wasserleitung (*Suone*), wie sie für das Wallis typisch ist, behoben. Der etwa 3km lange Kanal wird mit Wasser aus einem Bergbach weit im W. versorgt.

Pfynwald*: Der *Pfynwald** (vorherrschend Föhrenwald) gegenüber von Leuk steht auf der l. Hälfte des gewaltigen Schwemmkegels des *Illgrabens*, eines markanten, weithin sichtbaren Erosionstrichters in der südl. Bergkette. Eine Reihe von Spaziergängen, besonders entlang des natürlichen, offenen Rhonelaufs vermitteln eindrückliche Bilder einer intakten Tier- und Pflanzenwelt.

Bratsch, Erschmatt*, Feschel* und Guttet*: Die vier malerischen, traditionellen Walliserdörfchen am Südhang hoch über der Talsohle bestehen mehrheitlich aus wettergebräunten Holzhäusern. Jedes Dorf besitzt eine schöne Kirche oder Kapelle. – Ein Bergsträsschen (*Bus*) zweigt bei einer grossen Kehre von der Strasse nach Leukerbad ab und steigt an der Berglehne zunächst nach 6km *Bratsch* empor (1090m), dann westl. nach 7km *Erschmatt** (1224m; *Gasthof*), dem grössten Dorf. Weiter über Matten und durch Wald nach 10km *Feschel** (1279m), ganz im Talhintergrund, und schliesslich nach 12km *Guttet**, der höchstgelegenen Ortschaft (1336m; *Gasthof*). – Fussweg nach *Albinen*, s. oben.

Lötschental: s. 17.5.

Die *Eisenbahn* nach Visp (Strasse s. unten) überwindet die letzte Höhenstufe zum Talgrund nochmals mittels Zahnstange. Sie bleibt am nördl. Ufer der Rhone und führt in der flachen, landwirtschaftlich intensiv genutzten Ebene mit ihren vielen Obstbäumen ostwärts nach 72km *Gampel* (633m; *Rest.*), am Ausgang des hier unzugänglichen Lötschentals. Die Ufer der aus dem Tal hervorströmenden Lonza sind durch Dämme geschützt. Am Berghang oben das Dörfchen *Hohtenn* (817m). – Weiter auf der nördl. Talseite nach 76km **Raron*** (*Rest.*) an der Mündung des *Bietschtals* (s. unten). Auf einem Felsen die anstelle einer früheren Burg 1512 erbaute Kirche *St. Romanus* mit schönen Netzgewölben und einem Fresko des Jüngsten Gerichts. An der südl. Kirchenwand das Grab von *Rainer Maria Rilke* (1875-1926). Im kunsthistorisch wertvollen Dorf mehrere schöne Gebäude aus dem 16.-17. Jh. – Nun über die Rhone und am Walliser Flugplatz Visp vorbei (*Alpenrundflüge!*) nach 83km *Visp* (s. unten).

Die *Kantonsstrasse* von Leuk nach Visp benützt die südl. Talseite. Auf dem mit Hecken und Obstbäumen bestandenen Schwemmkegel des gewaltigen *Illgrabens* steht das 1445 erbaute, im 18. Jh. veränderte Schloss *Werra.* Nach dem von Gärten umgebenen Dorf *Agarn* passiert die Strasse 7km *Turtmann* (628m; *Hotel**), am Ausgang des *Turtmanntals* (s. 17.6.). Die Wasser des Turtmannbachs stürzen hinter dem Dorf über eine 25m hohe Felswand. – Weiter r. oberhalb von *Turtig* an der bewaldeten Felswand die Wallfahrtskapelle *Wandflüh*, zu der sich ein Kreuzweg emporschlängelt.

86km **Visp*** (651m; *Hotel Post***, *2 Gasthöfe; Freibad*), malerisches Dorf an der Mündung des Vispertals, mit alten Herrenhäusern und zwei Kirchen (der *Burgerkirche* von 1730, mit schönem, sechsstöckigem roman. Turm und der hochgelegene *Martinskirche* von 1651). Der Schneeberg im S. ist der Balfrin. Die tiefe Lage von Visp zwischen hohen Bergen macht den Ort im Sommer zu einem der heissesten der Schweiz. Nördl. vom Bahnhof ein pharmazeutisches Werk, der grösste Industriebetrieb des Wallis.

Nach Zermatt: s. 19.1.

Nach Saas-Fee: s. 20.1.

Eggerberg: Strasse (*Bus*) über die Rhone, dann hinauf nach 5km *Eggerberg* (846m) und 7km *Eggen* (1044m; *Gasthof*), beide am Berghang gegenüber von Visp gelegen. – Schöner *BW* zur *Alp Finnu* (1414m; 1h20), den sonnigen Südhang entlang, durch Wald und über baumbestandene Matten hinab in 1h20 nach *Mund* (1187m; s. unten).

Ausserberg und Bietschtal: Die Strasse nach Ausserberg am nördl. Talhang (*Bus*) zweigt nach 4km von der Leukerstrasse r. ab, überquert den Talgrund und die Rhone und steigt durch Weinberge nach 7km *St. German* (759m) und 10km *Ausserberg* (1009m; *Gasthof*). – Zum Eingang des *Bietschtals* gelangt man von Ausserberg oder St. German auf *BW* in je 1h. Von hier in das wilde, unbewohnte Tal, über eine natürliche Brücke (1020m) auf das r. Ufer des Bietschbachs, dann in ständigem Anstieg durch Wald, über die Waldgrenze hinaus und über heute ungenutzte Alpen in 3h bis zum obersten, vom mächtigen *Bietschhorn* beherrschten Talkessel (1707m).

Baltschiedertal: Zur Baltschiederklause zuhinterst im wilden und einsamen *Baltschiedertal* führt mit 7h der längste Hüttenweg der Schweiz (*BW+*): von Ausserberg (s. oben) zur westl. Tallehne (1265m; 45min). Dann entlang einer Suone, z.T. sehr exponiert in 40min zum Talgrund *Steini* (1282m). Nun lange ansteigend über die Waldgrenze, über Alpmatten, Geröll und eine Höhenstufe zur Kapelle *Hohbitzu* (2218m; 3h20), hoch am Abhang des Stockhorns. Nun folgt ein weiterer anstrengender Aufstieg in den obersten Talkessel, dann ein letzter über eine gewaltige Steilstufe in 2h10 zur *Baltschiederklause S.A.C.* (2783m), unter dem mächtigen *Bietschhorn* (3934m) gelegen. Dieses wird auf *HT* über den Baltschiedergletscher in 5-6h erklettert. – Vom Bietschhorn Abstieg in das *Lötschental*, s. 17.5.

Zeneggen: Bergstrasse (*Bus*) südwestl. in vielen Kehren durch Wald empor, zunächst am Nordhang, dann nach S. hoch über dem Vispertal hin. – 9km *Zeneggen* (1366m; *Hotel**). Schöner, aussichtsreicher *WW* nach *Törbel* (1h20; s. 19.1.). – Zum *Augstbordhorn* (2972m) führt ein *BW* über die *Moosalp* (2044m; 2h30) und den Nordgrat in weiteren 3h. Fantastischer Blick auf die Pyramide des Bietschhorns jenseits des Rhonetals.

Visperterminen: Bergstrasse (*Bus*) durch die höchstgelegenen Weinberge Europas ('Heidenwein') in Kehren über den Weiler *Stalden* nach 10km *Visperterminen* (1370m; *Hotel**). Zur *Wallfahrtskapelle St. Maria* im Wald oberhalb des Dorfs führt ein Kreuzweg, der von zehn Kapellchen mit Holzstatuen gesäumt ist. *BW* in 2h30 östl. auf den *Gibidumpass* (2200m); von da in 30min zum Aussichtspunkt *Gibidum* (2317m), hoch über dem Rhonetal.

Durch das Nanztal zum Simplonpass: *BW* vom Gibidumpass (s. oben) südl. entlang einer Wasserleitung in das Nanztal. Bis zum Talschluss sind es 1h50 (2452m), dann geht es auf der anderen Talseite zurück nach N. zum *Bistinepass* (2417m; 1h30). Hinab über Alpmatten in 1h zum *Simplonpass* (s. 21.2.).

Bahn und Strasse begleiten das l. Ufer der Rhone. – 86km *Brigerbad*, Weiler am r. Flussufer mit bekanntem Frei- und Thermalbad. Links oben an der Lehne das Dörfchen *Mund* (s. unten), r. das tief eingeschnittene *Nanztal*. – 91km *Glis* (*kein Zughalt*) von wo eine direkte Strasse zum Monte-Leone-Tunnel und nach Domodossola abzweigt (s. 21.1.). Stattliche Pfarrkirche aus dem 16. und 17. Jh. mit reich geschmückter Arkadenvorhalle.

92km Brig* (684m; *Bahnhof am l. Saltinaufer; H. Aletsch**, H. Simplon**, 2 Hotels*, Gasthof, Camping; Freibad*), mit 3.000 Ew. Walliser Kantonshauptort am Fuss des Simplonpasses. Das Städtchen liegt im grünen Talboden etwas oberhalb der Rhone an der *Saltina*, die von S. aus einer Schlucht hervorströmt. Es ist ein angenehmer Ort, seit jeher belebt durch den Verkehr über den Simplon. Der **Stockalper-Palast***, mit drei mächtigen vergoldeten Zwiebeltürmen und Arkadenhof, wurde gegen 1670 vom Handelsherrn *Kaspar Stockalper* erbaut. Es ist der schönste barocke Palastbau der Schweiz. Im Innern das *Walliser Kantonsmuseum*. Daneben das 1533 errichtete *Haus Stockalper*. Schöne Aussicht von der Terrasse der 1685 vollendeten früheren *Jesuitenkirche* oberhalb des Palasts. Das Städtchen besitzt vier weitere Kirchen und Kapellen und eine Reihe malerischer alter Wohnhäuser aus dem 15.-17. Jh.

Im Dorf **Naters***, gegenüber am r. Rhoneufer (*Bus; Rest.*), die prächtige Barockkirche *St. Mauritius* von 1670 mit einem eleganten roman. Glockenturm lombardischen Stils, einem Beinhaus von 1515 und einem Burgturm von 1300. Schöne alte Bürgerhäuser.

Mund: Bergsträsschen von Naters (*Bus*) an der nördl. Tallehne über baumbestandene Matten nach 5km *Birgisch* (1091m; *BW zur Belalp*: s. 18.2.), dann tief im Gredetschtal über den Mundbach und, zurück im Haupttal, nach 8km *Mund* (1187m; *Gasthof*). Das Dörfchen, steil am Hang hoch über der Rhone, ist für seinen Safrananbau bekannt. – Nach *Eggerberg*, s. oben.

Blatten, Belalp und Aletschgebiet: s. 18.2.

Durch das Goms nach Gletsch: s. 18.1.

Nach Domodossola: s. 21.1.

17.5. Lötschental

Das wilde, einsame **Lötschental**** ist ausser den im Sommer genutzten Alpen am nordwestl. Talhang von menschlicher Aktivität unberührt. Sein unterster, bei Gampel in das Rhonetal mündender Abschnitt ist eine enge, den Lawinen und dem Steinschlag ausgesetzte unpassierbare Schlucht. Der Zugang erfolgt über die Alpen im W., hoch über dem Tal.

Der erst ab Ende Juni offene Fahrweg (*Maut! Vierradantrieb vorteilhaft; Bus*) beginnt in *Erschmatt* (s. 17.4.), 7km von Leuk, und führt den Südhang empor nach 12km *Jeizinen* (1519m; *Gasthof*), ein nur im Sommer bewohntes Dörfchen hoch über dem Rhonetal (steiler *BW* im Zickzack in 2h durch Wiesen, Wald und über Felsplatten hinab nach *Gampel*; s. 17.4.). Das Strässchen steigt nun steil empor durch Wald und über die Waldgrenze hinaus zur 17km *Feselalp* (1936m), dann zur 19km *Stafelalp* (2205m). Nach einem letzten Aufschwung ist über dem Ansatz eines mächtigen Lawinenzugs die Höchsthöhe von 2308m erreicht. Nun langsam abwärts am Osthang des Niwen in das Lötschental zur 24km *Faldumalp* (2037m), mit einer malerischen Kapelle. Weiter fast horizontal um das Alpiglenhorn herum zur 27km *Restialp* (2098m), mit Blick auf das Tal in seiner ganzen Länge bis zur Lötschenlücke im O. (von hier über den *Restipass* zur *Torrentalp*, s. 17.4.). Der Fahrweg führt nochmals um einen Felssporn herum, überschreitet der Ferdenbach und endet auf der 29km **Kummenalp*** (2086m; *Berggasthaus; Parkplatz*). Herrliche Aussicht auf das waldbedeckte, unbewohnte Tal, den Langgletscher im Hintergrund und die eisgepanzerten Bergketten beidseits; r. das mächtige Bietschhorn, dahinter das Lötschentaler Breithorn und das Schinhorn; l. ganz nahe das Hockenhorn, daran anschliessend die Firnkappe des Petersgrats und das Lauterbrunner Breithorn. Auf der Kummenalp und ihren Nachbaralpen sömmern die Bauern der unteren Rhonetals ihre Viehherden.

Über den Lötschenpass nach Kandersteg: s. 17.2D. – *Hockenhorn*: s. 17.2D.

Faflerhütte: Der *BW* zur Hütte weit hinten im Lötschental führt von der Kummenalp über die *Hockenalp* zur *Lauchernalp* (1981m; 40min), der letzten beweideten Alp. Allmählich abwärts am bewaldeten Nordhang in 1h20 in das Nebental *Telli* (1800m); weiter auf ebenem Weg in 40min zur einsamen *Faflerhütte S.A.C.* (1787m) im hintersten Talgrund, von lichtem Lärchenwald umgeben. Viele Wildtiere! Prächtige Sicht auf den nahen Langgletscher und den Talschluss. – Über den *Petersgrat* zur *Mutthornhütte*, s. 15.2. – Über den *Beichpass* zur *Oberaletschhütte*, s. 18.2E.

Lötschenlücke, HT: Nahe der Faflerhütte auf einem Steg über die *Lonza* und an ihrem südl. Ufer zum Ende des *Langgletschers* (1881m; 35min). Über diesen empor (im mittleren Teil viele Spalten!), zuletzt immer steiler und mühsamer zur *Lötschenlücke* (3205m; 4h30). Auf einem Felssporn liegt die *Ebnefluhhütte S.A.C.* in grossartiger hochalpiner Umgebung. – Von hier **HT** unschwierig hinab über den *grossen Aletschfirn* zum *Konkordiaplatz* (ca. 2800m; 2h30) und in weiteren 25min zur *Konkordiahütte S.A.C.* (2850m; s. 15.4. & 18.2B.), oder vom Konkordiaplatz nördl. über den *Jungfraufirn* hinauf in 3h zum *Jungfraujoch* (3453m; s. 15.4.).

HT von der Ebnefluhhütte: Über den *Ebnefluhfirn* zum *Mittaghorn* (3896m) oder zur *Ebnefluh* (3961m), je 3h, eindrückliche Tiefblicke ins Lauterbrunnental. – *Aletschhorn* (4194m), zweithöchster Gipfel der Berner Alpen, 4h, schwierig! – Vom Aletschhorn

Abstieg zur *Oberaletschhütte* (s. 18.2E.) oder zur *Konkordiahütte* (s. 18.2B.).

Bietschhorn: Ein langer *BW+* führt zur *Bietschhornklause*. Vom 2h *Tellital* (s. oben) hinab in den Talgrund und auf einem Steg über die *Lonza* (1525m), dann auf wenig begangenem Pfad steil die südliche Tallehne hoch zur *Bietschhornklause S.A.C.* (2569m; 3h). – Von hier **HT** sehr anstrengend in 6-7h über das *Bietschjoch* (3220m), den *Bietsch-gletscher* und den Westgrat auf die imposante Pyramide des *Bietschhorns* (3934m), mit aussergewöhnlich freier Rundsicht auf die Berner und Walliser Alpen bis zum Monte Bianco. – Abstieg in das *Baltschiedertal*, s. 17.4.

17.6. Turtmanntal, Augstbordpass und Schwarzhorn

Von Turtmann (s. 17.4.) Strasse (*Bus; im Sommer bis Gruben*) hinauf durch Wald bis tief in die Turtmannschlucht (4km). Hier l. Abzweig nach 2km *Ergisch* (1086m), einem hübschen Dorf an der südl. Tallehne. – Über den Bach hinauf nach 6km *Unterems* (1003m), gegenüber von Ergisch, und über drei Spitzkehren nach 9km **Oberems** (1334m; *Gasthof*), herrlich auf einer Terrasse am Nordabhang der Bella Tola gelegen.

Illhorn (lange Tour!): *BW* über die *Untere* und *Obere Meretschialp* in 4h auf den Sattel *Parilet* (2549m), dann wieder hinab zum *Illsee* (2345m; 30min). Nun zum Südgrat hoch und diesen entlang in 1h20 zum *Illhorn* (2716m). Eindrücklich ist der Tiefblick in das Erosionstal *Illgraben*.

Nun schmales Bergsträsschen (*Wintersperre!*) nach S. in das enge **Turt-manntal**. Im Wald zwei Wallfahrtskapellen. Das Tal weitet sich und gibt Raum für Weiden. – 17km *Gruben* (1819m; *Hotel**), Sommerdorf, mehr-heitlich von Lärchenwald umgeben, 4km unterhalb des prächtigen, vom Brunegghorn, Bishorn und Diablon herabfliessenden Turtmanngletschers. *WW* in 1h zur *Alp Sänntum* (1901m) an der Gletscherzunge.

Bella Tola: *BW* durch schönen Lärchen- und Arvenwald in 1h50 zur *Oberen Meidenalp* (2334m); Rückblick auf den Turtmanngletscher. Durch das *Meidtälli*, am *Meidsee* vor-bei und über Geröll in 1h45 zum *Borterpass* (2839m). Fast eben über grosse Blockfel-der zum *Vehsattel* (20min), von dort hinauf zur *Bella Tola* (3025m; 40min). Herrliche Sicht auf die ganze Berner und Walliser Alpenkette; nördl. gerade gegenüber die Da-laschlucht und der Gemmipass; besonders eindrücklich der vom mächtigen Weisshorn dominierte Bergkranz im S., vom Monte Leone bis zum Monte Bianco.

Turtmannhütte: *BW* von der Alp *Sänntum* (1h; s. oben) auf der östl. Tallehne oberhalb des Gletschers zur *Turtmannhütte S.A.C.* (2524m; 2h). Von hier *BW+* zum inneren oder äusseren *Barrhorn* (3583m bzw. 3610m), je 3h. **HT** in 5h zum *Brunegghorn* (3846m), über den *Brunegg-Gletscher* und das *Bruneggjoch*.

Der *BW* zum Passübergang in das Mattertal steigt durch Lärchenwald über die *Untere* und *Obere Grubenalp* (2369m) und das lange *Grubtälli* in 3h zum **Augstbordpass** (2892m). Das **Schwarzhorn*** (3201m) im N. ist vom Pass in 1h auf einem schmalen *BW* über leichte Felsen einfach zu ersteigen. Die Szenerie übertrifft diejenige der Bella Tola: im S. die mächtige Pyramide des Weisshorns; l. davon Brunegghorn, Zermatter Breithorn, Zwillinge, Lyskamm, Monte Rosa, Mischabel; r. vom Weisshorn Steinbockhorn, Gran Combino, Monte Bianco; nördl. die Berner Alpen vom Wildstrubel bis zum Galenstock; östl. die Gotthardgruppe, Tessiner Alpen, Monte Leone, Fletschhorn, Lagginhorn, Weissmies. Fantastisch!

Vom Pass während 50min hinab über Geröll und kleine Schneefelder in das *Augstbordtälli*. Hier entweder r. leicht ansteigend zum Sporn des *Steintalgrats* (2454m; 25min), wo sich ein herrliches Panorama auf Bietschhorn, Aletschgletscher, Monte Leone, Riedgletscher, Mischabel, Lyskamm, Zwillinge, Breithorn, Brunegghorn und Weisshorn öffnet; in der Tiefe das Mattertal. Von hier südl. über die *Alp Läger* in 2h45 zu den Hütten von *Jungu* (1954m) und steil hinab in 1h30 nach *St. Niklaus* (1122m; s. 19.1.). – Oder, weniger anstrengend, vom Augstbordtälli weiter das Tal hinunter. Auf der *Oberen Äbialp* (2095m; 2h) l. halten und am aussichtsreichen Südosthang lange fast horizontal über die Alpen *Hannig, Pletsche* und *Bad*, später hinab über den Törbelbach in 2h nach *Törbel* (1516m; s. 19.1.).

18. Goms

18.1. Von Gletsch nach Brig

Die nur im Sommer befahrbare Strecke von *Gletsch* (s. 9.4. & 12.1.) nach *Fiesch* (*Bus*) führt durch das **Goms***, das seit dem 16. Jh. nicht mehr bewohnte oberste Rhonetal. Es ist heute ein Paradies für Wildtiere, besonders Rotwild, Luchs und Braunbär. – Die Strasse zieht in Kehren in der engen Schlucht der Rhone hinab, sinkt unter die Waldgrenze und erreicht den von Lärchenwäldern bedeckten Talboden. Kurz nach einer Brücke über die Rhone folgt 11km **St. Ulrich** (1357m, *Berggasthaus*), eine isolierte Häusergruppe an der Mündung des *Äginentals*. Schöne got. Kapelle.

Über die Grimselalp zum Grimselpass: s. 12.1.

Über den Griespass zum Tosafall: Ein *BW* führt östl. in das enge Trogtal der *Ägine*, quert den Bach zweimal und zieht durch Lärchenwald, später durch einen offenen, mit

Geröll und Felstrümmern bedeckten Talboden. Weiter durch Erlen- und Alpenrosengebüsch in 2h15 zum Talschluss *Altstafel* (1980m), unter dem Abbruch des *Griesgletschers*. Nun steil die Felsen hoch neben der Gletscherzunge in 1h40 zur *Grieshütte S.A.C.* (2460m), direkt neben dem hier flachen Gletscher (über den *Passo del Corno* in das *Bedrettotal*, s. 23.1.). Auf einem markierten Weg über den spaltenfreien Firn erreicht man in 30min den gegenüberliegenden Sattel des *Griespasses* (2430m), Grenze zum Kanton Valtoce. Schöner Rückblick auf die Berner Alpen. Abstieg über Firn und Geröll steil in das Griestal, dann eine weitere Talstufe hinab zur *Alpe Morasco* (1780m; 1h50). Etwas flacher zur *Alpe Riale (Kehrbächi)*, wo von N. der Weg vom *Passo San Giacomo* mündet (s. 22.1.); noch 50min zum *Tosafall/Cascata del Toce* (1675m; s. 22.1.).

Blinnenhorn (3374m): *HT* von der Grieshütte in 3h30 unschwer über die ganze Länge des spaltenarmen *Griesgletschers*, zuletzt etwas steiler. Einzigartige Rundsicht auf die einsamen östl. Walliserberge.

Die Strasse wechselt wieder auf die r. Flussseite und passiert auf ihrem Weg durch das langgestreckte Tal beidseits eine Reihe von unwegsamen Seitentälern. Später erscheint auf einem Hügelsporn r. oben das Dörfchen Bellwald. Auf der l. Talseite Mühlebach und Ernen, letzteres mit weithin sichtbarer Kirche. – 28km Abzweig nach 4km *Bellwald* (1552m; *Hotel*, Gasthof*), einem aus mehreren Weilern bestehenden Dörfchen mit einer Kirche und drei Kapellen. Freier Blick in das obere Rhonetal. Herrliche Aussichtstour über weite Alpen in 4h30 zum *Risihorn* (2875m). – 30km **Fiesch*** (1050m; *H. Eggishorn**, Hotel*, Camping*), in schöner Lage an der Mündung des Fieschertals, aus dem der wilde Fiescherbach strömt.

Fieschertal (1376m): Mehrere nur im Sommer bewohnte Häusergruppen 3km nördl. von Fiesch, 1km vom Ende des in jüngster Zeit vorrückenden Fieschergletschers. – Die *Finsteraarhorn*- und die *Oberaarjochhütte* (3050m bzw. 3255m) zuoberst im Bereich des Fieschergletschers sind von Fieschertal auf **HT** in 7-8h über den langen und spaltenreichen Gletscher erreichbar; die Zugänge von der *Konkordiahütte* bzw. vom *Grimselhospiz* (s. 15.4. & 12.1.) sind einfacher.

Fiescheralp (2214m): Steiler Anstieg in 3h30 auf *BW* durch Wald über die *Alp Fiescherstafel* (1891m), dann über Matten, mit Aussicht auf Mischabel und Fletschhorn, zur *Fiescheralp* (*Berggasthaus*; s. 18.2.).

Ernen*: Strasse (*Bus*) nach 5km *Ernen** (1195m; *Hotel*, Gasthof*), ehemals Hauptort des Goms, auf einer Terrasse am südlichen Talhang gelegen. Schöne got. Kirche *St. Georg* mit mächtigem, weissem Turm und reicher Innenausstattung aus verschiedenen Stilepochen. Am Dorfplatz eine wunderschöne Gruppe von Wohnhäusern aus dem 16.-18. Jh., viele mit Fassadenmalereien. – 2km nordöstl. das Dörfchen *Mühlebach* mit dem wahrscheinlich ältesten Holzhaus des Wallis.

Binntal* und Albrunpass: Die Strasse wendet sich von Ernen kommend (s. oben) bei der *Binnegg* nach O. in das Binntal, das wichtigste Nebental des Goms. – 9km *Ausser-*

binn (1305m; *Gasthof; Ende der Strasse*), nur im Sommer bewohnt, am Eingang einer wilden, von der *Binna* durchströmten Felsenge. – *BW* in 1h20 durch die Schlucht zur Einmündung des *Lengtals* (von S.) in das *Binntal** (1346m; s. unten). Die ganze, seit dem Mittelalter entvölkerte Talschaft zeichnet sich durch eine mannigfaltige Flora und Fauna und einen seltenen Reichtum an Mineralien aus. Mauerreste früherer Besiedlung sind noch mancherorts zu sehen. – Der *BW* zieht nun stundenlang entlang der Binna aufwärts durch Lärchen- und Föhrenwald. Bei der Einmündung des *Mässerbachs* (1585m; 50min) r. oben die ehemalige Mineraliengrube *Lengenbach*. Weiter im Haupttal über die Waldgrenze hinauf durch Grünerlen- und Alpenrosengebüsch. Nach zwei Höhenstufen und dem Queren einer Alpmatt gelangt man in 2h30 zur *Binntalhütte S.A.C.* (2265m), in absoluter Bergeinsamkeit zuoberst im Tal gelegen. – Von hier Übergang über den *Albrunpass* (2408m; 30min) zur *Alpe Dévero* (s. 22.1.) oder über einen zweiten Pass, *Scatta Minoia*, nach *Valdo* im *Val Formazza* (s. 22.1.).

Ofenhorn (3235m): **HT** von der Binntalhütte in 4h über Schutthalden und den steilen Firn an der Südseite des Gipfels. – Abstieg zur *Cap. Vannino*, s. 22.1.

Über den Saflischpass nach Rosswald: Die meisten der südl. Seitentäler des Binntals mit ihren Übergängen nach Valtoce sind weglos. Einzig der *Saflischpass* hinüber in die Simplonregion wird ab und zu begangen. Ein *BW* führt von der Mündung des *Lengtals* (1346m; s. oben) in 40min südl. bis zur Vereinigung dreier Täler (1460m); nun r. steil hoch in das *Saflischtal* bis zum Talschluss (2031m; 2h), dann über weite Alpmatten in 2h zum *Saflischpass* (2555m). Hinab über aussichtsreiche Alpen (gegenüber der herrliche Monte Leone, weiter r. das Fletschhorn) in 2h nach *Rosswald* (1821m; s. 21.1.).

Die Strasse nach Brig verläuft auf der r. Talseite oberhalb der Rhone. Nach 33km *Lax* (1039m; *Gasthof*), mit einer Kirche von 1865, überwindet sie eine Talstufe und überquert den Fluss. – 36km *Grengiols* (l. oben das Dorf; 980m; *Rest.*). – 38km *Betten Talstation* (826m; *Gondelbahn* nach *Betten*, 1203m; schön am Berghang gelegenes Dörfchen). Weiter längs der Rhone nach 42km *Mörel* (764m; *Gasthof*), inmitten von Obst-, Nuss- und Kastanienbäumen. Oberhalb das Dörfchen *Ried* (1188m; *Luftseilbahn*; *Grosskabinenbahn* nach *Greich-Riederalp*, s. 18.2A.). – Die Strasse führt einer Felswand entlang (r. die Hohfluhkapelle) und überquert die aus einer tiefen Schlucht hervorstürzende *Massa*, den wasserreichen Abfluss des Aletschgletschers. – 48km *Naters* (s. 17.4.). – 49km *Brig* (s. 17.4.).

18.2. Aletsch

Der *Aletschgletscher****, der grösste der Alpen, bedeckt mit dem Mittelaletsch- und dem Oberaletschgletscher, dessen Zunge ihn knapp erreicht, 175 qkm. Seine Firnmulden erstrecken sich zwischen den Berggruppen der Fiescherhörner, der Jungfrau, der Ebnefluh und des Aletschhorns. Von der ebenen Firnfläche des Konkordiaplatzes senkt sich die 18km lange und 2km breite Gletscherzunge mit ihren mächtigen Mittelmoränen in grossem Bogen zunächst nach S., dann nach SW. Das Gletscherende liegt heute bei 1300m, tief in einer Schlucht. Die energetische Nutzung der ihm entströmenden mächtigen *Massa* wurde immer wieder diskutiert, aber bisher mangels Bedarfs nicht umgesetzt.

A: Riederalp und Bettmeralp: Von *Mörel* (s. 18.1.) *Grosskabinenbahn* über die Zwischenstation *Greich* (1361m; *Rest.*; malerisches Dörfchen am Hang) zur *Riederalp** (1904m; *H. Aletsch**, H. Weisshorn***, 2 *Hotels**, *Gasthof, Ferienwohnungen; Freibad; Skilifte; kl. Golfplatz; im Sommer Elektrobus zwischen Rieder-, Bettmer- und Fiescheralp: s. 18.2C.*), zusammen mit der *Bettmeralp** 4km östl. (1948m; *H. Alpenrose**, Gasthof*) eine sehr besuchte autofreie Sommer- und Winterdestination auf einer weiten, aussichtsreichen Alpterrasse mit Viehsömmerung. Viele angenehme Spazierwege.

Riederfurka und Riederhorn: *WW* in 30min von der Riederalp zur *Riederfurka* (2065m) mit der *Villa Cassel*, früher im Besitz des gleichnamigen Industriellen. Von hier *BW* in 40min zum aussichtsreichen *Riederhorn* (2231m). Lohnend ist auch die Umwanderung des Riederhorns durch Wald auf ebenem *BW* in 1h.

Aletschwald*: Zwischen der Riederfurka und dem Aletschgletscher erstreckt sich der prächtige *Aletschwald**, mit riesigen Arven und Lärchen und einer üppigen Bergflora. Er kann auf verschiedenen *BW* durchstreift werden, z.B. von der Riederfurka auf ebenem Weg bis zum Gletscher, von dort hinauf zum *Härdernagrat* (2211m) und zurück zur Riederalp – oder weiter über den aussichtsreichen flachen Kamm zur *Moosfluh* (2332m; *Gondelbahn* zur *Riederalp*).

Über den Aletschgletscher zur Belalp: Von der Riederfurka zieht ein prächtiger *BW* den Aletschwald hinab und erreicht nach 50min bei ca. 1670m die hier nur noch 600m breite Zunge des Aletschgletschers. Auf dem markierten Gletscherweg in 30min gefahrlos hinüber zur *Alp Unter Aletsch* (1740m) an der gegenüberliegenden Tallehne. Nun steil die Bergflanke hoch in 1h30 zum *Berggasthaus Belalp* (2130m; s. 18.2D.).

B: Grosser Aletschgletscher und Konkordiaplatz: Von der *Moosfluh* (2332m; *Gondelbahn ab Riederalp*) führt ein *BW* zunächst auf dem Grat nach NO., dann in die Westflanke des Bettmer- und Eggishorns oberhalb des *Grossen Aletschgletschers**** in 1h45 zur *Roten Kumme* (2350m), wo der Gletscher betreten wird (ab hier *HT*). Gegenüber das selten besuchte Mittelaletschtal mit seinem Gletscher. Nun unter Umgehung des Märjelensees (s. 18.2C.) während 3h in mässiger Steigung den Eisstrom hinauf, bis zum **Konkordiaplatz**, wo sich der *grosse Aletschfirn*, der *Jungfraufirn*, das *Ewigschneefeld* und der *Grünhornfirn* vereinigen: ein packendes hochalpines Bild! Die *Konkordiahütte S.A.C.* (2850m) liegt r. am Fuss des *Faulbergs*, direkt neben dem Gletscher. Sollte das Gletscherniveau wie in den vergangenen Jahrzehnten weiter ansteigen, so wird ein Neubau der Hütte an erhöhter Stelle längerfristig nicht zu vermeiden sein. – Die Konkordiahütte ist Ausgangspunkt für die folgenden klassischen **HT**:

Jungfraujoch über Jungfraufirn oder Ewigschneefeld: s. 15.4.

Lötschenlücke: s. 17.5.

Aletschhorn (4194m): 7h, schwierig. – Abstieg zur *Oberaletschhütte* (s. unten) oder zur *Ebnefluhhütte* (s. 17.5.).

Gross Fiescherhorn (4049m), **Gross Grünhorn** (4043m), **Gletscherhorn** (3982m): je 5-6h, schwierig.

Zur Finsteraarhornhütte: Über den *Grüneggfirn* in 2h zur *Grünhornlücke* (3305m); jenseits hinab und über den *Fiescherfirn* zur *Finsteraarhornhütte S.A.C.* (3050m), am Fuss des gleichnamigen Gipfels. – Übergang zur *Oberaletschhütte*, s. 12.1. – Abstieg nach *Fieschertal*, s. 18.1. – **HT** ab Finsteraarhornhütte:

Finsteraarhorn (4274m), der höchste Punkt der Berner Alpen: Über den Südwestgrat in 4h zum *Hugisattel* (4087m), dann über den Nordwestgrat in 1h30 zum Gipfel. Umfassendes Panorama der Zentralalpen und der ganzen Nordschweiz bis weit nach Süddeutschland. – Abstieg zur *Schreckhornhütte*, s. 14.2D.

Gross Wannenhorn (3906m): 4h über den *Fiescher-* und *Triftfirn*.

C: Fiescheralp, Eggishorn, Märjelensee: Von der Bettmeralp mit *Elektrobus* (oder auf *WW* in 1h30) zur **Fiescheralp** (2214m; *Berggasthaus*; Aufstieg von *Fiesch*, s. 18.1.). – Von hier *BW+* zum Eggishorn: In 15min zum Abzweig Märjelensee (2178m; s. unten), dann im Zickzack ansteigend über Alpmatten, zuletzt über Geröll und den teils etwas ausgesetzten Südgrat in 2h30 zum Gipfel des **Eggishorns** (2927m). Das Panorama ist faszinierend: gegen N. der gewaltige Eisstrom des Aletschgletschers in seiner ganzen Länge, dahinter die Gipfel der Berner Alpen vom Galenstock r. bis zum Aletsch- und Bietschhorn l.; im S. über das Rhonetal hinweg die Walliser Alpen vom Blinnenhorn im O. bis zum Monte Bianco im W.

Vom Abzweig zum Eggishorn (s. oben) geht ein *BW* nördl. dem Hang entlang, mit schöner Aussicht auf Fieschertal und Fierschergletscher, erst horizontal, dann l. im Zickzack hinauf zum Sporn des *Tälligrats* (2386m); dahinter direkt zum tiefgrünen **Märjelensee*** (2364m; 2h15). Er liegt in der Mulde zwischen dem Eggishorn und den Strahlhörnern und ist westl. vom

Aletschgletscher begrenzt. Dieser ist der einzige ‚kalbende' Gletscher im Alpenraum: von Zeit zu Zeit lösen sich mächtige Eisblöcke vom Gletscher, die dann bei Sonnenschein auf dem See in herrlichem Farbenspiel glänzen. Der Märjelensee fliesst zum Fieschertal ab, doch seine Wassermassen brechen gelegentlich auch spontan unter dem Gletschereis nach W. hindurch, wonach sich der Wasserspiegel plötzlich senkt.

Zum Konkordiaplatz: Der *Aletschgletscher* ist in 30min auf einem *BW* entlang des nördl. Seeufers erreichbar; von dort *HT* über den Gletscher wie oben beschrieben in 2h30 zum *Konkordiaplatz*.

D: Belalp und Sparrhorn: Strasse (*Bus*) von Brig über 1km *Naters* (s. 17.4.) und den Weiler *Geimen* zum malerischen Dorf *Blatten* (1327m; *H. Blattnerhof**, Gasthof*). Von hier *Grosskabinenbahn* zur **Belalp*** (2094m), von wo ein aussichtsreicher *WW* in 30min zum *Berghotel Belalp*** führt (2130m). Dieses liegt am Fuss des Sparrhorns, hoch über der Zunge des Aletschgletschers, mit herrlicher Aussicht auf die Walliser Alpen. – Ein *BW* führt vom Gasthaus über Alpwiesen zum Sparrhorn-Südgrat, dann diesem entlang in 3h zum **Sparrhorn*** (3020m). Die Aussicht ist besonders gegen S. hin unvergleichlich, wo der breite Monte Leone und r. davon die Fletschhorn- und Mischabelgruppe, Monte Rosa, Matterhorn und Weisshorn ganz frei liegen. Gegen N. Tiefblick auf den Oberaletschgletscher und auf das versteckte, nur von wenigen Standpunkten aus sichtbare Aletschhorn.

Über die Nesselalp nach Birgisch: Von der Bergstation der Seilbahn schöner *WW* an den Hütten *Bäll* (2010m) vorbei und entlang einer Suone in 1h30 zur *Nesselalp* (2013m), mit Tiefblick auf Brig und Rhonetal. Die Berglehne hinab, später mehrheitlich durch Wald, nach *Birgisch* (2h; s. 17.4.).

Über den Aletschgletscher zur Riederalp: s. 18.2A.

E: Oberaletsch: *BW* vom Hotel Belalp (s. 18.2D.) in 1h20 zur r. Seitenmoräne (2305m) des **Oberaletschgletschers**, dann eindrucksvolle *HT* über den weitgehend spaltenlosen Gletscher an zahlreichen Eistischen vorbei in 3h zur *Oberaletschhütte S.A.C.* (2639m), eindrücklich am Westsporn der Fusshörner in abgeschiedener hochalpiner Umgebung gelegen. Die Hütte ist Ausgangspunkt für durchwegs anspruchsvolle *HT*:

Aletschhorn (4194m), zweithöchster Gipfel der Berner Alpen; 7h. – Schwierige Abstiege zur *Ebnefluhhütte* (s. 17.5.) oder zur *Konkordiahütte* (s. 18.2B.).

Schinhorn (3796m), **Nesthorn** (3820m), **Lötschentaler Breithorn** (3784m), alle ca. 5h; **Gross Fusshorn** (3627m), 4h.

Über den Beichpass in das Lötschental: Über den *Beichfirn* in 1h zum Fuss der Wand im NW. (ca. 2800m); steil über Eis und Firn zum *Beichpass* (3134m; 1h). Jenseits ebenso steil hinab über den *Distelgletscher* und durch das oberste Lötschental in 3h30 zur *Faflerhütte* (1787m; s. 17.5.).

19. Mattertal und Zermatt

19.1. Von Visp über St. Niklaus nach Zermatt

Die Strasse in das Mattertal endet in St. Niklaus. Randa, Täsch *und* Zermatt *sind nur mit der Bahn erreichbar. Ein Parkhaus in* St. Niklaus *und ein gut organisierter Gepäcktransport erleichtern dem Autofahrer den Besuch dieser Orte. Die schmalspurige* Visp-Zermatt-Bahn *(streckenweise Zahnradbahn) verkehrt ab Brig. Der* Gletscher-Express *bietet eine Direktverbindung ab* Luzern *und* Interlaken (s. 11.1.).

Bahn und Strasse wenden sich von Visp nach S. in das Tal der Vispa. Im Talhintergrund die schöne Schneepyramide des Balfrin. Am Ende des flachen Talbodens beginnt eine erste Zahnstangenstrecke der Bahn. – 7km **Stalden*** (799m; *2 Gasthöfe*), Dorf in malerischer Lage zwischen Weinbergen und Obstgärten, an der Vereinigung des Mattertals mit dem Saastal. Oben im Dorf ein viereckiger Wohnturm aus dem 13. Jh. Neben der Dorfkirche der schöne Holzbau des Pfarrhauses, mit einem Portal von 1677. Im Dorfzentrum weitere interessante alte Wohnhäuser. An der gegenüberliegenden Talseite thront weithin sichtbar die weisse Kirche von Staldenried (s. unten).

Saastal und Saas-Fee: s. 20.1.

Törbel*: Bergsträsschen (*Bus*) am Hang oberhalb von Stalden in 4 Kehren empor, dann durch einen Tunnel zum 4km *Abzweig Embd* (*Parkplatz*). Weiter mit immer freierer Sicht in Serpentinen durch baumreiche Matten nach 8km *Törbel** (1516m; *Hotel**), hoch über dem Mattertal am Südhang gelegen. – *WW* nach *Zeneggen*, s. 17.4. – *BW* über den *Augstbordpass* in das *Turtmanntal*, s. 17.6.

Embd: Vom *Abzweig Embd* (s. oben) oder von *Törbel* aussichtsreicher *BW* entlang der westl. Terrasse hoch über dem Tal in 40min zu den Hütten von *Embd* (1369m), mit schöner Kapelle. Steil hinab über eine Felsstufe in 1h nach *Kalpetran* (956m; s. unten).

Staldenried und Gspon: Eine *Luftseilbahn* zieht vom Bahnhof Stalden stützenlos nach *Staldenried* (1062m; *Rest.*) am gegenüberliegenden Talhang, mit schöner Kirche. Eine zweite *Seilbahn* führt von dort weiter zum hochgelegenen *Gspon* (1889m; *Berggasthaus*), mit prächtigem Blick auf das Saastal, die Mischabel- und die Weisshorngruppe.

Von Gspon nach Saas-Balen oder zur Weissmieshütte: Herrliche Aussichtswanderung auf *BW* nahe der Baumgrenze, hoch oben an der östl. Flanke des Saastals. In

40min zur *Alp Finilu* (2033m), in weiteren 1h20 zur *Mattwaldalp* (2191m). Hier entweder steil den Wald hinab in 1h50 nach *Saas-Balen* (1485m; s. 20.1.) oder in 50min zur *Alp Grüebe*, dann über Alpmatten und Geröll zum *Kreuzboden* (2398m; 1h), hoch oberhalb von Saas-Grund. In 1h empor zur *Weissmieshütte S.A.C.* (2726m; s. 20.1.)

Die Strasse in das **Mattertal*** überquert die Mattervispa auf hoher Brücke und wendet sich vom Abzweig in das Saastal nach r., den östl. Berghang entlang. – Die Bahn steigt zunächst mit Zahnstange und führt dann fast horizontal, oft durch Tunnels und auf Viadukten, über der tiefen Schlucht hin. Vorn erscheinen das Brunegghorn und die mächtige Pyramide des Weisshorns. In 11km *Kalpetran* (893m; nach *Embd*, s. oben) wird die Talsohle wieder erreicht. Dann steigt die Bahn auf einer weiteren Zahnstangenrampe entlang der Mattervispa, die zwischen mächtigen Gneisblöcken hinabbraust. Der Zug quert zweimal den Fluss, die Strasse bleibt stets am östl. Ufer. Nach einer Galerie folgt 15km **St. Niklaus*** (1122m; *2 Hotels*, Gasthof; Ende der Strasse, Parkhaus*), das Hauptdorf des Tals. Es ist von Bergen umschlossen und bleibt im Winter während Wochen ohne Sonne. Schöne Kirche aus dem 18. Jh. mit altem Glockenturm.

Über den Augstbordpass in das Turtmanntal: s. 17.6.

Grächen*: Eine Bergstrasse (*Bus*) führt in Kehren den östl. Talhang hoch zu der westausgerichteten Terrasse von 8km *Grächen** (1617m; *H. Hannigalp**, Hotel**). Es ist ein ruhiges, traditionelles Walliserdorf mit einer alten Kirche und vielen über die Wiesen verstreuten Einzelhöfen. Oberhalb des Dorfs lassen sich mancherorts die typischen Walliser *Suonen* bewundern, die Wasser aus weitentfernten Bergbächen zu den im Sommer oft trockenen Matten führen. – Schöner *BW* durch Wald zur *Hannigalp* (1h40; 2121m). 30min weiter oben der Aussichtspunkt *Furgge* (2243m), mit Tiefblick in das Saas- und Vispertal.

Balfrinhütte: Ein Strässchen führt von Grächen südl. nach 2km *Gasenried* (1660m; *Parkplatz*), Weiler am Ausgang des Riedtals. Von hier *BW+* in 15min zur Brücke über den *Riedbach*, dann steil hoch zum Ende des *Riedgletschers*; auf seiner l. Seitenmoräne Anstieg bis oberhalb des Gletscherabbruchs (2750m). Nun problemlos über den Gletscher in 4h zur *Balfrinhütte S.A.C.* (2886m), am Südfuss des Bigerhorns. – **HT**: *Gr. Bigerhorn* (3626m) 3h; *Balfrin* (3795m) und *Ulrichshorn* (3924m), beide über den *Riedpass* (3560m), je ca. 5h; *Nadelhorn* (4327m), 6h über das *Windjoch* (3847m). – Übergang über das *Windjoch* in 7h zur *Mischabelhütte* (3336m; s. 20.2C.).

Weiter in einem Tunnel unter dem Blattbach hindurch, der r. vom Barrhorn herabstürzt; voraus das prächtige Zermatter Breithorn. – 21km *Herbriggen* (1260m; *Gasthof*). Bei den Hütten von *Breitenmatt* beginnt eine weitere Steilrampe. Links hoch oben der Festigletscher; r. das Weisshorn mit dem zerklüfteten Bisgletscher. Ein grosser Bergsturz von den Flühen unterhalb des Brunegghorns im Jahr 1991 machte eine neue Streckenführung der Bahn notwendig. Die Abbruchkante ist noch gut zu sehen. – 26km **Randa*** (1408m; *H. Dom**, Hotel*, Camping*), malerisches Dorf in einer Talweitung. Es ist Ausgangspunkt für anspruchsvolle Besteigungen in der Mischabel- und Weisshorngruppe.

Dom und Lenzspitze: Extrem steiler, anstrengender *BW+* über die Wälder des *Lärchbergs* und die Felswände der *Festiflüe* zur *Domhütte S.A.C.* (2937m; 5h) unterhalb des *Festigletschers*. **HT** über den Festigletscher zum *Festijoch* (3722m), dann über den Nordwestgrat, zuletzt lange über steilen Firn in 6h zum Gipfel des *Doms* (4545m). Die Aussicht ist grandios. – Die *Lenzspitze* (4293m) wird vom *Festijoch* über den oberen *Hoberggletscher*, das *Lenzjoch* (4119m) und den schwierigen Südgrat in insgesamt 5h bestiegen. – Abstieg zur *Mischabelhütte*, s. 20.2C.

Täschhorn (4491m): **HT** von der Domhütte über den *Festigletscher* zur *Festi-Kinlücke* (3734m), dann hinab auf den *Kingletscher*, diesen querend und über die steilen Schneehänge der Westflanke in 7h zum Gipfel. – Abstieg zum *Mischabeljoch*, s. 20.2A.

Weisshorn und Schalihorn: Sehr steiler, mühsamer *BW+* über *Schaluberg* (2013m; 2h) und die Wände der *Melchfluh* in 1h30 zur Zunge des *Hohlichtgletschers* (2402m); dann noch steil die Südflanke empor zur *Weisshornhütte S.A.C.* (2933m; 1h50), zuoberst am Steilhang von *Hohlicht* errichtet. Die sehr anspruchsvolle **HT** auf das mächtige *Weisshorn* (4506m) erfolgt über den zerklüfteten *Schaligletscher* und den Ostgrat in 8h. Sagenhaftes Panorama der Walliser Bergwelt; eindrückliche Tiefblicke von dem nach allen drei Seiten fast senkrecht abfallenden Gipfel. – Eine noch schwierigere Variante führt über den *Schaligletscher* in 5h zum *Schalijoch* (3750m), dann den sehr exponierten Südwestgrat hoch in 4h zum Gipfel. – Vom *Schalijoch* wird auch das *Schalihorn* (3974m) bestiegen (2h30).

Die Bahn durchschneidet die Trümmer eines weiteren, schon 100 Jahre alten Bergsturzes. Rechts mündet das Schalital mit dem Hohlichtgletscher, l. das Täschtal. – 29km **Täsch*** (1439m; *2 Hotels*, Camping*), malerisches Dorf mit alten, wettergegerbten Häusern. Aussicht auf das Matterjoch, das Kl. Matterhorn und das Zermatter Breithorn; r. das Mettelhorn.

Durch das Täschtal und über die Pfulwe ins Findeltal: Schöner *BW* östl. über den *Täschbach* und im Zickzack aufwärts in 2h zur *Unteren Täschalp* (2180m) im *Täschtal* (Aufstieg von Zermatt hierher, s. unten); herrlicher Blick auf Weisshorn, Schalihorn und Zinalrothorn. Nun *BW+* das enge Tal hoch bis an sein Ende, dann steil über Geröllhalden und den spaltenarmen *Längfluhgletscher* unterhalb des Rimpfischhorns zur *Pfulwe* (3154m; 3h30), dem Sattel gegen den Findelgletscher. Hinab in 1h30 zur *Fluehütte* im Findeltal (2616m; s. 19.2G.)

Täschhütte: Von der *Unteren Täschalp* (s. oben) *BW+* den steilen Osthang hoch über Alpmatten und Geröllhalden zur *Täschhütte S.A.C.* (2701m; 1h45), am Fuss des Rottalgrats. Sie ist Ausgangspunkt für drei schöne Gletscherübergänge, alles **HT**:

Über das Alphubel- oder Mischabeljoch zur Längflue: s. 20.2A.
Über den Allalinpass zur Hohlaubhütte: s. 20.2B.

Weiter am r. Ufer der Mattervispa, bei den Hütten von *Zermettjen* zum letzten Mal über den Bach. Es folgt nochmals eine Zahnstangenstrecke, z.t. geschützt durch Lawinengalerien. Dann tritt plötzlich das gewaltige Matterhorn hervor; im Mittelgrund die schuttbedeckte Zunge des Gornergletschers, darüber die Schneefelder des Oberen Theodulgletschers, l. das Kl. Matterhorn und das Breithorn. Nach einem kurzen Tunnel folgt

33km **Zermatt*****

Grand-Hotel Matterhorn***, H. Monte Rosa***, H. Zermatterhof**, H. Theodul**, 2 Hotels*, 3 Gasthöfe, Ferienwohnungen; viele Restaurants

Camping an der Vispa

Gut organisierter Personen- und Gepäcktransport mit elektr. Minitaxen zu den Hotels

Hallen- und Freibad, Eisbahn, Skibetrieb; Bergführerbüro

Die Talstation der Gornergratbahn liegt gegenüber dem Bahnhof; diejenige der Gandegg-bzw. Schwarzseebahn ca. 1km südlich

Skiregionen: Riffelberg-Gornergrat, Gandegg-Theodulpass, Schwarzsee

Zermatt (1605m), Dorf von 900 Ew., in bewaldetem, von steilen Bergen umgebenem Tal. Es wird beherrscht von der imposanten, kühngeschwungenen Pyramide des Matterhorns, das mit seiner überwältigenden Gestalt weltweit kaum seinesgleichen hat. Der Ort bietet neben Grindelwald oder Saas-Fee die grossartigsten Bilder der Gletscherwelt in den Alpen. Zermatt wird sommers wie winters gut besucht. Die grösseren Hotels und touristischen Einrichtungen liegen in Bahnhofsnähe und stehen im Gegensatz zum malerischen Dorfkern, 600m südl. am Triftbach, mit seinen altersbraunen Holzhäusern, die jedoch im Innern meist modernisiert sind. Im Dorfzentrum das *Ortsmuseum*, das hauptsächlich der Geschichte des Zermatter Alpinismus gewidmet ist. Auf dem Friedhof neben dem alten *Dorfkirchlein* ruhen die Opfer der ersten Matterhornbesteigung (s. 19.2.). – Viele prächtige Spazierwege ziehen durch den Talgrund:

Haueten: Schöne Blicke auf Zermatt und das Matterhorn von *Haueten* (1732m; 30min) und seinem Kapellchen am östl. Hang.

Winkelmatten*: *WW* vom alten Dorfkern über die Mattervispa und am östl. Talrand in 30min zu den traditionellen Hütten und der Kirche von *Winkelmatten** (1672m; *Rest.*) am Ausgang des *Findeltals*. Der Findelbach versorgt das Zermatter Elektrizitätswerk. Herrlicher Blick auf das Matterhorn.

Blatten und Herbrigg: In etwa 45min sind auf einem *WW* die malerischen Weiler von

Blatten (1738m), an der Gondelbahn nach *Furgg* (s. 19.2C.), und *Herbrigg* (1752m), am westl. Berghang, zu erreichen.

Gornerschlucht*: Ein *WW* führt am westl. Ufer der Vispa in 15min flussaufwärts zu ihrem Ursprung, der Vereinigung des Zmuttbachs mit der Gornera. Hier vom Weg nach Zmutt, bzw. Schwarzsee und Gandegg l. abbiegend auf einem *BW* über den Zmuttbach. Unter der Gondelbahn hindurch in 10min zum Eingang der malerischen, von der *Gornera* durchbrausten *Gornerschlucht**. Beim Ende der ersten Klamm über einen Steg, einige Stufen hinauf und durch Wald oberhalb der Gornera in 15min zum Eingang einer zweiten, noch eindrücklicheren Schlucht. – Rückkehr nach *Zermatt* über das *Obere* und *Untere Moos* in 1h.

Täschalp: *WW* von *Zermatt* talwärts entlang der Bahnstrecke über *Meiggern* bis zur *Vispabrücke* (1522m; 45min); hier auf *BW* r. hoch durch Wald in 2h15 zur *Unteren Täschalp* im *Täschtal* (2180m; s. oben).

19.2. Touren ab Zermatt

A: *Riffelberg und Gornergrat*: Die *Zahnradbahn* zum Gornergrat überquert unmittelbar nach der Abfahrt die Vispa und steigt an der östl. Tallehne bergwärts, mit Aussicht auf Triftgletscher, Wellenkuppe, Trifthorn und Zinalrothorn. Auf hoher Eisenbrücke über die Schlucht des Findelbachs. – 2km *Stat. Findelbach* (1770m) im schönen Lärchenwald. Rechts Blick in das Zmutt-Tal mit dem Hohwänggletscher. Durch drei kurze Tunnel und einen Kehrtunnel zur 4km *Stat. Riffelalp* (2210m; *Rest.*), schon oberhalb der Baumgrenze, mit freiem Blick über das ganze Mattertal (nach *Findeln* und *Sunnegga*, s. 19.2G.). – Nach einer Rechts- und einer Linkskurve führt die Bahn durch eine lange Galerie am *Riffelbord* hoch, mit stets freierem Blick auf das Matterhorn. – 6km *Stat.* **Riffelberg**** (2582m; *Hotel Riffelberg**; wichtiges Skigebiet; Spezialzüge für Skifahrer zum Gornergrat*). Die Aussicht auf Matterhorn, Steinbockhorn, Obergabelhorn, Zinalrothorn, Weisshorn und auf die Berner Alpen mit Jungfrau, Mönch und Eiger ist legendär. – Dann über die weite *Alp Riffelberg* zur 8km *Stat. Rotenboden* (2815m), r. das zackige Riffelhorn (zur *Monte-Rosa-Hütte*, s. 19.2B.). Schliesslich über den westl. Ausläufer des Gornergrats, mit Blick auf den Gornergletscher und den eisgepanzerten Bergkranz dahinter. – 9km *Stat. Gornergrat* (3090m), 2min unterhalb des *Berggasthauses* und der Wetterstation und 5min unter dem Gipfel.

Bergweg von Zermatt zum Gornergrat: Der klassische *BW* führt in 30min nach *Winkelmatten* (1672m; s. 19.1.), überschreitet dann den Findelbach und steigt über die *Stat. Findelbach* im Zickzack durch Wald in 1h40 zur *Stat. Riffelalp* empor (2210m).

Nun entweder direkt über das *Riffelbord* in 1h zum *Riffelberg* (2582m) oder weiter nach S. ausholend nach *Dristelen*, oberhalb des Gornergletschers, dann zurück nach O. in 1h zum *Riffelberg*. Von hier aus neben der Zahnradbahn zum *Rotenboden* (50min); r. der kleine *Riffelsee* am Fuss des *Riffelhorns* (s. unten), dann über Geröll in Windungen hinauf in 1h zum *Gornergrat*.

Durch das Findeltal zum Gornergrat: Von *Winkelmatten* (s. 19.1.) *BW* im Zickzack durch Wald hinauf zu den malerischen Hütten von *Findeln* (2049m) und weiter in 2h zum aussichtsreichen *Eggen* (2176m; s. 19.2G.). Nun ebenen Wegs nach O., dann auf spektakulärer, 240m langer Hängebrücke über die Zunge des *Findelgletschers*. Am l. Talhang empor zum *Grünsee* (2302m; 30min). Nun steil durch die *Gries-Chumme* zum *Rosenritzgrat* (2800m), schliesslich über Rasen und Geröll in 2h45 zum *Gornergrat*.

Der **Gornergrat*** (3133m), ein auf der weiten Fläche des Riffelbergs aufragender Felskamm, hoch über dem gewaltigen Eisstrom des *Gornergletschers*, bietet eine der vollkommensten Rundsichten der ganzen Alpen. Den Mittelpunkt bildet die Pyramide des Matterhorns, an die sich l. das Zermatter Breithorn, die Zwillinge Pollux und Castor, der Lyskamm und der Monte Rosa anreihen, von dessen Gipfeln drei, darunter der höchste, sichtbar sind. Mit ihnen wetteifern im N. die Berge des Mischabelmassivs – vor allem das Täschhorn und der Dom – und im W. der mächtige Bergkranz vom Steinbockhorn über das Obergabelhorn und das Zinalrothorn zum Weisshorn.

Hohtälligrat (3273m) **und Stockhorn:** (3532m): Noch umfassender ist die Aussicht von diesen beiden östl. Gipfeln des Gornergrats, die auf z.T. exponiertem *BW+* in 1h15 bzw. 2h45 erreichbar sind. Nördl. in der Tiefe der *Findelgletscher*.

Cima di Jazzi (3818m): **HT** vom *Stockhorn* (2h45) östl. hinab zum *Stockhornpass* (1h; 3415m), dem Firnsattel zwischen Gorner- und Findelgletscher, dann über Gletscher in 1h30 zum Gipfel, mit herrlicher, aber gegen O. häufig umwölkter Aussicht (Wächtengefahr!). – Der *Stockhornpass* ist auch vom *Rotenboden* über *Gadmen* (s. 19.2B.) und den *Gornergletscher*, am markanten *Stockknubel* vorbei, in 3h45 erreichbar.

Vom Stockhorn oder Rotenboden über das Neue Weisstor nach Macugnaga: **HT** vom *Stockhornpass* (s. oben) nördl. an der Cima di Jazzi vorbei zum *Neuen Weisstor* (ca. 3570m; 1h15). Von hier auf die Schulter der *Neuen Weisstorspitze*, dann jäh hinab über schroffe Felsen und abschüssige Schneefelder in 1h zur *Cap. Jazzi C.A.S.* (3029m). Weiter steil über Firn, Felsplatten und Schutthalden talwärts, später über Matten zur *Alp Roffelstafel* (1905m; 2h30). Zuletzt über eine weitere Steilstufe in 1h30 hinab nach *Pecetto* (1362m), dem obersten Weiler von *Macugnaga* (s. 22.3.).

Vom Stockhorn oder Rotenboden über das Schwarzberg-Weisstor nach Mattmark: s. 20.3.

Riffelhorn (2930m): beliebter Kletterberg, vom *Rotenboden* (s. oben) unter zweimaliger Passage eines Kamins in 45min ersteigbar.

Über den Gornergletscher zur Gandegghütte: **HT** vom *Rotenboden* (s. oben) in 20min hinab zum *Gornergletscher* (ca. 2600m). Diesen ohne grössere Schwierigkeiten querend, dann den *Theodulgletscher* in 1h20 zum Fuss der *Gandegg* empor, wo der Pfad über Schutt und Felsplatten in 15min zur *Gandegghütte* hinaufführt (3028m; s. 19.2C.).

B: Monte-Rosa-Hütte: Vom Rotenboden (2815m; s. 19.2A.) aussichtsreicher BW den Südhang des Gornergrats entlang in 45min zur Felsecke Gadmen (2625m; s. 19.2A.) am Rand des *Gornergletschers*. Nun in 1h quer über den alljährlich neu mit Baken markierten Gletscher zur **Monte-Rosa-Hütte** S.A.C.** (2802m) am *Unteren Plattje*. Sie liegt nahe der Vereinigung des Gorner-, Monte-Rosa- und Grenzgletschers, in herrlichster hochalpiner Eis- und Gebirgslandschaft.

Monte Rosa, Dufourspitze (4634m): Sehr lange **HT**, zum ersten Mal im Jahr 1855 ausgeführt. Über Felsen steil hinauf in 1h45 zum Firnhang des *Obere Plattje* (3250m); nun über den *Monte-Rosa-Gletscher*, streckenweise sehr steil, in 3h30 auf den *Sattel* (4359m), wo sich der Blick auf die südl. Monte-Rosa-Gipfel öffnet; schliesslich über den Westgrat in 1h30 zum Gipfel. – Höchst grandiose Szenerie: der vergletscherte Bergkranz in unmittelbarer Nähe, der Tiefblick in das Anzascatal, der Weitblick zum Lago Maggiore, zur Südschweiz und zur Ebene des Piemont.

Monte Rosa, Signalkuppe (4554m): **HT** über den *Grenzgletscher*; sehr anstrengend, aber hochinteressant; 7h. Oben das ital. *Rif. Margherita C.A.I.*, die höchste Wohnstätte Europas, mit einem Observatorium und einem Höhenlaboratorium. – Abstieg über das ital. *Rif. Gnifetti* nach *Alagna* oder *Gressonne*, s. unten.

Lyskamm (4479m): selten ausgeführte **HT** über den Grenzgletscher und das *Lysjoch* (4195m; s. unten); schwierig und wegen überhängender Wächten am Gipfelgrat gefährlich; 7h. – Besser vom *Rif. Gnifetti* aus, s. unten.

Castor (4223m) und *Pollux* (4092m), **HT**: vom *Zwillingsjoch* (3858m; s. unten) in 1h30 bzw. 1h zu ersteigen.

Über das Lysjoch nach Alagna oder Gressonne, **HT**: Auf der Ostseite des zerklüfteten *Grenzgletschers* die Hänge der Dufourspitze entlang zu dem von den Monte-Rosa-Gipfeln umgebenen oberen Firnbecken, dann südl. in 5h zum *Lysjoch* (4195m; ital. Grenze). Wundervolle Aussicht nach S. auf die Ebene des Piemont, den Apennin und die Seealpen. Hinab über den *Lysgletscher* zum *Rif. Gnifetti C.A.I.* (3625m; 1h30). Von hier entweder über den *Endregletscher* und den Grat des *Stolembéergs* (3202m), am *Alencoll* (2881m) vorbei nach *Alagna* (1190m; 5h30) im obersten Val Sesia oder direkt talwärts nach *Gressonne* (1624m; 4h).

Über das Zwillingsjoch nach San Giacomo d'Ayas, **HT**: Von der Monte-Rosa-Hütte quer über den Grenzgletscher und den zerrissenen *Zwillingsgletscher* in 4h zum *Zwillingsjoch* (3858m; ital. Grenze). Jenseits hinab über den *Verragletscher* zum *Rif. Mezzalama C.A.I.* (3004m; 2h). – Abstieg in 3h30 nach *San Giacomo d'Ayas* (1689m).

C: Gandegg und Theodulpass: *Gondelbahn* vom östl. Ufer der Vispa, 15min vom Dorfzentrum, über die Hütten von *Blatten* (s. oben) zur Zwischenstation *Furi* (1862m). Ohne Umsteigen weiter über die Schlucht der *Gornera* und des *Furggbachs* steil hoch zur Station *Furgg* (2410m; *Rest.*), am Nordhang des Theodulpasses (Seilbahn zum *Schwarzsee*: s. unten). Eine weitere *Gondelbahn* zieht über steinige Alpmatten, Felsbänder und die Ausläufer des Oberen Theodulgletschers zur Bergstation **Gandegg**** mit der *Gandegghütte S.A.C.* (3028m), luftig auf der Krete zwischen dem *Oberen* und *Unteren Theodulgletscher* gelegen.

Bergweg zur Gandegg: Am l. Ufer der Vispa talaufwärts, den Weg zur Gornerschlucht (s. 19.1.) l. lassend in 30min zum Abzweig des Zmuttwegs (1705m; s. unten). Hier l. über die Zmuttbachbrücke, mit prächtigem Blick in das bewaldete, vom Matterhorn überragte Zmutt-Tal. In 10min zum hübschen Dörfchen *Zum See* (1763m) und in weiteren 20min über schöne Matten zur Station *Furi* der *Gandeggbahn* (1862m). Nun steiler am westl. Hang hinauf zu den Hütten von *Hermettji* (2052m; 40min), wo sich ein prächtiger Blick auf den unteren Gornergletscher, das Breithorn und die Zwillinge öffnet. Hier zweigt r. der Schwarzseeweg ab. – Der *Gandeggweg* führt an der steilen Berglehne in das Tal des Furggbachs, der bei einem Wasserfall überquert wird. Dann im Zickzack am geröllbedeckten Abhang bergwärts in 1h15 zur Mittelstation *Furgg* (2410m; *Rest.*) der *Gandeggbahn*. Weiter über Rasen, Schutt und Felsplatten empor. Rechts der geröllbedeckte *Furgg-Gletscher*, dahinter das Matterhorn in wechselnder Perspektive. Nach 1h ist man dem Oberen Theodulgletscher ganz nahe (2711m). Weiter über eine Fels- und Geröllwüste neben dem Gletscher in 1h zur *Gandegghütte*.

Von der Gandegg über den Gornergletscher zum Rotenboden: s. 19.2A.

Theodulhorn (3468m), **HT**: in 1h30 von der Gandegg.

Der Passweg (*BW*) erreicht 10min nach der Gandegghütte den Rand des *Oberen Theodulgletschers* (*ab hier Skilift bis zum Theodulpass: Winter- und Sommerskibetrieb*), über dessen Firn man (auf gut markiertem Weg) langsam ansteigend in 1h30 den **Theodulpass*** erreicht (3300m; *Rif. del Teodulo C.A.I.*; ital. Grenze). Wunderbarer Blick auf das Matterhorn und das bisher dahinter versteckte Eringhorn; im S. geht die Sicht bis zu den Grajischen Alpen. Der Theodulpass wurde nachweislich bereits im 4. Jh. als Übergang nach Süden benutzt.

Kl. Matterhorn (3883m), **HT**: 2h, leicht und lohnend; Nahblick auf die Nordabstürze des Breithorns.

Zermatter Breithorn* (4168m), **HT**: Bekannt als einer der einfachsten Viertausender. Südöstl. über das Firnplateau *Rosa* allmählich empor, dann steiler über den Firn um den Felshöcker des Kl. Matterhorns herum zum *Breithornplateau*; nun über den Südwestgrat, zuletzt ziemlich steil in 3h zur Spitze des *Breithorns**. – Grandioses Panorama: im W. das Matterhorn, l. davon in der Ferne der Monte Bianco; r. Steinbockhorn, Obergabelhorn, Zinalrothorn, Weisshorn, im N. die Berner Alpen, r. davon Dom, Täschhorn, Alphubel, Allalin-, Rimpfisch- und Strahlhorn, östl. Monte Rosa, Lyskamm, die Zwillinge, im S. die Grajischen Alpen mit dem Gran Paradiso und fern im SW. der Monte Viso in den Seealpen.

Vom Theodulpass nach Cervinia: *Luftseilbahn* (2 Sektionen) über die *Alpe Tramalle* hinab in das ital. *Cervinia* (2006m) im obersten *Valtornanche*. – Zu Fuss auf *BW* über den gut gangbaren oberen Teil des ital. *Theodulgletschers* unter dem Furgg-Grat zum Gletscherende (2730m; l. Abzweig des Weges nach *San Giacomo d'Ayas*; s. unten) und zur Seilbahnstation *Tramalle* (2458m; 3h). Nun steiler durch Alpenrosengebüsch und Wald talwärts in 1h10 nach *Cervinia*.

Über den Colle Sometta nach San Giacomo d'Ayas: Vom Weg nach *Cervinia* (s. oben) beim Gletscherende (2730m) auf einem *BW* nach l. hinab über Alpmatten, dann über die beiden Bäche *T. Vecchio* und *T. Marmore* in 3h15 zu den *Laghi Golletti* (2490m; *Rif. Golletti C.A.I.*). Nun wieder empor in 1h40 zur *Colle Sometta* (2981m). Jenseits über Alpweiden und durch Alpenrosengebüsch zur *Alpe Mase* (2400m) und weiter talwärts, zuletzt im Zickzack durch prächtigen Bergwald nach *San Giacomo d'Ayas* (1689m; 3h). – Die *Colle Sometta* ist als **HT** auch direkt vom *Theodulpass* her erreichbar. Vom Pass langsam ansteigend über das *Plateau Rosa* in 25min zum Firnsattel *Passo di Ventina* (3420m; ital. Grenze). Jenseits über den z.T. spaltenreichen *Valtornanche-Gletscher* und sein Schutt-Vorfeld zur *Colle Sometta* (1h20).

D: *Schwarzsee und Hörnlihütte*: Mit der Gondelbahn nach *Furgg* (2410m; s. 19.2C.) und von dort mit *Grosskabinenbahn* zum *Berggasthaus* **Schwarzsee*** (2581m; *Skigebiet*). Es liegt auf einer Bergkuppe über der Zunge des *Furgg-Gletschers*, 5min oberhalb des kleinen *Schwarzsees* und einer Wallfahrtskapelle. Prächtige Sicht auf das nahe gewaltige Matterhorn.

Bergweg zum Schwarzsee: Bis zu den Hütten von *Hermettji* (2052m; 1h40 von Zermatt) folgt man dem *Theodulweg* (s. 19.2C.). Dann im Zickzack über Alpweiden empor; l. erscheinen über dem Gornergletscher der Lyskamm und der Monte Rosa, r. vom Breithorn das Kl. Matterhorn. In weiterer 1h40 zur Höhe des *Schwarzsees*.

Über die Stafelalp zum Schwarzsee: Von der Zwischenstation *Furi* der *Gandeggbahn* (1862m; s. 19.2C.) *BW* auf der r. Seite des *Zmutt-Tals* durch schöne Arven- und Lärchenwälder bergwärts. Beim Zmuttbach-Steg (s. unten) geradeaus und in 1h10 zur *Bielalp* (2082m; *Rest.*), herrlich am Fuss des Matterhorns gelegen. Nun über die weite *Untere* und *Obere Stafelalp* allmählich nach SO. ansteigend in 1h30 zum *Schwarzsee*.

Vom *Schwarzsee* zieht der *BW* zur Hörnlihütte im Zickzack zum Fuss des *Hörnligrats*, später auf dessen Rücken empor, mit eindrucksvollem Blick auf das immer mächtiger werdende Matterhorn. Die fantastische gelegene *Hörnlihütte S.A.C.*** (3262m) wird nach 2h30 erreicht.

Matterhorn, HT: Das *Matterhorn*, der wohl berühmteste Hochgipfel der Alpen wurde am 14. Juli 1865 durch sieben Bergsteiger erstbestiegen. Beim Abstieg stürzten allerdings vier von ihnen ab; nur drei erreichten heil das Tal. Die Besteigung gilt aber heute nicht mehr als schwierig oder gefährlich, ist aber nur geübten und schwindelfreien Touristen mit Bergführer anzuraten. Plötzliche Wetterumstürze wirken sich an diesem einzelnstehenden Gipfel besonders drastisch aus. – Von der *Hörnlihütte* dauert der Aufstieg 6h: Wegen Steinschlaggefahr wird meist dicht unterhalb des Nordostgrats (*Hörnligrat*) in 3h30 zur kleinen *Solvayklause S.A.C.* geklettert (4003m; *nur für Notfälle*). Weiter über die *Schulter* in 2h30 zur exponierten Spitze (4478m). Die Aussicht ist wegen der Isoliertheit des Bergs äusserst grossartig und luftig. – Schwieriger Abstieg nach *Cervinia* über den Südwestgrat.

E: Zmutt und Schönbielhütte: Am einfachsten mit der *Gandegg-Gondelbahn* bis *Furi* (1867m, s. 19.2C.), von dort *BW* auf der Südseite des tiefen Zmutt-Tals durch schöne Arven- und Lärchenwälder, dann r. über den kühnen Zmuttbach-Steg (1915m; zur *Stafelalp*, s. 19.2D.) in 40min zu den prächtigen Hütten von **Zmutt*** (1937m). Der direkte *BW* von *Zermatt* führt auf der westl. Tallehne hierhin in 1h15. – Weiter stets nördl. vom Bach in 50min über *Kälbermatten* zur Zunge des Zmuttgletschers (nach *Höhbalmen*: s. 19.2F.). Nun meist auf der l. Seitenmoräne des stark schuttbedeckten Gletschers talaufwärts, immer unter der gewaltigen Matterhorn-Nordwand. Am Ende steil über blumenreiche Alpmatten in 2h40 empor zur **Schönbielhütte** *S.A.C.* (2694m). Eindrücklicher Blick auf die Berge zwischen Monte Rosa, Matter- und Eringhorn.

Steinbockhorn, HT: Über den *Zmuttgletscher* in 40 min zum Fuss des Felszahns *Stockji*; weiter über den spaltenreichen *Stockgletscher*, schliesslich steil über Felsen hinauf zum *Eringpass* (3480m; 3h), von wo sich gegen NW. die weiten Firnfelder des *Eringgletschers* erstrecken. Über den Firn, stets etwa auf gleicher Höhe bleibend, nach N. zur *Steinbockklause S.A.C.* (3506m; 1h40), in völlig isolierter hochalpiner Eislandschaft. Von hier über den Südgrat in 4h zum Gipfel der gewaltigen Pyramide des *Steinbockhorns* (4357m). Das Panorama ist einzigartig: direkt gegenüber das Matter- und das Eringhorn, im N. bzw. W. die wilden, unbewohnten Täler *Eifisch* und *Ering.*

Eringhorn (4171m), **HT**: Als unscheinbare Schwester des Matterhorns nur selten ein alpinistisches Ziel; schwierig und steinschlaggefährlich. – Über den *Zmuttgletscher* zum *Stockji* (s. oben), dann den zerschrundenen *Tiefmattengletscher* empor, zum Schluss einen steilen Eishang empor zum *Tiefmattenjoch* (3590m; 4h). Von dort auf dem exponierten Westgrat in 2h30 zum Gipfel. – Einfacher ist die Besteigung vom ital. *Rif. Aosta* aus (2781m; s unten).

Über die Colle Valpellina in das Valpellina, HT: Vom Fuss des *Stockji* (40min; s. oben) weiter über den *Stockgletscher*, immer nach SW. haltend in 3h30 zum Gletschersattel *Colle Valpellina* (3558m; ital. Grenze). Jenseits über den *Tsa-tsan-Gletscher* und eine

Felsstufe hinab in 2h zum *Rif. Aosta C.A.I.* (2781m; s oben). Abstieg in das Trogtal *Valpellina* und auf einem angenehmen Weg in 2h30 nach *Leggiera* (1813m), am Ende eines Fahrwegs aus dem *Aostatal*.

Gran Combino (4313m) und **Monte Bianco** (4808m), die beiden Gipfel auf Schweizer Gebiet weit im W., sind nur vom italienischen *Aosta* bzw. *Cormaggiore* aus zugänglich.

F: Trift: Vom Zermatter Dorfzentrum oder gleich nach der Triftbach-Brücke r. abbiegend gelangt man auf verschiedenen *BW* in 25min zum Ausgang des Trifttals (ca. 1800m). Im Zickzack weiter bergan in 40min zur Höhe **Alterhaupt** (1961m; *Rest.*), mit Aussicht auf Zermatt, Riffelberg, Breithorn und die Mischabelgipfel.

Höhbalmen: Umfassender ist die Aussicht von der weiten *Alp Höhbalmen* (2665m), die man von *Alterhaupt* l. hoch auf steilem *BW* über Matten in 2h20 erreicht. Direkt gegenüber das gewaltige Matterhorn, l. anschliessend der Theodulgletscher, die Breithorn-Lyskamm-Kette und der Monte Rosa. – Abstieg entweder in 30min zur *Triftalp* (s. unten) oder in 1h20 in das *Zmutt-Tal* (s. 19.2E.).

Der *BW* überquert nach 25min den Triftbach und führt durch das tiefeingeschnittene Tal zur *Triftalp* (2337m; 50min) und in weiteren 20min zur **Rothornhütte** *S.A.C.* (2452m).

Mettelhorn (3405m): *BW+* r. empor über die Alpmatten der *Triftchumme*, später über Felsplatten und Schutt zum *Furggji* (3166m; 2h25) westl. vom Platthorn, dann über Firn und Geröll noch 50min zum Gipfel. Die Rundsicht ist eine der schönsten in der Umgebung von Zermatt.

Obergabelhorn (4063m), **HT**: Links über den *Gabelhorngletscher* hoch zur felsigen Ostseite des Berges; über diese hinauf, zuletzt über den schmalen Firnkamm in der ,Gabel' (Steinschlaggefahr!) in 6h zum Gipfel.

Zinalrothorn (4221m), **HT**: 7h entlang der nördl. Moräne des Triftgletschers, dann über den Südostgrat.

G: Findeltal, Sunnegga und Fluehütte: Der kürzeste Zugang führt von der *Stat. Riffelalp* (2210m; s. 19.2A.) auf einem ebenen *BW* durch Bergwälder in das **Findeltal**. Nach 45min r. Abzweig zum Gornergrat (s. 19.2A.). Eine spektakuläre, 240m lange Hängebrücke überquert die Zunge des *Findelgletschers*; auf der anderen Talseite zurück nach W. in 25min zu den Hütten von *Eggen* (2176m; Von Zermatt direkt nach Eggen: s. 19.2A.). Nun am *Leisee* vorbei in 35min zur weiten **Sunnegga*** (2288m; *Rest.*), dem schönsten Aussichtspunkt im O. von Zermatt (*kein Skigebiet*).

Von Zermatt zur Sunnegga: Ein anderer *BW* zur Sunnegga führt in 2h20 durch herrliche Bergwälder und über die Alphütten von *Tufteren*.

Nun am Hang oberhalb des Findeltals ansteigend, am *Stellisee* (2538m) vorbei, in 1h15 zur **Fluehütte** *S.A.C.* (2616m), hinter der r. Seitenmoräne des Findelgletschers gelegen. Die Fluehütte ist von der oben genannten Hängebrücke in 1h25 auch direkt erreichbar.

Unterrothorn (3103m) und **Oberrothorn** (3413m): *BW* nördl. den Hang hoch zur *Furggji* (2982m; 1h15), zwischen den beiden Gipfeln. Das Unterrothorn ist von hier auf einem *BW* über Matten in 20min erreichbar, das Oberrothorn auf einem *BW+* in 1h30 durch die felsige Südflanke. Beides sind lohnende, wenig begangene Aussichtsberge.

Strahlhorn (4190m), **HT**: Am Nordrand der Findel- und Adlergletscher hinauf zum *Adlerpass* (3795m; 4h), dann über den Nordwestgrat in 1h30 zum Gipfel. Herrliches Panorama. – Abstieg zur *Hohlaubhütte*, s. 20.2B.

Rimpfischhorn (4199m), **HT**: Über steile Alpen in 2h zum *Pfulwesattel* (3154m; weiter zur *Täschalp*, s. 19.1.), dann über den *Längfluegletscher*, ein Felsband übersteigend, auf oberen Teil des Gletschers und in weiteren 4h zum Gipfel.

Über den Adlerpass zur Hohlaubhütte: s. 20.2B.

Über das Schwarzberg-Weisstor nach Mattmark: s. 20.3.

Über das Neue Weisstor nach Macugnaga, HT: Hinauf über den langen, z.T. spaltenreichen *Findelgletscher* in 4h15 zum *Neuen Weisstor* (ca. 3570m). – Von hier hinab nach *Macugnaga*, s. 19.2A. & 22.3.

20. Saastal und Saas-Fee

20. 1. Von Visp nach Saas-Fee

Der Bus in das Saastal fährt ab Visp.

Bis Stalden, s. 19.1. – Die Strasse in das **Saastal** zweigt kurz nach dem Viadukt über die Mattervispa (s. 19.1.) von der Strasse nach St. Niklaus ab und führt hoch über dem Ufer der schäumenden Saaser Vispa im engen Tal aufwärts. – 14km (ab Visp) *Eisten* (1094m), kleiner Weiler mit barocker Kapelle. Mehrere Galerien und Tunnels, r. der schöne Fall des Schweibbachs. Das Tal weitet sich. – 21km *Saas-Balen* (1485m; *Rest.*), Dorf in der grünen Talsohle am Fuss des Balfrin, des nördlichsten Mischabelgipfels. Interessante kleine Rundkirche von 1811 mit schönen Barock- und Rokoko-Altären (Über *Bachalpji* nach *Gspon*, s. 19.1.). – 24km **Saas-Grund*** (1559m; *Hotel*, 2 Gasthöfe, Camping*), Hauptort der Gemeinde Saas; Sommerfrische. Pfarrkirche von 1830; Dreifaltigkeitskapelle von 1736.

Auf dem Kapellenweg nach Saas-Fee: *BW* am l. Ufer der *Vispa* 15min durch den Talgrund, dann r. den Kreuzweg ,Zur Hohen Stiege' empor. Die 15 Kapellen wurden 1736 im Stil der ‚Sacri Monti' im Piemont erbaut; in der obersten Kapelle ein schöner Hochaltar mit Marienstatue. Nun entlang der *Feevispa*-Schlucht nach *Saas-Fee* (1h; s. unten).

Weissmieshütte: *BW* durch Wald zur *Triftalp* (2074m; 1h45), dann im Zickzack über Alpen in 1h zum *Kreuzboden* (2398m; nach *Gspon*, s. 19.1.) und in weiteren 1h15 steil empor zur *Weissmieshütte S.A.C.* (2726m), mit grandioser Sicht auf Mischabel und Monte Rosa. Die Hütte ist Stützpunkt für die Gipfel der östlichsten Walliser Bergkette, von denen die Sicht auf die Südschweiz und den Lago Maggiore besonders frei ist:

Weissmies (4017m), **HT**: über den *Trift-Gletscher* und den Südwestgrat in 4h30; bei guten Schneeverhältnissen problemlos.

Lagginhorn (4010m) und **Fletschhorn** (3985m), je 5h, beides sehr anspruchsvolle **HT**. – Schwierige Abstiege zur *Lagginklause* (s. 21.2.).

Die Strasse führt im flachen Talgrund am östl. Ufer der Saaser Vispa weiter (r. das Kraftwerk *Feevispa*) und steigt dann allmählich nach 27km **Saas-Almagell*** (1671m; *H. Monte Moro**, Gasthof*), dem obersten Dorf im Saastal. Es ist von prächtigen Lärchenwäldern umgeben.

Nach Plattjen: *BW+* am westl. Steilhang hoch durch Wald, später über Geröll und Felsbänder zum *Plattjengrat* (2370m; 2h40), wo der Weg von Saas-Fee mündet (s. 20.2B.); weiter in 40min zur Bergstation *Plattjen* (2570m) der *Gondelbahn* von Saas-Fee.

Über den Monte-Moro-Pass nach Macugnaga: s. 20.3.

Über den Antronapass nach Antronapiana: Auf *BW+* in 50min hoch zur *Alp Furggstalden* (1902m), dann über die bewaldete Berglehne in das enge und öde *Furggtälli*. Dieses seiner ganzen Länge folgend und am Ende steil ansteigend in 3h20 zum *Antronapass* (2837m; *Antronapasshütte S.A.C.*). – Abstecher über den *Petergrat* in 1h15 zum *Latelhorn* (3198m), mit herrlichem Tiefblick in das Antronatal. – Auf der östl. Passseite durch die Abhänge des *Jazzihorns*, hoch über dem *Lago di Cingino*, zur *Alpe Cingino* (2042m; 2h); weiter steil zum Talgrund hinab und dem l. Ufer des *T. Troncone* folgend in 2h zur *Alpe Campliccioli* (1307m). Über eine weitere Felsstufe zum herrlichen *Lago di Antrona* (1073m; 40min), 1642 durch einen Bergsturz aufgestaut. Durch das bewaldete Bergsturzgebiet talwärts in 30min nach *Antronapiana* (908m; s. 22.2.).

Die Strasse nach Saas-Fee zweigt kurz vor Saas-Almagell r. ab, überquert die Vispa und wendet sich nördl. ansteigend zurück durch Wald nach

29km **Saas-Fee*****

H. Bellevue***, H. Dom**, H. Allalin**, 2 Hotels*, 2 Gasthöfe, Ferienwohnungen, viele Restaurants

Zentrales Parkhaus; Parkplatz bei den Gondelbahnen

Das Dorf ist autofrei; ein gut organisierter Personen- und Gepäcktransport mit elektr. Minitaxen ab Parkhaus bzw. Busstation macht den Zugang zu den Unterkünften einfach

Hallen- und Freibad; Eisbahn; Skibetrieb auf Längflue und Plattjen; Bergführerbüro

Saas-Fee (1803m), Dorf in unvergleichlicher Lage unter dem prächtigen Feegletscher, in weitem Halbkreis überragt vom Mischabelmassiv. Aussicht auch östl. auf die Fletschhorn-Weissmiesgruppe. Saas-Fee ist der höchstgelegene Ferienort der Schweiz und wird während des ganzen Jahres besucht. Angenehme Wiesen- und Waldspaziergänge im Talgrund. Im Ortsmuseum wird das originale Arbeitszimmer des Schriftstellers *Carl Zuckmayer* gezeigt, der viele Jahre bis zu seinem Tod 1977 in Saas-Fee verlebt hatte (auf dem Kirchhof das Familiengrab).

Feeschlucht: Die Schlucht der (teilweise zur Stromgewinnung genutzten) *Feevispa* unterhalb des Dorfs ist auf einem Steg zugänglich.

Zum Feegletscher*: *WW* an den Seilbahnstationen von *Kalbermatten* (s. unten) vorbei in 40min zur *Wolfgrube* (2060m), der mit Zwergföhren bewachsenen eindrücklichen Moränenlandschaft am Ursprung der *Feevispa* aus den beiden Zungen des *Feegletschers**.

Auf dem Kapellenweg nach Saas-Grund: s. oben.

Hannigalp und Mällig: Die aussichtsreiche *Hannigalp* (2151m) im NW. ist auf einem *BW* in 1h durch Lärchenwald erreichbar. Noch umfassender ist das Panorama vom Felskopf *Mällig* (2698m), 2h höher.

20.2. Touren ab Saas-Fee

A: Längflue: Vom Ortsteil *Kalbermatten* führt eine *Gondelbahn* südwestl. zur *Gletscheralp* (2447m; zu Fuss auf *BW* im Zickzack von der obgenannten *Wolfgrube* in 1h10), zwischen den beiden Zungen des Feegletschers. Eine *Grosskabinenbahn* zieht weiter über eine Felswand zur Bergstation **Längflue**** (2867m; *Berggasthaus*; *BW* von der Gletscheralp in 1h30), herrlich auf einem Felskopf inmitten des Feegletschers gelegen, mit grandioser Aussicht auf die Mischabelgipfel und im N. bis zu den Berner Alpen. Sie ist der Ausgangspunkt für aussergewöhnlich schöne, aber meist anspruchsvolle **HT** (Besteigungen und Überschreitungen):

Allalinhorn (4027m): Über den *Feegletscher* und das *Feejoch* in 4h45.

Alphubel (4206m): 5h15 über den *Feegletscher* und den Eisbruch am Osthang des Firngipfels.

Täschhorn (4490m): Über den im W. spaltenreichen *Feegletscher* zum *Mischabeljoch* (3856m; 3h20) mit der *Mischabelklause S.A.C.* Dann den Südgrat in exponierter Kletterei in 3h30 zum Gipfel hoch. – Abstieg zur *Domhütte* und nach *Randa*, s. 19.1.

Über das Alphubeljoch zur Täschhütte: Über den oft stark zerschrundenen *Feegletscher* (Eisbrüche!), zuletzt über Firnhänge in 3h zum *Alphubeljoch* (3800m), mit prächtiger Aussicht auf Matterhorn und Weisshorn. – Hinab über den *Wandgletscher*, dann über Felsen, Moränengeröll und Rasen in 3h30 zur *Täschhütte* (2701m; s. 19.1.).

Über das Mischabeljoch zur Täschhütte: Vom 3h20 *Mischabeljoch* bzw. der *Mischabelklause* (3856m; s. oben) steil bergab über den zerschrundenen *Weingartengletscher*, dann l. über Moränenschutt zum *Wissgrat*; weiter hinab durch das Tälli zur *Täschhütte* (3h50; s. 19.1.).

B: Plattjen und Hohlaubhütte

B: Plattjen und Hohlaubhütte: Eine zweite *Gondelbahn* zieht von *Kalbermatten* nach **Plattjen*** (2570m) am Nordostsporn des Mittaghorns, mit herrlichem Blick auf Saas-Fee und seinen Bergkranz. Plattjen ist auch zu Fuss auf einem *BW* von *Kalbermatten* und die *Gallenalp* in 2h erreichbar (von *Saas-Balen*, s. 20.1.).

Mittaghorn (3142m), **HT**: Der markante Felsgipfel im S. von Saas-Fee ist über die Ostflanke in 2h30 zu ersteigen.

Egginer (3367m), **HT**: Über den Ostgrat in 3h.

Ein z.T. durch Seile gesicherter, exponierter *BW+* führt vom *Plattje* östl. entlang von Mittaghorn und Egginer, dann über den *Chessjengletscher* in 2h30 zur **Hohlaubhütte** *S.A.C.* (3060 m) am *Allalingrat*. Die Hütte ist von Saas-Fee auch westl. auf einem *BW+* um Mittaghorn und Egginer herum und über das *Egginerjoch* (3007m) in 4h zu erreichen. Sie ist Stützpunkt für **HT** auf die Aussichtsberge Allalin-, Strahl- und Rimpfischhorn inmitten der hochalpinen Eis- und Gletscherwelt.

Allalinhorn (4027m): Über den *Hohlaubgletscher* und den *Hohlaubgrat* in 4h.

Strahlhorn (4190m): Über den *Hohlaub-* und *Allalingletscher* in 4h zum *Adlerpass* (3795m), dann über den Nordwestgrat in 1h30 zum Gipfel.

Über den Allalinpass zur Täschhütte: Über den *Hohlaub-* und *Allalingletscher* zum *Allalinpass* (3568m; 3h20), dann den zerrissenen *Mellichgletscher* hinab und nach NO. über die *Wandalp* in 3h zur *Täschhütte* (2701m, s. 19.1.).

Über den Adlerpass zur Fluhhütte: Über den *Hohlaub-* und *Allalingletscher* in 4h zum *Adlerpass* (3795m); jenseits den *Adler-* und *Findelgletscher* hinab in 3h zur *Fluehütte* im *Findeltal* (2616m; s. 19.2G.).

C: Mischabelhütte

C: Mischabelhütte: Extrem steiler *BW+* jäh hinauf über die *Schönegge* (2417m), dann südl. am Distelhorn vorbei und über eine Gratschneide in 5h zur *Mischabelhütte S.A.C.* (3336m), hoch oben am Hohbalmgletscher thronend. Sie ist Ausgangspunkt für folgende **HT**:

Lenzspitze (4293m): Über den exponierten Ostgrat in 5h.

Nadelhorn (4327m): Weniger schwierig; über den *Hohbalmgletscher* und das *Windjoch* (3855m; 2h30), dann über den Nordostgrat in 2h.

Ulrichshorn (3924m): Vom *Windjoch* (s. oben) noch 30min über den Grat.
Über das Windjoch zur Balfrinhütte: s. 19.1.

20.3. Über den Monte-Moro-Pass nach Macugnaga

Der schon seit dem Mittelalter benutzte Saumweg (*BW*) führt von Saas-Almagell durch lichten Lärchenwald talauf und quert nach 15min die Vispa. Nach den Hütten von *Zermeiggern* (1730m), am Ausgang des Furgg-tällis, kehrt der Weg zum östl. Ufer zurück; r. oben die Abstürze des Mittaghorns und des Egginers. Dann durch Gebüsch und streckenweise über Geröll bis zum Ende des Talbodens bei *Eiu* (1871m; 30min). Rechts der Hohlaub- und der Allalingletscher, die beide in prächtigen Kaskaden talwärts fliessen. Sie sind von gewaltigen Seitenmoränen begleitet. Nun steiler, unter östl. Umgehung der Zunge des Allalingletschers, in 1h zum flachen Talboden von *Mattmark* (2120m).

Der *Allalingletscher*, der in den letzten Jahrzehnten besonders stark gewachsen ist, blockiert heute – wie schon mehrfach in der Vergangenheit – das Haupttal. Die Vispa fliesst z.Zt. unter der Gletscherzunge hindurch, wurde aber früher von den Eismassen mehrfach zu einem See aufgestaut, der den ganzen Talboden von Mattmark bedeckte. Der plötzliche Durchbruch der Wassermassen durch die Eisbarre hatte jeweils grosse Verwüstungen im Saastal zur Folge. Um eine neue Stauung zu vermeiden, wurde jüngst ein Entwässerungsstollen in Betrieb genommen.

Der Saumweg führt über die von Seeresten und Moränenschutt bedeckte Mattmark in 30min zum *Berggasthof **Mattmark*** (2123m) am südl. Ende des Talbodens, an der Zunge des vom Strahlhorn herunterfliessenden *Schwarzberggletschers*. Ein gewaltiger Serpentinblock neben dem Gasthof, der ‚Blaue Stein', bezeugt die frühere Ausdehnung dieses Gletschers.

Stellihorn (3436m), **HT**: Durch das *Wysstal* und über den *Nollengletscher* in 4h30; einzigartige Rundsicht.
Über das Schwarzberg-Weisstor nach Zermatt, **HT**: Anspruchsvolle und lange Gletschertour. An der Westseite des *Schwarzberggletschers* über Felsen und Moränen in 2h50 zum Fuss des Fluchthorns, dann über Gletscher zum *Schwarzberg-Weisstor* (3612m; 2h10), südl. vom Strahlhorn. Abstieg über den *Findelgletscher* in 3h zur *Fluehütte S.A.C.* im *Findeltal* (2616m; s. 19.2G.). – Ein anderer Abstieg führt über den *Stockhornpass* und den *Gornergletscher* in 4h zum *Rotenboden*, oder vom *Stockhornpass* über das *Stockhorn* in 4h zum *Gornergrat* (3090m; s. 19.2A.).

Nach Mattmark den Ofentalbach querend führt der Weg in 30min zur *Distelalp* (2168m), der obersten Alp im Saastal, und in nochmals 1h zum *Tälliboden* (2483m), einer winzigen Moosebene am Fuss des gleichnamigen Gletschers, dem die Vispa entspringt. Rechts oben der *Seewjinengletscher*. Westl. entlang des *Tällibodengletschers* über Felsen und Schnee empor zum **Monte-Moro-Pass*** (2860m; 1h15), zwischen dem Monte Moro r. und dem Joderhorn l., Grenze zum Kanton Valtoce. Auf einem Felskopf steht die *Cap. Monte Moro C.A.S.* (2812m). Vor der Anlage des Simplonwegs war der Pass der wichtigste Übergang vom Wallis in die Südschweiz. Prächtige Sicht südwestl. auf die gewaltige Ostwand des Monte Rosa, nördl. in das Saastal, zur Mischabelgruppe und zum fernen Bietschhorn.

Joderhorn (3035m): Für eine noch umfassendere Rundsicht, auch nach O. Von der Passhöhe in 30min über Schnee und Blockschutt problemlos erreichbar.

An der Südseite des Passes steil hinab über Firn und Geröll und zwischen Felsblöcken hindurch in 45min zum *Ruppenstein* (2501m; *Rest.*), Bergstation einer *Luftseilbahn* nach *Macugnaga*. Der Saumweg führt nun etwas sanfter über Alpweiden bergab, passiert die Waldgrenze und erreicht nach *Sonobierg* in 1h20 die *Alpe Bill* (1700m; *Mittelstation der Seilbahn*). Durch Wald über eine letzte Steilstufe hinab in 50min nach *Staffa*, Hauptort von *Macugnaga* im obersten Anzascatal (1307m; s. 22.3.).

21. Von Brig nach Domodossola

21.1. Kantonsstrasse durch den Monte-Leone-Tunnel

Dank des Tunnels ganzjährig offen; Bus Brig–Domodossola. Fahrradfahrer benützen die Passstrasse bis zu ihrem Ende in Simplon und anschliessend den Saumweg durch die Gondoschlucht (s. 21.2.), der abgesehen von wenigen Absteigestellen gut zu befahren ist. – Gegenüber einer ursprünglich geplanten wintersicheren Strasse über den Simplonpass wurde der Tunnelvariante der Vorzug gegeben. Ausschlaggebend dafür waren die tieferen Bau- und Unterhaltskosten, eine um 16km kürzere Strecke, ein um 600m niedrigerer Scheitelpunkt und eine um 30min reduzierte Fahrzeit.

Von Brig führt die Simplonstrasse am r. Saltinaufer bergwärts. Bei der Einmündung der direkten Strasse von Glis/Visp wendet sie sich nach O. und steigt über die sanften, mit Obstbäumen besetzten Abhänge des Brigerbergs nach 4km *Ried/Brig* (917m; *Rest.*). Schöner Rückblick über das Rhonetal; hoch oben im N. die Belalp, vom Sparrhorn überragt, l. Nesthorn, r.

Eggishorn. Abzweig nach 2km *Termen* (927m; *Rest.*), mit bekannter Mineralwasserquelle. – Die Strasse wird steiler und erreicht nach drei Kehren den oberen, bewaldeten Rand der Saltinaschlucht, der sie nach S. folgt. – Bei 9km *Schallberg* (1317m; *Rest.*) erblickt man die Simplonpasshöhe und l. davon die markanten Gipfel Wasen-, Furggenbaum- und Bortelhorn. Nun nach O. in das enge, waldige Gantertal und bei 11km über den Ganterbach (1320m; *Parkplatz*).

Luftseilbahn nach Rosswald (1920m; *Gasthof*), auf einem aussichtsreichem Mattengrat hoch über Brig thronend. – Über den *Saflischpass* in das *Binntal*, s. 18.1.
Über den Simplonpass und durch die Gondoschlucht nach Varzo: s. 21.2.

Dann tritt die Strasse in den **Monte-Leone-Tunnel** (*Maut!*), mit 10,4km der längste Strassentunnel der Welt. Das Südportal liegt im Bergkessel von *Nembro* (1319m; *Rest., Parkplatz*) im oberen *Val Cairasca*. – Ansteigend nach 24km **San Domenico** (1403m; *Hotel**), eine kleine Sommerfrische, herrlich auf einer südausgerichteten Terrasse gelegen.

Alpe Veglia*: Von *Nembro* (s. oben) *BW* die tiefe Klamm des *T. Cairasca* empor in 1h40 zur weiten *Alpe Veglia** (1769m; *Berggasthaus*), rings von hohen Bergen umgeben; l. oben der mächtige Monte Leone, anschliessend Wasen-, Bortel- und Helsenhorn (Aufstieg zum *Kaltwasserpass*: s. 21.2.). – Die *Alpe Dévero* (1631m; s. 22.1.) ist von hier über den *Passo di Valtendra* (2431m; 2h20) und die *Scatta d'Orogna* (2461m; 30min) auf einem fantastischen, aussichtsreichen *BW* in insgesamt 5h zu erreichen.
Pizzo Diei: Von *San Domenico BW* durch Wälder zur *Alpe Ciamporino* (1936m; 2h). Über Matten und Alpenrosenfelder zum *Colle di Ciamporino* (2283m; 1h). Weiter über den Westgrat in 2h30 zum *Pizzo Diei* (2906m). Zusammen mit dem *Monte Cistella* (2880m) im SO. bildet er eine markante Barriere zwischen den Tälern der Diveria und des Toce; imposantes Panorama der Bergwelt der Südschweiz.

Die Strasse nach Domodossola senkt sich von der Terrasse von San Domenico in Kehren zum Talgrund. – 29km Abzweig nach Trasquera (s. unten). Nun zur Kapelle *S. Carlo* oberhalb der Schlucht der Cairasca, wo sich der Blick zum Val Divedro öffnet. Hinab nach 36km **Varzo** (532m; *Hotel**), das erste italienischsprachige Dorf, in bereits südl. Vegetation. Das Kraftwerk Varzo nutzt das Gefälle der Diveria und des Zwischbergwassers.

Trasquera, Bugliaga: Ein Bergsträsschen (*Bus*) zweigt von der Strasse nach San Domenico (s. oben) 7km nach Varzo l. ab, wendet sich nach S. und erreicht die sonnige Terrasse von *Trasquera* (10km; 1033m; *Gasthof*), mit einer Kirche und zwei Kapellen. Ein *BW* führt weiter über den Hang, quert eine tiefe Runse und endet nach 1h im aussichtsreichen Weiler *Bugliaga* (1300m), hoch über dem *Val Divedro*.
Zu Fuss durch die Gondoschlucht nach Simplon: s. 21.2.

Hinab durch das malerische Engtal der *Diveria*. Mehrere Tunnels. Bei 44km *Crevoladossola* (s. 22.1.) öffnet sich überraschend der Blick auf den weiten Talboden der *Valle d'Ossola*, die vom *Toce* (deutsch: *Tosa*) durchströmt wird. Die Vegetation zeigt plötzlich südlichen Charakter: Feigen-, Kastanien- und Maulbeerbäume, Weinberge, in der Ebene Maisfelder. Auf einer 30m hohen Brücke über die Diveria und hinab nach 46km *Preglia* (288m) im Talgrund, danach über den Wildbach aus dem *Bognancotal* und schnurgerade nach 48km *Domodossola* (s. 22.1.).

21.2. Simplonpass und Gondoschlucht

Fahrsträsschen (Bus) im Sommer über den Simplonpass nach Simplon; von dort weiter zu Fuss oder mit dem Fahrrad durch die Gondoschlucht nach Varzo.

Vom Nordportal des Monte-Leone-Tunnels (s. 21.1.) in Serpentinen hinauf nach 3km *Berisal* (1525m), einer Häusergruppe zuhinterst im Gantertal (von hier *HT* in 5h steil auf das zackige *Bortelhorn;* 3193m). – Bei 7km *Rotwald* (1746m; *Hotel**), einer kleinen Sommerfrische mitten im Nadelwald, erscheint vorne das prächtige Fletschhorn. Die Strasse steigt am steilen bewaldeten Hang nach S. – Nach 10km *Schallbett* (1932m) durch die ,Wassergalerie', über die der *Kaltwasserbach* hinabstürzt. – 12km **Simplonpass*** (2006m; *Berggasthaus*).

Wasenhorn (3246m), **HT**: In 2h30 über Matten, Schutt und entlang des *Kaltwassergletschers* zum *Kaltwasserpass* (2820m); von hier 2h über den Westgrat. Eindrücklicher Blick ins Rhonetal und zur wilden, eisstarrenden Nordflanke des Monte Leone. – Abstieg vom *Kaltwasserpass* auf *BW+* steil hinab über den *Auranagletscher* zur *Alpe Veglia*, 2h40 (s. 21.1.).

Monte Leone (3554m), **HT**: 6h, über den *Hohmattugletscher*, den *Breithornpass*, den *Alpjergletscher* und den Westgrat. Herrliches Panorama auf die östl. Walliser und die Valtoce-Berge. – Der Abstieg nach *Gondo* (6h; s. unten) wird selten unternommen.

Über Hohweng nach Simplon: Aussichtsreicher *BW*: In 40min zum Felssporn *Hohliecht* unter dem Hübschhorn (ca. 2120m), dann hinab über die Alpen *Hohweng* und *Homatta* (1961m; 35min) und durch Wald nach *Eggen* (1580m; 1h), an der Simplonstrasse. Durch prächtigen Lärchenwald in 20min nach *Simplon* (s. unten).

Über den Bistinepass nach Visperterminen: s. 17.4.

Bergab durch ein weites, von schneebedeckten Bergen eingefasstes Tal. Rechts unterhalb der Strasse das um 1666 erbaute *Alte Hospiz* (1872m), ein imposantes quadratisches Gebäude mit einem Glockentürmchen. – Nach 17km *Engeloch* stärkeres Gefälle. – 19km *Eggen* (1580m), Weiler an der Mündung des Rossbodentals, das 1901 durch einen gewaltigen Abbruch des *Rossbodengletschers* verwüstet wurde. – Dann durch lichten Lärchenwald nach 22km **Simplon*** (1460m; *Hotel*, Gasthof; Ende des Strässchens*) inmitten grüner Matten, das einzige Walliser Dorf südl. des Alpenkamms; nur im Sommer bewohnt. Schöne Barockkirche.

Laggintal: *BW* in 30min hinab zur Mündung des *Laggintals* (1339m). Dann im Grund des prächtigen, wasserreichen, hochalpinen Tals über *Laggin* (1492m) in 1h zur hintersten *Alp Altstafel* (1570m), unter den gewaltigen Abstürzen des Fletschhorns, des Lagginhorns und des Weissmies mit ihren Hängegletschern.

Lagginklause: Vom Dorf *BW+* an der südl. Bergflanke steil empor durch Wald und Felsbänder in 2h zum *Sattel Antonius* (2059m) mit einem Kruzifix. Am steilen Osthang nach S. querend, eine Felsstufe hoch, dann am Fuss des Fletschhorn-Nordostgrats über Alpweiden und Geröll in 2h45 zur *Lagginklause S.A.C.* (2746m), hoch oben auf der Seitenmoräne des *Sibiluflue-Gletschers* gelegen. – Stützpunkt für die schwierigen **HT** zum *Fletschhorn* (3993m) und *Lagginhorn* (4010m), je 7h; beide über das Fletschjoch (3673m).

Über Hohweng zum Simplonpass: s. oben.

Über Zwischbergen und den Monscerapass nach Bognanco (vor der Anlage des Saumwegs durch die Gondoschlucht die übliche Handelsroute von Brig nach Valtoce): *BW* in 30min hinab nach *Gabi* (1228m), am Eingang der *Gondoschlucht* (s. unten). Nun durch lichte Wälder und die *Alp Feerberg* hoch zur *Furggu* (1872m; 2h30). Jenseits steil hinab über Matten und durch Wald in 1h40 zur *Zwischbergenhütte S.A.C.* (1357m), im abgeschiedenen, unbewohnten Zwischbergental. Auf der östl. Talseite durch Wald empor in 1h30 zur unbeweideten *Alp Pussetta* (1763m) und in 1h20 zum *Monscerapass* (2102m), Grenze zum Kanton Valtoce. Prächtiger Rückblick auf die Fletschhorn-Weissmies-Kette. Jenseits über die weiten, tiefer unten baumbestandenen Alpen von *Monscera* und *Paione* (1780m; *Cap. Paione C.A.S.*) in 1h30 zur Kapelle *S. Bernardo* (1624m). Auf gutem Weg den Südhang hinab über den Weiler *Graniga* und die Kirche von *S. Lorenzo* (960m) in 1h40 zum Bad *Fonti di Bognanco* im Talgrund (601m; s. 22.1.).

BW in 30min hinab zu den Hütten von *Gabi* (1228m), wo r. das Laggintal mündet (s. oben). Gleich unterhalb der Vereinigung der beiden Bäche eine Wasserfassung für das Kraftwerk Varzo (s. 21.1.). Der Saumweg führt in die von der *Diveria* durchströmte **Gondoschlucht****, einer der wildesten Engpässe der Alpen. Der Weg quert den schäumenden Fluss mehrmals. Auf beiden Seiten ragen die Felswände zu schwindelnder Höhe empor. Nach 50min fallen l. die Wasser des *Alpjenbachs* in malerischem Sturz herab. Nun steiler hinab nach *Gondo* (854m; 30min), einer Häusergruppe an der Mündung des wilden, menschenleeren *Zwischbergentals*. Der viereckige markante Turm mit Treppengiebeln wurde von der Familie *Stock-*

alper 1660 zum Schutz für Reisende erbaut. – Das Tal, nun *Val Divedro* genannt, weitet sich; steile Bergwälder treten an die Stelle der Felswände. 10min nach Gondo folgt die Grenze zum Kanton Valtoce. In 1h gelangt man zur Häusergruppe von *Iselle* (673m). Weiter in mässigem Gefälle; l. oben das Kirchlein von *Trasquera*. Nach 1h10 erreicht man kurz hinter der Brücke über die *Cairasca*, die von der Alpe Veglia im N. herabströmt, *Fontana*, den oberen Dorfteil von *Varzo*. Von hier sind es noch 10min bis zur Einmündung der Kantonsstrasse (532m; *Hotel**; s. 21.1.).

22. Kanton Valtoce

22.1. Domodossola, Valle Antigorio, Val Formazza, Tosafall

Domodossola* (270m; *H. Sempione**, H. Milano**, 2 Gasthöfe; Freibad; Busstation am Bahnhof*), Städtchen mit 4.500 Ew., in der breiten Talsohle *Valle d'Ossola* schön gelegen, ist Hauptort des Kantons Valtoce. Malerische *Piazza del Mercato* (*Markttage: Mo, Mi, Fr*). Im *Palazzo Silva* (16. Jh.) ein kleines Ortsmuseum. Denkmal für *Geo Schawes*, der hier 1910 bei der Landung nach seinem spektakuären Erstflug über die Alpen tödlich verunglückte. Von der Wallfahrtskirche auf dem *Monte Calvario*, 35min südl. (382m), prächtige Aussicht auf das Tal und seinen Bergkranz.

Valle di Bognanco: 8km westl. von Domodossola (*Bus*), tief im *Bognancotal*, liegt der kleine Badeort *Fonti di Bognanco* (601m; *H. Terme di Bognanco**, Hotel**), mit Brunnenanlage und Waldpark. – Über den *Monscerapass* in das *Zwischbergental*, s. 21.2.

Terrasse von Monteossolano: Aussichtsreiche Wanderung von Fonti di Bognanco (s. oben) auf *BW* in 4h nach Domodossola über die Wälder, Matten und Weiler an der Nordseite des Bognancotals: *Monsignore, Monteossolano* und *Cisore*.

Trontano (518m; *Rest.*), *Montecrestese* (486m; *Rest.*) *Naviledo* (610m) und *Altoggio* (740m): Vier Dörfer mit malerischen Kapellen, am östl. Talhang, herrlich in obstbaumreichen Matten und Waldlichtungen gelegen (viel Edelkastanien), mit Aussicht auf das weite Tal. Das Val dell'Isorno, das bei Naviledo mündet, und die weite Berglandschaft östl. davon bis zum Tessiner Maggiatal sind eine weglose, unzugängliche Wildnis.

Durch das Centovalli nach Locarno: s. 25.3.

Die Strasse (*Bus*) durch die **Valle Antigorio*** (deutsch: *Eschental*) zum Tosafall führt über *Preglia* im Talgrund nach 4km *Crevoladossola*, wo l. die Simplonstrasse mündet (s. 21.1.). Weiter immer am westl. Ufer des Toce über das in herrlichen Gärten gelegene 7km *Oira* (375m) nach 12km *Crodo* (534m; *Rest.*). – Oben am Abhang das kleine Dörfchen *Mozzio* (811m) mit einer schönen Kapelle. – Auf beiden Seiten des Toce Kraftwerke. Nun allmählich ansteigend und über die Schlucht des Dévero nach 17km **Baceno*** (655m; *Hotel**), am Ausgang des Val Dévero. Alte Kirche aus dem 8. Jh. mit Fresken aus dem 16. Jh.

Alpe Dévero*: Bergsträsschen (*Bus*) im *Val Dévero* über *Croveo* nach 7km *Goglio* am Talschluss (1133m), mit Kraftwerk. Von hier *Luftseilbahn* die Schlucht empor zur weiten, im N. von Felswänden begrenzten *Alpe Dévero** (1631m; *H. Alpina**, H. Dévero***). Ruhige Sommerfrische, im Winter *Skigebiet*. – Ausgangspunkt für schöne Passwege:
Über den Albrunpass in das Binntal: s. 18.1.
Über die Scatta Minoia zur Alpe Vannino: s. unten
Über die Scatta d'Orogna und den Passo di Valtendra zur Alpe Veglia: s. 21.1.

Zwischen 19km *Premia* und 23km *S. Rocco* (755m; *Rest.*) führt die Strasse unter Glimmerschieferfelsen hin, die Granat in hoher Konzentration enthalten. Das Tal wird immer enger. – 27km *Rivasco* (860m), mit Elektrizitätswerk. Das Tal wechselt nun seinen Namen in **Val Formazza** (deutsch: *Pomat*). Bis zum Mittelalter unbewohnt, wurde es im 13. Jh. durch deutschsprachige Bauern von N. her besiedelt (,Walser'), kennt aber heute nur noch einige deutsche Orts- und Flurnamen. Es ist nur sommers bewohnt. – Die Strasse quert zweimal den Toce und steigt durch eine herrliche Schlucht, dann an der westl. Talseite in neun Spitzkehren über eine Steilstufe nach 33km **Fondovalle** (*Stafelwald*, 1219m; *Gasthof*). – Schöner *WW* in 30min zum *Lago d'Antillone* an der r. Tallehne.

Über den Passo di Bosco in das Maggiatal: Anstrengende, lange Tour auf *BW+* durch die einsame, wilde Berglandschaft des westl. Tessins (Achtung Bären!). Steil im *Val Ribo* in 2h45 bis auf ca. 2000m empor, dann in 1h auf einen Pass im südl. Talhang (2353m). Nun 60m abwärts und wieder hinauf in 30min zum *Passo di Bosco* (2322m), der Scharte gegen das Tessin. Jenseits hinab in 40min zur *Cap. Bosco C.A.S.* (1911m), einer selten besuchten Hütte in grösster Bergeinsamkeit oberhalb der Baumgrenze. Nun steil hinunter durch Wald in 40min zum Grund des menschenleeren *Val Bosco*. Am l. Bachufer im tiefeingeschnittenen Tal abwärts in 2h zur Mündung des ebenso unbewohnten *Val Campo* (760m). Die Bäche der beiden Täler werden hier zur Stromerzeugung gefasst. In 20min erreicht man das Dörfchen *Linescio* (664m; *ab hier Fahrweg; Bus*) und in weiteren 40min *Cevio* (419m) im Maggiatal (s. 25.2.).

Das Tal weitet sich. An der Strasse zum Tosafall folgen 34km *Chiesa* (*Andermatten*), mit der Talkirche, und 36km **Valdo*** (*Wald*; 1274m; *Hotel*, Gasthof, Camping*), der Hauptort des Tals. Die seenreiche Berglandschaft auf den Höhen im W. ist absolut besuchenswert.

Über den Lago Vannino* und die Scatta Minoia zum Albrunpass: Gondelbahn westl.

hinauf zur *Alpe Palma* (*Balmalp*; 2015m; *BW* von *Valdo* in 2h45). Ein prächtiger *BW* führt von der Bergstation durch Alpenrosen und über Alpweiden in das *Val Vannino*. Nach 40min erreicht man die *Cap. Vannino C.A.S.* (2160m) am herrlichen *Lago Vannino** (*Lebendunsee*) und am Fuss des Ofenhorns. – Über Alpen geht der *BW* südwestl. hoch in 1h30 zum Pass *Scatta Minoia* (2599m) und jenseits hinab in 50min zur *Alpe del Forno* (2220m). Von dort entweder hinüber in 50min zum *Albrunpass* (2408m; 20min dahinter die Binntalhütte; s. 18.1.) oder talwärts in 50min zum *Lago Codelago* (1846m) und durch Lärchenwälder in weiteren 40min zur *Alpe Dévero* (1631m; s. oben).

Ofenhorn (3235m), **HT**: Wird von der Cap. Vannino über den kleinen *Lago Sruer*, den *Passo Lebendun* und einen Firnhang in 4h erstiegen. – Abstieg zur *Binntalhütte*, s. 18.1.

Passo Busin und Lago Busin: Südl. vom Lago Vannino liegt nach 1h Steigens auf *BW* der *Passo Busin* (2493m); gleich dahinter der schöne *Lago Busin* (2371m) auf einer nach S. freien Alm. Tüchtige Bergwanderer können von hier auf *BW+* über eine gewaltige Steilstufe zu den 2h30 Hütten von *S. Antonio* (1448m) und über eine weitere Stufe in 1h30 nach *Rivasco* (860m; s. oben) in der Valle Antigorio absteigen.

Das nun engere Strässchen wechselt zur östl. Talseite. Die obersten Weiler im Val Formazza sind 37km *Ponte* (*Zumstäg*), *Grovella* (*Gurfälu*) und 39km *Canza* (*Früttwald*; 1412m). Nach zwei Spitzkehren erscheint vorne der mächtige **Tosafall**** (*Cascata del Toce*), dessen Wasser auf 26m Breite in drei Absätzen über eine schräge Felswand 150m hinabstürzen. Das Strässchen steigt an der östl. Tallehne hoch und endet nach 43km beim *H. della Cascata*** oberhalb des Wasserfalls (1675m; *Parkplatz*). Prächtiger Blick hinab auf die schäumenden Wassermassen. – Der weite obere Talboden des Toce mit den Alpen *Riale* (*Kehrbächi*) und *Morasco* ist im Sommer von grossen Rinderherden aus dem Ossolatal belebt.

Basodino (3272m): **HT** über die 1h40 *Alpe Ghighel* (2132m) in 5h30. Wunderbare Sicht auf die Berner und Zentralschweizer Alpen und die einsamen Tessinerberge. – Abstieg zur *Cap. Basodino*, s. 25.3.

Über den Passo San Giacomo in das Val Bedretto: Der Saumweg (*BW*) zieht vom Hotel ebenen Wegs zur *Alpe Riale* (30min) und steigt dann in 45min zur obersten Talstufe (2150m), dem einsamen, unbeweideten flachen *Val Toggia* (*Valdösch*). R. der forellenreiche *Fischsee* (2162m) und 20min südl. davon versteckt der grosse *Kastelsee*. In 1h20 sanft über weite Matten empor zum *Passo San Giacomo* (2306m), an der Grenze zum Tessin. 20min jenseits die Kapelle *San Giacomo*. Schöner Blick auf den Pizzo Rotondo gegenüber; im W. wird kurze Zeit das Finsteraarhorn sichtbar. Der Weg zieht nun l. steil zum hintersten *Val Bedretto* hinab, durch Alpenrosengebüsch, später durch Lärchenwald. Im Talgrund über den Ticino und in 1h30 nach *All'Acqua* (1612m; s. 23.1.).

Über die Bocchetta di Valmaggia in das Bavonatal: Vom 1h20 Fischsee (s. oben) *BW* in 2h über Geröll und Fels zur *Bocchetta di Valmaggia* (2633m). Hinab durch das *Val Fiorino* (r. der vergletscherte Basodino) zur *Alpe Robiei* im obersten Bavonatal mit der

Cap. Basodino C.A.S. (1855m; 2h20). – Abstieg in das *Maggiatal*, s. 25.3.
Über den Griespass nach St. Ulrich: s. 18.1.

22.2. Von Domodossola nach Pallanza

Die Eisenbahn nach Pallanza–Locarno und die Strasse führen auf der r.
Seite der breiten, beidseits von hohen Bergen begleiteten *Valle d'Ossola*
nach S. Das im Tal geerntete Obst ist dank Bewässerung und viel Sonne
von besonderer Qualität. Der Toce ist ein unter Naturfreunden bekannter
natürlicher, auenreicher Alpenfluss mit einem breiten Geröllbett und vielen Inseln. – 6km **Villadossola** (252m; *Rest.*), mit Metallindustrie; ihr Ener-
giebedarf wird durch den Ovescabach aus dem Antronatal gedeckt.

Valle d'Antrona: Ein enges Bergsträsschen (*Bus*) steigt am Nordhang des Antronatals
über 5km *Seppiana* (557m; *Rest.*) nach 7km *Viganella*; dann auf der r. Talseite über
11km *S. Pietro* (649m) nach 16km *Antronapiana* (908m; *H. Stella Alpina**, Hotel*, Camping*), prächtig an der Mündung zweier Täler gelegen. Ruhige Sommerfrische.

Cheggio und Alpe dei Cavalli: *BW* von Antronapiana das nördl. Tal empor, dem *T. Lo-
ranco* entlang, in 2h zu den malerischen Hütten von *Cheggio* (1490m; *Berggasthaus*).
10min weiter die flache, beidseits von hohen Bergen eingerahmte *Alpe dei Cavalli*.

Lago di Antrona* (1081m): Herrlicher Bergsee 1km westl., 1642 durch einen Bergsturz von der *Cima di Pozzuoli* im N. aufgestaut. Durch das heute bewaldete Bergsturzgebiet ist er auf einem schönem *WW* in 30min erreichbar.

Über den Antronapass nach Saas-Almagell: s. 20.1.

Bahn und Strasse führen am westl. Talrand weiter nach 11km **Piedimulera** (248m; *Gasthof*), am Ausgang der Valle Anzasca (nach *Macugnaga*: s.
22.3.). Die weithin sichtbare Aluminiumhütte am südl. Dorfrand, eine der
grössten der Welt, bezieht ihre Energie aus dem mächtigen *Torrente Anza*,
der seinen Ursprung am Monte Rosa hat. – Brücke über den T. Anza, dann
über den Toce. Das Tal begleiten hier beidseits bewaldete Bergketten, die
wegen der tiefen Lage des Talgrunds sehr mächtig erscheinen, aber kaum
2000m Höhe erreichen. Sie sind nur selten Tourenziele; die Berghänge
sind meist weglos. Auf der r., schattigen Talseite gibt es auf den nächsten
10km keine Dörfer. – 14km *Vogogna* (*Rest.*) an steilen Felsen malerisch
gelegen, mit einer Burgruine. In der Nähe eine römische Felsinschrift aus
der Zeit des Kaisers *Septimius Severus*. – Es folgen 16km *Premosello* (mit
dem malerischen Dörfchen *Colloro* 300m höher am Berghang) und 19km
Cuzzago, beide am nördl. Talrand in besonnter Lage. – Dann queren Bahn
und Strasse zum r. Ufer des Toce. – 23km **Ornavasso** (213m; *Gasthof*), der

letzte Schweizer Ort an der Strasse in Richtung Gravellona. An der l. Tallehne hoch oben die weissen Marmorbrüche von *Candoglia*, die seit dem 13. Jh. ausgebeutet werden (*Besichtigung auf Anfrage*). Der Marmor, der u.a. für den Dom von Mailand und die Certosa di Pavia Verwendung fand, wurde über den Toce, den Lago Maggiore, den Ticino und den Naviglio Grande in die Städte der Lombardei verschifft.

Monte Massone (2161m): Einziger Gipfel der Region von touristischem Interesse. Äusserster Sporn der vom Monte Rosa nach O. verlaufenden Kette. Von Ornavasso auf *BW* steil durch das bewaldete Tal des *Rio S. Carlo* empor, dann an der westl. Tallehne im Zickzack empor in 4h15 zum *Biv. Massone C.A.S.* (1510m). Weiter auf *BW+* über steile Rasen- und Felshänge, ziemlich exponiert, zum Pass *La Bocchetta* (1904m; 1h20). Nun nach N. zum Vorgipfel mit dem alten Walsernamen *Eyehorn*, und über den Kamm in 50min zum Gipfel. Herrlich freie Aussicht auf die ganzen Südalpen, den Ortasee, den Lago Maggiore und weit über die Ebene des Piemonts und der Lombardei.

Die Strasse teilt sich nach Ornavasso in einen Ast, der geradeaus über die ital. Grenze nach 4km *Gravellona* führt (weiter nach *Stresa–Arona–Milano* oder *Orta–Novara*) und einen Zweig, der l., parallel zur Eisenbahn, erneut den Toce überquert. – 26km **Mergozzo*** (204m; *H. del Lago***, *Hotel**), am Westende des kleinen *Lago di Mergozzo*. Er war vormals ein Arm des Lago Maggiore, wurde später aber durch Ablagerungen des Toce abgetrennt. Die Lage am See und der 100m höher liegende hübsche Weiler *Bracchio* (*Bus; Rest.*) garantieren eine angenehme Urlaubsatmosphäre. – Die Strasse führt das Nordufer des Sees entlang (am Ende ein grosses Pumpspeicher-Kraftwerk, das Wasser aus dem Val-Grande-Stausee nutzt; s. 26.2.); die Bahnlinie verläuft gegenüber, am Fuss des isoliert aus der Ebene aufragenden *Mont'Orfano* (794m), der durch seine Granitbrüche berühmt ist. – 30km *Fondotoce* (*Rest.*, *Camping*) am Westende des Lago Maggiore. Zweigbahn nach *Stresa–Arona–Milano* und Autobus nach *Gravellona–Omegna–Orta San Giulio*. – Weiter längs des Nordufers des Lago Maggiore nach 36km *Pallanza* (s. 26.2.).

22.3. Valle Anzasca und Macugnaga

Die Bergstrasse (*Bus*) in die **Valle Anzasca*** steigt von Piedimulera (s. 22.2.) sofort steil an der nördl. Tallehne hoch, an der die meisten Dörfer liegen. – 11km Abzweig zu den malerischen Weilern *Vigino* und *Antrogna* etwa 150m höher am Hang. – 14km **Pontegrande** (526m; *Gasthof*), mit vielen alten Wohnhäusern italienischen Stils, zusammen mit den beiden prächtigen Dörfern *Bannio* (669m) und *Anzino* (565m) am Ausgang des südl. Seitentals ein landschaftlich-kulturelles Highlight.

Colle Baranca und Alpe Selle: Von 1km Bannio (s. oben; *Parkplatz*) südl. das Tal des *T. Olocchia* auf *BW* hoch durch Wald zur Kapelle *Soi di Dentro* auf einer Lichtung, dann in 2h zum Talschluss (1195m). Nun steil am Osthang empor über die Waldgrenze, dann über Matten mit vielen Alpenrosen zum *Colle Baranca* (1818m), dem niedrigsten Übergang über die Monte Rosa-Massone-Kette. 5min weiter oben die *Alpe Selle* mit der *Cap. Selle C.A.S.* Der Ausgang des kleinen *Lago di Baranca* bildet die ital. Grenze. – Über den *Colle d'Egua, Carcoforo* und den *Colle della Bottiglia* nach *Macugnaga*, s. unten. – Talabwärts gelangt man in 2h20 zum ital. Dörfchen *Fobello* (873m) im *Val Mastallone*, einem Seitental des Val Sesia (*Bus* nach *Varallo*).

Die Strasse nach Macugnaga berührt 18km *Vanzone* (675m; *Gasthof*), den Hauptort des Tals, mit schönen, herrschaftlichen Wohnhäusern, und 21km *Ceppo Morelli* (750m; *Gasthof*), mit grossem Kraftwerk. Nach 26km *Pestarena* folgt der unterste Ortsteil von Macugnaga, *Borca* (1195m), dann 30km *Staffa* (1307m), das Zentrum des Dorfs, mit den meisten Hotels.

Macugnaga* (*H. Monte Rosa**, H. Belvedere**, 2 Gasthöfe, Ferienwohnungen, Campingplatz; im Winter Skibetrieb*), im lieblichen Wiesengrund der Anza, westl. und nordwestl. in majestätischem Halbkreis von der Monte-Rosa-Gruppe umschlossen, umfasst mehrere Weiler mit insgesamt 500 Ew., an deren deutsche Abstammung (,Walser') noch manche Familien- und Ortsnamen erinnern. 500m weiter oben am Fuss des Monte-Moro-Passes der Weiler *La Villa*, mit einer malerischen Kirche und einer alten Gerichtslinde und 1km weiter hinten im Talgrund *Pecetto* (*Zertannen*; 1362m; *H. Cristallo***) mit einer barocken Kapelle. Macugnaga ist durch seine hochalpine Umgebung ganzjährig ein besuchter Urlaubsort.

Von Pecetto (*Parkplatz*) führt ein angenehmer *Sessellift* zum **Belvedere**** (1932m), einem prächtigen Aussichtspunkt zwischen den beiden Zungen des seit mehreren Jahrzehnten vorrückenden *Belvederegletschers*, der vom Monte Rosa herabfliesst (zu Fuss auf *BW* über die *Alpe Burki* in 2h). Die gewaltige Ostwand des Monte Rosa, die höchste der Alpen, erscheint von vielen Orten der Südschweiz frühmorgens als ein rosafarbener, luftiger Schimmer weit im W. Ganz l. in der Kette liegt die Signalkuppe, daran schliessen sich nach r. die Zumsteinspitze, die Dufourspitze (die höchste), der Nordend, das Jägerhorn, das Fillarhorn und die Cima di Jazzi an.

Vom Belvedere *BW* über die östl. Gletscherzunge (Weg markiert) und seine Seitenmoräne in 1h zur *Alpe Pedriola* mit der *Cap. Pedriola C.A.S.* (2065m). – Von hier alternativer Rückweg nach Macugnaga auf *BW+* in 2h15 über die Alpen *Crosa* und *Rosareccio* am südl. Talhang.

Cima di Jazzi, HT: Von *Pecetto* (s. oben) über eine Steilstufe zur *Alpe Roffelstafel* (1h45; 1905m), dann über Matten, Schutthalden, Felsplatten, zuletzt über Firn in 3h50 zur *Cap. Jazzi C.A.S.* (3029m). Weiter über abschüssige Schneefelder und schroffe Felsen zur Schulter der *Neuen Weisstorspitze*, dann leicht hinab zum *Neuen Weisstor* (ca. 3540m; 2h), wo sich der Blick auf den Findelgletscher öffnet. Nun über den nördl. Gletscherhang der *Cima di Jazzi* ziemlich steil in 1h zum Gipfel (3803m). Hochalpine Szenerie. Wächtengefahr gegen O.! – Abstieg nach *Zermatt*, s. 19.2A.

Monte Rosa, HT: Die Besteigungen der Monte-Rosa-Gipfel von O. sind alle wegen der Steilheit und der grossen Höhendifferenz (Biwak nötig!) ausserordentlich schwierig und nur versiertesten Alpinisten anzuraten.

Über den Ruppenstein und den Monte-Moro-Pass in das Saastal: s. 20.3.

Über das Neue Weisstor nach Zermatt: s. 19.2A & 19.2G.

Über die Colle del Turlo nach Alagna: *BW* in Staffa über die Anza und am Flussufer talwärts, dann r. hoch durch Wald in 20min zu den Hütten von *Motta*, an der Mündung des einförmigen *Val Quarazza*. Nun über den geröllbedeckten Talboden und nach 1h zum r. Bachufer (1454m). Steiler ansteigend folgt die Alp *La Piana* (gegenüber ein schöner Wasserfall) und nach 2h die *Cap. Schena C.A.S.* (2037m), lawinensicher in den Hang gebaut (zur *Colle della Bottiglia*, s. unten). Weiter an steilen Grashängen empor, zuletzt über Felsen und Schnee zur Scharte *Colle del Turlo* (*Türle*; 2738m; ital. Grenze). Steil hinab über Schnee und magere, geröllbedeckte Weiden, mit Blick zu den südöstl. Gipfeln des Monte Rosa. Am kleinen *Turlosee* vorbei zur *Alpe Faller* (1984m; 1h45), dann über eine Höhenstufe absteigend in 40min zur *Alpe Blatte* (1603m) im obersten Tal der Sesia, die hier mehrere hohe Wasserfälle bildet. Bei der Kapelle *S. Antonio* über den Fluss zum ehem. Goldbergwerk *Kreas*, dann auf gutem Talweg durch malerische, waldreiche Landschaft in 1h nach *Alagna* (1190m; s. 19.2B.).

Über die Colle delle Locce nach Alagna; Punta Grober, HT: Von der *Cap. Pedriola* (2065m; s. oben) über den zerklüfteten *Locce-Gletscher* in 5h zur *Colle delle Loccie* (3334m; ital. Grenze), einer Scharte in der von der Signalkuppe nach O. ziehenden Kette. – Die *Punta Grober* (3497m) 40min östl. ist ein grossartiger Aussichtsberg. – Hinab über den *Vigne*-Gletscher zum *Rif. Ferrero C.A.I.* auf der *Alpe Vigne* (2247m; 2h30). Dann über die Alpen *Fonkegno* und *Safejaz* in 1h30 zur *Alpe Blatte* (1603m; weiter nach *Alagna:* s. oben).

Über die Colle della Bottiglia und Carcoforo zur Alpe Selle: Von der *Cap. Schena* (2037m) am Turlopassweg (s. oben) *BW* steil über Rasen, Geröll und Felsplatten in 2h zur *Colle della Bottiglia* (2607m; ital. Grenze). Jenseits ebenso jäh hinab über die *Alpe Massero* in 3h zum obersten Dörfchen *Carcoforo* (1304m; *Gasthof*) im *Val Egua*, einem Seitental des Val Sesia (*Bus nach Varallo*). Nun wieder nach NO. empor über die *Alpe Egua* (1800m) in 3h15 zur *Colle d'Egua* (2239m; Grenze), einem weiteren Übergang in der Monte Rosa-Massone-Kette. Sanft über Alpmatten hinab zur *Alpe Selle* (1818m) mit der *Cap. Selle* (s. oben).

23. Von Airolo nach Bellinzona. Ticino- und Bleniotal

23.1. Von Airolo über Biasca nach Bellinzona. Leventina, Riviera

Airolo (1142m; *H. Posta**, Hotel*, Gasthof*), Dorf von 900 Ew., 1877 und 1898 nach teilweiser Zerstörung durch einen Brand bzw. einen Bergsturz neu aufgebaut, liegt im oberen Tessintal (***Valle Leventina****). Dieses war bis 1798 dem Kanton Uri untertan und erhielt erst 1803 zusammen mit den Gebieten von Locarno und Lugano seine Selbständigkeit. – Airolo ist in strengen Wintern durch Lawinen bedroht; Dämme oberhalb des Dorfs sollen die Schneemassen abfangen. Die Landschaft hat trotz ihrer Lage südlich des Alpenkamms Hochgebirgscharakter; im W. zeigt sich die malerische Rotondogruppe. In der Nähe des Bahnhofs ein Denkmal für die Opfer des Gotthardtunnelbaus.

Eisenbahn und Autotransport durch den Gotthardtunnel: s. 9.1.

Auf der Strasse und auf dem Saumweg zum Gotthardpass: s. 9.3.

Durch das Val Bedretto zur Grieshütte bzw. zum Passo San Giacomo: Das bewaldete, unbewohnte *Val Bedretto*, das oberste Tessintal, wirkt landschaftlich einförmig. Ein nur im Sommer offenes Strässchen (*Bus*) führt an der südl. Talseite nach 4km *Fontana*, Weiler am Ausgang der wilden Schlucht *Val Ruino*. Nach 7km Brücke über den Ticino. Das Tal wird steiniger und öder; bis weit in den Sommer sind Lawinenreste zu sehen. – 12km *All' Acqua* (1612m; *Berggasthaus; Parkplatz*). – Von hier zieht ein *BW* weiter das Tal empor und wendet sich bei ca. 2000m nach l. in das einförmige *Val Corno*. Zuoberst über Firn zum *Passo del Corno* (2499m; 3h45); 30min weiter die *Grieshütte S.A.C.* (2460m; s. 18.1.). – Saumweg (*BW*) von All'Acqua über den *Passo San Giacomo* zum *Tosafall*, s. 22.1. – Besteigung des *Pizzo Rotondo*, s. 9.4.

Passo di Cristallina: Von *Fontana* (1281m; s. oben) *BW* steil durch Wald im Tal des *Rio Cristallina* hoch und über die Baumgrenze in das enge *Val Torta* mit der 3h20 *Cap. Cristallina C.A.S.* (2213m). In 1h15 zum *Passo di Cristallina* (2566m), der Wasserscheide gegen das Maggiatal. Die *Cristallina* (2912m, **HT**) wird von hier in 1h30 bestiegen; malerische Aussicht. – Jenseits des Passes an den *Laghi Sfundau* und *Bianco* vorbei in 1h50 zur *Cap. Basodino C.A.S.* (1855m) auf der *Alpe Robiei* (s. 22.1. & 25.3.). – Von der Cap. Cristallina über den *Passo del Naret* in das *Val Sambuco*, s. 25.2.

Über den Passo Sassello in das Val Sambuco: Von Airolo BW südl. zu den Hütten von *Nante* (1423m; 1h), mit einer schönen Kapelle. Dann durch Wald zur *Alpe di Ravina* und ihrem kleinen See, weiter um einen Felssporn herum und über Grashänge in 3h zum *Passo Sassello* (2335m). Jenseits 2h steil hinab in das *Val Sambuco*, dann noch

35min längs des Stausees *Lago di Sambuco* zur Staumauer (1462m; s. 25.2.)

Cap. Cadlimo: Von Airolo schöner *BW* hinauf durch lichten Wald zur *Alpe Canaria* (1688m; 2h) im gleichnamigen Tal. Weiter immer steiler über Rasenhänge und Geröll in 2h zum Bergkessel *Pian Bornengo* (2300m). Etwas weiter oben Abzweig l. zum *Passo Bornengo* und zur *Unteralp* (s. 9.3.). Über Felsplatten in 50min zur *Bocchetta di Cadlimo* empor. 5min oberhalb liegt die einsame *Cap. Cadlimo C.A.S.* (2570m; s. 23.3.).

Auf der Strada Alta nach Biasca: s. 23.2.

Die Bahnstrecke und die meist parallele Kantonsstrasse überwinden in Tunnels den Engpass *Stalvedro*. Das Tal weitet sich. – 111km (ab Luzern) *Piotta*, Bahnstation am nördl. Talrand. Am l. Ufer des Ticino ein grosses Kraftwerk mit Druckleitung aus dem Ritomsee (*Standseilbahn* zum See und zum *Val Piora*, s. 23.3.). –114km *Quinto*, Dorf an der sonnigen Tallehne, mit der bedeutenden Kirche *SS. Pietro e Paolo*, 1681 anstelle eines roman. Vorgängerbaus errichtet. Reiche Innenausstattung. – 117km **Rodi** (940m; *Hotel**), Sommerfrische in malerischer Lage direkt oberhalb der Piottinoschlucht (s. unten). Ein grosser Teil des Ticinowassers wird hier gefasst und talabwärts in den Elektrizitätswerken von Lavorgo und Personico genutzt (s. unten).

Lago Tremorgio; über den Passo Campolungo in das Val Sambuco: *BW* in 2h steil zum *Lago Tremorgio* (1820m; *Berggasthaus*), ein kreisrunder, in einem tiefen Bergkessel gelegener See. Mineralogen vermuten aufgrund von Deformationen im umliegenden Quarzgestein, dass das Seebassin durch einen Meteoriteneinschlag entstanden sein könnte. – Nun am östl. Berghang hoch zur *Alpe Campolungo* (2087m; 40min) und eine weitere Höhenstufe in 50min empor zum *Passo Campolungo* (2317m). Jenseits hinab über die Alpen *Pianascio* und *Zaria* in 2h nach *Fontanalba* nahe der Staumauer des *Lago di Sambuco* (1462m; s. 25.2.).

Über Lurengo zum Pécian: *BW+*, Grosse Höhendifferenz! Talaufwärts in 30min zum Weiler *Varenzo*, dann steil durch Wald in 1h10 zu den Dörfchen *Catto* und *Lurengo* (1324m; *Bus*), letzteres an der *Strada Alta* (s. 23.2.). Weiter über steilen Wald und das herrliche Föhrenplateau *Nei Pini* in 2h20 zur *Alpe di Chièra* (2036m). In nochmals 2h auf einem Zickzackpfad die jähe Südwestflanke des *Pécian* zwischen Lawinenverbauungen hoch zum Gipfel (2662m), mit seinem weithin sichtbaren Kreuz. Prächtiger Tiefblick in die Leventina und auf die beiden *Laghi Chièra* 300m tiefer.

Prato und Dalpe*: Strässchen (*Bus*) über 2km *Prato* (1041m; *Rest.*), mit roman. Glockenturm, nach 6km *Dalpe** (1192m; *H. La Cascata***, *Camping*), herrlich auf einer mattenbedeckten Felsterrasse abgeschieden über dem Tessintal gelegen. Blick zum waldigen Val Piumogna mit seinen glitzernden Wasserfällen, darüber der Pizzo Forno und der Campo Tencia.

Campo Tencia: *BW* von Dalpe das *Val Piumogna* empor, oben über eine Felsstufe in 3h15 zur abgelegenen *Cap. Campo Tencia C.A.S.* (2139m). Der *Campo Tencia* (3072m,

HT), der höchste Gipfel der Kette zwischen der Leventina und dem Maggiatal, wird von hier in 3h30 erstiegen. Fantastische Rundsicht.

Von Dalpe nach Faido: Schöner *WW* durch Wald über die Lichtung *Piana Selva* in 1h hinab nach *Faido* (s. unten).

Von Dalpe nach Chironico: Auf einem Fahrweg steigt man durch den *Bosco Grande* auf etwa 1400m und erreicht in 1h20 den Weiler *Gribbio* (1290m), auf einer schönen Matte mit Blick in das Tessintal gelegen. Nun *BW* in 1h hinauf zu den malerischen Maiensässen von *Césc* und *Olina* (1461m) und von dort steil durch den trockenen Südalpenwald talwärts in 1h20 nach *Chironico* (786m; s. unten).

Von Rodi zu Fuss durch die Piottinoschlucht nach Faido: Ein *WW* biegt nach 200m von der Kantonsstrasse ab und führt, hoch über dem Ticino, durch den engsten Teil der Schlucht. Er überquert zweimal den Fluss und bietet interessante Blicke auf die Eisenbahnstrecke mit ihren beiden Kehrtunnels (s. unten). Der Weg zieht sich an der nördl. Tallehne durch südl. geprägten Wald (Edelkastanien, Stechpalmen, Buchs) in 1h20 zum Bahnhof *Faido* hin (754m; s. unten).

Die *Piottinoschlucht*, die der Ticino durch einen Felsriegel gegraben hat, durchqueren Bahn und Strasse mit einer Reihe von Kunstbauten in grandioser Landschaft. Die Bahnstrecke überwindet den Höhenunterschied von knapp 200m zwischen Rodi und Faido durch eine künstliche Streckenverlängerung in den zwei je 1,6km langen Kehrtunnel *Freggio* und *Prato*. Nach einer hohen Brücke über den Ticino öffnet sich der Blick auf das fruchtbare Tal von Faido, wo die ersten Edelkastanien erscheinen. – 126km **Faido*** (754m; das Dorf liegt 1km südöstl. und 50m tiefer; *H. Faido**, Hotel**), mit 1.100 Ew., Hauptort der Leventina, in malerischer Lage, wird als Sommerferienort besucht. Schöne Holzhäuser mit Schnitzwerk aus dem 16. Jh. An der r. Talseite glänzen die Wasserfälle der *Piumogna*. – Die Kantonsstrasse umfährt Faido südlich.

Fussweg nach Dalpe: s. oben.

Fussweg durch die Piottinoschlucht nach Rodi: s. oben.

Mairengo und Osco: Bergsträsschen (*Bus*) vom Bahnhof nach 2km *Mairengo*, sehr malerisches Dörfchen mit der *Kirche S. Siro*, der wohl ältesten in der Leventina (10. Jh.). Dann in vielen Kehren nach 6km *Osco* (1157m; *Gasthof*) an der *Strada Alta* (s. 23.2.), hoch über dem Tal.

Calpiogna und Campello: Ein anderes Bergsträsschen (*Bus*) führt nach neun Spitzkehren in 6km zum hübschen Dorf *Calpiogna* (1143m; *Gasthof*) an der *Strada Alta* (s. 23.2.) hoch über Faido. Noch 2km weiter liegt *Campello* (1359m), ebenso schön am Sonnenhang gelegen. Beide Dörfer sind geprägt durch alte, mit Steinplatten gedeckte, wettergegerbte Holzhäuser.

Rossura: 4km östl. von Faido an der *Strada Alta* liegt das Dörfchen *Rossura* (1056m; s.

23.2.) mit der prächtigen roman. Kirche *SS. Lorenzo e Agata.*

Weiter durch dicht bewaldete Landschaft. – 128km *Chiggiogna.* Die Kirche *Sta. Maria Assunta* besitzt einen sechsgeschossigen roman. Glockenturm; im Innern herrlicher spätgot. Schnitzaltar. Auf beiden Talseiten stürzen über Felswände Wässer herab, besonders schön der Schleierwasserfall der *Gribbiasca* kurz vor 132km **Lavorgo** (614m; *Rest.*). Recht das Kraftwerk *Ticino I*, mit Druckleitung; im Fluss eine Wasserfassung.

Dörfer am l. Talhang*: Halsbrecherischer Fahrweg (*Bus*) mit 10 engen Spitzkehren in 3km zum Abzweig nach 5km *Calonico* (904m). Geradeaus nach 4km *Anzonico* (984m; *Gasthof*), mit dem roman. Kirchlein *S. Giovanni* kurz hinter dem Dorf, und weiter nach 7km *Cavagnago* (1015m) und 9km *Sobrio* (1116m; *Hotel**), am Ende der Strasse. Alle vier Orte, typische Tessiner Bergdörfer mit malerischen Holzhäusern und Steindächern, liegen an der östl. sonnigen Talseite, an der *Strada Alta* (s. 23.2.).

Chironico*: Strasse (*Bus*) in Serpentinen hinauf nach 3km *Chironico* (781m; *Hotel**), wunderschönes Tessinerdorf auf einer Terrasse am westl. Talhang, am Ausgang des *Val Chironico.* Sein Bach, der *Rio Ticinetto*, bildet weiter oben einen malerischen Wasserfall. Die heute mehrheitlich bewaldete Geländeterrasse ist z.T. von grossen Felsblöcken bedeckt, Überreste eines früheren Bergsturzes. Im Dorf viele alte, sonnengegerbte Holzhäuser. Am Ufer des Ticinetto steht die schöne roman. Kirche *S. Maurizio* harmonisch inmitten des Kirchhofs.

Von Chironico über den Passo di Piatto in das Val Verzasca: Strenge Tour auf *BW+* mit grosser Höhendifferenz. Während 40min im Talgrund des Ticinetto, dann steil an der nördl. Berglehne empor in 1h45 zur *Alpe Cara* (1467m). Etwas flacher den Hang entlang in 35min zum Steg über den Bach im oberen Talkessel des *Val Chironico* (1511m). Nun an der gegenüberliegenden Talseite durch Grünerlengebüsch zum *Laghetto* hoch (1764m; 50min), einem prächtigen Seelein tief in einem Bergkessel versteckt. An seiner Westseite steil hinauf und oberhalb einer Felswand in 1h15 hinüber zum *Passo di Piatto* (2110m). Jenseits exponiert unter den Flühen der *Cima Bianca* in 40min zur *Alpe di Cognora* (1942m), dann steil durch lichte Wälder und über Felsstufen hinab nach *Vald* (1027m; 2h) im *Val Vegorness*, dem obersten Teil des *Val Verzasca.* Auf schönem *WW* in 30min nach *Sonogno* (917m; s. 25.1.)

Wanderweg von Chironico nach Giornico: Kurz nach der Kirche *S. Maurizio*, vor dem Weiler *Grumo*, l. hinab durch Wald, an der Wallfahrtskapelle *S. Pellegrino* vorbei (mit bedeutenden got. Wandmalereien), dann durch die Weinberge des Dörfchens *Altirolo*, schon ganz in südl. Vegetation in 50min nach *Giornico* (405m; s. unten).

Fussweg von Chironico nach Dalpe: s. oben.

Unterhalb von Lavorgo bricht der Ticino in der malerischen *Biaschina-schlucht* zwischen gewaltigen Felsblöcken zur untersten Stufe der Leventina durch. Die Strasse führt über zwei Spitzkehren hinab; die Bahn überwindet die Höhenstufe in zwei 1,5km langen Spiraltunnel, dem *Piano-*

tondo- und dem *Travi*-Tunnel. – 141km **Giornico*** (392m; *Rest.*; nach *Chironico*: s. oben), Dorf im Talgrund des Ticino, schon ganz in mediterraner Vegetation. Giornico war seit dem Mittelalter ein geistliches Zentrum ersten Ranges und zählt heute noch sechs Kirchen und Kapellen. Auf einem kleinen Hügel r. des Ticino die roman. Kirche *Sta. Maria di Castello* neben den Ruinen eines altmailändischen Schlosses; im Innern eine bemalte Kassettendecke von 1575. Weiter unten die gleichfalls roman. Kirche *S. Nicolao**, das bedeutendste Bauwerk des Tessins aus dieser Stilepoche. Die Aussenwände sind mit lombardischen Arkaden, die Portale mit Skulpturen geschmückt. Im Dorf schöne Häusergruppe aus dem 16. Jh. und zwei Steinbrücken über den Fluss. – Bei 145km *Bodio* (*Rest.*) ein grosses metallurgisches Werk, danach auf der r. Talseite das Dorf *Personico* mit dem Kraftwerk *Ticino II*. – Nach 148km *Pollegio* (*Strada Alta*; s. 23.2.) mündet von l. das breite Val Blenio mit seinem Fluss Brenno. Die Strasse umgeht Biasca im W. – An der Eisenbahn folgt 151km **Biasca** (292m; *Hotel al Giardinetto**, Hotel*, Gasthof*). Das Dorf liegt 500m nördl. vom Bahnhof, am Fuss des mächtigen Pizzo Magno. Das Zentrum mit der Piazza und ihren Laubenhäusern strahlt südlichen Flair aus. Von der roman. Stiftskirche *SS. Pietro e Paolo* mit schönen alten Fresken und einem viergeschossigen Turm führt ein Kreuzweg zur hochgelegenen Kapelle *Sta. Petronilla*; daneben ein Wasserfall. In der Umgebung grosse Granitbrüche.

Val Blenio: s. 23.4.

Das breite Tessintal nimmt nach Biasca den Namen **Riviera** an. Die Dörfer auf den beiden Seiten sind von Weinbergen, Kastanien-, Obst-, Nuss-, Maulbeer- und Feigenbäumen umgeben. Bahn und Strasse ziehen dem Fuss der östl. Berge entlang. Es folgen 156km *Osogna* (*Rest.*), 159km *Cresciano* und 163km *Claro* (*Rest.*), letzteres auf einem Schuttkegel inmitten von Weinbergen gelegen. Hoch oben am Hang das weithin sichtbare Kloster *Sta. Maria* (zu Fuss 1h15). An der westl. Talflanke sind die Spuren eines im Jahr 2012 erfolgten Bergsturzes deutlich sichtbar. – Links öffnet sich die breite Valle Mesolcina mit ihrem Fluss Moësa. Die Strasse mündet in einen Kreisel, wo r. die Bellinzona umfahrende Autostrasse A12 in Richtung Lugano–Como beginnt, l. die Strasse in die Valle Mesolcina, geradeaus die Kantonsstrasse, die zusammen mit der Bahn die Moësa überquert. – Nach 168km *Arbedo* (s. 24.1.) folgt 170km *Bellinzona* (239m; s. 24.1.).

23.2. Höhenweg *Strada Alta* von Airolo nach Biasca

Die **Strada Alta**** (*BW*) ist die vielleicht bekannteste Wanderroute der Schweiz. Sie führt von Airolo am l., südexponierten Hang der Leventina, immer hoch über der Talsohle, über mehr als 30km bis oberhalb von Biasca, von wo der Pfad steil zum Talgrund hinabzieht. Abgesehen von dieser letzten Stufe verläuft der Weg ohne grössere Höhenunterschiede. Auch wegen vieler Übernachtungsmöglichkeiten entlang der Route und einem gut organisierten Gepäcktransport ist diese Tour für jedermann ohne grössere Anstrengung durchführbar. Viele Punkte des Weges sind mit dem Bus zu erreichen, und vielerorts führen Abstiege in das Tal. Die Strada Alta folgt streckenweise dem alten Gotthard-Saumweg, da Hindernisse wie die Piottinoschlucht den Talgrund früher unpassierbar machten.

Von **Airolo** (1142m) zunächst zum Weiler *Valle* und zur Brücke über den *Rio Canaria*, an der Mündung des gleichnamigen Tals. Nach *Madrano* steigt der Weg allmählich bergwärts in 1h15 zum aussichtsreichen *Brugnasco* (1384m). Durch Wald gelangt man zur Mittelstation der *Ritombahn* (s. 23.3.) mit der Druckleitung des *Ritom*-Kraftwerks. – 35min *Altanca* (1389m; *Gasthof; Bus*), geschützt in einem Tälchen liegend. Das 1603 erbaute Kirchlein *SS. Cornelio e Cipriano* steht auf einem Vorsprung, wo sich ein fantastischer Tiefblick bietet. Der Weg führt weiter über *Ronco* in 45min hinab zum idyllischen Dörfchen *Deggio* (1203m; *Bus*) und steigt dann wieder zur Kapelle *S. Martino* aus dem 12. Jh. empor (mit Fresken aus dem 15. Jh.). Nun hoch über *Catto* und seinem weithin sichtbaren Kirchlein in 40min nach *Lurengo* (1324m; *Bus*; zum *Pécian*, s. 23.1.; zum *Lago Ritom*, s. 23.3.). Danach verlässt der Weg die obere Leventina. Weiter fast horizontal zum *Bosco d'Öss*, dann hinab durch Laubwald in 1h zum Weiler *Freggio*. Leicht ansteigend in 15min zum ersten Tagesziel **Osco** (1157m; *Hotel*; Bus;* nach *Faido*: s. 23.1.).

Weiter führt der Weg durch zwei Schluchten zu einer Waldlichtung, dann in einem tiefeingekerbten Tal über einen Bach und in 40min nach *Calpiogna* (1143m; *Gasthof; Bus;* nach *Faido*, s. 23.1.), mit wettergegerbten Holzhäusern und der Pfarrkirche *S. Atanasio*. Danach durch Wiesen und Föhrenwald zum Tobel des *Ri Bassengo* und über den Weiler *Figgione* und ein zweites Wildwasser in 35min zum malerischen Leventinadorf *Rossura* (1045m; *Bus;* nach *Faido*, s. 23.1.; über die *Bassa di Nara* in das *Bleniotal*, s. 23.4.). Es besitzt eine interessante Kirche aus dem 13. Jh., *S. Lorenzo*, mit

Fresken von ca. 1450. 15min weiter die steingedeckten Hütten von *Tengia* (1098m), daneben eine sehenswerte alte Mühle mit Wasserrad. Hinab in 50min nach *Calonico* (959m; *Bus*; nach *Lavorgo*, s. 23.1.) mit seiner von weitem sichtbaren weissen Pfarrkirche. Ebenen Weges durch Wald in 50min zum zweiten Etappenziel **Anzonico** (984m; *Hotel**; *Bus*; nach *Lavorgo*, s. 23.1.), schönes Dorf mit gut erhaltenen typischen Tessiner Holzstadeln und Steinhäusern.

Von der Kirche am östl. Dorfrand geht es jetzt über die Kapelle *Sant' Ambrogio* in 50min zum prächtigen *Cavagnago* (1015m; *Bus*; nach *Lavorgo*, s. 23.1.). Dann durch Waldpartien, mehrere Tobel querend, am Weiler *Ronzano* vorbei in 35min zur isoliert stehenden Pfarrkirche *S. Lorenzo* von Sobrio. Sie bildet zusammen mit dem Pfarrhaus, einem idyllischen Friedhof, einem Kreuzweg und einem ummauerten Gärtchen ein stilvolles Ganzes. Auf dem Kirchweg gelangt man in 10min nach *Sobrio* (1116m; *Gasthof; Bus*; nach *Lavorgo*, s. 23.1.). Nach einem Aussichtspunkt folgt mit der Durchquerung der nach Bodio hinabführenden Schlucht *Vallone* die spannendste Partie der Strada Alta. Über eine mit wärmeliebenden Pflanzen bedeckte Felsstufe führt der Pfad hinab zu einem Steg über den Bach, dahinter über Steintreppen wieder empor. Vorbei an den Hütten von *Bidrè* (1033m; 35min) durch schattenspendenden Buschwald in 20min nach *Diganengo* (964m). – Nun beginnt der beschwerliche Abstieg zur Talsohle. Über die Maiensäss *Corecco* geht es im Zickzack steil hinunter. Auf langen Steintreppen und vorbei an mächtigen alten Edelkastanien erreicht man nach 1h15 *Pollegio* (296m; *Rest.*) an der Gotthardstrecke (*Bahnstation*). Nun ebenen Weges zur alten Brennobrücke, dann durch Reben- und Obstpflanzungen und Gärten in 45min nach **Biasca** (s. 23.1.).

23.3. Bergwanderweg von Piora nach Olivone

Von *Piotta*, an der Gotthardlinie (s. oben) steigt eine 1430m lange *Standseilbahn* zum Val Piora, mit einer Maximalsteigung von 88% die steilste der Welt. Sie führt entlang der Druckleitung des *Ritom*-Kraftwerks, anfangs durch Wald, dann durch offenes Gelände mit immer freierem Blick in die Leventina. Die Mittelstation *Altanca* liegt an der *Strada Alta* (s. 23.2.). Neben der Bergstation (1844m; *Rest.*) das Wasserschloss des Kraftwerks. Aussichtsreicher *WW* in 15min zur Staumauer des Ritomsees (1901m; *H. Piora***). – Auf einem *BW* von Piotta über Altanca zum See benötigt man

3h. Piora, als Sommerferienort besucht, liegt geschützt am Südwestende des **Lago Ritom***, der durch eine Staumauer auf ein Niveau von 1899m angehoben ist. Schöne Spaziergänge in den umliegenden Lärchen- und Föhrenwäldern. Angenehme Rundtour um den See auf einem *WW* in 2h.

Föisc (2208m): Aussichtspunkt hoch über der Leventina, auf *BW* in 1h erreichbar.

Über den Passo Forca nach Lurengo: *BW* durch lichten Föhrenwald östl. der Staumauer zum *Passo Forca* (2113m; 50min), mit herrlichem Panorama. Dann hinab im steilen Südhang durch Gebüsch und Wald über die Alpen von Deggio und Quinto in 1h50 nach *Lurengo* an der *Strada Alta* (*Bus*; s. 23.1. & 23.2.)

Zum Ursprung des Rheins* und zur Cap. Cadlimo: Spaziergang 20min entlang dem *Lago Ritom*, dann *BW* l. hoch zum kleinen, prächtigen *Lago di Tom*; von dort in 1h50 zum Sattel gegen das Val Cadlimo (2477m). Gleich dahinter liegt der *Lago Reno* (auch *Lago Scuro* genannt), der eigentliche *Ursprung des Rheins** (Orientierungstafel). Der *Reno di Medel*, der längste aller Rheinzuflüsse, fliesst von hier durch das Val Cadlimo in das Vorderrheintal ab. Vom See noch 30min zur *Cap. Cadlimo C.A.S.* (2570m), auf einer Krete einsam in den nördlichsten Tessiner Bergen gelegen. – Über den *Passo Bornengo* zur *Unteralp*, s. 9.3. – Nach *Airolo*, s. 23.1.

Pizzo Taneda (2668m): Vom Lago Reno *BW* südl. über Geröll und Fels in 45min zum Gipfel; die Aussicht umfasst sechs azurblaue Bergseen in unmittelbarer Nähe, weiter entfernt das Val Bedretto, die Tessiner, Walliser, Urner und Berner Alpen und einen Teil der einsamen Rätischen Bergwelt.

Val Cadlimo und Passo dell'Uomo: Von der Cap. Cadlimo *BW* durch das einsame, unbeweidete *Val Cadlimo* entlang des jungen *Reno di Medel* in 1h zu einem Stauwehr, wo das Rheinwasser zum Lago Ritom abgelenkt wird. Hier das Cadlimotal r. verlassend zum *Passo dell'Uomo* (2215m; 30min), Wasserscheide zwischen Rhein und Ticino. Nun entweder nach W. hinab in 50min zur *Alpe Cadagno* (1987m; s. unten), oder hinüber in 30 min zum Weg von Piora nach Olivone (s. unten). – Vom Passo dell'Uomo kann man durch das *Val Termine* weglos in 1h zum *Passo del Lucomagno* absteigen (s. unten).

Von Piora aus führt der ca. 25km lange, herrliche **Piora-Olivone Weg**** in 2 bis 3 Tagen dem Lago Ritom entlang zur Alpe Cadagno, dann durch das breite Hochtal Val Piora zum flachen Passo del Sole und jenseits durch die malerische Valle Santa Maria zur Bergtherme Acquacalda. Zuletzt geht es talabwärts in das Val Blenio mit seiner südlichen Vegetation. Die weite Plateaulandschaft, die in den Alpen ihresgleichen sucht, zeichnet sich durch Weltabgeschiedenheit und Ruhe aus.

Der *BW* führt nördl. entlang des Lago Ritom, an der Kapelle *S. Carlo* und dem hübschen *Lago Cadagno* vorbei, zur *Albergo Cadagno** (1987m; 1h), im weiten *Val Piora* prächtig gelegen (zum *Passo dell'Uomo*, s. oben). Nun über die grosse, viehreiche Alp langsam ansteigend in 1h20 zum *Passo del*

Sole (2375m) zwischen zwei Felszacken, der Wasserscheide gegen das Val Blenio. Gegen O. herrlicher Blick auf das Adulamassiv mit dem Rheinwaldhorn. Jenseits hinab über die grossen Alpen der *Valle Santa Maria*, weiter unten durch Föhren- und Arvenwald in 1h30 nach **Acquacalda** (1756m; *Berggasthaus & Therme; nur Sommerbetrieb*).

Passo del Lucomagno: *BW* im Tal des *Brenno* ansteigend, über den Talboden der *Alpe Casaccia*, an der Brenno-Quelle vorbei und über die Waldgrenze hinaus in 1h20 zum weiten *Passo del Lucomagno* (*Lukmanierpass*). Dieser ist mit einer Meereshöhe von 1916m der niedrigste Übergang über die Hauptwasserscheide der Zentralalpen. Er war bis zum frühen Mittelalter als Verkehrsweg zwischen den romanischen Siedlern im S. und den germanischen im N. regelmässig begangen, verödete aber im Zuge der allmählichen Entvölkerung von Rätien.

Talwärts über eine Höhenstufe in 1h zum sumpfigen Talboden der *Alpe Campra* (1427m; *ab hier Fahrweg*), dann im Zickzack durch Wald und über Lichtungen in 50min nach *Sommascona* (1034m; *Bus*), dem obersten Weiler von Olivone. Nun über *Scona* noch 30min bis zur Brennobrücke und zum Ortszentrum von **Olivone** (902m; s. 23.4.).

23.4. Val Blenio

Die Strasse von Biasca in das **Val Blenio*** (*Bus*) umzieht westl. den Schuttkegel *Büza di Biasca*, der von einem gewaltigen Bergsturz im Jahr 1512 herrührt; die Abbruchstelle am Pizzo Magno r. oben ist noch deutlich erkennbar. – 3km *Ponte Leggiuna*, am schluchtartigen Ausgang des heute unbewohnten Seitentals *Val Pontirone*. Links das Dorf *Semione* mit den ausgedehnten Ruinen der Burg *Serravalle* aus dem 12.-14. Jh. – 5km **Malvaglia** (380m; *Gasthof*), an der Mündung des tiefeingeschnittenen Val Malvaglia. Got. Kirche *S. Martino* mit schönem roman. Turm, dem zweithöchsten im Tessin. Am westl. Talhang liegt das idyllische Dörfchen *Ludiano* auf einer Terrasse inmitten von Gärten und Weinbergen.

Val Malvaglia*: Ein halsbrecherischer Fahrweg (*Verkehr durch Ampeln geregelt; Alpentaxi*) steigt am östl., von Weinbergen, Gärten und Wäldern bedeckten Hang in Kehren zum Eingang des engen, nur im Sommer bewohnten *Val Malvaglia**. Hoch über dem Bach *Orino* geht es an einer Felswand, z.T. durch Tunnel, taleinwärts. Zweimal über den Bach. – 7km *Madra* (1087m), in einer Waldlichtung. Das Strässchen steigt weiter und endet nach 8km im malerischen Weiler *Dandrio* (1222m; *Berggasthaus*). – Über den *Passo del Laghetto* zur *Cap. Adula*, s. unten

Bergweg in das Val Malvaglia: Vom nördl. Ortsteil *Rongie* steil durch Wald zum Eingang des *Val Malvaglia* (das Strässchen bleibt auf der gegenüberliegenden Talseite)

und ebenso steil weiter zur *Alpe Dagro* (1358m; 3h20), hoch über dem Bleniotal. Danach auf einem angenehmen Aussichtsweg fast horizontal über die südexponierte *Alpe Ciavasch* (1377m) und lichte Wälder in 50min zu den Hütten von *Anzano* (1326m; zum *Passo del Laghetto*, s. unten) und über die Orinobrücke nach *Dandrio* (30min; s. oben).

Im langgestreckten Tal folgt 10km *Dongio*, danach eine Brücke über den Brenno. – 13km **Acquarossa*** (527m; *H. Terme Acquarossa**, Hotel*, Camping*), ein viel besuchtes Bad mit einem grossen Wellnessangebot. Kleiner Kurpark. Gegenüber, am r. Brenno-Ufer in schöner Lage das Dorf *Comprovasco*, mit prächtigen alten Villen und Landhäusern. Die Berghänge sind bis hoch hinauf mit Nussbaum- und Kastanienwäldern bedeckt.

S. Carlo di Negrentino* und Leontica: Von Comprovasco führt eine Bergstrasse (*Bus*) den westl. Berghang hoch nach 3km *Leontica* (869m; *H. Alpina**; Gasthof*) und der Talstation eines Sessellifts (924m; *Parkplatz*). 10min von hier, jenseits des Bachs *Ri di Prugiasco* die alte Kirche *S. Carlo di Negrentino** aus dem 14. Jh., eine der bedeutendsten roman. Kirchen der Schweiz. Im Innenraum wunderbar erhaltene roman. und got. Wandmalereien in den leuchtendsten Farben. – Der *Sessellift* führt zur *Alpe Cancori* (1451m; *Rest.; Skilift*), ein beliebtes Wintersportgebiet im Kanton Tessin.

Bergweg über die Bassa di Nara nach Rossura: Von der Alpe Cancori über Matten ansteigend in 2h15 zur *Bassa di Nara* (2122m), dem aussichtsreichen Sattel gegen die Leventina. Jenseits steiler hinab über Alpweiden, durch Wald und Matten nach *Rossura* (1045m; 2h30) an der *Strada Alta* (s. 23.2.). – Nach *Faido*, s. 23.1.

Dörfer auf der westl. Talseite: Alternativ zur Hauptstrasse führt eine Seitenstrasse auf der r. Talseite über die malerischen Dörfer *Prugiasco* und 3km *Castro* nach 5km *Ponte-Valentino* (715m; *Rest.*), herrlich am Hang in Weinbergen gelegen. Nach 7km, in *Aquila*, trifft sie wieder auf die Hauptstrasse (s. unten).

Es folgt auf der östl. Talseite 15km *Lottigna* (*Rest.*), am Fuss des pyramidenförmigen *Cima del Simano*. Mächtiger *Palazzo del Pretorio* von 1550, die Fassade mit den Wappen der eidgenössischen Landvögte des Bleniotals geschmückt. – 17km *Torre*, mit elegantem, hohem roman. Kirchturm; danach folgt das an der Mündung des Val Soi reizend gelegene **Dangio*** (801m; *Gasthof, Camping*).

Val Soi und Adulamassiv: Ein nur im Sommer offener Fahrweg (*Alpentaxi*) steigt in vielen Kehren durch Wald das *Val Soi* hoch bis zur *Alpe Soi* (1270m; *Parkplatz*). – Von hier *Luftseilbahn* (oder *BW* in 2h30) die Felswand empor zum *Passo di Piotta* (2030m), der Wasserscheide gegen das nach N. sanft abfallende Val Carassino (nach *Olivone*: s. unten). Auf dem Pass die kleine *Capella di Termine*. Nun auf *BW* zur *Cap. Adula C.A.S.* (2393m; 1h10), am Westabhang des Adulamassivs einsam gelegen. – Von hier **HT** über Schutthalden und den spaltenarmen *Brescianagletscher* zum *Adulajoch* (3166m; 2h30); weiter in 50min den wenig ausgeprägten Nordwestgrat entlang zum *Rhein-*

waldhorn (3402m), dem höchsten Gipfel der Adulagruppe. Prächtige Rundsicht über die südöstl. Alpen, besonders über die einsame Bergwelt Rätiens mit dem dominierenden Berninamassiv 70km im O. und dem Ortler l. davon.

Über den Passo del Laghetto in das Val Malvaglia: Von der *Cap. Adula BW+* südöstl. über Schuttfelder zum *Passo del Laghetto* (2647m; 45min). Nun steil hinab über eine Felsstufe in 1h25 zur *Alpe Quarnei* (2045m). Talwärts, die Waldgrenze passierend am r. Berghang des Val Malvaglia über die *Alpe Rossino* in 1h45 zu den Hütten von *Anzano* (1326m; s. oben). Von dort nach N. abbiegend zur Brücke über den Orinobach und in 30min nach *Dandrio* (1220m; Strässchen nach *Malvaglia*; s. oben).

Die Strasse berührt 19km *Aquila (Nebenstrasse nach Aquarossa*: s. oben), steigt allmählich im Talgrund an und endet in 22km **Olivone*** (902m; *H. Olivone & Posta**; Gasthof*), schönes, von Gärten umgebenes Dorf in malerischer Lage im oberen Bleniotal, nach N. abgeschlossen von der Granitpyramide des Sosto und der Schlucht des Brenno. Die Täler im N. oberhalb der Brennoschlucht sind unbewohnt und weglos.

Durch das Val di Carassino zum Passo di Piotta: Ein steiler *BW* zieht den östl. Hang durch Wald hoch zur *Alpe Compietto* (1570m; 2h15). 25min weiter oben, bei einer Wasserfassung für das Kraftwerk *Olivone* biegt der Pfad nach SO. um, in das lange und etwas einförmige *Val Carassino*, in welchem er in allmählichem Anstieg in 2h15 zum *Passo di Piotta* führt (2030m; s. oben).

Höhenweg über den Passo del Sole nach Piora: s. 23.3.

Pizzo Medel (3210m): Selten bestiegener Gipfel, unwegsam weit im N. (*HT*; Biwak).

24. Von Bellinzona zum Lago Maggiore

24.1. Bellinzona und Umgebung

Bellinzona** (239m; *H. International**, H. Metropol**, Hotel*, Gasthof, Campingplatz; Freibad*), Hauptstadt des Kantons Ticino mit 8.700 Ew., wird malerisch überragt von alten Mauern und Burgen. Es galt stets als der Schlüssel zum Gotthard und ist seit 1503 im Besitz der Schweiz. An der *Piazza della Collegiata* die **Stiftskirche***, 1518-46 im Renaissancestil erbaut, mit einer Freitreppe; im Chor eine ‚Kreuzigung' von *Tintoretto*. Daneben der 1926 erbaute *Palazzo Communale*, mit einem schönen Turm. 10min südwestl., an der Strada di Lugano die 1505 geweihte Kirche **Sta. Maria delle Grazie*** mit einem prächtigen Fresko am Lettner (‚Kreuzigung') und anderen Wandmalereien aus dem 16. Jh.

Das Ortsbild wird beherrscht von den **Tre Castelli***, die von den Mailänder

Herzögen im 13.-15. Jh. angelegt wurden. Die Gesamtheit der Festungen und Burgen gehört zu den bedeutendsten mittelalterlichen Wehranlagen der Schweiz. Im W. der Stadt nimmt das *Castello S. Michele* oder *Uri* einen frei aus der Talebene aufragenden, rebenbedeckten Hügel ein. Im O. erhebt sich am Bergabhang das stattliche *Castello di Montebello* oder *Schwyz* (313m), mit einer Sammlung von Altertümern. Noch höher liegt das *Castello di Sasso Corbaro* oder *Unterwalden* (462m), das der Aussicht wegen besuchenswert ist (*WW* über Weinberge, den Weiler *Daro* und die alte Kirche von *Artore* in 40min). In *Ravecchia*, 20min südl. von Bellinzona, die roman. Kirche *S. Biagio*, mit Wandmalereien aus dem 14.-15. Jh.

Valle Mesolcina: Mit Auto oder Bus zunächst auf der Gotthardstrasse nach 3km *Arbedo* (Dorfkern 274m; *Rest.*) auf dem Schuttkegel der wilden Valle d'Arbedo inmitten von Weinbergen schön gelegen, ebenso wie *Gorduno* auf dem gegenüberliegenden Ufer des Ticino. Beim Kreisel nach der Brücke über die Moësa (s. 23.1.) r. in die nur in seinem untersten Teil besiedelte *Valle Mesolcina* (deutsch: *Misox*). Nach 5km *Lumino*, mit zwei alten Türmen, endet die Strasse in 9km *S. Vittore* (277m; *Gasthof*), mit einer Burgruine, einem schönen Palazzo und einer ehem. Stiftskirche aus dem 17. Jh. Lumino und S. Vittore sind durch ihre Lage am Südfuss einer Bergkette im Sommer oft sehr heiss, produzieren aber einen ausgezeichneten Wein (hauptsächlich 'Merlot'). In der Talenge hinter S. Vittore endet das Siedlungsgebiet seit dem Mittelalter. Zuvor war das Misox ein wichtiger Verkehrsweg nach Rätien über den San Bernardino-Pass.

Cap. Brogoldone: Ein steiler Fahrweg (*Alpentaxi*) zieht sich von S. Vittore in Serpentinen den bewaldeten, kastanienreichen Südhang hoch zur 4km Maiensäss *Giova* (985m; *Rest.*), mit Blick nach N. in das unbewohnte Val Calanca. – Nun 3h auf einem *BW* durch höhere Waldstufen zur *Cap. Brogoldone C.A.S.* (1906m), in Bergeinsamkeit am Südsporn der östl. Tessintalkette gelegen. Herrlicher Tiefblick auf Bellinzona, die Magadinoebene und die Bergwelt des Sottoceneri. – Von hier *BW+* in 3h zum *Pizzo di Claro* (2727m) in der obgenannten Bergkette: zuerst nach N. auf den Kamm, dann in die östl. Bergflanke, zuletzt ziemlich ausgesetzt über steile Rasenhänge zum Gipfel. Umfassendes Panorama der Schweizer Südalpen.

Mornera* und Cima dell'Uomo: Von *Monte Carasso* (*Rest.*), 2km westl. von Bellinzona am r. Ufer des Ticino (*Bus*), Gondelbahn nach *Mornera** (1344m; *Gasthof*), herrliche Aussichtsterrasse hoch über der Magadinoebene. Noch weiter ist das Panorama von der *Cima dell'Uomo* aus (2389m): auf *BW+* über einen Kamm empor zur *Alpe Albagno* (1872m; 1h45) und den darüberliegenden Grat; einen Felskopf südl. umgehend über den Südgrat in 1h50 zum Gipfel. – Abstieg nach *Monti della Gana* (1287m), s. unten.

Valle Morobbia: Von *Giubiasco* (*Rest.*; *BW* nach *Isone*: s. 27.1.), 2km südl. von Bellinzona, zweigt l. eine Bergstrasse (*Bus* bis *Carena*) in die *Valle Morobbia* ab, ein wildes Tal, dessen Südhang völlig unzugänglich ist. Die Strasse steigt zunächst durch Weinberge mit schönen Landhäusern nach 3km *Pianezzo* (491m), dann durch Wald in das tiefeingeschnittene Tal nach 6km *Vellano* und 7km *Carmena* (822m; *Rest.*), schliesslich zum letzten Weiler *Carena* (958m). Nun enges Alpsträsschen (*Maut! Alpentaxi*) weiter taleinwärts, über den Bach Morobbia in das südl. Nebental *La Valletta* (1259m; s. unten) und durch einsame Bergwälder zur 17km *Alpe di Giumello* (1594m; *Rest.*; *Parkplatz*) oberhalb der Baumgrenze. – Von hier gibt es zwei Zugänge zur *Via Azzurra* (s. 24.2.) auf dem Bergkamm: *BW* entweder südl. in 1h zur *Bocchetta di Albano* (1897m) oder östl. über baumreiche Alpen in 1h20 zum *Passo S. Jorio* (2011m).

Zur Bocchetta di Revolte und zum Camoghè: Von La Valletta (1259m; s. oben) *BW* an der l. Talseite nach N., dann im Bogen zur *Alpe Poltrinone* (1701m; 1h30). Nun etwas absteigend am Westhang des Monte Stabbiello bis 1560m, dann wieder empor über die *Alpe Revolti* zur *Bocchetta di Revolte* (1970m; 2h) unterhalb des Camoghè. – Zum *Camoghè* oder nach *Isone*: s. 27.1. – Zum *Monte Bar* oder in das *Val Colla*, s. 29.4B.

24.2. Höhenweg *Via Azzurra* von Arbino nach Brè

Der zweite berühmte Tessiner Höhenweg, die **Via Azzurra****, verläuft im Gegensatz zur Strada Alta fast stets oben auf dem Bergkamm und bietet deshalb viel umfassendere Rundsichten als diese. Es ist eine Tour über weltentrückte Höhen, die den Wanderer der Sonne, der Luft, den Wolken und dem Himmel so nahe bringt wie kaum ein anderer Weg in der Schweiz. Die erste Hälfte der Strecke bis zum Sattel San Lucio verläuft durchwegs über alpmattenbedeckte Bergkämme und ist wegen ihres alpinen Charakters besonders attraktiv. Ab San Lucio begleitet dann der herrliche Tessiner Wald mit seiner südlichen Artenzusammensetzung den Weg und macht diesen Teil ebenso faszinierend wie den ersten.

Abgesehen vom Abstieg nach Brè zieht die Via Azzurra ohne extreme Höhenunterschiede über die Berge: Von 1600m steigt man zum Passo S. Jorio auf 2000m; auf dieser Höhe bleibt man annähernd über die ganze Kette bis zur Gazzirola. Danach geht es hinunter zum Sattel San Lucio auf 1500m. Weiter führt der Weg etwas mehr auf und ab: auf 1800m, dann hinab bis 1200m, doch können diese Höhendifferenzen z.T. auf Waldwegen nördlich des Hauptkamms umgangen werden. Nach einem letzten Aufstieg zum Monte Boglia (1500m) geht es steil hinab nach Brè (800m). – Vorzeitige Abstiege in die Täler oder alternative Wege, z.B. zum Monte Bar, eröffnen der Tour viele Varianten. Nur wenige Stellen erfordern echte Trittsicherheit, weshalb die Route als normaler Bergweg eingestuft wird. An Übernachtungsmöglichkeiten stehen neben dem Berggasthaus Arbino (s. unten) die Cap. Tappa (2000m), das Berggasthaus San Lucio (1540m) und die Cap. Pairolo (1400m) zur Verfügung. – Alpentaxi bis zur Colle d'Arbino; dann evtl. Gepäcktransport mit Maultieren.

An der Strasse in die Valle Morobbia (s. 24.1.) folgt 1km hinter Pianezzo l. eine Abzweigung zur Maiensäss *Paudo* am Hang oberhalb von Bellinzona. Nun Fahrweg (*Maut!*) in vielen Kehren durch Wald über die Lichtung *Piano Dolce* steil zur **Colle d'Arbino**, 10km von Giubiasco entfernt (1622m; *Berggasthaus*). 15min nordwestl., auf dem *Motto d'Arbino* (1690m) steht ein Aussichtsturm.

Von der Colle d'Arbino steigt die Via Azzurra zunächst auf dem Waldrücken zur *Alpe di Gesero* (bis hier *Fahrweg*), dann auf dem offenen Kamm in 1h15 zum Sattel *Biscia* (2030m) unterhalb der Cima delle Cicogne. Südl. unter einem Grat in 30min hinüber zum **Passo S. Jorio*** (2011m), mit überraschendem Tiefblick zum Comersee (zur *Alpe di Giumello*, s. 24.1.). Die Valle Albano, die zum See hinabführt, ist wild und weglos. Die *Cima di Cugn* (2237m) im N. lässt sich vom Pass aus in 40min ersteigen. Nun beginnt der prächtigste Teil der Wanderung. Der Weg zieht über die mattenbedeckte Krete, stets mit herrlicher Sicht auf beide Seiten, in 1h20 zur *Bocchetta di Albano* (1897m; zur *Alpe di Giumello*, s. 24.1.). Dann, auf einem etwas steileren Grat zur *Bocchetta di Sommafiume* (1924m; 30min). Weiter im Zickzack empor zur *Cima Verta* (2077m; 25min); gleich dahinter befindet sich die **Cap. Tappa*** *C.A.S.* (2000m), in unvergleichlicher Lage auf der Bergkette hoch über dem Val Cavargna thronend.

Abstieg nach Cavargna: s. 30.2.

Höhenweg nach Breglia/Menaggio: Sehr anstrengende, aber prächtige Variante der Via Azzura auf der nach O. führenden Kette, die südl. zum bewohnten Val Cavargna, nördl. zur wilden, einsamen Valle Albano abfällt. Nur für ausdauernde und erfahrene Berggänger; *BW+*, z.T. unzureichend markiert. Von der Hütte r. unterhalb des Grats zur *Bocchetta di Sengia* (2010m; 40min), dann nördl. sehr exponiert durch die Fluh des *Pizzo di Gino* (2245m; höchster Gipfel der Region) über die *Cima Pianchette* (2158m) und Alpweiden in 1h40 zum *Passo Tabor* (1979m; von hier *BW* hinab über einsame Alpen und die Maiensäss *Oggia* in 2h 45 nach *S. Bartolomeo* im Val Cavargna; s. 30.2.). – Um den Monte Tabor r. herum, über einen langen Alpgrat in 1h30 zum Ostsporn der ganzen Kette, dem *Monte Bregagno* (2107m). Herrliches Panorama mit dem Comersee in der Tiefe, dem Monte Legnone gegenüber und dem Berninamassiv weit im O. Nun den Südgrat *Costone del Bregagno* hinab zur Kapelle *S. Amate* auf einem Sattel (1623m; 1h). Schliesslich steil über Alpweiden, später durch Wald in 2h nach *Breglia* hinab (749m; *Bus*; nach Menaggio, s. 30.1.).

Die zweite Etappe führt westl. weiter auf dem Bergkamm, über den *Monte*

Stabbiello und den *Monte Segor* in 2h zur **Gazzirola*** (2115m), ein flacher Grasgipfel, von dem aus sich der Blick in das Val Colla und auf den Luganersee öffnet. Nördl. gegenüber der etwas höhere Camoghè. Von hier führt ein schöner Weg über den Westgrat hinab zum *Monte Bar* bzw. in das *Val Colla* (s. 29.4B.). – Die Via Azzurra zieht von der *Gazzirola* auf dem aussichtsreichen Südgrat stetig hinab in 1h20 zum **Sattel San Lucio** (1540m; *Berggasthaus*).

Abstieg nach Bogno im Val Colla: s. 29.4B. & 29.4C.

Abstieg nach Cavargna: s. 30.2.

Nun über den flachen Grat unmittelbar oberhalb der Baumgrenze nach S., dann entweder über den sanftgeneigten *Monte Cucco* (1623m) oder östl. davon über Alpmatten in 1h zur *Bocchetta di S. Bernardo* (1585m). Die Via Azzurra steigt hier nochmals über einen mit Busch bedeckten Grat in 50min zur *Cima di Fojorina* (1809m), mit herrlichem Blick auf den Porlezza-Arm des Luganersees und den Monte Generoso gegenüber. Dann über den ab 1650m bewaldeten Westgrat absteigend in 1h zum **Passo Pairolo** (1405m) mit der *Cap. Pairolo C.A.S.* Diese ist von der obgenannten Bocchetta di S. Bernardo auch über einen Waldweg am Nordhang der Kette in 1h erreichbar.

Abstieg nach Cimadera oder Sonvico im Val Colla: s. 29.4C.

Abstieg nach Valsolda: Steiler *BW* durch das wilde Waldtal *Valle di Duslinn* in 1h50 zum obersten Weiler *Dasio* (580m) in der Gemeinde Valsolda (s. 30.1.).

Die dritte Etappe des Wegs führt anfänglich über den sanften Waldgrat weiter, der aber dann in ein gegen N. mächtige Flühen bildendes Gebirge übergeht, die *Denti della Vecchia* (1431m), die nach 40min erreicht werden. Das ganze Luganese mit dem Val Colla und dem gegenüberliegenden Malcantone liegt dem Wanderer hier zu Füssen. – Nun beständig abwärts in 40min zum **Pian di Scagn** (1173m).

Abstieg nach Cureggia: *BW* durch Kastanienwald hinab in 1h15 nach *Cureggia* oberhalb von Lugano (656m; *Bus*; s. 29.4C.)

Abstieg nach Valsolda: Steiler *BW* hinab nach *Dasio* im Valsolda (1h20; s. 30.1.).

Ein nochmaliger Anstieg führt in 1h zum **Monte Boglia*** (1516m), dem südwestl. Eckpfeiler der ganzen Kette, der letzten eindrücklichen Aussichtskanzel des Weges. Dann geht es steil am Südhang durch Kastanienwald hinab, gegen Ende über Matten, in 1h45 zum Dörfchen **Brè** (800m). Von hier *Bus* oder *Drahtseilbahn* nach Lugano, s. 28.2A.

24.3. Von Bellinzona nach Locarno und Ascona

Eisenbahn und Strasse durchqueren die *Magadinoebene* (*Piano di Magadino*). Sie ist gegen Überschwemmungen durch den Ticino und zur Gewinnung von Landwirtschaftsland beidseits durch Dämme geschützt. Doch hat der Fluss durch das ihm zugestandene Überschwemmungsgebiet von 500m Breite und sein ausgedehntes Delta in den Lago Maggiore immer noch den Charakter eines wilden Alpenflusses mit Kiesinseln, Altarmen und weiten Auenflächen. Er ist für sein reiches Vogel-, Reptilien-, Amphibien- und Insektenleben berühmt. In der Magadinoebene werden Kartoffeln, Gemüse, Mais, Getreide und Reis angebaut.

Nach der Überquerung des Ticino folgen 3km *Sementina* (*Rest.*), 7km *Gudo* und 10km **Cugnasco** (228m; *Gasthof*). Diese Dörfer produzieren dank ihrer Lage am Südfuss der Berge und ihrer hohen Sonneneinstrahlung viel Obst und vor allem Wein (angebaut wird besonders ,Merlot'). Links in der Ebene liegt der Flugplatz Magadino (s. unter Locarno).

Monti di Motti und Monti della Gana: Ein enger Fahrweg (*Maut! Alpentaxi*) zieht den bewaldeten Südhang in Kehren hinauf bis zu einer Verzweigung (7km; 1026m). Geradeaus in 2km zur Maiensäss *Monti di Motti* (1061m; *Rest.*), einer Ferienkolonie hoch über dem Ausgang des Verzascatals. – Von hier Besteigung des Felskopfs *Sassariente* (1767m) auf *BW* in 2h30. – Von der obgenannten Verzweigung geht es r. nach 2km *Monti della Gana* (1287m; *Rest.*), einer früheren Maiensäss. *BW* von hier zum Sassariente in 1h45. – Zur *Cima dell'Uomo*, s. 24.1.

14km **Gordola** (204m; *Hotel*, Camping; Stadtbus nach Locarno*), grosses Dorf in Weinbergen am Ausgang der Verzascaschlucht. An Ufer des Flusses steht das Pumpspeicher-Kraftwerk *Verzasca*, das sein Wasser aus dem Vogorno-Stausee erhält (s. 25.1.; ins *Verzascatal*: s. 25.1.). – Nach der Brücke über die Verzasca erscheint l. der Lago Maggiore (*Langensee*). Es folgen die Dörfer Minusio und Muralto (s. unten) und schliesslich, nach 19km

Locarno**

Hotels*** (Palace, Parkhotel, Metropol), Hotels** (Schweizerhof, Esplanade, San Remo, Milano), 4 Hotels*, 3 Gasthöfe, Ferienwohnungen; viele Restaurants
Campingplatz Saleggi
Stadtbus von Gordola über Muralto, Minusio und Locarno nach Ascona
Busstation am Bahnhof; Schiffsanlegestelle 200m südl. vom Bahnhof
Werktags täglich 2 Flüge ab Magadino nach Bern; Alpenrundflüge
Kursaal

Einkaufsmöglichkeiten zwischen Bahnhof und Piazza Grande
Freibad Lido, Hallenbad, Golfplatz Losone; im Winter Skibetrieb auf Cardada-Cimetta
Botanisch-zoologische Exkursionen in das Maggia- und Ticinodelta

Locarno (198m), alte Stadt von 7.500 Ew., im späten Mittelalter im Besitz des Herzogtums Mailand, gehört seit 1513 zur Schweiz. Die Bauart der Stadt ist sehr italienisch geprägt. Locarno liegt nahe der Mündung der Maggia in den *Lago Maggiore* am Fuss des Hausbergs Cardada-Cimetta und wird ganzjährig von Touristen besucht: im Frühling und Herbst dank der angenehmen Temperaturen, im Sommer wegen Film- und Musikfestspielen, im Winter aufgrund des Skigebiets Cimetta. Im milden Klima gedeihen Feigen-, Oliven- und Granatbäume, auch viele Arten von Palmen; im Spätwinter blühen die Mimosen, im August die Myrte. Im Frühling bietet die Landschaft mit ihrer in tiefen Lagen weit fortgeschrittenen Vegetation und den immer noch schneebedeckten Bergen prächtige Kontraste.

Mittelpunkt des Lebens ist die **Piazza Grande***, der langgestreckte Marktplatz, mit Bogengängen an der Nordseite und mehreren Cafés, südl. begrenzt vom Kursaal, dem Stadtgarten und der Hauptpost. Auf der Piazza Grande finden im Sommer die Freilichtvorstellungen des Filmfestivals von Locarno statt. Von der Piazza Grande gelangt man südwestl. zum *Castello*, der ehem. Burg der Mailänder Herzöge, 1518 von den Eidgenossen teilweise zerstört. Unter den vier Kirchen von Locarno sind zwei wegen ihrer farbenprächtigen Wandmalereien im Innern bemerkenswert: die barocke *Sta. Maria Assunta* in der Altstadt und die got. *Sta. Maria in Selva* im Friedhof an der Strada Vallemaggia. Vor der Pfarrkirche *S. Antonio* steht ein Brunnendenkmal des *Marchese Marcacci*, eines Wohltäters der Stadt im 19. Jh. Eindrückliche alte Wohnhäuser aus dem 14.-18. Jh. zeugen von früherem Wohlstand.

Vom Schiffssteg im O. der Piazza Grande führt der aussichtsreiche *Quai di Locarno* südl. zum Freibad Lido, zum Bosco dell'Isola und zum Wäldchen von Saleggi, ehemals Teil des Maggiadeltas. Die Maggia ist gegen Locarno und dem gegenüberliegenden Ascona eingedämmt; dazwischen bildet der Fluss und seine Mündung in den See eine prächtige Naturlandschaft.

Nördl. und östl. vom Bahnhof liegt der Ortsteil *Muralto*, mit hübschen, südländisch geprägten Gärten und der roman. Stiftskirche *S. Vittore* (eindrückliche Krypta; am Turm ein Renaissancerelief des ‚Hl. Viktor' zu Pferd). Noch etwas weiter der Vorort *Minusio*, mit Weinbergen und Villen.

Hoch über Locarno thront auf bewaldetem Fels, an der Ramognaschlucht, die **Madonna del Sasso*** (344m; *H. Belvedere***), wohin ausser einer *Standseilbahn* auch ein gepflasterter Kapellenweg in 45min führt. Die 1480 gegründete, später mehrfach erweiterte und vergrösserte Wallfahrtskirche (,Santuario') besitzt zwei schöne Altarbilder: r. vom Eingang ,Flucht nach Ägypten' von *Bramantino* († 1537), l. ,Grablegung' von *Antonio Ciseri* († 1891). Von der Säulenhalle an der Südseite der Kirche bietet sich ein malerischer Blick auf den See und die Berge ringsum.

Am windgeschützten, aussichtsreichen Abhang unweit der Wallfahrtskirche liegen zwischen Weinbergen einige Dörfer mit Villen und Gärten von mediterranem Stil (*Bus*): 1km westl. *Monti della Trinità* (*Locarno-Monti*), mit der *Cappella della Trinità*; 1-2km östl. *Orselina* (449m; *H. Cimetta***, *H. Tamaro***) und *Brione s. Minusio* (429m; *2 Hotels**; s. unten).

Contra und Mergoscia: Bergstrasse (*Bus*) von 1km *Minusio* nach 3km *Brione* (s oben), dann weiter den Hang entlang über den Weiler *Costa* (Strasse nach *Gordola*) nach 6km *Contra* (480m; *Rest.*), hoch über dem Eingang des Val Verzasca. Dann auf kühn angelegtem Strässchen in das Tal hinein. Unten die Bogenmauer des Stausees *Lago di Vogorno*. Auf hohen Brücken über zwei Seitentobel. – 10km *Mergoscia* (731m; *Gasthof*), ein auf einem Hang oberhalb des Sees weit verstreutes Dorf inmitten von Gärten und Weinbergen. Schöne Kirche. – Hier beginnt der Verzasca-Talweg über *Lavertezzo* nach *Sonogno*, s. 25.1. – Nach *Cardada* oder zum Höhenweg nach *Maggia*, s. unten.

Cardada und Cimetta*: Von Madonna del Sasso führt eine *Gondelbahn* nach *Cardada* (1331m; *H. Bellavista***, *Gasthof*) und ein *Sessellift* weiter bis unterhalb des Gipfels der *Cimetta** (1671m; *Berggasthaus; Skilifte*), mit einer Wetter- und IT-Station. Die mehr als 4h dauernde Besteigung zu Fuss (*BW*) lohnt wenig. Herrlicher Blick auf den von steilen Wäldern eingerahmten Langensee und die Bergwelt der Südschweiz.

Von Cardada nach Mergoscia: BW hinab in 30min zur *Alpe Cardada* (1480m). Dann den sonnigen Nordhang des *Val Resa* hinab zur Maiensäss *Sottocresta* und durch das waldige *Val Mergoscia* in 2h zur Kirche von *Mergoscia* (731m; s. oben).

Höhenweg von der Cimetta nach Aiarlo und Maggia: Herrliche, aber beschwerliche Aussichtstour (*BW*) entlang der Westseite der Verzasca-Maggia-Kette, hoch über dem Maggiatal. Der Weg erklettert zunächst in 1h die *Cima della Trosa* (1862m) und senkt sich dahinter durch Grünerlengebüsch in 30min zur *Bassa di Bietri* (1657m), wo ein *BW* über einen schönen Südhang nach *Mergoscia* hinabführt (2h; s. oben). Nun wieder ansteigend über den Grat zum *Madone* (2001m) und auf gleicher Höhe in 1h30 bis unterhalb der *Bocchetta di Orgnana* (1852m). Weiter über Alpwiesen am Westhang fast horizontal über die *Alpe Nimi*, dann steiler hinab in 1h30 zum Sattel *Aiarlo di Dentro* (1492m; *einf. Berggasthaus*), auf einer prächtigen Lichtung im Bergwald versteckt. Im

Zickzack steil talwärts über einen Waldgrat in 2h45 nach *Maggia* (332m; s. 25.2.).

3km westl. von Locarno, auf der r. Seite des Maggiadeltas liegt **Ascona**** (198m; *Bahn und Stadtbus von Locarno; H. Monte Verità***, H. del Lago**, H. Riviera**, 2 Hotels*, Gasthof, Camping; Seebad*), ein ehem. Fischerdorf, das auch heute noch weitgehend seinen malerischen Charakter bewahrt hat. Sonnige Uferpromenade mit doppelter Platanenreihe. Die ursprünglich roman., später barock umgebaute Kirche enthält u.a. Gemälde von *Giovanni Serodine* (1594-1630), einem der bedeutendsten unter den zahlreichen aus Ascona stammenden Künstlern. Neben der Kirche sein Wohnhaus mit einer prächtigen Fassade. Im sog. *Collegio Papio* ein eleganter, zweigeschossiger Renaissance-Arkadenhof. Oberhalb des Dorfs, am Abhang des *Monte Verità*, viele Villen in Gärten mit Zypressen, Olivenbäumen und Palmen. Schöner Spazierweg dem glitzernden Seeufer entlang zum Delta der Maggia.

Höhenweg nach Ronco*: Vom 25min Monte Verità (321m) *WW* westl. durch lichte Kastanienwälder zur *Cappella Gruppaldo* (400m; 20min), an der Strasse von Arcegno (s. unten) nach Ronco. Hier öffnet sich plötzlich ein herrlicher Blick auf den See. Auf dem Strässchen den Hang entlang, der mit kleinen Weilern und Villen bedeckt ist, hinüber in 30min zum Dörfchen *Ronco s. Ascona** (348m; *Hotel**) mit einer weithin sichtbaren Kirche. – Von hier in 20min hinab nach *Porto Ronco* an der Bahn und Kantonsstrasse (s. 26.2.).

Pizzo Leone* (1659m): Von der Capp. Gruppaldo (s. oben) Bergsträsschen (*kein Bus*) in vielen Kehren den Wald empor, weiter oben über Matten zur 9km Maiensäss von *Cassina* (1040m; *Rest.; Parkplatz*). 50min oberhalb (*BW*) liegt der Aussichtspunkt *Corona dei Pinci* (1293m). – Die *Alpe di Naccio* (1398m), unterhalb des Pizzo Leone, ist entweder von der Corona dei Pinci fast ebenen Weges in 35min, oder von Cassina durch Kastanienwald ansteigend in 1h15 erreichbar. Dann noch 50min auf *BW* zum *Pizzo Leone**. Grandioses Panorama der Seen- und Berglandschaft der Südschweiz. Tiefblick auf Brissago und seine Inseln. – Abstieg auf *BW* durch dichte Wälder in 1h45 nach *Rasa/Centovalli*, s. 25.4. – Abstieg von der *Alpe di Naccio* auf *BW* nach *Bassuno/Brissago* in 1h20, s. 26.2.

Arcegno: *WW* vom Monte Verità nordwestl. durch Kastanienwald in 30min zum malerischen Dörfchen *Arcegno* (388m; *Rest.*), auf einer Waldlichtung in Gärten versteckt.

Über Losone nach Intragna: Strässchen (*Bus*) am Nordfuss des Gebirges nach 3km *Losone* (*Rest.*) in fruchtbarer Ebene. Weiter am Golfplatz von Locarno und dem hübschen, in Gärten versteckten Weiler *Golino* vorbei, zuletzt über die aus dem Centovalli hervorströmende *Melezza* nach 9km *Intragna*, an der Strasse durch das Centovalli nach *Domodossola* (s. 25.4.).

25. Die Täler des Locarnese

Die Gebirgslandschaft nördlich von Locarno hat im Gegensatz zur Alpennordseite mit ihren kultivierten Tälern den Charakter einer Bergwildnis. In der Tat sind weite Gebiete heute gänzlich unbesiedelt, so vor allem das ausgedehnte Bergland zwischen dem Maggia- und Tosatal, vom Basodino im N. über das Val Vigezzo fast bis zum Langensee. Auch in den übrigen Regionen sind heute nur die Talböden besiedelt; Alpwirtschaft wie nördlich des Alpenkamms oder wie in den Tälern Piora oder Blenio wird wegen des steilen Geländes nur selten betrieben. Die Gipfel steigen zwar kaum bis auf 3000m, im südl. Teil nicht einmal bis 2500m, aber weil die Talböden sehr tief liegen, entsteht der Eindruck von mächtigen Bergketten. Da vergletscherte, alpinistisch attraktive Gipfel fehlen, werden die Berge des Maggia- und Verzascatals nur selten bestiegen. Die Touristen, die es dennoch tun, sind meist Naturfreunde, die gerade die ursprüngliche, wilde Berglandschaft suchen. Sie stören sich auch nicht an der relativ bescheidenen touristischen Infrastruktur dieser Region.

25.1. Val Verzasca

Von *Gordola* (s. 24.3.) zieht eine Bergstrasse (*Bus*) in fünf Kehren auf der östl. Seite die Verzascaschlucht hoch. Bei 4km zeigt sich l. die Bogenstaumauer des *Lago di Vogorno* (473m), Teil des Pumpspeicherkraftwerks *Verzasca*. Nun im steilen **Val Verzasca*** längs des Sees durch mehrere Tunnel zum Weiler *Berzona*, dann auf einer Brücke über einen Seitenarm des Sees. – 7km *Vogorno* (490m; *Rest.*), ein Dorf dessen unterste Häuser beim Aufstauen des Sees in den Fluten ertranken. Nach *S. Bartolomeo* mit einer schönen Kapelle l. der alte *Ponte di Corippo*, der zum Verzasca-Talweg auf der r. Flussseite führt (s. unten). Die Verzasca oberhalb des Stausees ist ein brausendes, blaugrünes Wildwasser. Die Strasse zieht im steilen, beidseits bewaldeten Tal nach 11km *Lavertezzo* (536m; *Rest.*), in idyllischer Lage an der Mündung eines mehrfach verzweigten östl. Seitentals. Gleich danach der zweibogige *Ponte dei Salti**, die wohl eindrücklichste der alten Tessinerbrücken. Die Berge der Gegend sind kaum 2500m hoch, werden aber wegen des enormen Höhenunterschieds gegenüber dem Talgrund selten erklettert. – 18km **Brione Verzasca*** (756m; *H. Verzasca***, *Gasthof*), der Hauptort des Tals, an der Mündung des Val d'Osura. In der

Kirche herrliche got. Fresken.

Über den Passo del Cocco nach Cavergno: Anstrengende, lange Tour (8-9h) mit grossem Höhenunterschied und ohne Übernachtungsmöglichkeiten. – *BW* durch das enge *Val d'Osura* in 2h30 zur *Alpe Osola* (1417m), zuhinterst im Tal. Nun auf *BW+* an der steilen westl. Talseite durch die Flühen des Pizzo del Cocco in 1h45 zum Stadel von *Cravozz* (1908m; s. unten); von hier noch 50min zum *Passo del Cocco* (2141m) in der Verzasca-Maggia-Kette. Jenseits ebenso steil hinab durch das unbewohnte *Val Cocco* in 3h30 zur Maggiatalstrasse (566m; *Bus*) oder weiter entlang der Maggia talwärts in 30min nach *Cavergno* (457m; s. 25.2.).

Monte Zucchero: Sehr anspruchsvoll wegen der grossen Höhendifferenz und fehlender Unterkunft. – Vom Stadel *Cravozz* (4h15; s. oben) *BW+* extrem steil zur *Bocchetta di Mügaia* (2518m; 2h). Nun auf dem felsigen Südgrat in leichter Kletterei in 1h zum Gipfel des *Monte Zucchero* (2735m; s. unten). – Der Aufstieg zur *Bocchetta di Mügaia* von *Sonogno* ist kürzer (s. unten).

Das Verzascatal weitet sich. Nach den malerischen Dörfern *Gerra Verzasca* und *Frasco* endet die Strasse in 25km **Sonogno** (917m; *H. Redorta**, Gasthof*), wo sich zwei Täler vereinigen, von W. das Val Redorta, von N. das Val Vegorness. Hier spielt der Roman ‚Die schwarzen Brüder' von *Lisa Tetzner* (s. 28.2B.), der das karge Leben der Tessiner Bergbewohner in der Mitte des 19. Jh. thematisiert, ein Los, das sie oft zwang, ihre Buben an Mailänder Kaminfegermeister zu ‚verdingen'.

Über den Passo di Piatto nach Chironico: s. 23.1.

Pizzo Barone: Anspruchsvolle **HT**: grosse Höhendifferenz, Biwak erforderlich. – *WW* nördl. in 40min zum Abzweig des Passwegs nach *Chironico* (1027m; s. 23.1.). Dann *BW* das ganze *Val Vegorness* entlang bis zum Talschluss (ca. 1600m; 1h50). Weiter als **HT** steil die Südflanke des *Pizzo Barone* in 2h45 empor zum herrlichen, einsamen *Lago Barone* (2390m). Von hier durch die exponierte Barone-Südwand in 2h zum Gipfel (2864m). Aussicht ähnlich wie vom Campo Tencia (s. 23.1.).

Über den Passo di Redorta ins Val Lavizzara: Sehr lange, anstrengende Tour: grosser Höhenunterschied, keine Unterkunft. – *BW* im *Val Redorta* ansteigend zu den Hütten von *Püscen Negro* (1326m; 1h30). Nun r. auf *BW+* äusserst steil über Rasenhänge, Geröll und Felsen zum *Passo di Redorta* (2178m; 2h45). Jenseits jäh hinab in das unbewohnte, wilde *Valle di Pertüs* und in 2h45 nach *Monte di Predee* (1002m), an der Mündung des *Val di Prato*. Noch 40min, zuletzt auf einem Kapellenweg talwärts nach *Prato* (742m; *Bus*), im Val Lavizzara (s. 25.2.).

Monte Zucchero: Lange Tour! – Bis nach *Püscen Negro* (1h30) auf dem obgenannten Passweg. Dann *BW+* l. über eine Felsstufe, steile Alpmatten mit Grünerlen, Schutthalden und Felsbänder in 4h zur *Bocchetta di Mügaia* (2518m). Auf dem Südgrat in leichter Kletterei zum *Monte Zucchero* (2735m; 1h), mit umfassender Rundsicht über die wilden Tessiner Berge. – Abstieg von der Bocchetta di Mügaia nach *Brione* (s. oben).

Verzasca-Talweg* von Sonogno nach Mergoscia: Angenehmer *WW* talabwärts, bis nach Corippo stets in unmittelbarer Nähe der rauschenden Verzasca. Von Sonogno an ihrem r. Ufer nach *Frasco*; dann auf der l. Flussseite in 1h10 zur Hängebrücke von Gerra V., das man r. liegen lässt. Weiter zum Weiler *Alnasca* (757m; 30min), wo man entweder geradeaus wandert und damit Brione V. umgeht, oder dieses auf einem kleinen Umweg über zwei Brücken in die Tour einbezieht. 30min unterhalb von Brione, beim Weiler *Ganne* (667m), quert der Weg endgültig zur r. Talseite. In sanftem Gefälle talwärts in 1h zum doppelbogigen *Ponte dei Salti** (542m) gegenüber von Lavertezzo (s. oben). Die Felsen im Flussbett der Verzasca zeigen faszinierende Erosionsformen. Nach 30min folgt der *Ponte di Corippo* (485m; *Bus* an der Strasse gegenüber). Nun etwas bergwärts in 30min zum Sommerdörfchen *Corippo* (566m; *Rest.*). Der Kirchplatz bewahrt das wahrscheinlich besterhaltene Dorfbild des Tessins. – Auf einer steilen Treppe hinab in eine Schlucht; nach einer Steinbrücke wieder empor über eine Lichtung und lange Zeit durch Kastanienwald; unten der *Lago di Vogorno*. Ansteigend zum waldigen Sattel von *Bedeglia* (890m; 1h20). Hinab auf einem schönen Weg durch Kastanienwald bis zu den obersten Weinbergen von *Mergoscia* und von dort in 40min zur Kirche (731m; *Bus* nach *Locarno*: s. 24.3.).

25.2. Valle Maggia, Val Lavizzara und Val Sambuco

Die Maggiatalstrasse (*Bus: im Sommer bis zur Sambuco-Staumauer, im Winter bis Peccia*) verlässt Locarno im W. und erreicht bei 2km *Solduno* die Maggia. Links Blick auf die Mündung der Melezza und die fruchtbare Ebene *Pedemonte* mit ihren Dörfern. Vor der Brücke von 5km *Ponte Brolla* (s. 25.4.) geradeaus in die **Valle Maggia***, die sich durch einen flachen Talboden, schroffe Felswände, zahlreiche Wasserfälle, eine reiche Vegetation und prächtige Dorfbilder auszeichnet. Hinter 7km *Avegno* (*Rest.*) wird im Talhintergrund der schneebedeckte Basodino sichtbar. – 9km *Gordevio* – 12km Kapelle *Sta. Maria delle Grazie* mit prächtigen got. Fresken. – 13km **Maggia** (332m; *Hotel**), schönes Dorf mit einer hochgelegenen Kirche und einem malerischen Wasserfall unterhalb der *Valle del Salto*.

Über Aiarlo zur Cimetta: s. 24.3.
Moghegno: schönes Dorf auf der anderen Talseite (*Gasthof*).
Von Moghegno über den Passo della Garina zum Val Onsernone: s. 25.5.

Nach 18km *Giumaglio* und 20km *Someo* verschwinden die Weinberge. Das Tal wird immer mehr zu einem Trogtal mit steilen, bewaldeten Felswänden beidseits. Die Maggia nimmt mit ihren Flussarmen, Kiesinseln und Auenwäldern fast die ganze Breite des Talbodens ein. Links der mächtige 100m hohe Wasserfall *Cascata del Soladino*. Dann über die Maggia nach

25km **Cevio** (418m; *Hotel**), am Ausgang des wilden und unbewohnten Val Campo. Cevio ist der Hauptort des Tals und hat schöne alte Wohnhäuser und einen Palast, der im 17. und 18. Jh. von den Schweizer Landvögten des Maggiatals bewohnt wurde.

Über Linescio und den Passo di Bosco zum Val Formazza: s. 22.1.

Auf der westl. Talseite weiter nach 28km **Bignasco*** und 29km **Cavergno*** (459m; *H. Basodino**, Hotel**), zwei Dörfer in reizender Lage an der Mündung des Val Bavona. Ruhige Sommerfrische. Die Berge der Umgebung werden wegen des grossen Höhenunterschieds zum Talgrund kaum je bestiegen. Die meisten der bis Mitte des 20. Jh. bewirtschafteten Alpen hoch oben an den Hängen sind heute verlassen. Cavergno besitzt ein grosses Kraftwerk, das das Wasser der Maggia nutzt.

Madonna di Monte (736m): Ein Kreuzweg zieht sich in 45min zur schönen Kapelle auf einer Lichtung am östl. Talhang empor.

Bergweg nach Brontallo und Menzonio (auch auf einem Alpsträsschen erreichbar; *Bus*): Auf der l. Talseite in 40min zu einer Steinbrücke über die Maggia (566m), an der Mündung des *Val Cocco* (s. 25.1.). Danach steil empor in 30min zum malerischen Dörfchen *Brontallo* auf einer Geländeterrasse (712m; *Rest.*). Weiter über Matten zum Kruzifix auf der Maiensäss *Verda* (905m), dann durch Wald allmählich bergab in 1h nach *Menzonio* (729m), am Südhang hoch über dem Tal schön gelegen.

Über den Passo del Cocco nach Brione Verzasca: s. 25.1.

Val Bavona: s. 25.3.

Die Strasse führt im enger werdenden Tal, das ab hier **Val Lavizzara** heisst, über *Broglio* nach 35km **Prato** (743m; *Rest.*).

Über den Passo di Redorta nach Sonogno: s. 25.1.

Campo Tencia, HT: Wird wegen der enormen Höhendifferenz und dem Mangel an Unterkunft von W. selten bestiegen; Biwak erforderlich! – *BW* durch das *Val di Prato* anfangs auf einem Kapellenweg in 50min nach *Monti di Predee* (1001m), an der Mündung des vom Redortapass kommenden *Valle di Pertüs* (s. 25.1.). Dann im einsamen oberen *Val di Prato* in 2h bis zum Talschluss (1600m) am Südwestfuss des *Campo Tencia*. Nun *HT* östl. hoch über steile Matten und Felsbänder, dann ziemlich exponiert durch die Südwand des Campo Tencia in 5-6h zum Gipfel (3072m). – Aussicht und Abstieg nach *Dalpe*, s. 23.1.

Nach 36km *Sornico* mit einem schönen barocken Kirchlein folgt 38km **Peccia** (839m; *Gasthof*), gegenüber dem Eingang des gleichnamigen Tals, in dessen Hintergrund der Poncione di Braga sichtbar ist.

Durch das Val di Peccia und den Passo del Sasso Nero zur Alpe del Naret: Ein

Fahrweg (*Bus* bis San Carlo) zieht sich westl. in das *Val Peccia* über die nur im Sommer bewohnten Weiler *Veia, Cortignelli* und 3km *San Carlo/Peccia* (1018m; *Rest.*) bis zu den Hütten von *Piano di Peccia* (1034m; *Strassenende*). Hier das Ausgleichsbecken des grossen Kraftwerks *Peccia*, das die Wasser des Lago del Sambuco nutzt. – Nun *BW* zunächst flach, dann steiler über zwei Höhenstufen in 2h30 zur obersten Alp *Corte della Froda* (1751m). Über den öden obersten Talboden und nochmals steil durch Felsflühen zum *Passo del Sasso Nero* (2419m; 2h15), der Krete gegen das Val Sambuco. Jenseits sanft hinab zur seenreichen *Alpe del Naret* (2263m), wo man auf den *BW* vom *Val Sambuco* über den *Passo del Naret* zur *Cap. Cristallina* trifft (s. unten).

Auf der obersten Talstufe des Maggiatals, zu der die Bergstrasse von Peccia in vielen Kehren ansteigt, ersetzt Nadelwald die Kastanien- und Buchenwälder. Nach dem Weiler *Mogno* geht es weiter hinauf nach 45km *Fusio* (1289m; *Hotel**), ein kleines, heute nur sommers bewohntes Dörfchen in malerischer Lage an einem Abhang, von Lärchenwald umgeben. – Ein Fahrweg steigt noch 2km weiter in das **Val Sambuco** zur Höhe der Staumauer des *Lago del Sambuco* (1462m; *Parkplatz*).

Durch das Val Sambuco und über den Passo del Naret zur Cap. Cristallina: BW dem nördl. Ufer des *Lago del Sambuco* folgend in 50min bis zu seinem Westende, dann das im Sommer viehreiche *Val Sambuco* hoch in 1h zur Alp *Grasso di Dentro* (1753m). Nun steiler über weite Alpen in 1h45 zum Ursprung der Maggia, dem herrlichen *Lago del Naret* auf der gleichnamigen, seenreichen Alp (2260m). Hier mündet von S. der Weg aus dem *Val Peccia* (s. oben). – In 40min erreicht man den *Passo del Naret* (2437m) und nach 30min Abstieg die *Cap. Cristallina* (2213m; s. 23.1.).

Über den Passo Sassello nach Airolo: s. 23.1.

Über den Passo Campolungo zum Lago Tremorgio und nach Rodi: s. 23.1.

25.3. Val Bavona

Fahrweg (*Bus*) im prächtigen, bewaldeten Trogtal **Val Bavona***, das von Cavergno (s. oben) nach NW. zieht, über die Weiler *Fontana, Foroglio* (*Rest*; prächtiger Wasserfall!) und *Sonlerto* nach 11km *San Carlo/Bavona* (936m; *Gasthof; Parkplatz*). – Der Aufstieg von hier zur Alpe Robiei auf der obersten Talstufe ist zwar lange und anstrengend, aber durch die Weltabgeschiedenheit der dortigen Seen- und Berglandschaft die Mühe wert. Der *BW* führt steil durch Wald am *Lielpe*-Wasserfall vorbei in 2h30 zur *Cap. Basodino C.A.S.* (1856m) auf der **Alpe Robiei**, einer flachen, amphitheatralisch von Bergen umgebenen Moorfläche mit seltener Bergflora. Von hier sind viele herrliche Besteigungen und Touren möglich:

Basodino, HT (3272m): 5h, über die Felsplatten des *Val Fiorina* und den *Basodinogletscher*. Prächtige Aussicht auf die Berner und Zentralschweizer Alpen und die einsamen Tessinerberge. – Abstieg zum *Tosafall*, s. 22.1.

Über die Bocchetta di Valmaggia zum Tosafall: s. 22.1.

Lago Bianco und Lago Nero: *BW* östl. den jungen *Rio Bavona* entlang in 40min zum *Lago Bianco* (2077m), der zwischen Felswänden eingezwängt ist. Nun über steile Rasenhänge und Geröll in 1h10 zum herrlichen *Lago Nero* (2388m), in einem nach S. offenen Felsenzirkus gelegen.

Über den Passo di Cristallina zur Cristallina: Nahe dem Lago Nero (s. oben) zweigt der *BW* zum Cristallinapass ab und führt am türkisblauen, abflusslosen *Lago Sfundau* vorbei in 2h30 (ab Robiei) zum *Passo di Cristallina* (2566m), der Wasserscheide gegen das Val Bedretto. Die *Cristallina* (2912m, **HT**) wird von hier in 1h30 bestiegen; malerische Aussicht auf die Tessiner- und die Zentralalpen. – Vom Pass hinab in 50min zur *Cap. Cristallina* (2213m) und ins *Val Bedretto*, s. 23.1.

25.4. Durch das Centovalli nach Domodossola

Die Strasse durch das Centovalli (*Bus*) zweigt bei 5km *Ponte Brolla* (254m) von der Maggiatalstrasse (s. 25.2.) l. ab und überquert die in tiefer Schlucht dahinbrausende Maggia auf einer 33m hohen alten Steinbrücke. Der Fluss mit seinen Granitfelsen ist hier im Sommer, trotz unberechenbarer Strömungen, stets von Badenden bevölkert. – Die Strasse durchzieht die üppige, von Gärten und Weinbergen bedeckte Ebene *Pedemonte*, die sich vom Fuss des Gebirges bis zur Melezza erstreckt. Auf 6km *Tegna* folgen 7km *Verscio* (*Gasthof*; Höhenweg nach *Gresso*, s. 25.5.), mit einer oktogonalen Barockkirche, und 8km *Cavigliano* (307m; *Hotel**), wo die Strasse zum Val Onsernone abzweigt (s. 25.5.). Nach einer hohen Brücke über den aus dem Onsernonetal strömenden *Isorno* erreicht man 10km **Intragna*** (338m; *H. Centovalli**; Hotel**), ein malerisches Dorf auf einem Hügelsporn zwischen der Melezza und dem Isorno. Die 1728 errichtete Kirche hat einen 70m hohen Turm, den höchsten im Kanton.

Höhenweg* über Costa, Verdasio und Borgnone nach Càmedo: Prächtiger *BW* über fünf malerische Dörfchen am nördl. Talhang des Centovalli. Im Sommer *Gondelbahn* (oder *BW* in 1h) von Intragna nach *Costa* (636m), Maiensäss auf der westl. Anhöhe. Nun hoch über der Melezzaschlucht und der Centovallistrasse am bewaldeten Hang allmählich ansteigend, das Tal des *Ri da Dröi* passierend, in 1h30 zum Dörfchen *Verdasio* (710m; Strässchen: s. unten). Steil hinab zum *Rio di Verdasio* (580m) und jenseits wieder in 1h empor zum Weiler *Lionza* (774m). Es folgt 15min *Borgnone* (712m) mit einer malerischen Kirche; zuletzt geht es 20min talwärts nach *Càmedo* an der Centovallistrasse (s. unten).

Über Calascio nach Mosogno im Onsernonetal: Von der Gondelbahnstation Costa (s. oben) auf *BW* hinab in ein Tobel und jenseits durch Wald zur Maiensäss *Calascio* (1008m; 1h30), auf dem flachen Pass zum Onsernonetal gelegen. Jenseits talwärts durch ausgedehnte Wälder in 1h15 zu einer Steinbrücke über den *Isorno* (557m). Von dort in 45min hinauf nach *Mosogno* (782m) an der Onsernonestrasse (s. 25.5.).

Über Monte di Comino, Pianascio und Pizzo Ruscada nach Spruga: Anspruchsvolle, lange Tour. – Von Costa (s. oben) auf aussichtsreichem *BW* im Zickzack in 50min zu den Hütten von *Selna* (845m), dann durch Wald und den steilen Südhang entlang in 1h15 zur herrlichen Maiensäss *Monte di Comino* (1214m; *einf. Unterkunft*), auf einem Sattel gegen das Onsernonetal. Nun beginnt der Höhenweg, der zunächst über den waldigen, dann offenen Grat in 1h30 zum ersten Aussichtsgipfel *Pianascio* führt (1643m). 100m hinab, dann den ansteigenden Grat entlang und am grünerlenbedeckten Nordosthang des Pizzo Ruscada in 1h20 zu seinem nördl. Ausläufer *Cappellone* (1878m). Von hier in 25min über den Nordgrat zum *Pizzo Ruscada* (2004m). Beeindruckende Rundsicht über die wilden westl. Tessinerberge. – Vom Cappellone Abstieg durch einsame, wildreiche Wälder (Luchs, Braunbär!) in 2h30 zu einem Brückchen über den *Isorno* (904m) und in 45min hinauf nach *Spruga* (1113m; s. 25.5.).

Das Melezzatal verengt sich und nimmt den Namen **Centovalli*** an. Die steilen, bewaldeten Hänge, mit kleinen Dörfern in kühner Lage, sind beidseits von zahlreichen Schluchten durchfurcht. Im S. ragt der Gridone auf. Die Strasse führt stets auf der nördl. Talseite hin, hoch über der Melezza. Hinter 12km *Corcapolo* zweigt r. ein Fahrweg nach *Verdasio* ab (2km; s. oben); l. die Talstation einer schwindelerregenden Luftseilbahn über die Melezzaschlucht nach *Rasa* (s. unten). – 17km Abzweig eines Strässchens (*Bus*) über die Staumauer des Palagnedrasees nach 2km **Palagnedra** (653m; *Hotel**), auf einer Terrasse unter dem Gridone gelegen. Got., barock umgebaute Kirche *S. Michele.*

*Rasa**: Zu Fuss auf Saumweg in das waldige Tobel des *Rio Bordei* und jenseits in Kehren zum malerischen Weiler *Bordei* auf einer Lichtung empor (726m; 30min). Nun *BW* hinab in das nächste Tal und wieder hinauf über die Hütten von *Terra Vecchia* in 40min nach *Rasa** (898m; *Luftseilbahn*: s. oben; *Hotel**), ruhiges Feriendörfchen in herrlicher Lage auf einem Bergrücken hoch über der Melezzaschlucht.

Von Rasa nach Cassina/Ascona: *BW* durch Wald und viele Lichtungen zum Sattel *Termine* (996m; 25min). Weiter den bewaldeten Nordhang des Pizzo Leone entlang in 1h zum Grat zwischen *Corona dei Pinci* und *Alpe di Naggio* (s. 24.3.). Hinab in 40min nach *Cassina* (1040m) und weiter nach *Ascona*, s. 24.3.

*Pizzo Leone**: Vom Sattel Termine (s. oben) in 2h10 durch Wald zum herrlichen Aussichtsgipfel *Pizzo Leone** (1659m; s. 24.3.). – Abstiege nach *Cassina/Ascona*, s. 24.3.; nach *Bassuno/Brissago*, s. 26.2.

Gridone: Ein *BW* steigt von Bordei (30min; s. oben) im *Val di Bordei* steil durch Wald und über Weiden empor in 4h zur *Bocchetta di Valle* (1947m; Abstieg nach *Brissago*: s. 26.2.), mit überraschendem Tiefblick auf den Langensee. Noch umfassender ist die Aussicht vom *Gridone* (2186m), der von der Bocchetta in 50min ersteigbar ist (s. 26.2.). **Über Moneto nach Càmedo**: Der auf der nächsten Geländeterrasse im W. gelegene Weiler *Moneto* (736m) ist von Palagnedra auf einem *BW* durch die bewaldete Nordflanke des Gridone in 1h30 zu erreichen. – Zurück zur Centovallistrasse auf einem Fahrweg nach *Càmedo* (25min; s. unten).

Die Strasse führt oberhalb des Palagnedra-Stausees nach 20km *Càmedo* (560m; *Rest.*; *BW* nach *Borgnone* oder *Palagnedra*: s. oben). Die Fortsetzung des Tals, zu Valtoce gehörig, heisst **Val Vigezzo**. Das Tal und die angrenzenden ausgedehnten Bergländer im N. und S. sind seit Jahrhunderten unbewohnt und weglos (*häufige Wildwechsel! keine Tankstelle!*). Das Val Vigezzo ist viel breiter als das Centovalli; seine Hänge sind von Laubwald, in höheren Lagen von Nadelwald bedeckt. – Hinter einem Sattel in der südl. Bergkette liegt das zum Lago Maggiore hinabführende Val Cannobina, das künftig vom Val Vigezzo her durch einen *BW* erreichbar sein soll. Die flache Wasserscheide (831m) zwischen der *Melezza* und der nach W. fliessenden *Vigezza* wird bei 35km erreicht. Nun allmählich talwärts, meist am r. Ufer des Bachs, der zuletzt eine Schlucht bildet. – 44km *Masera* (305m), am Ostrand des Ossolatals. Über die breite Ebene und den Toce nach 48km *Domodossola* (s. 22.1.).

25.5. Val Onsernone

Von Cavigliano aus (s. 25.4.) führt ein Bergsträsschen (*Bus*) in das steile, malerische **Val Onsernone*** hinauf. Nach 5km *Auressio* geht es in grossem Bogen durch eine enge Seitenschlucht, dann nach 7km **Loco** (678m; *Hotel**), mit einer schönen alten Kirche.

Über den Passo della Garina in das Maggiatal: *BW* die oben genannte Seitenschlucht empor zur Maiensäss *Mulegn* (914m) und über Matten zum *Passo della Garina* (1076m; 1h30), wo der Höhenweg von *Gresso* nach *Verscio kreuzt* (s. unten). Nun steil durch Wald hinab, dann auf einem Kreuzweg in 1h45 zum Weiler *Aurigeno* (339m) im Maggiatal. Von hier noch 15min nach *Moghegno* bzw. 30min nach *Maggia* (s. 25.2.).

Nach einem Abzweig zum Dörfchen *Berzona* (100m höher auf einer Terrasse gelegen) folgen 9km *Mosogno* (783m; *BW* nach *Intragna*: s. 25.4.) und 10km *Russo* (*Rest.*), kurz vor der Mündung des Val Vergeletto. Das Strässchen führt in diesem bis zum 13km *Ponte Oscuro* (743m; Abzweig nach *Gresso*, s. unten). Nun wieder zurück in das Haupttal nach 15km *Cra-*

na (891m), auf einem Bergsporn, 20km *Comologno* (1082m; *Rest.*) mit
dem schönen *Palazzo Barca*, und 21km **Spruga*** (1113m; *H. del Torre***),
drei malerische Tessiner Bergdörfer an der sonnigen Nordseite des Tals. –
Das oberste Val Onsernone weiter westl., zum Kanton Valtoce gehörig, ist
eine weglose, unbewohnte Wildnis.

Terme di Craveggia: *BW* von Spruga an der Berglehne in 35min hinab in den Talgrund
des *Isorno* (976m). Jenseits eines Steinbrückchens, schon im Kanton Valtoce, sprudelt
eine 28°C warme Quelle aus der Felswand, die *Terme di Craveggia* (keine Nutzung).

Pilone: *BW* von Spruga über die Maiensäss *Mondada* in 2h15 zur aussichtsreichen *Alpe
Pesced* (1778m). Weiter zum *Passo del Busan* und über den mattenbedeckten Ostgrat
in 1h30 zum *Pilone* (2192m), an der Grenze zum Kanton Valtoce. Eindrückliches Panorama der wilden Gipfel und Täler des westl. Tessins.

Über den Pizzo Ruscada und den Pianascio nach Intragna: s. 25.4.

Gresso im Val Vergeletto: Vom 13km Ponte Oscuro (s. oben) Fahrweg nach 16km
Gresso (993m; *Gasthof*) im 10km langen, weiter oben unbewohnten *Val Vergeletto*.

**Höhenweg von Gresso über den Passo della Maggia, den Passo della Garina und
den Salmone nach Verscio**: Anspruchsvolle, lange Tour für gut trainierte Wanderer. –
Zuerst auf einem *BW* steil empor zum *Passo della Bassa* (1804m; 2h45), dem Sattel
gegen das Maggiatal. An der Nordflanke des Pizzo Peloso in 35min hinüber zum *Passo
della Maggia* (1972m). Nun hinab über einen grasigen Grat (herrliche Aussicht), später
steil durch Wald in 2h zum *Passo della Garina* (1076m; nach *Loco* bzw. *Moghegno*, s.
oben). Der zweite Teil führt zunächst erneut empor, über einen waldigen Grat, zum
Gipfel des *Salmone* (1559m; 1h30), hoch über dem Onsernone- und Maggiatal. Hinab
über den Südostgrat in 40min zum Felskopf *Testa* (1280m), wo sich der Tiefblick auf
die Dörfer des Pedemonte öffnet. Zuletzt sehr anstrengend und kniestrapazierend
1000m talwärts nach *Verscio* (276m; 2h15) an der Centovallistrasse (s. 25.4.).

26. Lago Maggiore

Der **Lago Maggiore**** (*Langensee*), der *Lacus Verbanus* der Römer, ist
nach dem Gardasee der grösste der südlichen Alpenrandseen, die wie ihre
nördlichen Vertreter ihre Entstehung der Aushobelung durch die eiszeitlichen Gletscher verdanken. Der Lago Maggiore ist 60km lang und 3-5km
breit, seine grösste Tiefe beträgt 372m, die bei einem Seeniveau von 193m
somit 179m unter dem Meeresspiegel liegt. Die bedeutendsten Zuflüsse
sind im N. der Ticino, die Verzasca und die Maggia, im O. die Tresa aus dem
Luganersee, und im W. der Toce. Der Abfluss am Südende, der Ticino, mündet bei Pavia in den Po. Die Ufer des nördlichen Hauptarms sind von ho-

hen, meist waldbedeckten Bergen eingeschlossen, gegen das untere Ende hin flacht sich das östl. Ufer zur Lombardischen Ebene ab. Das Wasser erscheint bei klarem Wetter im nördlichen Arm grün, im südlichen tiefblau. Das nördliche Drittel des Sees bis nach Luino gehört zur Schweiz; im mittleren Drittel ist das Ostufer italienisch, das Westufer bis zum Toce schweizerisch; das südliche Drittel liegt ganz auf italienischem Boden. Die Ufer des Langensees sind ein bedeutendes Urlaubsgebiet und verfügen über eine exzellente touristische Infrastruktur. Besonders sehenswert ist das Viereck Pallanza-Baveno-Stresa-Laveno mit den fantastischen Borromeischen Inseln.

26.1. Mit dem Schiff über den Lago Maggiore

Die Schifffahrt auf dem Lago Maggiore besorgen die schweizerische Navigazione del Lago Maggiore (NLM) *und die italienische* Navigazione Verbana (NV). *Bei der* NLM *verkehrt noch ein Raddampfer, die* Monte Rosa, *dazu die Motorschiffe* Locarno, Ticino, Brissago, Tamaro *und* Gambarogno *(bei der* NV *sind es die* Isola Bella, Stresa, Milano, Regina d'Italia *und* Mottarone). *Die* NLM *fährt von Locarno 6x tägl. nach Luino, 5x tägl. nach Pallanza, 4x tägl. nach Stresa und 3x tägl. nach Gambarogno. Die* NV *verkehrt 4x tägl. auf der Strecke* Luino–Pallanza–Stresa–Arona. *Zwischen Pallanza, den Borromeischen Inseln und Baveno/Stresa fahren Schiffe jede Stunde. Autofähren verbinden die beiden Seeufer stündlich auf den Strecken* Luino–Oggebbio *und* Laveno–Stresa.

A: Von Locarno nach Gambarogno: Die Schiffe von Locarno zur gegenüberliegenden Region *Gambarogno* queren das Seebecken und fahren am Delta des Ticino vorbei nach 5km *Magadino* (*Rest.*), am Südostende des Sees unterhalb des Monte Tamaro (s. 26.4.). Weiter nach W. entlang der von Seitentälern durchfurchten steilen südl. Bergkette mit ihren Naturwäldern. Es folgen (für Details, s. 26.4.) 6km *Vira* (*Parkhotel**, Hotel**; zum Monte Tamaro: s. 26.4.), 10km *S. Nazzaro* (*Hotel**), 11km *Gerra*, 13km *Ranzo* (*Rest.*) und 16km *Pino* (*H. Belgiardino***), wo das Ufer nach S. umbiegt. Die Gambarogno-Schiffe wenden hier und steuern an den Brissago-Inseln vorbei 22km *Ascona* an (s. 24.3., 26.1B & 26.2.).

B: Von Locarno nach Pallanza (Details zu den Ortschaften, s. 26.2. & 26.4.): Die Schiffe nach Pallanza fahren von Locarno zunächst um das fast bis zur Seemitte vorgeschobene Delta der Maggia herum nach 6km *Ascona* (s. 24.3. & 26.2.). Bei der Weiterfahrt erscheint r. oben am Berghang Ronco mit seiner weithin sichtbaren Kirche (s. 24.3.); am Ufer ein Elektrizitätswerk, das die Wasserkraft der Melezza aus dem Palagnedra-Stausee (s. 25.4.) nutzt. Das Schiff steuert bei 13km die *Isole di Brissago* an; auf der grösseren der beiden ein öffentlicher Park mit mediterraner Flora und ein Palazzo (*Rest.*). Nun wieder an das r. Ufer nach 16km *Brissago**, prächtig am Fuss des Gridone inmitten von Weinbergen und Gärten mit südlicher Vegetation gelegen (s. 26.2.). – Die Schiffe bleiben auf der r. Seeseite und steuern 22km *Cannobio** an, auf einer Schwemmebene an der Mündung der Valle Cannobina erbaut (s. 26.2.). Nun über den See nach 25km *Maccagno* am östl. Ufer, auf dem Delta des Torrente Giona aus der Valle Veddasca. Die malerische Kirche und ein alter Wachtturm sind vom Schiff aus sichtbar (s. 26.4.). Weiter dem l. Ufer entlang, am Dörfchen *Colmegna* in waldiger Schlucht vorbei, nach 29km **Luino**, dem letzten Schweizer Ort am Ostufer. Die hier mündende Tresa bildet die ital. Grenze. Der samstägliche Wochenmarkt von Luino ist weit herum bekannt (s. 26.4.; nach *Lugano*: s. 29.1.; *Autofähre* nach *Oggebbio*).

Die Schiffe der *NLM* überqueren den See; r. auf Klippen die malerischen Ruinen der beiden *Castelli di Cànnero*. – 34km *Cànnero**, von Wein- und Obstgärten umgeben (s. 26.2.). Am Berghang oben *Barbè* mit schlankem Kirchturm. – 38km *Oggebbio*, aus mehreren, am Abhang in Weinbergen verstreuten Weilern bestehend. Bei 33km *Ghiffa* (s. 26.2.) erscheint südl. der grüne Sasso di Ferro bei Laveno, der wohl schönste Berg am See (s. 26.1C.). Bei der Weiterfahrt flacht sich das westl. Ufer ab und die Berge des Monte-Rosa- und Simplonmassivs werden sichtbar. – 37km *Intra*, gewerbereiches Städtchen auf der Mündungsebene zweier Gebirgsbäche (s. 26.2.). An den Abhängen im N. viele Gärten mit Villen und Landhäusern. – 39km *Villa Taranto*, Landesteg für das gleichnamige Schlösschen, das auf einer Anhöhe mit üppigem Pflanzenwuchs thront (s. 26.2.). Das Schiff umfährt die *Punta Castagnola* mit dem auffälligen Hotel Eden. Überraschend werden der westl. Seearm und die Borromeischen Inseln sichtbar: nahe am Südufer die *Isola Bella* und die *Fischerinsel*, vorn die *Isola Madre* und direkt am nördl. Ufer die kleine unzugängliche *Isola San Giovanni*. Hinter der Fischerinsel ragt die stumpfe Pyramide des Mottarone auf; weiter westl. sind die weissen Marmorbrüche bei Baveno sichtbar, weit im Talhintergrund der vergletscherte Monte Rosa. – 41km *Pallanza*** (s. 26.2.).

C: Von Luino nach Laveno*: Die Schiffe der ital. *NV* bedienen das Ostufer südl. von Luino und landen zunächst in 2km *Germignaga* (*Rest.*), einstmals für seine Baumwoll- und Seidenwebereien bekannt. Bei der Weiterfahrt wird eine Reihe von Dörfern auf einer Terrasse 100m oberhalb des Sees sichtbar, am Fuss einer schönen bewaldeten Bergkette. – 12km *Porto Valtravaglia* (*H. Italia**, 2 Hotels*, 2 Gasthöfe; Kurpark*), zusammen mit dem hügeligen Hinterland bei italienischen Gästen als Sommerfrische sehr beliebt. – Nach dem Kalkkegel *Rocca di Caldè* mit einer Ruine folgt 15km *Caldè*. Danach tritt die Bergkette direkt an den See; die Uferstrasse passiert die Felswände in Tunnel. – 18km *Laveno** (*H. Bellavista & Posta**, H. Regina**, Hotel**), ruhiger ital. Ferienort in einer schönen Bucht, am Fuss des markanten Sasso del Ferro und der Pizzoni di Laveno. Schöne Uferspaziergänge in 15min zur *Punta S. Michele* nördl. oder in 30min zum Fischerdörfchen *Cerro* im W. Eine Gondelbahn führt zum *Sasso del Ferro* (1020; *Rest.*), mit herrlicher Aussicht auf den Lago Maggiore, die Südalpen und das lombardische Hügelland mit seinen Seen. – *Autofähre* nach *Stresa*. – Die Schiffe wenden sich nach W. und steuern 24km *Pallanza* an.

26.2. Eisenbahn und Strasse von Locarno nach Pallanza

Die Bahn nach Pallanza umfährt Locarno in einem 1km langen Tunnel, erreicht im W. der Stadt die Maggia-Ebene und überquert das breite Flussbett. – *Ascona* (22km ab Bellinzona; s. 24.3.). Nach einem weiteren Tunnel kommt die Strecke dem Lago Maggiore ganz nahe; sie begleitet ihn von nun an, immer etwas erhöht am Hang. Die Kantonsstrasse verläuft meist in unmittelbarer Ufernähe. – 26km *Porto-Ronco*, unterhalb des am Hang klebenden Dörfchens Ronco s. Ascona (*Bus* oder *WW* hinauf: s. 24.3.). – 29km **Brissago*** (*Grand-Hotel***, H. Brenscino**, H. Belvedere**, Gasthof; Seebad; Schifffahrt*, s. 26.1B.), prächtig am Westufer am Fuss des Gridone gelegen, dessen Abhang Rebgärten, Feigen-, Oliven- und Granatbäume schmücken. Bei der alten Kirche am Landeplatz eine Gruppe alter Zypressen. Am Südende des Dorfes die kleine Renaissancekirche *Madonna del Ponte*. In der bewaldeten Schlucht hinter dem Ort führt ein Kreuzweg zum *Sacro Monte*, einer Wallfahrtskirche aus dem 17. Jh. Berühmte Gäste des Dorfs waren u.a. die Schriftsteller *Kurt Tucholsky* und *Erich Kästner*.

Rundspaziergang: In 35min vom nördl. Dorfende durch Weinberge hinauf zum Weiler *Porta* (370m). Durch das *Val del Sacro Monte* in 15min zur Wallfahrtskirche und zum *Hotel Brenscino*. Nun auf ebenem, aussichtsreichem Weg, hoch über dem Dorf, durch die Rebberge zu den Häusern von *Incella* (369m) und weiter durch das *Val di Ponte* in 20min zum Weiler *Piodina* (350m). Hinab zur Kantonsstrasse und das Ufer entlang zurück in 30min nach Brissago.

*Pizzo Leone** (1659m): Ein enger Fahrweg (*kein Bus*) führt vom nördl. Dorfrand über *Porta* in vielen Kehren durch Weinberge und Wald zur 5km Maiensäss *Bassuno* (867m; *Rest.*). – Nun auf steilem, aber aussichtsreichem *BW* im Zickzack in 1h45 zur *Alpe di Naccio* (1398m; s. 24.3. & 25.4.). Von hier noch 50min zum Gipfel, s. 24.3.

Gridone: Am Südende von Brissago, nach der Brücke über den *Rio della Madonna*, geht ein steiles Bergsträsschen (*kein Bus*) über *Piodina* durch Wald in vielen Kehren bis zur Maiensäss *Mergugno* hoch (1035m). – Nun steiler *BW* einen Bergrücken und ein Tälchen empor zur *Bocchetta di Valle* (1947m; 3h), mit einzigartigem Panorama (Abstieg nach *Rasa*: s. 25.4.). Noch umfassender ist die Aussicht vom *Gridone* (2186m), der von der Bocchetta in 50min ersteigbar ist.

Weiter den steilen Hang entlang; mehrere Tunnel, dann über die rebenbestandene Mündungsebene der Cannobina nach 35km **Cannobio*** (*H. Cannobio**, H. Verbano**, Hotel*, Camping & Seebad; Schifffahrt*, s. 26.1B.), bereits im Kanton Valtoce. Die Renaissancekirche *Santuario della Pietà* besitzt eine Kuppel im Stil von *Bramante*.

Sant'Agata und Monte Giove: Ein Strässchen (*Bus*) zweigt 2km nördl. von Cannobio von der Kantonsstrasse zu dem hoch am Hang klebenden Dörfchen *Sant'Agata* ab (weitere 2km; 464m; *Gasthof*). – Von hier *BW* über die *Cappella S. Luca* und die Maiensäss *Monti Marcalone* über den Südostgrat in 2h45 zum prächtigen Aussichtsgipfel *Monte Giove* (1298m).

Schlucht des T. Cannobino: Vom malerischen Weindörfchen *Traffiume*, 2km westl. von Cannobio, kann die interessante Schlucht des *T. Cannobino* mit einem Kahn bis zu einem Wasserfall befahren werden.

Val Cannobina: Bergstrasse (*Bus*) westl. durch die Schlucht des T. Cannobino über 5km *Ponte* (*Luftseilbahn* zum malerischen Dörfchen *Cavaglio* auf einem Bergsporn am gegenüberliegenden Hang; das Tal im N. davon unterhalb des Gridone ist weglos) nach 12km *Falmenta* (669m; *Gasthof*), das oberste, prächtige Dörfchen im Tal. Weiter hinten ist das Val Cannobina und sein weites Bergland unbewohnt. – Dereinst soll ein *BW* Falmenta über den Sattel Piano di Sale mit dem Val Vigezzo (s. 25.4.) verbinden.

Von Falmenta zum Passo Folungo: *Gondelbahn* über eine tiefe Klamm zum gegenüberliegenden Weiler *Crealla* (627m). Nun *BW* durch ein wildes Waldtal steil hoch in 2h30 zum *Passo Folungo* (1369m) in der Monte Zeda-Kette (s. unten).

Die Eisenbahn überwindet das Vorgebirge von Cannobio in einem 1,5km langen Tunnel; die Strasse begleitet das Ufer. Nach einem zweiten Bahntunnel erweitert sich der See gegen SW; r. die beiden Burginselchen *Castelli di Cànnero*. – 42km **Cànnero*** (*H. Liguria**, Camping; Seebad; Schifffahrt*, s. 26.1B.), auf dem Delta des Rio di Cànnero, gegenüber von Luino.

Über Viggiona und Tràrego zum Colle: Bergsträsschen (*Bus* bis *Tràrego*) in Kehren durch Wald hinauf nach 4km *Viggiona* (676m; *Hotel**), auf einer Lichtung in prächtiger Südlage hoch über dem See thronend (*BW* in 1h30 zum Aussichtsberg *Monte Carza*; 1116m). – 7km *Tràrego* (771m; *Rest.*), oberhalb des Cànnerotals. Der Fahrweg zieht sich weiter durch Wald hoch zum Pass *Il Colle* (13km; 1238m; s. unten)

Über Rèsiga nach Oggiogno: Vom Dörfchen *Rèsiga* an der Seestrasse 3km südl. von

Cànnero Strässchen (*Bus*) über *Barbé* und *Donego* zu den Häusern von *Oggiogno*, auf einem aussichtsreichen Felssporn oberhalb Cànnero gelegen (515m).

Bei der Weiterfahrt am Hang zwischen Weinbergen schöne Villen. – 46km *Oggebbio*, aus mehreren Siedlungen bestehend, darunter *Gonte* und *Camogno*, 100m weiter oben am Berg (*Autofähre* nach *Luino*). – 51km *Ghiffa* (*H. Ghiffa***). Oberhalb des Dorfes im Wald das *Santuario della Trinità* (390m; zu Fuss 40min). – 55km **Intra** (*H. Leon d'Oro**, Gasthof; Schifffahrt*, s. 26.1B.), gewerbereiches Städtchen zwischen den Mündungen der Gebirgsbäche *T. S. Giovanni* und *T. S. Bernardino*, deren Wasserkraft zum Aufschwung des Orts führte. Heute hat ein grosser Nahrungsmittelkonzern hier seinen repräsentativen Hauptsitz. Schöne Stadtkirche *S. Vittore*. Auf den Abhängen im N. viele herrliche Landsitze inmitten von Gärten. Zwei davon sind der Öffentlichkeit zugänglich: 10min im NO. die *Villa Barbo* mit Park, 15min weiter die *Villa Ada*.

Über Bée und Premeno zum Belvedere*: Strässchen (*Bus*) entweder über 4km *Vignone* (449m) oder 4km *Arizzano* (469m), beide am Berghang schön gelegen, nach 8km *Bée* (591m; *Hotel**) und 12km *Premeno* (804m; *H. Riviera***), sehr beliebt bei Gästen aus Italien. 15min südl. die schöne Kirche *S. Salvatore* auf einem Waldhügel. – Weiter über *Pollino* zum 15km *Belvedere** (759m; *Rest.*) auf einer steilen Krete oberhalb von Ghiffa thronend, mit prächtigem Tiefblick auf den Langensee.

Monte Zeda: Von Premeno zieht ein enges Strässchen (*kein Bus*) in vielen Kurven über den Bergkamm, mit überwältigendem Blick auf den See und die westl. Berge, nach 13km *Il Colle* (1238m), wo der Weg von Tràrego mündet (s. oben). Der Fahrweg führt weiter nach W., die Berge *Spalavera* und *Bavarione* südl. umgehend (die in je 1h zu besteigen sind) zum 20km Endpunkt *Passo Folungo* (1369m; *BW* nach *Falmenta*: s. oben). – Von hier *BW* im Zickzack dem südl. Abhang des Monte Vada entlang, dann über den Ostgrat des *Monte Zeda* in 2h45 zum Gipfel (2156m). Er bietet ein höchst gegensätzliches Panorama: im O. und S. die Kulturlandschaft des Lago Maggiore, im W. und N. die unbewohnte Bergwildnis des Val Grande und des Val Vigezzo.

Dörfer am nordwestl. Berghang: Diese sehr malerischen, touristisch unerschlossenen Bergdörfer sind einen Besuch wert (*Bus*). 6km *Cambiasca* (*Rest.*) liegt noch am Fuss der Berge, 9km *Cossogno* (398m; *Rest.*) etwas höher, am Ausgang des Val Grande, und 11km *Miazzina* (736m; *Gasthof*) weit oben am Hang. 11km *Caprezzo* (522m) und 14km *Intragna* (703m) befinden sich abgeschieden weit im NO., auf Lichtungen im Tal des T. S. Giovanni. Die Berge oberhalb dieser Dörfer (z.B. der *Monte Todano*) sind nicht durch *BW* erschlossen, bieten aber dem geübten Tourengänger viele herrliche Besteigungen und Überschreitungen.

Val Grande: Das wilde *Val Grande* ist mit Ausnahme des Stausees in seinem untersten Teil und des Zugangs nach dem Sommerdörfchen Cicogna völlig weglos und naturbelassen. – Von 8km *Rovegro* steigt ein enger Fahrweg (kein *Bus*) hoch über dem r. Ufer des *T.S. Bernardino* zur 10 km Bogenstaumauer des Pumpspeicherwerks *Val Grande* (496 m). Das Ufer des Stausees entlang bis zur Vereinigung des *Val Pogallo* von N. mit dem *Val Grande* von NW. Hier auf einer Brücke über den Westarm des Sees und durch Wald hoch nach 15 km *Cicogna* (732 m; *Gasthof*), dem wohl abgeschiedensten Dörfchen der Schweiz. Die steilen, wilden Berge, die tief eingefurchten Täler und der Mangel an jeglicher touristischen Infrastruktur machen das Val Grande für Naturfreunde und für erfahrene Berggänger zu einem Eldorado.

58 km **Pallanza**** (198 m; *Majestic & Grand-Hotel***, H. Eden**, H. Monte-Rosa**, 2 Hotels*, Gasthof, Ferienwohnungen; Seebad; Schiffsverkehr, s. 26.1B. & 26.3.*), Ferienort in windgeschützter, sonniger Lage, liegt gegenüber den Borromeischen Inseln, mit prächtiger Sicht auf den See und das schneebedeckte Simplonmassiv im W. Pallanza ist zusammen mit Locarno, Ascona und Lugano der frequentierteste Sommerferienort in der Südschweiz. Am Marktplatz (*Piazza Svizzera*) der Schiffsteg, das Stadthaus (*Municipio*) und die Kirche *S. Leonardo* (16. Jh.). Die Uferstrasse l. führt in 10 min zur **Punta della Castagnola***, an der Vereinigung der beiden Arme des Lago Maggiore. 15 min weiter der Eingang zu dem 1887-1916 künstlerisch angelegten Park der **Villa Taranto*** (oder *San Remigio*); der obere Teil, im Stil altitalienischer Terrassengärten des 17. Jh., bietet malerische Aussichten weit über den See (*Schifffahrt*, s. 26.1B.). – Nördl. von der Piazza Svizzera liegt der *Palazzo Dugnani* (16. Jh.) mit Fresken aus dem 17. Jh. Geradeaus erreicht man in 15 min die Kuppelkirche *Madonna di Campagna* am Fuss des Monte Rosso, mit Kuppelfresken von *Gaudenzio Ferrari*.

Monte Rosso: WW von der Kirche Madonna di Campagna in Kehren durch Wald in 1h45 zum *Monte Rosso* (693 m), mit der *Villa Menozzi*. Schönes See- und Gebirgspanorama. Hinab westl. über 40 min *Cavandone* (444 m), dann auf einem Strässchen in 30 min nach *Suna* am See. Zurück auf dem Uferweg in 15 min nach Pallanza.
Eisenbahn und Strasse nach Domodossola: s. 22.2.

26.3. Borromeische Inseln. Baveno und Stresa

Die Schiffe steuern von Pallanza zunächst die nördlichste der Italien zugehörigen **Borromeischen Inseln***** an, die **Isola Madre*** (*Rest.*). Sie ist 7 ha gross, wird von einem idyllischen Landschaftsgarten eingenommen und ist floristisch gesehen die schönste der drei Inseln. Auf ihrem höchsten Punkt ein Palazzo mit herrlichem Blick auf Pallanza. – Dann nehmen die Boote Kurs auf **Baveno*** (*Grand-Hotel Bellevue**, H. Bellariva**, H. Sempione**, Camping*), am italien. Westufer. Der Ort ist von Frühjahr bis Herbst bei einheimischen Gästen sehr beliebt. – Das nächste Ziel ist die *Fischerinsel* (*Isola dei Pescatori* oder *Isola Superiore*; *2 Hotels**), die fast ganz von einem malerischen Fischerdorf bedeckt ist. – Danach landen die Schiffe auf der altberühmten **Isola Bella**** (*H. Delfino***), ein ehemals flacher Glimmerschieferfels, mit Pfarrkirche. Die Insel verdankt ihre heutige Gestalt dem Grafen *Vitalio Borromeo*, der hier 1650-71 fruchtbare Erde aufschütten liess und einen prächtigen Sommersitz anlegte. Das unvollendet gebliebene *Schloss* enthält glänzende Festsäle und zahlreiche wertvolle Gemälde, darunter einige der lombardischen Schule des 16. und 17. Jh. Der im altitalienischen Stil angelegte Garten steigt in zehn Terrassen bis zu einer Höhe von 32m und entfaltet die volle Pracht der südlichen Flora: Zitronen, Orangen, Kirschlorbeer, Zedern, Magnolien, Korkeichen, Johannisbrotbäume, Kamelien, Oleander, verschiedene Arten von Palmen und Sukkulenten. Herrliche Rundsicht über die von zahllosen weissen Häusern belebten Ufer, den blauen See, den eindrücklichen Kranz der grünen, waldbedeckten Hügel und die gleissenden Alpengipfel in der Ferne.

Schräg gegenüber der Isola Bella liegt am Südufer **Stresa**** (*Grand-Hotel Borromeo****, *H. Regina-Palace***, *H. Milano***, *3 Hotels**, *Gasthaus*; *Seebad*), Städtchen von 1.800 Ew. Es ist kühler und windreicher als die übrigen Orte am See und wird in den heissen Sommermonaten vor allem von Mailändern zu längerem Aufenthalt besucht. Die aussichtsreiche Uferstrasse, die *Corso d'Italia*, führt von der Schiffsanlegestelle zur Kirche, danach zur *Villa Ducale* und den grossen Hotels. 15min südöstl. vom Dorf liegt oben am Hang ein renommiertes Internat, das *Collegio Rosmini* (267m).

Baveno und Stresa sind von Pallanza aus auch mit der Bahn (*Umsteigen in Fondotoce*, s. 22.2.) oder auf der Strasse in 9km bzw. 13km erreichbar.

Someraro und Levo: Fussweg hinter dem Bahnhof von Stresa an der *Villa Siemens* vorbei, dann im Zickzack über 1h *Someraro* (440m) nach *Levo* (598m; 1h30), beides Dörfchen mit schönen Aussichtsrestaurants.

Mottarone*: Eine Bergstrasse (*Bus*) steigt von Stresa über die aussichtsreichen Dörfer *Vedasco* (*H. Belvedere***), *Vezzo* und 10km *Gignese* (668m; *H. Panorama-Palace***) am Osthang des Mottarone empor. Weiter oben in Kehren durch Wald. – 17km Einmündung einer Strasse von Orta-San Giulio. – 20km *Mottarone Vetta** (1421m; *Berghotel**), 15min unterhalb des mit einem 15m hohen Kreuz geschmückten Rasengipfels (1491m). – Die Szenerie umfasst die gesamte Alpenkette von den Seealpen und dem Monte Viso weit im SW. bis östl. zum Berninamassiv, Ortler und Adamello. Im W. tritt, besonders prächtig bei Morgenbeleuchtung, die Monte-Rosa-Gruppe hervor. Tief unten sieben Seen, die lombardische und piemontesische Ebene, in der Ferne Mailand mit seinem Dom. – Abstieg zu Fuss über den Ostkamm und die *Alpe Mottarone* nach Gignese (2h15; s. oben). – Eine andere Strasse (*Bus*) führt über den Südgrat nach 11km *Armeno* (523m) und weiter nach 17km *Orta-San Giulio*, am schönen Ortasee.

Mit dem Schiff von Stresa nach Arona* (betrieben von der ital. *NV*; auch Strasse oder Bahn): Die Berge werden hier immer niedriger, vor allem auf der Ostseite; deren Hügel sind meist eiszeitliche Moränenzüge. – Am l. Ufer das malerische ehem. Karmeliterkloster *Sta. Caterina del Sasso*. Nach 6km *Belgirate* (*H. Belgirate***) am r. Ufer, mit schönen Villen der ehem. Mailänder Aristokratie, quert das Schiff nach 10km *Ispra* (*2 Hotels**) am Ostufer. Dann geht es im Zickzack wieder zurück nach 16km *Mèina* im W. (*H. Ticino***), nach 19km *Angera* im O. (*Rest.*), überragt von einer alten Burg, seit 1489 im Besitz der Grafen *Borromeo* (zu Fuss 20min) und schliesslich zur Endstation *Arona** am Westufer (21km; *H. San Gottardo & Italia***, *2 Hotels**), etwa 5km vom Ende des Sees entfernt. Die Hauptkirche *Sta. Maria* enthält in der gräfl. Borromeischen Kapelle neben dem Hauptaltar ein Hauptwerk des Malers *Gaudenzio Ferrari*, die ,Heilige Familie' (1511). – Auf einer Anhöhe 2km nördl. ragt auf einem 12m hohen Sockel der sog. *Colosso di S. Carlone* empor, ein 23m hohes Standbild des *Hl. Carlo Borromeo*, des im Konzil von Trient verdienten Kardinal-Erzbischofs von Mailand (geb. in Arona 1538). Die in Bronze und Kupfer gegossene Figur wurde 1694 vollendet.

26.4. Kantonsstrasse von Bellinzona nach Luino

Die Strasse nach Luino (*Bus*) ist von Bellinzona bis nach Cadenazzo identisch mit derjenigen nach Lugano. – Nach 3km *Giubiasco* (*Rest.*), am Ausgang der Valle Morobbia (s. 24.1.; *BW* nach *Isone*, s. 27.1.), folgt bei 5km die Auffahrt zur Autostrasse A12 nach Lugano–Como. Nun am Südrand der fruchtbaren Magadinoebene (s. 24.3.) nach W.; am Fuss der Bergkette das Weindörfchen *San Antonino*. – 8km *Cadenazzo*, l. Abzweig der Kantonsstrasse nach Monte Ceneri–Lugano. – Auf 13km *Quartino* folgt 16km *Magadino* (*Rest.*), am Beginn des Lago Maggiore gelegen, unterhalb des Monte Tamaro (*Schifffahrt*: s. 26.1A.). – Weiter durch die Landschaft *Gambarogno*, dem von Seitentälern durchfurchten Berghang mit seinen dichten Wäldern. – 18km **Vira** (*Parkhotel***, *Hotel**; *Schifffahrt*, s. 26.1A.), an der Mündung des engen Val di Vira.

Fussweg von Vira über die Dörfer des Gambarogno nach Ranzo: *WW* am l. Rand des Val di Vira in 35min hinauf nach *Fosano* (365m), auf der Rebterrasse des Gambarogno. Dann eben Weges hinüber in 50min nach *Piazzogna* (*Hotel**) und *Vairano* (391m). Nach dem Queren eines Seitentals geht es langsam talwärts über *Casenzano* und *Ronco* in 45min nach *Gerra* am Seeufer. Nochmals empor nach *S. Abbondio* (332m; 25min) und *Caviano* (15min; *Gasthof*), dann hinab in 10min nach *Ranzo* (*Rest.*).

Alpe di Neggia*: Bergsträsschen (*Bus*) in Serpentinen, mehrheitlich durch Kastanienwald, zur 14km *Alpe di Neggia** (1394m; *Rest.; Parkplatz*), dem Sattel gegen die Valle Veddasca, die nach Maccagno hinabführt. Die Alp ist Ausgangspunkt für:

Biegno in der Valle Veddasca: *BW* am Südabhang des Monte Gambarogno über die Hütten von *Idacca* nach *Indemini* (979m; 1h30), dann das *Val del Ri* querend in 40min nach *Biegno* (915m; s. unten).

Monte Gambarogno* (1734m): *BW* in 1h zum Gipfel, mit herrlichem Blick auf den See, die Dörfer des Gambarogno und den Alpenkranz im N.

Monte Tamaro* (1962m): *BW* in 2h zum *Monte Tamaro** (1962m), mit grandioser Aussicht auf die Seen und Berge der Südschweiz. – Abstieg zur *Cap. Tamaro C.A.S.* (1867m; 30min), hoch am Ostgrat prächtig gelegen. Gleich daneben eine interessante moderne Kapelle des Tessiner Architekten *Mario Botta*. Hinab über die *Alpe Foppa* (1h; 1418m), später durch Wald nach *Soresina* (553m; 2h) im Talgrund. 15min weiter *Bironico*, an der Lugano-Strecke, s. 27.1. – Höhenweg *Monte Tamaro-Monte Lema*, s. 29.3.

Die folgenden Orte 21km *S. Nazzaro* (*Hotel**), 23km *Gerra* und 25km *Ranzo* (*Rest.*) befinden sich direkt am Ufer. Eine zweite Kette von Dörfern liegt etwas erhöht, auf einer Terrasse am Abhang des Monte Gambarogno, inmitten von Weinbergen: *Piazzogna* und *Vairano* oberhalb von S. Nazzaro, *S. Abbondio* und *Caviano* oberhalb von Ranzo (*Bus; WW* von *Vira* nach *Ranzo*, s. oben). – Nach Ranzo und dem tiefeingekerbten Valle Moliner steigt die Strasse nach 28km **Pino*** empor (293m; *H. Belgiardino***), das in schönster Lage 100m über dem Seespiegel auf einem Vorgebirge thront. Das Ufer biegt hier nach S. um. Noch leicht ansteigend nach 30km *Tronzano* (320m; *Rest.*), dann wieder hinab zum Ufer. – 35km **Maccagno*** (*Hotel*, Gasthof, Camping; Schifffahrt*, s. 26.1B.) auf der kleinen Mündungsebene der Valle Veddasca, beidseits des Bachs T. Giona. Im südl. Dorfteil steht eine malerische Kirche und ein alter Wartturm.

Musignano, Lago Delio und Monte Borgna: Fahrweg (*Bus*) über 4km *Campagnano*, in schönster Aussichtslage, nach 6km *Musignano* (742m; *Gasthof*), hoch über dem See. – 2km weiter der aufgestaute *Lago Delio* (930m; *Parkplatz*), ein Speicherwerk, das bei Bedarf Strom aus hochgepumpten Wasser aus dem Langensee produziert. – Von hier *BW* in 45min zum prächtigen Aussichtspunkt *Monte Borgna* (1157m).

Über die Veddasca-Alpen nach Biegno: Vom Lago Delio (s. oben) herrlicher Panoramaweg (*BW*) über den Sattel *Forcora* (1179m; 50min) und die Alpen an der Nordseite der Valle Veddasca, sommers von grossen Rinderherden belebt, fast eben in 1h30 zur *Alpe Cangili* (1133m), dann hinab in 30min nach *Biegno* (915m; s. unten).

Nach Biegno in der Valle Veddasca*: Strässchen (*Bus*) an der Nordseite der *Valle Veddasca** über 4km *Garabiolo* nach 6km *Càdero* (596m), beide auf Waldlichtungen gelegen. Nun über Kehren hinauf nach 9km *Graglio* und den Berghang entlang nach 11km

Armio (896m; *Gasthof*), Hauptort des Tals. Es folgen noch die malerischen Dörfer 13km *Lozzo* und 15km *Biegno* (915m; *Rest.*) am Ende des Fahrwegs. – Über Indemini zur *Alpe di Neggia* oder über die Veddasca-Alpen zum *Lago Delio*, s. oben.

Die Strasse führt längs des Ufers. z.T. durch Tunnel. Nach 37km *Colmegna*, am Ausgang einer waldigen Schlucht folgt 40km **Luino**, letzter Schweizer Ort am Ostufer (*H. Posta & Svizzera**, 2 Hotels*, 2 Gasthöfe, Camping; Schiffs- und Fährverkehr*, s. 26.1B.). Die hier mündende Tresa bildet die ital. Grenze. Luino ist ein quirliges Städtchen mit einem weitherum bekannten Samstagsmarkt. Früher berühmt für seine Webereien, ist heute neben dem Tourismus die Forellenzucht der wichtigste Gewerbezweig. Die Kirche *S. Pietro in Campagna*, im SW. der Stadt, enthält Fresken des angeblich hier geborenen *Bernardino Luini* (1475-1532). Die Anhöhen im O. besetzen viele schöne Villen in zypressenreichen Gärten.

Über Dumenza nach Agra Luinese*: Strasse (*Bus*) über die Anhöhen im NO. zum Weinörtchen *Poppino* (*Rest.*), dann in die Senke von 7km *Dumenza* (420m; *Rest.*). Nun ein Tälchen nach N. empor, durch Weinberge, Äcker und Wald, nach 9km *Due Cossani*. – Abzweig l. nach 2km *Agra Luinese** (655m; *H. Bellavista***), ein höchst pittoreskes Tessinerdorf auf einer nach SW. offenen Geländeterrasse. 15min südl. auf einem Hügel die schöne barocke Kirche *S. Eusebio*.

Durch die Valle Veddasca nach Monteviasco*: Vom Abzweig nach Agra L. (s. oben) führt die Hauptstrasse weiter in die Valle Veddasca und steigt am steilen Waldhang – nach Durchquerung eines Seitentals – nach 16km *Curiglia* (670m; *Rest.*; zum *Monte Lema*: s. unten) und 17km *Viasco* (807m), am Ende der Strasse. – *Gondelbahn* über das tiefe *Val Viascola* zum gegenüberliegenden, abgelegenen Sommerdörfchen *Monteviasco** (924m; *Berggasthaus*), im malerischen alten Tessinerstil. – Von hier *BW* zum *Passo d' Agario* (1550m; 2h20), auf dem Höhenweg *Monte Lema–Monte Tamaro* (s. 29.3.).

Von Curiglia zum Monte Lema: *BW* in 1h zum hübschen Alpdörfchen *Sarona* (944m), dann über eine Krete mit vielen Einzelbäumen zur Kapelle *Madonna della Guardia* (1245m; 1h); weiter durch Wald in 50min zur *Forcola d'Arasio* (1482m), auf dem *Lema-Tamaro*-Höhenweg. Von hier 30min zum *Monte Lema* (s. 29.2A. & 29.3.).

Nach Sessa und Astano: Strasse (*Bus*) von Luino über die östl. Anhöhen nach 4km *Longhirolo* (*Rest.*), dann entlang einer Krete mit schönen Villen, Wein- und Obstgärten nach 6km *Termine*, 7km *Monteggio* (*Hotel**) und 9km *Sessa* (394m; *Rest.*; nach *Cremenaga*: s. 28.3E.). Nördl. empor durch Wald nach 12km *Astano* (638m; *H. Monte Lema***), am waldigen Südabhang des Monte Lema, im westl. Malcantone. – Nach *Novaggio*, s. 29.2A. – *Lema-Tamaro*-Höhenweg, s. 29.3.

Bahn und Strasse von Luino nach Ponte Tresa und Lugano: s. 29.1.

27. Von Bellinzona über Lugano nach Como

27.1. Eisenbahn und Kantonsstrasse

Zwischen Bellinzona und Bironico nehmen die Bahnstrecke und die Kantonsstrasse verschiedene Wege, danach verlaufen sie parallel. Die *Bahn* führt unter dem Castello Montebello hindurch nach 174km (ab Luzern) *Giubiasco (Rest.)*, am Ausgang der Valle Morobbia (s. 24.1.; *BW* nach *Isone*, s. unten). – 176km *Camorino*, Dorf in Weinbergen. Die Strecke steigt durch Nussbaum- und Kastanienwald am Nordhang des Monte Ceneri. Unten in der Magadinoebene Cadenazzo, dahinter die Mündung des Ticino in den Langensee, Locarno und die Berge des Maggiatals. Nach einem 1,7km langen Tunnel unter dem Monte-Ceneripass folgt 186km **Bironico** (470m; *Rest.*), nahe am Ausgang des Val d'Isone.

Die *Kantonsstrasse* folgt bis 8km *Cadenazzo* derjenigen nach Luino (s. 26.4.) und führt dann in vier Kehren l. den bewaldeten Abhang empor. Nach Überqueren der Bahnstrecke und der Autostrasse A12 erreicht sie nach 15km den *Monte-Ceneripass* (554m; *Rest.*), im lichten Wald zwischen dem Monte Tamaro r. und der Cima di Medeglia l. gelegen (keine Aussicht). Der Monte Ceneri ist der tiefste Übergang zwischen dem *Sopraceneri* (Kanton Ticino) und dem *Sottoceneri* (Kanton Ceresio). – 18km **Bironico**.

Aufstieg zum Monte Tamaro: s. 26.4.

Val d'Isone: Bergsträsschen (*Bus*) in das tiefeingeschnittene, mehrheitlich zum Kanton Ticino gehörige *Val d'Isone* über 4km *Medeglia* (703m; *Rest.*) nach 7km *Isone* (748m; *Hotel**), Dorf am Grund des bewaldeten Tals.

Von Medeglia über die Cima di Medeglia zur Cima d'Isone: *BW* durch Wald zur *Alpe Troggiano* (1065m; 1h10); in weiteren 40min zum flachen Rasengipfel *Cima di Medeglia* (1259m), östl. vom Monte Ceneri. Aussicht auf die Magadinoebene, den Monte Tamaro und südl. Richtung Sottoceneri. Nun 1h schöne Höhenwanderung oberhalb der Baumgrenze um den Gipfel Mattro herum zum Pass *Cima d'Isone* (1003m).

Von Isone über die Cima d'Isone nach Giubiasco: *BW* in 50min zum Sattel *Cima d' Isone* (1003m; s. oben) in der Ceneri-Camoghè-Kette. Dahinter durch Wald steil hinab in 1h45 nach *Camorino* (256m; s. oben) und 15min *Giubiasco* (243m; s. 24.1. & oben).

Camoghè: Von Isone Fahrweg (*kein Bus*) östl. das einsame *Val di Serdena* empor in 7km zur *Alpe di Serdena* (1447m; *Parkplatz*), zwischen dem Camoghè im N. und der Gazzirola im S. – *BW* zur *Bocchetta di Revolte* (1970m; 1h50), wo sich die Wege von der *Valle Morobbia* (s. 24.1.) und dem *Monte Bar* bzw. dem *Val Colla* (s. 29.4B.) treffen. Über den Südostgrat in 50min zum *Camoghè* (2227m), dem höchsten Gipfel der Region. Grossartige Rundsicht vom Monte Rosa bis zum Ortler.

Über Gola di Lago nach Tesserete: *BW* von Medeglia hinab zur Brücke über den *Vedeggio*, dann am südl. Waldhang empor in 1h30 zum Pass *Gola di Lago* (972m). – Von Isone zum Pass über die Alp *Muricce* (950m) und weiter ebenen Weges durch Wald sind es insgesamt 2h. – Jenseits auf *WW* hinab in das *Val Capriasca* mit seinen malerischen Weilern *Lelgio* und *Odogno* und in 1h15 nach *Tesserete* (521m; s. 29.4B.).

Von Gola di Lago über den Monte Bigorio nach Tesserete: s. 29.4B.

Von Gola di Lago zum Monte Bar*: Östl. auf einem flachen Mattengrat über die Hütte von *Davrosio* am Westhang des Caval Drossa in 1h30 zum Kruzifix *Motto della Croce* (1393m), mit herrlicher Aussicht nach W. und S. Nun entweder – stets mit prächtigem Panorama – über den Grat zum *Caval Drossa* (1632m; 50min) und in weiterer 50min zum *Monte Bar** (1816m; *Gondelbahn*; s. 29.4B.), oder auf einem Hangweg r. unterhalb der beiden Gipfel in 45min zum *Berggasthaus Monte Bar* (1608m; s. 29.4B.).

Bahn und Strasse passieren die Mündung des Val d'Isone und führen in einem südlich geprägten Wiesental an den Weindörfern *Vira* (*Rest.*), *Mezzovico* und *Sigirino* vorbei nach 191km *Taverne* (*Rest.*; Strasse nach *Tesserete*, s. 29.4A.). – Bei 194km *Lamone* wird das Tal breiter (Strasse über *Gravesano* und *Arosio* in die Berglandschaft *Malcantone*, s. 29.2D.). – Nach *Vezia* steigt die Kantonsstrasse leicht zum Massagno-Sattel an; die Bahn unterfährt diesen in einem 1km langen Tunnel. – 199km ***Lugano*** (s. 28.1.; der Bahnhof liegt 60m oberhalb der Stadt; *Standseilbahn*).

Die Strasse nach Como verlässt Lugano entlang des Ufers des Luganersees; die Bahnstrecke umgeht die südl. Vororte auf einem hohen Viadukt, kreuzt bei 202km *Paradiso* die Seilbahn zum Monte San Salvatore und erreicht nach einem Tunnel ebenfalls das Seeufer. Der tiefblaue See und die steilen bewaldeten Berge schaffen ein höchst eindrückliches Landschaftsbild. – Nach 208km *Melide* (s. 28.3A) queren Bahn und Strasse den See auf dem Damm *Ponte Diga* und berühren *Bissone* (s. 28.3A.), 211km *Maroggia* (s. 28.3A) und den Weinort *Melano* (*Rest.*, *Camping*) am südöstl. Seearm. – 215km *Capolago* (274m; s. 28.3A; *Monte Generoso*: s. 31.1A.), am Ende des Sees. – 219km ***Mendrisio*** (328m; s. 31.2A.), unterhalb des Monte Generoso, die südlichste Stadt der Schweiz.

Auf der Weiterfahrt bleiben die Berge zurück; Bahn und Strasse ziehen über die sanften, fruchtbaren Hügel des *Mendrisiotto*, das zur lombardischen Landschaft *Brianza* hinüberleitet. – Nach 223km *Balerna* (270m; *2 Hotels**; s. 31.2D.), mit der Barockkirche *S. Vittore* und einem ehem. Bischofspalast, folgt die 3km lange Breggia-Ebene und dahinter die ital. Grenze. Die Strasse steigt zum Sattel *Monte Olimpino*, mit überraschendem

Blick auf Como und seine Bergszenerie, und senkt sich dann in die Stadt hinab. Die Bahn durchquert den Monte Olimpino in einem 2km langen Tunnel. – 230km **Como** (216m; s. 32.1.).

27.2. Autostrasse A12

Die A12 beginnt bei einem Kreisel an der Gotthardstrasse, kurz vor Arbedo bzw. Bellinzona (s. 23.1.). Sie überquert den Ticino und führt an seinem r. Ufer um die Stadt herum. – 4km *Anschluss Bellinzona-Ovest* (für Locarno), dann wieder über den Fluss. – 8km *Anschluss Bellinzona-Sud* (für Luino). Nun den waldigen südl. Abhang der Magadinoebene hinauf und durch den 1km langen *Monte-Ceneri*-Tunnel zum 16km *Anschluss Rivera*. – Weiter parallel zur Bahn und Kantonsstrasse im Tal des Vedeggio hinab. – 28km *Anschluss Lugano-Nord*, von wo ein Zubringer über den Massagno-Sattel zur Stadt führt. – Die A12 umfährt Lugano weiträumig im W., steigt gegen den Sattel von Muzzano und durchquert in einem 500m langen Tunnel den Collina d'Oro. – 33km *Anschluss Lugano-Sud*. Nun zwischen bewaldeten Bergketten nach S., dann durch den 2km langen *Carona-Tunnel* und auf dem *Ponte Diga*, neben der Bahn, über den Luganersee. – 39km *Anschluss Melide/Bissone*. Dem Südostarm des Sees entlang zum 43km *Rasthof Melano* am Fuss des Monte Generoso. – 48km *Anschluss Mendrisio*. Über die Hügel des *Mendrisiotto* zum 53km *Anschluss Balerna*, dem letzten auf Schweizer Gebiet. Nach der ital. Grenze folgt bei 56km *Como-Ovest*.

28. Region Lugano-Lago di Lugano

28.1. Lugano

Hotels*** (am See: Grand-Hotel & Palace; am Hang: Metropole; in Paradiso: Europa), Hotels** (Splendid, Ottaviani, Bellariva, Milano, Giardino), 3 Hotels*, 2 Gasthöfe, Ferienwohnungen; Kursaal; reiche Auswahl an Restaurants

2 Campingplätze in Agno

Kultur- und Kongresshaus Lugano Arte e Cultura (LAC) mit Konzertsaal

Stadtbus (Luganobus): (1) Stazione FFS–Lugano Città–Cassarate–Castagnola, (2) Massagno–Stazione FFS–Lugano Città–Paradiso–Funicolare S. Salvatore

Standseilbahn: Stazione FFS–Lugano Città

Station der Bahn nach Ponte Tresa–Luino und Busstation östl. neben dem Bahnhof

Werktäglich 2 Flüge ab Flugplatz Magadino nach Bern

Parkhäuser an der Riva und beim Bahnhof
Seebad Lido in Cassarate
Golfplatz in Caslano
vom Flugplatz Agno aus werden Rundflüge angeboten

Lugano*** (273m), Hauptstadt des Kantons Ceresio, mit 13.800 Ew., seit 1512 zur Schweiz gehörig, ist die bedeutendste Stadt der Südschweiz. Sie war der Tagungsort der Europäischen Friedenskonferenz von 1919, in der nach den Krisenjahren 1914-18 die politische Neuordnung des Kontinents geregelt wurde.

Dank ihrer herrlichen und geschützten Lage an der mittleren Bucht des Luganersees wird Lugano das ganze Jahr hindurch, am meisten im Frühling und Herbst, von Touristen aus ganz Europa besucht. Die Umgebung zeigt die volle Pracht der südalpinen Berglandschaft. Ringsum blicken Dörfer und Villen aus Weinbergen und zypressengeschmückten Gärten hervor; dahinter, als Kontrast das dunkle Grün der Nussbaum- und Kastanienwälder. Im S. der imposante, seltsam geformte Monte San Salvatore mit der schnurgeraden Trasse der Seilbahn; jenseits des Sees der steile Waldhang Monte Caprino, r. davon die Flühen des Monte Generoso. Nördl. des fjordartigen Porlezza-Seearms der Monte Brè und der Monte Boglia; gegen N. das breite Cassarate-Tal mit seinem Gebirgskranz, aus dem sich der Camoghè besonders abhebt. Prächtig ist die abendliche Beleuchtung der Bucht und die halbkreisförmige Lichterkette von Castagnola bis Paradiso. – Lugano und sein Umland haben immer eine grosse Ausstrahlung auf Künstler ausgeübt. Unter den regelmässigen Besuchern oder hier lebenden Schriftstellern, Musikern oder Malern sind zu nennen *Hermann Hesse, Max Brod, Friedrich Nietzsche, Franz Kafka, Erich Kästner, Franz Liszt, Pietro Mascagni, Arnold Schönberg, Wilhelm Backhaus, Martha Argerich* und *Wassily Kandinsky.*

Die Altstadt, mit Lauben und Granitplatten-gedeckten Fahrgeleisen in den engen Strassen, hat ganz italienisches Flair. Sie ist heute zum grössten Teil eine Fussgängerzone mit vielen Geschäften. Am Abhang unterhalb des Bahnhofs liegt die sehenswerte **Kathedrale S. Lorenzo***, Ende des 15. Jh. erbaut; die schöne, kulissenartige Renaissance-Marmorfassade ist von 1517. Mittelpunkt des Verkehrs sind die **Tre Piazze***, die das 1844 als Regierungspalast erbaute *Stadthaus* (*Municipio*; mit schönem Säulenhof) umgeben: nördl. die *Piazza della Riforma*, auf der Seeseite die *Piazza Rez-*

zonico und die mit Anlagen und einem Springbrunnen geschmückte *Piazza Manzoni*; dahinter die Schifflände. Eine aussichtsreiche Uferstrasse (***Riva****) erstreckt sich von hier nach beiden Seiten. 10min südl. die um 1500 erbaute Klosterkirche **Sta. Maria degli Angioli***, mit hervorragenden Fresken von *Bernardino Luini*: auf der Lettnerwand eine monumentale Passion von 1529, mit mehreren hundert Figuren in altertümlicher Anordnung; an der Kirchenwand l. das Abendmahl; in der 1. Kapelle r. eine liebliche Madonna. – Am Quai folgt das repräsentative *Grand-Hotel* und gleich daneben das neue, architektonisch reizvolle Kultur- und Kongresszentrum **Lugano Arte e Cultura*** (*LAC*), mit dem Kunstmuseum und einem grossen Konzertsaal. Weiterhin schöne Anlagen mit Atlas- und Libanonzedern und anderen Bäumen mediterraner Herkunft. Die Riva erstreckt sich bis zum villenreichen **Paradiso***, am Fuss des Monte San Salvatore; am Abhang Rebberge und Gärten mit Zypressen und südländischer Vegetation.

Östl. der Piazza Manzoni führt die Riva zum Kursaal und zum Stadtpark mit der *Villa Ciani*, die das Kantonsmuseum und eine Galerie zeitgenössischer Kunst beherbergt. In den Anlagen die Marmorstatue *La Desolazione* von *Vincenzo Vela* (1851).

Oberhalb des Bahnhofs, auf dem Hügel *Montarina* liegt der prächtige *Parco Tassino* mit seinem altem Baumbestand und einem wunderbarem Blick über die Stadt und ihre fantastische Umgebung. Das hügelige Gelände westl. des Parks wird von Gärten mit Zypressen und Olivenbäumen, von Landhäusern und vielen Weinbergen eingenommen.

Spaziergang nach Castagnola**, zur Villa Favorita* und nach Gandria**: Ein Uferweg führt vom Stadtpark östl. über das Flüsschen *Cassarate* am Freibad Lido vorbei nach 15min *Cassarate*, am Fuss des Monte Brè (*Rest.*; *Seilbahn*, s. unten). Ansteigend neben der Kantonsstrasse in 15min nach *Castagnola*** (310m; *Stadtbus*; *H. Villa Castagnola***, *H. Riviera***), in herrlicher Südlage in Weinbergen gelegen. Die *Villa Favorita**, mit der berühmten Gemäldesammlung *Thyssen*, und ihr schöner Park steht Besuchern offen. Andere Landhäuser am Seeufer, die *Villa Lepori*, die *Villa Selvano* und die *Villa Vignascia*, sind unzugänglich. – Von Castagnola führt ein *WW*, mit herrlichem Blick auf See und Berge, zunächst aufwärts, dann wieder hinab und am Fuss der waldbedeckten Südwand des Monte Brè in 45min nach *Gandria*** (*H. Gandria***). Das ehem. Fischerdörfchen zieht sich mit seinen Bogengängen, seiner alten Kirche und seinen Rebterrassen unmittelbar vom See malerisch den Berghang hoch. – Zurück nach Lugano mit *Schiff* oder *Bus*, s. 28.3B. & 30.1. – Fussweg nach *Brè*, s. 28.2A.

Porza und S. Rocco: Von der Endstation *Massagno* der *Buslinie 2* führt ein angenehmer Weg leicht ansteigend nördl. durch Weinberge in 40min nach *Porza* (486m; *Rest.*). Auf einem Hügel 15min weiter die Kapelle *S. Rocco* (545m), mit schönem Rundblick über die Stadt und den See.

Rundspaziergang um Lugano: Von *Massagno* zieht sich ein schöner Weg über die Höhen westl. der Stadt zwischen malerischen Gärten und Weinbergen hin. Am kantonalen Seminar und den Häusern von *Cortivallo* vorbei geht es in 40min zum Dörfchen *Sorengo* (402m; *Station der Luinobahn; Hotel**), immer mit dem eindrücklichen Monte San Salvatore vor Augen. Nach dem Kreuzen der Luinostrasse gelangt man in 15min nach *Gentilino* (388m; *Bus*), dann hinab zur Kirche *S. Pietro*, nahe der Autostrasse A12. Jenseits wieder 25min hoch nach *Calprino* (350m; *Bus; Rest.*), in Weinbergen am Abhang des Monte San Salvatore gelegen. Hinab in 10min nach Paradiso.

Breganzona, Biogno, Muzzano, Lago di Muzzano*: Noch etwas weiter westl. liegen die Weindörfchen *Breganzona* (*Rest.*), *Biogno* (472m), mit hochgelegener Kirche, und *Muzzano* (384m; *Rest.*), oberhalb des kleinen *Lago di Muzzano**. Sie sind alle mit dem Bus erreichbar oder von Massagno zu Fuss in 30min, 40min bzw. 1h. Auch die mit lichtem Wald bedeckten Hügel im W. der drei Dörfer sind besuchenswert.

28.2. Umgebung von Lugano

A: Monte Brè: Eine *Standseilbahn* führt von Cassarate (s. 28.1.; *Stadtbus*) mit 60% Steigung zur Umsteigestation *Suvigliana* (389m). – Dann durch einen kurzen Tunnel über *Albonago* (480m) nach *Aldesago* (550m); zuletzt im Bogen durch einen Tunnel und durch Wald zur Bergstation (*Rest.*), 5min unterhalb des **Monte Brè**** (928m). Ein Aussichtsturm bietet ein überwältigendes Panorama, vor allem nach W. zum Monte Rosa. – Auf einem *WW* gelangt man in 15min zum Dörfchen **Brè*** hinab (800m; *H. Bellavista**; Bus von Lugano*), auf dem Sattel östl. des Monte Brè wunderbar gelegen. In Brè endet der Höhenweg *Via Azzurra* (s. 24.2.).

Von Castagnola nach Brè: *WW* durch Rebberge hinauf in 30min nach *Ruvigliana* (470m; *H. Mira del Lago***), von Olivenbäumen umgebener malerischer Weiler. Nun auf *BW* am Abhang des Monte Brè in 20min nach *Aldesago* (550m; *Seilbahnstation*: s. oben) und durch Kastanienwald im steilen *Val Cassone* empor nach *Brè* (50min).

Abstieg von Brè nach Gandria: *BW* im Zickzack den steilen Bergwald hinab, mit herrlichem Blick auf den See, in 1h10 nach *Gandria* (s. 28.1.).

Über Cureggia nach Pregassona: Ein alternativer Abstieg von Brè führt auf einem *BW* hinab in das enge Tal des *Cassone*, quert den Bach und senkt sich durch Wald in 30min nach *Cureggia* (656m; *Rest.; Bus; BW* zum *Pian da Scagno*: s. 24.2.), einem kleinen Weiler in einer Lichtung am Hang des Monte Boglia. Weiter im Zickzack hinab in 40min nach *Pregassona* (379m; *Bus*; s. 29.4C.).

Monte Boglia und Denti della Vecchia: s. 24.2.

B: Monte San Salvatore und Carona: Eine *Standseilbahn* zieht von Paradiso (s. 28.1.) die Weinberge von *Calprino* empor zur Umsteigestation *Pazzallo* im Wald (494m; das Dorf liegt 10min unterhalb). – Die obere Sektion steigt über Dolomitfels mit einer Maximalsteigung von 60% zur Bergstation *Vetta* (888m; *H. Vetta***). 5min weiter oben Wallfahrtskapelle und Aussichtsterrasse des **Monte San Salvatore**** (913m; Wetterstation). Prächtiger Blick über den Luganersee, die Berge und die Stadt mit ihren villenreichen Abhängen. Im O. über Porlezza der Monte Legnone am Eingang des Veltlins; nördl. über Lugano die Kuppe des Camoghè, l. daneben fern das Adulagebirge. Im W. in 80km Entfernung der Monte Rosa und andere Walliser Gipfel, besonders herrlich bei Sonnenaufgang.

Fussweg zum Monte San Salvatore: *BW* über *Calprino* (s. 28.1.) in 30min nach *Pazzallo* (420m; *Hotel*; Bus*; s. unten), an der Strasse nach Carona. An der Seilbahnstation vorbei weit nach O. ausholend bis oberhalb des Vorgebirges S. Martino, dann im Zickzack durch Kastanienwald in 1h35 zum Gipfel.

Vom Monte San Salvatore nach Carona: Steiniger *BW* durch den Wald hinab nach *Ciona* (617m; 45min), wo die Strasse von Lugano mündet (*Bus*). Weiter mit herrlichem Blick auf den See, den Ponte Diga und den Generoso in 15min nach *Carona* (s. unten).

Die Strasse nach Carona steigt von Paradiso in Kehren durch Weinberge über *Calprino* nach 2km *Pazzallo* (s. oben), dann am Westhang des Monte San Salvatore nach 4km *Carabbia* (518m; *Rest.*), mit einer schönen Barockkirche. In Kehren hinauf über *Ciona* (s. oben), mit überraschendem Blick auf den Gipfel des Monte San Salvatore und den See im O. und W., nach 7km **Carona*** (579m; *H. Posta***). Das enggebaute, traditionelle, gut erhaltene Dorf hoch über dem See, besitzt zahlreiche alte Wohnhäuser mit verzierten Fassaden. In der prächtigen Renaissance-Kirche *S. Giorgio* befindet sich eine alte Kopie von Michelangelos ‚Jüngstem Gericht'. Oberhalb des Dorfs steht die roman., später barockisierte Kirche *Sta. Marta* mit Fresken von 1486. Daneben eine elegante Loggia von 1591. In Carona waren viele Jahre das Schriftstellerpaar *Kurt Held* und *Lisa Tetzner* ansässig (s. 25.1.). Ihr Haus ist im Originalzustand erhalten und bietet heute reisenden Künstlern eine zeitweilige Unterkunft.

Madonna d'Ongero und Torello*: Ein Stationenweg, der bei der Kirche Sta. Marta beginnt, endet nach 15min bei der kreuzförmigen, kuppelgekrönten Wallfahrtskirche *Sta. Maria d'Ongero* (630m). 20min weiter, in der Waldlichtung *Torello** oberhalb des westl. Seearms, die roman. Kirche *Sta. Maria Assunta* von 1217, mit alten Fresken.

Fussweg nach Vico-Morcote: *BW* durch die ausgedehnten südalpinen Wälder des

Monte Arbostora, mit wärmeliebenden Bäumen (Edelkastanien, Eichen, Föhren, Buchen, Buchs, Stechpalmen), in 1h20 nach *Vico-Morcote* (444m; s. 28.3A.).
Fussweg nach Melide: s. 28.3A.

C: Collina d'Oro: Die Strasse (*Bus*) zur *Collina d'Oro*, dem fruchtbaren Hügelzug im SW. von Lugano, zweigt von der Luinostrasse bei 2km *Sorengo* l. ab und führt über 3km *Gentilino* zur weithin sichtbaren Kirche von *Sant' Abbondio*. Auf dem Friedhof das Grab des Schriftstellers *Hermann Hesse*. Ansteigend nach 5km **Montagnola*** (467m; *H. Bellavista***), mit schönem Blick auf die Monte-Rosa-Gruppe, vor allem frühmorgens. Das Haus von *Hermann Hesse* ist original erhalten und der Öffentlichkeit zugänglich. Ein schattiger *WW* (*Giro del Monte*) zieht über die westl. Hänge der Collina, mit Aussicht auf den Agno-Arm des Luganersees, um den Monte Croce herum nach *Agra Luganese* (557m; *Rest.*; *Bus*), mit einem grossen Sanatorium.

28.3. Lago di Lugano

Die Società Navigazione Luganese (SNL) betreibt die Motorschiffe Lugano, Paradiso, San Gottardo, Italia, Generoso *und* Morcote. *Nach* Ponte Tresa *verkehren tägl. 3 Schiffe, nach* Capolago *und* Porlezza *je 2. Ausserdem wird 4x tägl. eine Rundtour im Seebecken von* Lugano *nach* Gandria *und* Campione *angeboten* (Giro del Lago).

Der **Lago di Lugano***** (oder *Lago Ceresio*) liegt mit seinem Seespiegel von 271m etwa 80m höher als der Langen- oder der Comersee. Seine tiefste Stelle – im Porlezza-Arm – reicht 17m unter das Meeresniveau. Die Wasser des Sees fliessen über die Tresa in den Langensee. Der Luganersee umfasst mit seinen vielen Buchten 48qkm und liegt mit Ausnahme seiner Südwestecke auf Schweizer Gebiet. Landschaftlich am schönsten ist die Bucht von Lugano, die auch in der Üppigkeit der Vegetation nicht hinter den Nachbarseen zurücksteht. Der Nordostarm ist von jäh aus dem See aufsteigenden Gebirgen eingefasst, im W. sind die Berge weniger steil, und an den Buchten von Agno und Ponte Tresa sind die Ufer sogar ganz flach.

A: Von Lugano nach Campione, Capolago und Ponte Tresa: Die Schiffe fahren – nach Anlegen in *Paradiso* (s. 28.1.) – am Vorgebirge *S. Martino* vorbei quer über den See zur 4km italien. Enklave **Campione*** (*H. Europa***), die für ihr Spielcasino bekannt ist. In der Wallfahrtskirche *Madonna dell'Annunziata* glänzende Fresken der lombàrd. Schule des 15. Jh.
Fussweg nach Arogno: *WW* durch Wald in 1h30 anstrengend zum Sattel *S. Vitale*

empor (684m); dahinter hinab in 10min nach *Arogno* (606m; *Bus*; s. 30.3.). – Von hier Aufstieg zum *Monte Generoso*, s. 31.1B.

Schöner Rückblick auf das Gebirge im N., l. die Flühen des Monte Generoso. Südl. von Campione sind die Seeufer durch den *Ponte Diga* verbunden, einen 800m langen Damm, der von der Bahn, der Kantonsstrasse und der A12 benützt wird (s. 27.1. & 27.2.). Er liegt auf einer eiszeitlichen Gletschermoräne und lässt in der Mitte eine Durchfahrt für Schiffe offen.

Die **Schiffe nach Capolago** landen nach dem Ponte Diga in 7km *Bissone* (*Rest.*), einem Dorf mit einem malerischen kastanienbestandenen Quai und der prächtigen Kirche *S. Carpoforo*. Der Ort wird landseits von der Bahn und der A12 eingeengt. Aus Bissone stammt der berühmte Renaissance-Architekt *Francesco Borromini*. – Das Schiff wendet sich in den südöstl. Seearm, der durch die *Punta di Pojana* und den Monte San Giorgio vom Hauptarm geschieden ist. – 9km **Maroggia** (*Gasthof; Seebad*), wo das östl. Ufer flacher wird.

Nach Intelvi: s. 30.3.

Es folgt das Weindörfchen *Melano* am Fuss des Monte Generoso. – 13km **Capolago** (*Hotel**), am Ende des Sees (*Bahn & Strasse*, s. 27.1.). – In **Riva S. Vitale** (*H. Vacallo**; Seebad*), 1km westl. unterhalb des Monte San Giorgio gelegen, ist ein frühchristliches achteckiges **Baptisterium*** aus dem 5. Jh. zu bewundern, das älteste erhaltene kirchliche Bauwerk der Schweiz. Im Innern roman. Fresken und ein riesiges monolithisches Taufbecken. Im N. des Dorfs die Kuppelkirche **Sta. Croce***, eine der schönsten Renaissancebauten des Landes.

Zahnradbahn zum Monte Generoso: s. 31.1A.

Die **Schiffe nach Ponte Tresa** steuern vor dem Ponte Diga noch 7km *Melide* am Westufer an (*H. Ceresio**, Hotel*; Seebad; Bahn & Strasse*, s. 27.1.; *BW* steil hoch in 1h10 nach *Carona*, s. 28.2B.). Danach l. schöner Blick in den Seearm von Capolago. An der Punta di Pojana r. vorbei nach 10km **Brusino Arsizio*** (*H. Brusino**, Gasthof; Personenfähre nach Olivella/Morcote*), malerisches, ruhiges Dorf am Fuss des Monte San Giorgio.

Fussweg nach Serpiano: BW durch Wald in 1h15 hinauf zur Terrasse von *Serpiano (H. Serpiano**).* – Von dort nach *Mendrisio* bzw. zum *Monte San Giorgio*: s. 31.2B.

Zurück zum Westufer nach 12km **Morcote**** (*H. Svizzera**, H. Riviera***), wo sich der Hauptarm des Sees nach NW. wendet und nach S. die ital.

Bucht von *Porto Ceresio* abzweigt. Das alte Städtchen Morcote, mit seinen Laubenhäusern, umgeben von Terrassengärten mit Reben, mit Oliven-, Orangen-, Zitronen- und Feigenbäumen, bietet einen höchst malerischen Anblick. Die Hauptstrasse längs des Ufers wird von einer schönen Häuserzeile mit ornamentalen Fassaden gesäumt. Eine Treppe von 365 Stufen führt zur alten Kirche *Madonna del Sasso*; noch höher liegt eine Burgruine.

Vico-Morcote*: Vom Nordende des Orts führt eine *Gondelbahn* (oder ein *WW*; 30min) über Rebberge nach *Vico-Morcote** (444m; *Gasthof*), ein prächtig gelegenes Weindorf unterhalb des bewaldeten Monte Arbostora mit einer weithin sichtbaren Barockkirche. – Fussweg nach *Carona*, s. 28.2B.

Porto Ceresio: *Ein Boot fährt 4x tägl. von Morcote nach* Porto Ceresio *am ital. Südufer.*

Seeabwärts zwischen steilen bewaldeten Bergen nach NW.; auf dem l., ital. Ufer *Brusimpiano* auf einem Schwemmkegel. – 16km *Figino* am Ostufer, von wo eine Strasse durch den *Pian Scairolo* direkt nach 7km Lugano führt (*Bus*). Die Schiffe lassen die Bucht von Agno, in deren Hintergrund der Monte Bigorio und der Monte Tamaro erscheinen, r. liegen und steuern bei 19km das ital. *Lavena* mit seinen Rebgärten an. Es liegt an der engen Einfahrt **Stretto di Lavena*** zum westlichsten Seebecken. Rechts der felsige *Monte Caslano*, eine durch Geröllablagerungen aus den Bergen des Malcantone landfest gewordene Insel. Nach der Passage des Stretto und der untersten Seebucht landen die Schiffe nach 21km im schweizerischen Dorf **Ponte Tresa**, das durch die Tresa vom gleichnamigen ital. Dorf getrennt wird. – Bahn und Strasse nach *Lugano* bzw. *Luino*, s. 29.1.

B: Von Lugano nach Porlezza: Nach der Abfahrt schöner Blick auf den Monte Brè. Die Schiffe steuern zuerst 2km *Castagnola* an und fahren dann in den beidseits von jähen, grünen Bergflanken eingefassten **Porlezza-Arm*** des Luganersees. Die steilen Wälder sind wild und unberührt. – 4km *Gandria*, ehem. Fischerdorf, das höchst malerisch unmittelbar vom See am Hang ansteigt (s. 28.1.). Weiter nach O. das felsige Nordufer entlang nach 7km *Oria* und 9km *S. Mamette**, am Ausgang des Valsolda herrlich gelegen (s. 30.1.). Im NO. die steilen, zackigen Kletterberge *Pizzoni*. Nun quer über den See nach 12km *Ostello* (*Hotel**), an der Mündung des Val d'Intelvi (s. 30.3.). Zurück zum Nordufer nach 16km **Porlezza*** (*H. del Lago***) am Ende des Sees. – Details und Strasse, s. 30.1.

29. Nördlicher Kanton Ceresio

29.1. Von Lugano über Ponte Tresa nach Luino

Die Schmalspurbahn *Lugano-Luino (FLL)* führt durch zwei Tunnel nach 2km *Sorengo* (s. 28.1.). Bahn und Strasse passieren dann den kleinen fischreichen *Lago di Muzzano* (337m) und ziehen hinab in die Ebene des Vedeggio: die Strasse geradewegs nach Agno (r. der Flugplatz Agno), während die Bahn einen Umweg über 6km *Bioggio* (*Rest.*) macht, wo eine Strasse in die Berge des Malcantone hinaufführt (s. 29.2C.). – 8km *Agno* (273m; *Gasthof, 2 Campingplätze*), am oberen Ende der gleichnamigen Bucht des Luganersees. – Den See entlang nach 10km **Magliaso*** (*Hotel**), stilvolles Dorf mit altem Schloss.

Weindörfer am Berghang: Strässchen (*Bus*) zu den hochgelegenen, malerischen Dörfchen 1km *Neggio* (387m), 3km *Vernate* (533m; *H. Bellaria***) und 4km *Cimo* (557m; *Rest.*), mit prächtigen Ausblicken auf das Luganese. 45min oberhalb von Cimo, auf dem Berg *Sparavera*, liegt die barocke Kapelle *Sta. Maria di Cimo* (777m).

Über Novaggio nach Miglieglia im Malcantone: s. 29.2B.

Über die Schwemmebene des oft hochgehenden Wildbachs *Magliasina* nach 11km **Caslano*** (*H. Sassalto**, Hotel*, Camping; Golfplatz*). Das pittoreske Dorf liegt 1,5km weiter am See, am Fuss des bewaldeten Inselbergs Monte Caslano, der auf drei Seiten von Wasser umgeben ist. Schöne Quaianlage mit einer doppelten Platanenreihe.

Um den Monte Caslano: Gemütlicher Spaziergang in Ufernähe in 1h10 um den ganzen Berg herum. Auf der Südseite der *Stretto di Lavena** (s. 28.3A.), der enge Durchlass zwischen den beiden westlichen Becken des Luganersees.

Monte Caslano: WW im Zickzack in 1h zum bewaldeten *Sassalto* (522m), der östl. Kuppe des Monte Caslano, mit einer Kapelle (wenig Aussicht).

13km **Ponte Tresa** (273m; *2 Hotels**), schweiz. Grenzdorf am Ausfluss des Luganersees, vom ital. Dorf gleichen Namens durch die Tresa getrennt (mit dem Schiff nach *Lugano*, s. 28.3A.). – Bahn und Strasse führen im Waldtal der Tresa entlang der ital. Grenze abwärts. – 17km *Croglio*, wo eine weitere Strasse zum Malcantone hinaufführt. – 19km *Cremenaga* (*Rest.*), mit einer Zweigstrasse nach *Sessa* und *Astano* (s. 26.4.). – Nach einem 600m langen Tunnel wird das Tal zur Schlucht. An ihrem Ende folgen 23km *Creva* (mit *Tresa*-Kraftwerk und Textilindustrie) und 25km **Luino** (s. 26.1B & 26.4.).

29.2. Malcantone

A: Von Croglio über Novaggio nach Miglieglia: Eine Strasse (*Bus*) steigt von Croglio (s. 29.1.) durch Rebhänge hinauf in die waldige Berglandschaft **Malcantone**** im Magliasina-Tal, östl. vom Monte Lema. Nach den Weilern *Castelrotto* und *Biogno* folgt 4km *Bedigliora* (613m; *Hotel**), am Südfuss eines bewaldeten Hügels prächtig gelegen. – Hinab nach *Banco*, wo eine Strasse von Astano mündet (s. 26.4.), nach 6km **Novaggio*** (638m; *H. Malcantone**, Hotel**), schönes Dorf inmitten von Weinbergen, mit Aussicht auf den Monte Rosa und den Lago Maggiore, wegen des milden Klimas besonders im Herbst und Frühling besucht. Ein ausgedehntes Netz von *WW* und *BW* erschliesst die Gegend. – Weiter hinauf nach 8km **Miglieglia*** (706m; *H. Monte Lema**, Gasthof*), am Fuss des Aussichtsbergs Monte Lema. Im Dorf die barocke Pfarrkirche *S. Stefano* mit prächtigem Tabernakel des 18. Jh. Auf dem Friedhof die roman. Kirche *S. Stefano al Colle* mit spätgot. Wandmalereien. – Der *Monte Lema** (1621m) ist durch einen *Sessellift* erschlossen (oder *BW* in 3h; Details und *Höhenweg Monte Lema–Monte Tamaro*, s. 29.3.).

B: Von Magliaso über Novaggio nach Miglieglia: Eine andere Strasse (*Bus*) in das Malcantone führt von Magliaso (s. 29.1.) nach 2km *Pura* (389m; *Hotel**), dann längs des tiefeingeschnittenen Tals des Wildbachs *Magliasina* nach 5km *Curio*, 7km *Novaggio* und 9km *Miglieglia* (s. 29.2A.).

C: Von Bioggio über Cademario nach Miglieglia: Ein dritte Strasse in das Malcantone (*Bus*) steigt von Bioggio (s. 29.1.) durch Weinberge über *Bosco Luganese* nach 7km **Cademario*** (739m; *Kurhaus**, Hotel**), an aussichtsreicher Lage. Unterhalb des Dorfs, beim Friedhof, die Kirche *Sant'Ambrogio* aus dem 12. Jh., mit bemerkenswerten roman. Wandmalereien. 25min südl. der *Monte S. Bernardo* (898m) mit Kapelle und Blick auf das Luganese. – 9km *Aranno* (707m; *Gasthof*), direkt gegenüber von Miglieglia und Novaggio, durch das tiefe Tal der *Magliasina* getrennt. – Die Strasse senkt sich in den Talgrund, überquert den Fluss und steigt am anderen Hang nach 12km *Breno* hoch (s. oben). – 14km *Miglieglia* (s. 29.2A.).

D: Von Lamone über Arosio nach Miglieglia: Von Lamone, zwischen Bellinzona und Lugano (s. 27.1.), führt eine Strasse (*Bus*) nach 1km *Gravesano* (*Rest.*) an der anderen Seite des Vedeggiotals, dann über 19 (!) Spitzkehren den westl. Waldhang hoch zum 4km aussichtsreichen **Arosio*** (848m; *H.*

Sole**), Dorf im nördl. Malcantone, auf einer südexponierten Lichtung. Die Strasse berührt weiter 5km *Mugena*, überquert zuhinterst im Tal die oft wilde *Magliasina* und führt an der westl. Talseite des Malcantone über eine Reihe von prächtigen, traditionellen Dörfern, jede auf einer Lichtung gelegen. Auf 6km *Vezio* (780m; *BW* zum *Passo Agario*, s. 29.3.) folgen 9km *Fescoggia* (831m), 10km *Breno* (*Hotel**) und 12km *Miglieglia* (s. 29.2A.).

29.3. Höhenweg Monte Lema–Monte Tamaro

Der **Monte Lema-Monte Tamaro-Höhenweg**** ist bis zum Endpunkt *Alpe di Neggia* an einem Tag zu bewältigen (Start und Ziel durch *Sessellift* bzw. *Bus* erschlossen). Für geruhsamere Wanderer bietet das Gasthaus auf dem Monte Lema oder die Cap. Tamaro eine Übernachtungsmöglichkeit.

Wer den ganzen Bergzug begehen will, beginnt den Aufstieg in **Astano** (s. 26.4.). Ein *BW* zieht vom Dorf durch südlich geprägten Bergwald mit Edelkastanien, Stechpalmen und Buchs zum *Passo di Forcola* (1117m; 1h35), dann steiler über einen Alpgrat in 1h45 zum Gipfelkreuz auf dem **Monte Lema*** (1621m; *Berggasthaus* 10min tiefer; *Sessellift* und *BW* von *Miglieglia*, s. 29.2A.). Herrliches Panorama des Langen- und Luganersees und der ganzen Südalpen, mit dem dominierenden Monte Rosa im W. – Abwärts in 20min zur *Forcola d'Arasio* (1482m; l. hinab nach *Curiglia*, s. 26.4.), dann hinauf zur *Poncione di Breno* und oberhalb der Baumgrenze, immer auf ca. 1600m, über den herrlichen Lema-Tamaro-Panoramagrat in 1h10 zum *Passo d'Agario* (1550m; *BW* über die *Alpe di Coransu* in 1h45 hinab nach *Vezio*: s. 29.2D.; nach *Monteviasco*, s. 26.4.). Nun den ansteigenden Grat zum Monte Pola empor, und durch den bewaldeten Westhang des Monte Gradiccioli in 1h25 zum Sattel *Bassa di Indemini* (1722m), unmittelbar unterhalb des Monte Tamaro. Steil den Südgrat hoch in 50min zum **Monte Tamaro*** (1962m; 30min tiefer am Ostgrat in schönster Aussichtslage die *Cap. Tamaro C.A.S.*; Abstieg nach *Bironico*, s. 26.4.). – Der steile Abstieg zur *Alpe die Neggia* (1394m; s. 26.4.) über den Westgrat dauert 1h30.

29.4. Capriasca, Cassarate-Tal, Val Colla

A: Von Lugano über Ponte Capriasca nach Tesserete: 500m nach Vezia an der Strasse nach Bellinzona (s. 27.1.) zweigt r. eine Strasse (*Bus*) nach 4km **Cureglia** ab, ein Dorf inmitten von Weinbergen.

Comano und Kapelle S. Bernardo: 1km östl. liegt *Comano* (504m; *Rest.*), mit einer Barockkirche. Von Comano *WW* durch lichten Wald in 40min zum Hügel *S. Bernardo* (706m), mit einer Kapelle und einem weiten Blick über das Luganese.

Weiter in die offene Talschaft **Media Capriasca**. Links der kleine *Lago d'Origlio* mit verschilftem Ufer, dahinter das gleichnamige Dörfchen. – 7km **Ponte Capriasca*** (449m; *Rest.*), Ort mit zahlreichen interessanten Wohnhäusern. Die Kirche *Sant'Ambrogio* ist ein Zentralbau von 1835, aber mit einem roman. Turm. Im Innern eine wertvolle Kopie des ‚Abendmahls' von *Leonardo da Vinci* von 1550 und eine reich geschnitzte Kreuzigungsgruppe im Renaissancestil. – 8km *Sala*. – 9km *Tesserete* (s. 29.4B.)

B: Von Lugano über Tesserete nach Bogno; nördliches Val Colla: Eine Strasse (*Bus*) führt vom Zentrum von Lugano nördl. durch die Ebene des **Cassarate-Tals** nach 1km *Molmo*, wo r. die Strasse nach *Viganello-Sonvico* abzweigt (s. 29.4C.). Geradeaus nach 3km *Trevano*, mit Schloss und mediterran geprägtem, öffentlich zugänglichem Park. – 4km *Canobbio* (401m; *H. Castello***), auf einem Hügelsporn gelegen; schöner Blick auf die Dörfer auf der Ostseite des Tals mit den Denti della Vecchia und den Bergkranz im N., vom Monte Bar bis zum Camoghè. – In 6km **Sureggio*** befindet sich eine roman. Kirche, *SS. Pietro e Paolo*, mit einem hohem Glockenturm aus dem 12. Jh. Im Innern bedeutende roman. Malereien mit Szenen aus dem Leben Christi und einer stilisierten Ansicht von Mailand. – Vor 7km *Lugaggia* öffnet sich r. der Blick auf das waldbedeckte Val Colla. – 8km **Tesserete*** (521m; *H. Tesserete***), geschützt gelegener Hauptort der Talschaft *Capriasca*. Die Kirche *S. Stefano* von 1444 hat einen roman. Turm und eine elegante Loggia. Reiche Renaissance- und Barockausstattung.

Monte Bigorio: *BW* oder Fahrsträsschen in 40min empor über das Dörfchen *Bigorio* zum *Convento Sta. Maria* (727m). Weiter durch Wald über die *Alpe Condra* in 1h30 zum *Monte Bigorio* (1167m), einem flachen, mattenbedeckten Bergzug zwischen dem Capriasca- und dem Vedeggiotal. Im W. Blick auf die Tamaro-Lema-Kette, im O. auf Monte Bar, im S. auf das Luganese. – Abstieg in 40min zum *Gola di Lago* (s. 27.1.).
Von Tesserete über Gola di Lago in das Val d'Isone: s. 27.1.

Das Bergsträsschen in das **Val Colla*** (*Bus*) steigt oberhalb von Tesserete über 9km *Campestro* und 10km *Lopagno* (*Rest.*) nach 11km *Roveredo*. Die Weinberge machen Kastanienwäldern Platz. Dann am nördl. Hang, hoch über dem tiefeingeschnittenen Tal der Cassarate, nach 12km *Bidogno* (798m; *Hotel***) und durch ein Seitentobel nach 14km **Albumo** (1016m; *H.*

Monte Bar**, *Gasthof*), Ferienort in schöner Südlage; bekanntes *Skigebiet*.

Monte Bar*: *BW* in 2h45 oder *Gondelbahn* in 2 Sektionen über die *Alpe Bar* (1608m; *Berggasthaus*) zur flachen Kuppe des *Monte Bar** (1816m). Schöner Aussichtsberg zwischen dem Val d'Isone und dem Val Colla. Reger *Skibetrieb* im Winter.
Abstieg zum Gola di Lago: s. 27.1.

Gazzirola und Camoghè: Prächtiger Höhenweg (*BW*) vom Monte Bar über seinen mattenbedeckten Ostgrat in 50min zur *Sella Pietrarossa* (1630m; s. unten), dann allmählich steiler den aussichtsreichen Westgrat der *Gazzirola* hoch in 1h40 zum Gipfel (2116m), über den die *Via Azzurra* führt (s. 24.2.). – Von der Sella Pietrarossa kann man auch nördl. unter der Gazzirola in 1h20 zur *Bocchetta di Revolte* (1970m) queren, wo die Wege von der Valle Morobbia und von Isone zusammentreffen (s. 24.1. & 27.1.). Von hier noch 50min Steilanstieg zum *Camoghè* (s. 27.1.)

Weiter an der nördl. Tallehne, drei Seitentäler querend, über die malerischen Dörfchen *Scareglia* und *Signora* mit ihren plattengedeckten Stein- und Holzhäusern nach 19km **Colla** (997m; *Rest.*).

Gazzirola, Camoghè und Monte Bar: *BW* über sonnige Alpen in 2h15 zur obgenannten *Sella Pietrarossa* (1630m). Weiter, s. oben.

Durch ein von der Gazzirola herabkommendes Seitental nach 21km **Bogno** (959m; *Gasthof*), dem hintersten Dorf im Val Colla, am sonnigen Westhang.

Strasse nach Sonvico; südl. Talseite: s. 29.4C.

Zum Sattel San Lucio: Schöner *BW* über Matten, durch Wald und über Alpwiesen in 2h zum Sattel *San Lucio* (1540m; *Berggasthaus*), an der *Via Azzurra* (s. 24.2.). – Jenseits hinab nach *Cavargna*, s. 30.2.

C: Von Lugano über Sonvico nach Bogno; südliches Val Colla: Von 1km *Molmo* (s. 29.4B.) r. über den *Rio Cassarate* und am jenseitigen Rebenhang aufwärts nach 2km *Viganello* und 3km *Pregassona* (*Rest.*), zwei malerischen Weindörfern (*BW* über *Cureggia* nach *Brè*: s. 28.2A.). Weiter am rebenbedeckten Abhang des Monte Boglia über *Soragno*, *Davesco* und *Cadro* (*Rest.*) nach 8km *Dino* (490m; *Gasthof*) mit der roman. Kirche *S. Nazario*. Nun steiler in Kehren nach 9km **Sonvico*** (600m; *H. Svizzera***), dem Hauptort der östl. Talseite. Schön gelegene, geruhsame Sommerfrische unter den Flühen der Denti della Vecchia.

Passo Pairolo: *BW* durch Wald und Alplichtungen in 2h45 zum *Passo Pairolo* (1405m; mit der *Cap. Pairolo C.A.S.*), auf der *Via Azzurra* (s. 24.2.). – *Denti della Vecchia* und *Monte Boglia*, s. 24.2. – Nach *Dasio* im Valsolda, s. 30.1.

Landschaft und Vegetation nehmen voralpinen Charakter an; Nadelwälder treten an die Stelle der Laubwälder. Die Strasse führt über einen Sattel (827m) mit der Kapelle *Madonna d'Arla* und steigt an der südl. Seite des *Val Colla** talaufwärts nach 15km *Piandera* (896m), wo eine Stichstrasse zum hochgelegenen 17km *Cimadera* führt (1081m; *Hotel**), abgeschieden auf einer weiten Waldlichtung gelegen (*BW* in 1h zum *Passo Pairolo*: s. oben). – Die Hauptstrasse zieht weiter bis zum Talende und steigt zum letzten Dorf **Bogno** hoch (19km; 959m; *Gasthof*), am sonnigen Westhang.

Strasse nach Tesserete; nördl. Talseite: s. 29.4B.

Zum Sattel San Lucio: s. 29.4B.

30. Östlicher Kanton Ceresio

30.1. Von Lugano über Porlezza nach Menaggio

Kantonsstrasse (*Bus*) über *Cassarate* und *Castagnola* (s. 28.1.), dann hoch über dem See, z.T. durch Tunnel, nach 5km *Gandria* (s. 28.1. & 28.3B). Weiter das steile Nordufer des Porlezza-Seearms entlang, mit einigen Tunnel und Galerien, nach 8km **Oria** (*Rest.*; *Schiffsverkehr*, s. 28.3B.).

Valsolda: Fahrweg (*Bus*) nach 2km *Castello* (451m), auf einem Felssporn herrlich über dem See gelegen. Durch ein Wildbachtobel nach *Puria* und über Kehren zum 4km obersten Dörfchen *Dasio* (580m; *Gasthof*). – Von hier steile *BW* zur *Via Azzurra* (s. 24.2.): westl. zum *Pian di Scagn* (1173m; 2h), nördl. zum *Passo Pairolo* (1405m; 2h50).

Es folgen 9km *Albogasio* und 10km **S. Mamette*** (*Hotel**), am Ausgang des Valsolda höchst malerisch gelegen. 45min weiter oben in Weinbergen das Dörfchen *Drano*. Die steilen Felsgipfel im NO., die *Pizzoni*, sind bei Kletterern beliebt. – Nach 13km *Cima* wird der Berghang nochmals sehr steil und wird vor Porlezza in einem 1km langen Tunnel unterquert. – 16km **Porlezza*** (275m; *H. del Lago***, *2 Gasthöfe, Camping; Seebad; Schiffsverkehr*, s. 28.3B.) am Ende des Sees gelegen. Das vormals bewohnte *Val Rezzo* im N. ist heute eine weglose Bergwildnis.

Fussweg nach Menaggio: *WW* über die fruchtbare, z.T. baumbestandene Schwemmebene des Wildbachs *T. Cuccio* in 40min zum kleinen *Lago di Piano* mit seiner Auenlandschaft. Längs des Südufers, dann in 40min nach *Bene Lario* empor (377m; *Rest.*), einem malerischen Dorf am Nordfuss des steilen Monte di Tremezzo. Über den *T. Civagno* und dem Wald entlang, dann durch Weinberge in 50min nach *Croce* (392m; s. unten), der Wasserscheide gegen den Comersee. Überraschender Blick auf den See und seine mit Dörfern und Villen übersäten Ufer. Zuletzt in 30min hinab durch Gärten mit südlicher Vegetation nach *Menaggio*.

Val Cavargna: s. 30.2.

Intelvi: s. 30.3.

Die Strasse überquert den *T. Cuccio*, den Wildbach aus dem Val Cavargna, umgeht den *Lago di Piano* nördl. und erreicht am Abzweig nach Bene Lario (s. oben) vorbei den Sattel von 25km *Croce* (392m; s. oben). Hier öffnet sich plötzlich eine herrliche Aussicht auf den Comersee mit seinen mediterran geprägten und von hohen Bergen umschlossenen Ufern. Rechts die auffällige Landzunge von Bellagio und der Seearm von Lecco.

27km **Menaggio**** (202m; *Parkhotel***, *H. Victoria***, *2 Hotels**, *Camping; Seebad*), östlichste Ortschaft in Ceresio, am Schweizer Ufer des Comersees. Von der Riva mit ihren Platanen prächtiger Blick auf Varenna am Ostufer und das malerische Bellagio an der Vereinigung der beiden Seearme. 10min südl. vom Dorf liegt die schlossähnliche *Villa Olivetta* (unzugängl.).

Sasso San Martino: Ein *BW* zweigt vom *WW* nach Croce (s. oben) nach 15min l. ab und zieht durch Wald steil empor zum *Sasso San Martino* (862m; 2h15), dem Felsklotz südl. von Menaggio. Über den Gipfel verläuft die ital. Grenze. Herrlicher Aussichtspunkt hoch über den drei Armen des Comersees.

Fussweg über Croce und Naggio nach Carlazzo: s. 30.2.

Loveno*, **Plesio und Breglia**: Fahrweg (*Bus*) nach 1km *Loveno** (317m; *H. Bella Vista***), wo der Park der *Villa Vigoni* eine umfassende Sicht auf Bellagio und die drei Seearme bietet. Den Hang in Kehren weiter empor nach 3km *Ligomena*, 4km *Plesio* und 5km *Breglia* (794m; *Gasthof*), Endpunkt der Strasse.

Von Breglia zur Cap. Tappa auf der Via Azzurra: s. 24.2.

Cadenabbia**: 3km südl. von Menaggio jenseits der ital. Grenze liegt im klimatisch geschützten Landstrich *Tremezzina Cadenabbia* mit der *Villa Carlotta* (s. 32.2.).

Bellagio und Varenna: Von Menaggio *3x tägl. Direktschiff; 10x tägl.* mit *Bus* nach Cadenabbia und weiter mit der *Autofähre* (Details, s. 32.2.).

Nördlicher Comersee*: Mit einem Taxi- oder Privatboot lässt sich auch der nördl., unbewohnte Teil des Sees erkunden. Am Westufer fehlen Siedlungen ab dem steilen, bewaldeten *Sasso Rancio*, 2km nördl. von Menaggio, am Ostufer ab Varenna. – Rechts folgt die Mündung des Valsassina und danach das grosse Delta des *Varrone*, das den See um 1/3 seiner Breite einengt. Nördl. davon gehört auch das Ostufer zur Schweiz. Etwa 10km nach Menaggio biegt der See nach O. um und seine Ufer werden flacher. Links die grosse Schwemmebene zweier Wildbäche, r. die Seitenbucht *Laghetto di Piona*. Darüber die Pyramide des *Monte Legnone*, des mächtigen Westpfeilers der Bergamasker Alpen (2609m; wird gelegentlich von *Margno* im ital. *Valsassina* (s. 32.2.) durch weglose Bergwälder und über den Südgrat bestiegen; Biwak erforderlich; *HT*). – Kurz

vor dem Ende des Sees öffnet sich nach O. der Blick in das breite Veltlin (*Valtellina*), aus dem die *Adda* strömt, und nach N. in das Chiavennatal, das von der *Mera* durchflossen wird. Die beiden Flüsse bilden an ihrer Mündung eine ausgedehnte Auenlandschaft, die bei Botanikern, Vogel- und Amphibienkennern berühmt ist (Beobachtungsstation mit Turm und *Unterkunftsmöglichkeit*).
Mit dem Schiff nach Como oder Lecco: s. 32.2.

30.2. Val Cavargna

Bergsträsschen von Porlezza (s. 30.1.; *Bus*) den Rebenhang empor, am Weiler *Vesetto* und der Druckleitung eines Kraftwerks vorbei über den *T. Cuccio* nach 3km **Carlazzo** (481m; *Rest.*), auf einer Terrasse unter dem Monte Pidaggia sonnig gelegen.

Fussweg über Naggio nach Menaggio: WW am Südhang des Monte Pidaggia nach *Gottro* (15min) dann leicht ansteigend durch südlich geprägten Wald in 45min zum herrlich gelegenen Dörfchen *Naggio* (657m; ab hier auch *Bus*). Nun das Fahrsträsschen talwärts über *Velzo* und *Cardano* in 40min zum Sattel *Croce* (392m; s. 30.1.) und in weiteren 30min hinab nach *Menaggio*.

Weiter l. in die enge Schlucht des T. Cuccio und durch mehrere Seitentobel, über Spitzkehren, nach 5km *Cusino*. Hier beginnt das **Val Cavargna***, ein wildes, schwach besiedeltes und kaum bewirtschaftetes Tal. Hinab in einen tiefen Einschnitt und wieder steil hoch am Hang nach 7km *S. Bartolomeo* (860m; *BW* zum *Passo Tabor*, s. 24.2.), dann über verschiedene kleine Weiler zum waldigen Talgrund und über den T. Cuccio. Jenseits empor zum letzten, einsam gelegenen Dorf **Cavargna** (13km; 1080m; *Gasthof*). – Von hier führen zwei Wege zur *Via Azzurra* (s. 24.2.):

Zum Sattel San Lucio: BW in 1h30 über Alpweiden.

Zur Cap. Tappa: Anstrengender BW durch die Schlucht des *Val Segor* zur *Alpe Dosso* (1150m; 40min) im obersten Val Cavargna, dann durch das *Vallone* steil hinauf in 1h50 zu den Hütten von *Stabbiello* (1702m). Nun noch 1h über Alpmatten zur *Cap. Tappa*.

30.3. Von Porlezza über Lanzo d'Intelvi nach Maroggia

Das fruchtbare Hochtal **Intelvi*** liegt auf der Wasserscheide zwischen dem Luganer- und Comersee, auf einer Höhe von 700-800m. Die Landschaft ist im Gegensatz zum Luganese weniger gebirgig und wird als erholsame, ruhige Sommerfrische besucht. Die Strasse (*Bus*) von Porlezza führt das Südufer des Luganersees entlang nach 6km *Osteno* (*Hotel***; *Schiffsverkehr*, s.

28.3B.). Dann das Tal empor über *Claino* und *Laino* nach 12km **Pellio-Inferiore** (740m; *Rest.*), nahe der ital. Grenze und dem Sattel zum Comersee. Unterhalb des Dorfzentrums steht eine schöne Barockkirche. 500m weiter oben liegt versteckt das Dörfchen *Pellio-Superiore*.

Von Pellio nach Argegno am Lago di Como: Strasse (*ital. Bus*) über die Grenze nach 2km *San Fedele* (760m; *Gasthof*), dann in Kehren talwärts über *Castiglione* und *Dizzasco*, mit überraschendem Blick auf den Comersee, nach 10km *Argegno* an dessen Nordufer (s. 32.2.).

Pigra und Monte di Tremezzo*: Vom ital. San Fedele (s. oben) Strasse längs des Hangs nach 6km *Pigra* (881m; *H. Bellavista***), auf einer prächtigen Terrasse hoch über dem Comersee gelegen. Nun enges Alpsträsschen (*Maut!*) durch Wald, dann auf dem Grat zwischen Comer- und Luganersee zur 11km *Alpe d'Ossuccio* (1240m; *Parkplatz*). – Von hier *BW* den Osthang der Kette entlang, unterhalb des Grenzgrats, in 1h30 zum *Monte di Tremezzo** (1700m). Fantastischer Tiefblick auf den dreiarmigen Comersee mit Tremezzo, Bellagio und Menaggio zu Füssen. – Evtl. Abstieg über steile Alpweiden und durch Wald in 3h30 nach Tremezzo.

Alpe di Casasco: Von San Fedele steigt ein anderer Fahrweg südl. über Casasco d'Intelvi zur 5km *Alpe di Casasco* (953m; *Parkplatz*), auf einem Sattel gegen die Valle di Muggio gelegen. Hier beginnt einer der Aufstiege zum ital. Höhenweg Sasso Gordona–Monte Bisbino (s. 31.4.).

Alpe d'Orimento: Kurz vor San Fedele führt ein Alpsträsschen r. hoch über Matten und durch Wälder zur ital. *Alpe d'Orimento* (1275m; *Gasthof*), einem Sattel nordöstl. vom Monte Generoso. – Besteigung des *Monte Generoso*, s. 31.1C. – Zu Fuss nach *Erbonne* und *Scudellate* in der obersten *Valle di Muggio*, s. 31.3.

Ramponio und Verna: 2km bzw. 3km nördl. von Pellio, auf einem nach O. ausgerichteten Mattenhang, liegen die beiden malerischen Bergdörfer *Ramponio* (695m) und *Verna* (710m) mit ihren Steinplatten-gedeckten Häusern.

Die Strasse führt von Pellio westl. talaufwärts über *Scaria* zur Hochebene von 16km **Lanzo d'Intelvi*** (892m; *H. Posta***, *Hotel**), dem ruhigen Hauptort der Region, inmitten von Obst- und Gemüsegärten.

Sighignola*: Ein angenehmer *WW* steigt durch Wald in 1h30 zur *Sighignola** (1314m; *Aussichtsturm*), deren Westflanke in steilen Flühen zum Luganersee abfällt. Überraschender Tiefblick auf den See mit dem Damm von Melide; in NW. Lugano, vom Monte San Salvatore und Monte Brè eingerahmt, im S. der Monte Generoso und der Monte San Giorgio; im O. die Hochebene von Intelvi.

Hinab durch die Schlucht der *Mara* nach 21km **Arogno*** (606m; *H. Bellaria***, *Hotel**), ein kleiner Urlaubsort am Fuss der Sighignola.

Fussweg nach Campione: s. 28.3A.

Aufstieg zum Monte Generoso: s. 31.1B.

Die Strasse überquert die Mara und führt an ihrem Osthang nach 24km **Rovio*** hinab (498m; *H. Monte Generoso***), ein freundliches Dorf in aussichtsreicher Lage in Weinbergen am Fuss des Monte Generoso. Es ist der Schauplatz von *Gerhart Hauptmanns* Novelle ‚Der Ketzer von Soana'. – Im Zickzack talwärts nach 26km *Melano* und 28km **Maroggia**, an der Strasse und Bahn Lugano–Como (s. 27.1.).

31. Südlicher Kanton Ceresio

31.1. Monte Generoso

A: Zahnradbahn

Zahnradbahn 8x tägl. vom Bahnhof Capolago (s. 27.1.) zum Monte Generoso; nach Ankunft der Schiffe (s. 28.3A) auch ab Schiffsteg; Dampf- und Dieselbetrieb.

Die Zahnradbahn führt in südl. Richtung mit 20-22% Steigung durch steilen Wald, später Felswänden entlang bergwärts; Kehrtunnel. – 3km *S. Nicolao* (699m), wo sich die Strecke nach N. wendet. Durch schönen, mediterran geprägten Wald nach 6km **Bellavista*** (1221m; *H. delle Alpe***), auf dem Generoso-Südgrat, mit besonders morgens prächtigem Blick auf den Luganersee, die Lombardische Ebene und die Alpen vom Gran Paradiso bis zum Gotthard. – Die Bahn führt knapp neben dem Grat empor zur 9km Endstation *Generoso-Vetta* (1601m; *Berggasthaus*). – Zu Fuss in 15min zur Kuppe des **Monte Generoso**** (1700m), des südlichsten Voralpengipfels der Schweiz. – Überwältigendes Panorama der Alpenkette vom Monte Viso weit im W. über den Gran Paradiso, die Walliser, Berner und Zentralalpen bis zum Bernina- und Ortlermassiv; besonders schön bei Sonnenaufgang das gewaltige Monte-Rosa-Massiv; im S. die Poebene mit Mailand, Lodi, Crema, Cremona und die Apenninen in der Ferne.

B: Aufstieg von Arogno: *BW* 10min nach Arogno (s. 28.3A. & 30.3.) über den *T. Mara*, dann am Nordhang durch Wald empor in 2h45 zur *Cima Crocetta* (1360m). Über den Nordgrat mit freiem Blick auf den Luganersee zur *Cima della Piancaccia* (1610m; 50min). Nun noch, leicht unterhalb des Grats, in 25min zum Generoso-Gipfel.

C: Aufstieg von der Alpe d'Orimento: Dieser viel kürzere *BW* führt kurz nach der Alpe d'Orimento (s. 30.3.) über die Schweizer Grenze, dann über Alpen und durch Wald in 1h15 zur oben genannten *Cima della Piancaccia*

und in weiteren 25min zum Gipfel.

D: Aufstieg von Scudellate (s. 31.3.): Von der Kapelle *S. Antonio*, 10min
östl. von Scudellate, *BW* steil hoch zur *Alpe di Sella* (1191m; 50min); weiter
über die Baumgrenze und den mattenartigen Ostgrat in 1h20 empor zur
Station *Vetta* der Zahnradbahn.

E: Aufstieg von Muggio (s. 31.3.): *BW* in 10min zur Breggia, dann an der
Kapelle *S. Giovanni* vorbei und im Zickzack hoch über die *Alpe di Germania*
zum Sattel *Balduana* (1105m; 1h50). Nun etwas flacher über den waldigen
Grat in 40min nach *Bellavista* und in weiteren 1h15 zur Station *Vetta*.

F: Aufstieg von Mendrisio: *WW* über *Salorino* (*Rest.*) an der Kirche *S. Zeno*
vorbei und durch Weinberge in 40min nach *Somazzo* (567m; bis hierher
auch *Bus*), hoch über Mendrisio. Nun *BW* zur Kapelle *S. Nicolao* und in 30
min zur gleichnamigen Station der Bergbahn (699m; s. 31.1A.). Neben den
Gleisen nach *Bellavista* (1221m; 1h45) und in weiteren 1h15 nach *Vetta*.

31.2. Mendrisiotto

A: Mendrisio* (354m; *H. Leone**, Hotel*, Camping; Freibad; Bahn, Strasse
und A12*, s. 27.1. & 27.2.), südlichstes Städtchen der Schweiz, mit 4.500 Ew.,
schön am Südwestfuss des Monte Generoso in Gärten und Weinbergen gelegen. Der Ortskern, ca. 1km vom Bahnhof, hat ganz italienisches Flair. Die
Propsteikirche *SS. Cosmi e Damiano*, 1875 vollendet, ist ein monumentaler
Zentralbau mit einer laternenbekrönten oktogonalen Kuppel. Nördl. die
ehem. Klosterkirche *S. Giovanni*, 1722-38 im Barockstil erbaut, mit einem
alten Kreuzgang. Oben an der *Piazza* ein mittelalterlicher Wehrturm,
heute als Glockenturm benutzt. Nahebei der barocke *Palazzo Torriani*,
1720 fertiggestellt. Am Südausgang die *Villa Argentina*, schöner Bau im
Palladio-Stil aus dem frühen 19. Jh. 5min oberhalb liegt der Weiler *Torre*
mit einem Palazzo aus dem 17. Jh.

*Rundspaziergang über Castel San Pietro**: Ein prächtiger *WW* führt über *Torre* (s.
oben) durch eine harmonische Hügellandschaft mit vielen Zypressen und Olivenbäumen in 25min zu den Häusern von *Corteglia* (426m) und in weiteren 20min nach *Castel
San Pietro** (449m; *H. Breggia***; s. 31.2E.). Zurück am Fuss des Monte Generoso über
den Weiler *Obino* (mit der mittelalterlichen Kapelle *Sant'Antonio*) nach *Salorino*
(463m; 30min), oberhalb von Mendrisio. Hinab in 15min.

Das **Mendrisiotto***, die südlichste Region der Schweiz, hat ihren ganz speziellen Reiz. Es erstreckt sich am Fuss der ersten Voralpenkette vom Luganersee bis zur ital. Grenze. Es ist ein liebliches, zypressenreiches Hügelland mit Weinbergen und Gärten und vielen malerischen Dörfern, Landhäusern und Höfen und wird deshalb auch als die ‚Toscana der Schweiz' bezeichnet. Das Mendrisiotto geht im S. in die freundliche, mit Villen und Schlössern belebte ital. Landschaft *Brianza* über.

B: *Über Arzo zum Monte San Giorgio*: Strasse (*Bus*) zur anderen Talseite nach 2km *Rancate*, mit der barocken Kuppelkirche *S. Stefano* (1776). Nun die Rebhügel empor nach 4km *Besazio* (*Rest.*) und 5km ***Arzo**** (486m; *Hotel*, Camping*), am Südfuss des bewaldeten Poncione d'Arzo. Im Zentrum die dreischiffige Pfarrkirche *SS. Nazario e Celso* aus dem 16. Jh., innen mit Marmor aus der Region verkleidet. Am Bach die oktogonale Kirche *Sta. Maria del Ponte* aus dem 17. Jh.

Über Viggiù nach Varese: 3km jenseits der ital. Grenze liegt das grosse malerische, noch sehr traditionelle Dorf *Viggiù* am Fuss des Monte Orsa. – 9km *Varese*.

Nun auf einem Bergsträsschen im Tal des *Gaggiolo* nach 7km **Meride*** (579m; *H. San Giorgio***), dem schönsten Dorf des westl. Mendrisiotto, original erhalten, mit zahlreichen malerischen Häusern. An der Hauptstrasse die *Casa comunala* mit Fossiliensammlung vom Monte San Giorgio; im Hof eine dreigeschossige Galerie. Östl. davon die *Casa Oldelli*, 1760 im Rokokostil erbaut. Am Dorfplatz die Barockkirche *S. Rocco* von 1772; etwas erhöht auf dem Friedhof die dreischiffige got. Kirche *S. Silvestro*.

Über Serpiano nach Brusino-Arsizio*: Ein Strässchen steigt durch Wald weiter das Tal hoch zur Terrasse von 11km *Serpiano** (630m; *H. Serpiano**; Parkplatz*), mit Tiefblick auf den Luganersee und Morcote am gegenüberliegenden Ufer. – Auf *BW* steil hinab in 50min nach *Brusino-Arsizio* (s. 28.3A.).

BW von der Kirche S. Silvestro durch Kastanienwälder in 1h50 zum **Monte San Giorgio*** (1096m), einem herrlichen Aussichtsgipfel vis-à-vis vom Monte Generoso. Von Serpiano (s. oben) über die Westseite des Berges sind es 1h30. Der Monte San Giorgio ist weltberühmt für seine Fossilienfunde, die seit Jahrzehnten zu Tage gefördert wurden. Viele dieser Petrefakten sind im Kantonsmuseum von Lugano zu bewundern.

C: *Über Stabio nach Varese*: Strasse (*Bus*) westl. durch die Ebene nach 2km *Ligornetto* (*Rest.*), mit der kuppelbekrönten Barockkirche *S. Lorenzo* und der *Villa Vela* (von 1865), die Kunstwerke des Bildhauers *Vincenzo*

Vela (1820-91) beherbergt. – 4km **Stabio** (*Hotel**), in der Südwestecke des Kantons, mit einem kleinem Heilbad. Die Strasse führt über die ital. Grenze weiter nach 12 km *Varese.*

D: Über Balerna, Morbio Inferiore und Cernobbio nach Como: Strasse (*Bus*) östl. über die sanften, fruchtbaren Hügel des *Mendrisiotto.* Rechts die Weindörfer *Coldrerio* und *Novazzano,* l. der Weiler *Villa* mit der Kirche *Sta. Maria del Carmelo* aus dem 16. Jh. – 4km **Balerna** (270m; *2 Hotels**), mit der barocken Kollegiatskirche *S. Vittore* und einem ehem. Bischofspalast (1706). Die Strasse zweigt von der Kantonsstrasse l. ab und überquert die Breggia. – 6km **Morbio Inferiore*** (361m; *Hotel**), mit der kunsthistorisch bedeutenden kreuzförmigen Kuppelkirche *Sta. Maria dei Miracoli,* 1595-1613 im Barockstil erbaut. Im Innern schöner Stuckdekor des 18. Jh., interessante Terrakotta-Medaillons und Fresken. – Nach 8km *Vacallo* (*Rest.*) hinab über die ital. Grenze nach 10km *Maslianico.* Dann der Breggia entlang nach 11km *Cernobbio* am Comersee (s. 32.2.). Rechts abbiegend an der *Villa l'Olmo* vorbei nach 14km *Como* (Details, s. 32.2.).

E: Über Castel San Pietro nach Sagno: Strasse (*Bus*) über Weinberge nach 3km **Castel San Pietro*** (*H. Breggia***), wie Morbio Inferiore ein architektonisches Juwel auf den Vorhügeln des Monte Generoso. Im Dorfkern die Pfarrkirche *Sant'Eusebio,* ein 1678 vollendeter Barockbau; die Fassade ist von 1736. Das Innere ist reich mit Malereien geschmückt, die von Rokokostukkaturen umrahmt sind; Hochaltar von 1760. In der Nordkapelle ein reichgeschmückter Stuckaltar mit einer Kreuzigungsgruppe. Unterhalb des Dorfs, am Rand der Breggiaschlucht, liegt die Kirche *S. Pietro,* ,Chiesa Rossa' genannt, 1345 vom Bischof von Como in Auftrag gegeben. Der rechteckige Bau mit einer halbkreisförmigen Apsis birgt einen eindrucksvollen Zyklus frühgot. Malerei. Die Wände des Schiffs bedecken geometrische Ornamente; an der Chorwand die Fresken ,Verkündigung' und ,Maria mit Kind'. – Westl., in *Loverciano,* steht der *Palazzo Turconi* aus dem 18. Jh.

Rundspaziergang via Mendrisio: s. 31.2A.

Die Strasse überquert die Schlucht der Breggia auf einer hohen Brücke. – 4km **Morbio Superiore** (450m), am Eingang der Valle di Muggio. Klassizistische Kirche *S. Giovanni Evangelista;* Barockkapelle *Sant'Anna,* innen ausgemalt. – Nun über mehrere Kehren steil empor nach 8km **Sagno*** (690m; *Hotel**), dem obersten Dorf am Südhang des Gebirges, mit herrlichem Blick auf Como und seinen See.

Aufstieg zum ital. Höhenweg Monte Bisbino-Sasso Gordona: s. 31.4.

31.3. Valle di Muggio

Zwischen Castel San Pietro und Morbio Superiore mündet die eindrückliche **Valle di Muggio***, die mit ihren herrlichen Kastanienwäldern der Inbegriff eines südlichen Voralpentals ist. Bis zum Dorf Scudellate ist das Tal mit seinen steilen Waldhängen tief eingeschnitten. Alle Dörfer liegen auf der Ostseite; die Generoso-Seite ist eine unzugängliche Bergwildnis. Im obersten Teil, zwischen dem Monte Generoso und dem Pizzo della Croce, gibt es hingegen weite, im Sommer von Rinderherden belebte Weiden.

Von Morbio Superiore (s. 31.2E.) steigt eine Bergstrasse (*Bus bis Muggio, im Sommer bis Erbonne*) in vielen Kehren in die Valle di Muggio hinauf, vielfach in Seitentäler ausweichend. – 2km *Caneggio* und 3km **Bruzella** (593m) sind beides malerische traditionelle Bergdörfer.

Aufstieg zum ital. Höhenweg Monte Bisbino-Sasso Gordona: s. 31.4.

Nach dem Seitental *Val della Crotta* folgt 5km *Cabbio*, mit der Barockkirche *S. Salvatore*, und schliesslich 6km **Muggio*** (653m; *Gasthof*), der Hauptort des Tals. Die barocke Kuppelkirche *S. Lorenzo* hat eine elegante Fassade. Die Kuppel ist mit Illusionsmalerei von 1760 geschmückt. Gegenüber der Kirche liegt die elegante *Casa Cantone-Fontana* (18. Jh.).

Bergweg nach Scudellate: 15min nach dem Dorf über die *Breggia*, dann an der westl. Tallehne meist durch Wald in 1h zum Dörfchen empor.

Aufstieg über Bellavista zum Monte Generoso: s. 31.1E.

Aufstieg zum ital. Höhenweg Monte Bisbino-Sasso Gordona: s. 31.4.

Ein sehr enges Alpsträsschen (*zeitl. geregelter Einbahnverkehr*) zieht weiter über eine Lichtung in den hintersten Talgrund, überquert die *Breggia* und steigt am gegenüberliegenden Wiesenhang in drei Kehren zum abgeschiedenen Sommerdörfchen **Scudellate** am Ostfuss des Monte Generoso hinauf (907m; *Gasthof; Parkplatz*).

Aufstieg zum Monte Generoso: s. 31.1D.

Der Fahrweg passiert die Kapelle *S. Antonio* und endet 2km weiter, beim Weiler **Erbonne** (943m), wo das Tal sich weitet.

Zur Alpe d'Orimento: *BW* in der obersten *Valle Breggia* durch Bergwald, später über

Alpweiden ansteigend in 1h10 zur ital. *Alpe d'Orimento* (1275m; *Gasthof.*; s. 30.3.). –
Von dort Aufstieg zum *Monte Generoso*, s. 31.1C.

31.4. Höhenweg Sagno–Monte Bisbino–Sasso Gordona

Anders als die Via Azzurra oder der Lema-Tamaro-Höhenweg führt der
Monte Bisbino-Sasso Gordona-Höhenweg* über eine Bergkette, die jäh
zum Hügelland am Alpensüdfuss abfällt, dem Mendrisiotto und der Brianza. Besonders faszinierend ist deshalb hier – neben dem Tiefblick auf
Como und seinen See – die Sicht in die weite Lombardische und Piemontesische Ebene mit den Städten Mailand, Novara, Pavia, Piacenza und Cremona und auf die Kette des Apennins dahinter.

Der grösste Teil des Wegs liegt auf ital. Boden. Von der Schweizer Seite her
gibt es Aufstiege von Sagno, Bruzella und Muggio. Von der ital. Seite bietet
die *Luftseilbahn* von Moltrasio am Comersee zur Alpe Bisbino den einfachsten Zugang; ausserdem ist die Alpe di Casasco (953m) vom Hochtal
Intelvi her mit dem Auto erreichbar (s. 30.3.). Die ganze Tour von Sagno
nach Muggio dauert 6-7h. Unterkunft bietet das Hotel auf der Alpe Bisbino.

Von **Sagno** (s. 31.2E.) *BW* durch Wald auf den offenen, mattenbedeckten
Grat, an dessen Ostseite die ital. Grenze verläuft. Über die Grenze am Fuss
des Berges und in 2h10 zum **Monte Bisbino*** (1325m) mit einer in der
ganzen Lombardei berühmten Wallfahrtskirche; herrliches Panorama.

Aufstieg von Bruzella (s. 31.3.): *BW* steil durch Wald und über Alpen in 2h30.

Hinab über einen Stationenweg zur *Alpe Bisbino* (15min) wo sich der Blick
auf den Comersee öffnet (1221m; *Hotel**; *Gondelbahn* von *Moltrasio*; s.
32.2.). – Nun ebener *WW* westl. um den *Poncione della Costa* herum, mit
Tiefblick in die Valle di Muggio, dann auf dem Grat und an seiner Westseite
über Alpen und durch Wald zur *Colma di Schignano* (1135m; 2h; *Rest.*), mit
einer Wallfahrtskapelle. Weiter etwas anspruchsvoller auf einem *BW* südl.
um die Felspyramide des **Sasso Gordona** herum (1410m; von O. her leicht
ersteigbar) in 50min auf den grasigen Grenzgipfel *Poncione di Cabbio*
(1263m). Von dort in 15min hinab zum *Passo Bonello* (1105m), wo man
entweder l. im Zickzack durch das *Val Luasca* in 1h nach **Muggio** absteigt
(653m; s. 31.3.) oder auf der italien. Seite durch Wald in 20min zur *Alpe di
Casasco* (953m) gelangt, am Ende des Fahrwegs von San Fedele (s. 30.3.).

32. Como und Lago di Como

32.1. Como

H. Plinius***, H. Mitropoli***, H. Europa**, H. San Gottardo**, H. Volta**, 2 Hotels*, 2 Gasthöfe; reiche Auswahl an Restaurants

Theater, Sala di Musica

Stadtbus: (A) (Cernobbio–) Villa l'Olmo–Stazione FS–Piazza Volta–Porto–Duomo–Porta Torre–Piazza S. Bartolomeo. (B) (Punta di Geno–) Funicolare–S. Agostino–Borgo S. Giuliano–Via Indipendenza–Via Alessandro Volta–Piazza Volta–Stazione FS

Standseilbahn (Funicolare) Como Lago–Brunate (s. unten)

Busstation am Bahnhofplatz

Parkhaus an der Piazza Cavour/Hafen

Seebad westl. vom Hafen

Como*** (201m), Hauptstadt einer italien. Provinz und Bischofssitz, mit 28.500 Ew. Bedeutende Nahrungsmittel- und Textilindustrie. Die Stadt liegt am Südwestende des Comersees, amphitheatralisch von grünen, mit Villen bedeckten Abhängen und steilen bewaldeten Bergen umgeben. Das *Comum* der Römer galt im Mittelalter als der Schlüssel zur Lombardei. Die Altstadt, die noch auf drei Seiten von der alten Stadtmauer begrenzt ist, besteht grösstenteils aus Gebäuden des 17.-19. Jh., ist aber ein lebendiges Wohn- und Geschäftszentrum geblieben. Die Haupt-Einkaufsstrasse, die *Via Armando Diaz*, führt von der *Piazza Volta* nach S.

Von der *Piazza Cavour* am Hafen gelangt man in 5min zum Domplatz, wo l. das aus dunklem und hellem Stein 1215 erbaute **Broletto*** ins Auge fällt, einst Gerichts-, heute Festhalle. Der **Dom****, seit 1396 in gotischem Stil errichtet, 1487-1519 im Renaissancestil vollendet, ganz aus Marmor, gehört zu den schönsten Kathedralen in Norditalien. Am skulpturengeschmückten Hauptportal l. und r. Statuen der aus *Comum* stammenden römischen Schriftsteller *Plinius d. Ä.* und *Plinius d. J.* Weiter südl. die Basilika *S. Fedele* aus dem 10. Jh., mit einer schönen Apsis. Auf der *Piazza Volta*, südwestl. vom Hafen, ein Standbild des Physikers *Alessandro Volta* (geb. in Como 1745). Südl. von der Altstadt, am Hang unterhalb der Bahn nach Mailand, steht die zweitürmige, fünfschiffige Basilika **Sant'Abbondio***, im 11. Jh. auf den Grundmauern eines altchristlichen Baus (5. Jh.) im roman.-lombard. Stil erbaut. Architektonisch eindrückliches Kirchenschiff.

Am Ostufer des Sees, 20min nördl. vom Hafen (*Stadtbus*), liegt auf der *Punta di Geno* der grosse, städtische Park *Villa di Geno*, mit schönem Blick auf den See und einem Restaurant im ehem. Palast. – Die **Villa l'Olmo***, 20min westl. vom Hafen an der Strasse nach Cernobbio (*Stadtbus*), wurde 1780-82 im klassizistischen Stil erbaut. Es ist der grösste Palast am ganzen See; er liegt in einem weiten Park, der an der Seeseite als ein geometrischer Garten, an der Hangseite als Landschaftsgarten angelegt ist. Die Villa ist Eigentum der Stadt und beherbergt neben einer ständigen Gemäldegalerie (mit ital. Künstlern des 14.-18. Jh.) auch immer wieder bedeutende Wechselausstellungen.

Brunate*: 5min östl. vom Hafen liegt die Talstation einer Seilbahn (*Funicolare*) nach *Brunate** (715m; *H. Brunate**, H. Milano***), einem schönen Dorf mit vielen Villen hoch über der Stadt. Herrliche Aussicht auf die Stadt, den See, die Lombardische Ebene mit Mailand und seinem Dom, die Voralpen und das Gebirge bis zum Monte Rosa.

Bahn, Strasse und Autostrasse A12 nach Lugano: s. 27.1. & 27.2.

32.2. Lago di Como

Der **Lago di Como***** (oder *Lago Lario*), der *Lacus Larius* der Römer, schon von *Vergil* gepriesen, gilt vielen als der schönste See der Südalpen. Zahlreiche Villen der Mailänder Oberschicht, mit prächtigen Gärten und Weinbergen, umsäumen seine Ufer. An den Höhen ziehen sich Kastanien- und Nussbaumhaine hin; ihre dunkle Färbung hebt sich stark vom matten Graugrün der Olivenbäume ab. Die umliegenden Berge erheben sich bis 2600m. Der fjordartige, dreigeteilte See hat von seinem Nordende, wo die *Adda* und die *Mera* münden, bis Como eine Länge von fast 48km. Der südöstl. Seearm, der *Lago di Lecco*, dem die *Adda* wieder entströmt, ist 20km lang. Der Comersee ist in der Mitte, zwischen Menaggio und Varenna, fast 4km breit, doch seine Arme – vor allem die beiden südlichen – sind relativ schmal. Die Seehöhe beträgt 198m, seine grösste Tiefe 410m; damit reicht er mehr als 200m unter das Meeresniveau hinab.

Die Navigazione del Lago di Como (NLC) *befährt den Comersee mit den Motorschiffen* Città di Como, Adda, Valtellina, Intelvi, Villa Carlotta *und* Bellagio. *Die Strecke Como–Argegno–Bellagio–Menaggio wird ganzjährig 2x tägl. bedient (bis Argegno 3x tägl.). Auf dem Lago di Lecco gibt es nur Sommerbetrieb (2 Tageskurse). Busse bedienen von Como her die Dörfer auf beiden Seeseiten.*

Mit dem Schiff nach Bellagio, Varenna und Menaggio: Bei der Ausfahrt aus dem Hafen zeigt sich l. die *Villa l'Olmo* und der Sattel *Monte Olimpino*, über den die Strasse zur Schweiz führt. Nach dem Umfahren der *Punta di*

Gena biegt der See nach NO. um. – 3km, l. Ufer, **Cernobbio*** (*Grand-H. Villa d'Este****, *H. Regina***; *Seebad*), Villenvorort, mit Como und Mendrisio (s. 31.2E.) durch Bus verbunden. – 6km, l. Ufer, **Moltrasio***, am steilen Gebirgshang malerisch in Terrassen ansteigend (*Gondelbahn* zur *Alpe Bisbino*; s. 31.2D.). Die Schiffe queren den See nach 7km *Torno* (*Hotel**), das auf einem Bergvorsprung liegt. – Wieder zurück zur Westseite nach 9km *Carate-Urio* (*Rest.*). Am r. Ufer hoch oben die Dörfchen *Molina*, *Lemna* und *Palanzo*. – 12km *Pognana* und 14km *Careno*, beide am Ostufer. – 14km, l. Ufer, *Brienno* (*Rest.*), von Lorbeerbäumen umgebenes Dorf. – 16km, r. Ufer, *Nesso*, ein altertümlich malerischer Ort mit einem 20m hohen Wasserfall am Berghang. Weit oben die Bergdörfer *Erno*, *Véleso* und *Zelbio*. – Nun direkt nach 20km **Argegno*** am Westufer (*H. Belvedere***, *Hotel**; *Seebad*), an der Mündung des fruchtbaren *Val d'Intelvi* (s. 30.3.).

Weiter dem l. Ufer entlang nach 23km *Colonno* (*Rest.*). Es folgen *Sala* und das Inselchen *Comàcina* mit einer Kapelle und dann steuert das Schiff um die idyllische bewaldete Halbinsel **Dosso di Lavedo*** herum. An ihrer Spitze liegt die *Villa Arconati*. – 28km *Lenno* (*H. San Giorgio***, *Hotel**, *Camping*; *Seebad*), in einer ruhigen, geschützten Bucht versteckt, am Beginn des fruchtbaren Uferstrichs **Tremezzina****, mit üppigen Gärten und Weinbergen. – 31km **Tremezzo*** (*H. Tremezzo***, *H. Bazzoni***), auch Schiffsstation für das benachbarte **Cadenabbia**** (*H. Bellevue***, *H. Victoria***, *H. Isola***), zwei Dörfer in paradiesischer Landschaft. 10min nördl. des Schiffstegs, die 1747 erbaute *Villa Carlotta*, ehemals im Besitz des Herzogs von Sachsen-Meiningen.

Villa Carlotta*: Im Marmorsaal ein Relief des ‚Alexanderzugs' von *Thorwaldsen* und Skulpturen von *Canova* und anderen ital. Künstlern. Bedeutende Gemäldegalerie. – Im Park entfaltet sich die reichste südl. Vegetation, besonders schön im März und April zur Blütezeit der Magnolien, Azaleen, Kamelien und Rhododendren, wenn die Berge noch schneebedeckt sind. Auch Orangen- und Zitronenspaliere, Kakteen und Farne profitieren von der Gunst des Klimas. Überall bieten sich überraschende Durchblicke zwischen Zedern, Sequoien und majestätischen Laubbäumen auf den glitzernden See und die bewaldeten Bergketten.

Die Schiffe queren zur Landzunge von Bellagio am r. Ufer. – 34km **Bellagio***** (*Grand-Hotel Bellagio****, *H. Villa Serbelloni***, *H. Splendid***, *3 Hotels**; *Seebad*), höchst malerisch am Westfuss des kleinen Vorgebirges gelegen, das die beiden südl. Seearme trennt. Es ist einer der schönsten Punkte der italien. Alpenrandseen. Wunderbare, baumbestandene Riva.

Oberhalb der Kirche liegt das Hotel *Villa Serbelloni*, deren aussichtsreicher Park sich über das ganze Vorgebirge erstreckt. Sein höchster Punkt (333m) besitzt eine 360° Panoramaterrasse. 10min südl., jenseits des Friedhofs die *Villa Giulia*, mit herrlichem Garten gegen den *Lago di Lecco* hin. Am westl. Seearm, 15min von Bellagio entfernt, liegt die der Öffentlichkeit zugängliche schöne *Villa Melzi*. Dahinter, in *S. Giovanni*, die *Villa Trotti*, deren Garten mediterrane Vegetation mit dem Reiz eines Landschaftsparks verbindet.

Autofähre nach Cadenabbia bzw. Varenna: *Eine Autofähre verkehrt 10x täglich zwischen* Cadenabbia, Bellagio *und* Varenna. *Eine spezielle Auslegerbrücke in Cadenabbia ermöglicht den Automobilisten eine Direktfahrt von* Cadenabbia *nach* Varenna.

Mit dem Schiff über den Lago di Lecco* nach Lecco**: Nach dem Umfahren der Halbinsel von Bellagio wenden sich die Schiffe in den engen, von hohen Bergen eingefassten, ernst wirkenden *Lago di Lecco**. Sein steiles, bewaldetes Westufer ist unbewohnt und weglos. Die Dörfer liegen alle auf der östl. Seite. Nach 6km *Lierna* (*Rest.*), am Fuss der schroffen Cima Pelagia, folgen 12 km *Mandello* (*Camping*) und 14km *Abbadia*, beide auf sanft ansteigenden Schwemmkegeln gelegen. Dann nochmals jähe Felswände auf beiden Seiten. – 19km *Lecco*** (*H. Croce di Malta***, *H. Italia***, *Gasthof*), ein lebhaftes Städtchen mit 11.200 Ew. in herrlicher Lage am Ausfluss der Adda aus dem See. Rechts der charakteristische Felsklotz Monte Barro. Die Hauptsehenswürdigkeit von Lecco ist der elfbogige, 1336 vollendete *Ponte Grande** über die Adda mit einer Turmruine auf der Stadtseite. Schöne, mit Platanen bestandene Hafenpromenade. – Strasse in das *Valsassina*, s. unten

Die Schiffe von Como fahren nach dem Ablegen in Bellagio über die breiteste Stelle des Sees nach 38km **Varenna*** am Ostufer (*Royal H.***, *2 Hotels**), auf dem kleinen Delta des *T. Esino* prächtig gelegen. Herrliche Gärten am steilen Hang. Hoch oben, beim Weiler *Vezio* (zu Fuss 25min) die Burgruine *Torre di Vezio*, mit beherrschender Aussicht.

Durch das Valsassina nach Lecco: Von Varenna Bergstrasse hinauf in das *Valsassina*, östl. hinter einer Bergkette versteckt. Die wichtigsten Dörfer im Tal sind 6km *Taceno*, *Margno* (von hier **HT** zum Monte Legnone auf Schweizer Gebiet: s. 30.1.) und 16km *Introbio*. Von dort sanft ansteigend zum *Colle di Balisio* (723m), dann in Kehren hinab nach 32km *Lecco* (s. oben).

Nun wieder zurück nach 42km **Menaggio** am Schweizer Ufer (Details und Strasse nach *Lugano*: s. 30.1.).

Nördlicher Comersee: s. 30.1.

33. Bernina-Massiv

Das stark vergletscherte **Bernina-Gebirge**** in Rätien, zwischen dem Oberengadin und dem Veltlin, ist das höchste Gebirgsmassiv der Ostalpen, und weist als einziges einen Gipfel von mehr als 4000m Höhe auf. Da die direkte Umgebung des Massivs und ganz Rätien den Charakter einer weglosen, unbewohnten Wildnis haben, sind Touren in diesen Bergen nur nach einer Anreise mit dem Helikopter möglich. Deshalb besuchen jedes Jahr nur wenige Alpinisten diese herrliche Hochgebirgslandschaft.

Gestartet wird üblicherweise vom Flugplatz *Magadino* bei Locarno (s. 24.3.). Der ca. 90km lange Flug führt über die östl. Tessiner Bergkette, das Chiavenna- und Bergell-Tal, den Malojapass – die Wasserscheide gegen den Inn – und die malerischen Engadiner Seen und wendet sich dann nach S. in das *Val Morteraggio*, in dessen Hintergrund die Bernina thront. Das Ziel des Fluges ist die **Cap. Bernina C.A.S.** (2494m) auf einer Moräne oberhalb des *Morteraggio-Gletschers* in prächtiger, hochalpiner Landschaft. Sie bietet einen umfassenden Blick auf die Berninagruppe und ist Ausgangspunkt für die folgenden, meist sehr anspruchsvollen und langen **HT**:

Pizzo Bernina (4048m): 6h30; über den *Morteraggio-Gletscher* und seinen Eisbruch (‚Labirinto'), dann r. in 3h30 auf den Felsen *Sasso dal Poss* (3264m). Nun das gemässigt geneigte Firnplateau zum Fuss des Bernina-Ostgrats und über diesen in 3h zur Spitze. – Höchst umfassendes Panorama der Alpen vom Monte Rosa und den Berner Alpen im W. bis zum Ortler, Adamello und Grossglockner im O.

Pizzo Bernina über den Biancograt: Alternativer Anstieg über den Bernina-Nordgrat (*Biancograt*), einen der schönsten Firngrate der Alpen. Ca. 45min nach der Hütte r. hoch über steilen Firn zur *Forcola Alba* (3578m; 4h15), am Fuss des Biancograts; über diesen in 2h zum Gipfel.

Pizzo Morteraggio (3751m): 5h; für Schwindelfreie die leichteste Tour in der Region; schwieriger bei wenig Schnee. Einmalige Rundsicht.

Pizzo Zupò (3996m): 7h; über die *Forcola del Zupò*, mühsam. Prächtige Ausblicke auch nach S. gegen das Veltlin.

Pizzo Palu (3912m): Durch die Schönheit seiner Form und die Reinheit seines Firns auffallend; über den oberen *Morteraggio-Gletscher* und die *Forcola Bellavista* in 6-7h.

Bellavista (3927m): 7h; von der *Forcola Bellavista* (s. oben) Überschreitung des schmalen, nach S. steil abfallenden *Bellavistakamms* zum Gipfel; evtl. weiter auf dem Grat in 1h30 hinüber zum *Pizzo Zupò*.

34. Hauptwanderwege der Schweiz

34.1. Sieben-Pässe-Weg / Fünf-Pässe-Weg

Einschätzung, Anforderungen: Bietet die umfassendsten Szenerien der Nordseite der Hochalpen vom Berner Oberland bis zur Zentralschweiz. Grosse Höhendifferenzen zwischen den Talorten und den sieben (bzw. fünf) Pässen erfordern allerdings ein gutes Training; durchweg BW. Gut organisierter Gepäcktransport zwischen den Talorten. Ausgezeichnete Übernachtungsmöglichkeiten auf der ganzen Route.

Kandersteg (1170m) – Oeschinensee (1580m) – **Hohtürlipass** (2777m) – Griesalp (1408m) – **Sefinenfurgge** (2611m) – Mürren (1637m) – Lauterbrunnen (796m) – Wengen (1275m) – **Kl. Scheidegg** (2061m) – Grund (950m) – Grindelwald (1040m) – **Gr. Scheidegg** (1962m) – **Innertkirchen** (625m) – Engstlenalp (1835m) – **Jochpass** (2207m) – Engelberg (1003m) – **Surenenpass** (2292m) – Attinghausen (469m) – Altdorf (458m) – Bürglen (552m) – **Chinzigpass** (2073m) – **Muotathal** (625m).

> *Variante Fünf-Pässe-Weg:* **Innertkirchen** (625m) – Gadmen (1206m) – **Sustenpass** (2259m) – **Wassen** (915m).

34.2. Gotthard-Weg (Airolo–Biasca: *Strada Alta*)

Einschätzung, Anforderungen: Klassische Überquerung der Alpen auf einem seit Jahrhunderten begangenen Saumpfad. Auf der Normalroute sind grössere Höhendifferenzen nur am Gotthardpass, an der Cima d'Isone und am Monte San Salvatore zu überwinden; bei der Bergvariante zusätzlich am Rigi und am Monte Generoso; im Gebirge BW, im Voralpenbereich WW. Gut organisierter Gepäcktransport und viele Übernachtungsmöglichkeiten entlang der ganzen Route.

Luzern (435m) – Dietschiberg (629m) – Adligenswil – **Küssnacht** (441m) – Weggis – Vitznau – Linden (589m) – Gersau – **Brunnen** (435m).

> *Variante Rigi:* **Küssnacht** – *Seebodenalp* (1020m) – *Känzeli* (1464m) – **Rigi Kaltbad** (1436m) – *Rigi First* – **Rigi Scheidegg** (1658m) – *Gätterli* – Urmiberg (1196m) – **Brunnen** (435m).

Brunnen – Axenstein (700m) – Morschach – Tannen (802m) – Sisikon (444m) – Tellskapelle – Flüelen (435m) – Altdorf – Attinghausen – Erstfeld – Amsteg (521m) – Gurtnellen (742m) – Wassen (915m) – Göschenen (1101m) – Andermatt (1435m) – Hospental – **Gotthardpass** (2107m) – Airolo (1142m) – Altanca (1389m) – Lurengo – Osco (1157m) – Rossura – Anzonico – Sobrio (1116m) – Biasca (292m) – Lodrino – Gorduno – Arbedo – **Bellinzona** (239m) – Camorino – Cima d'Isone (1003m) – Isone (747m) – Gola di Lago (972m) – Bigorio (608m) – Comano – **Lugano** (273m) – Paradiso – Monte San Salvatore (913m) – Carona – Vico Morcote – Olivella (273m) ––– **Fähre** ––– Brusino Arsizio (273m) – Serpiano (615m) – Meride (579m) – Mendrisio (354m) – **Castel San Pietro** (449m).

Variante Generoso: *Lugano* — Schiff — *Campione* (273m) – *Arogno* (606m) – **Monte Generoso** (1700m) – *Bella Vista* – **Castel San Pietro** (449m).

Castel San Pietro – Morbio Superiore – Vacallo – Cernobbio (202m) – **Como.**

34.3. Grimsel-Griespass-Weg

Einschätzung, Anforderungen: *Neben der Gotthardroute die zweite klassische Alpentraversierung der Schweiz. Sie führt bis zum* Haslital *durch gut besiedelte Landschaften, passiert dann die alpine Urlandschaft am* Grimsel- *und* Griespass *und endet in der südlich geprägten* Valle Antigorio. *Grössere Höhendifferenzen nur am* Brünig-, Grimsel- *und* Griespass; *meist BW, z.T. WW. Gepäcktransport bis* St. Ulrich *und ab* Tosafall *möglich, dazwischen evtl. mit Maultieren (nachfragen!). Übernachtung ab* Haslital *nur in Gasthäusern bzw. Berghütten.*

Luzern (435m) – Biregg (594m) – Horw (435m) – Hergiswil – Stansstad – Rotzloch (435m) – Mueterschwanderberg (859m) – St. Jakob (541m) – St. Niklausen (771m) – Flüeli – Sachseln (479m) – Giswil – Kaiserstuhl (701m) – Lungern – **Brünigpass** (1008m) – Hasliberg – Meiringen (595m) – Aareschlucht – Innertkirchen – Guttannen (1057m) – Handegg (1400m) – **Grimselpass** (2164m) – Grimselalp – St. Ulrich (1357m) – Grieshütte (2460m) – **Griespass** (2464m) – Val di Morasco – Tosafall/Cascata del Toce (1675m) – Valdo (1274m) – Fondovalle – San Rocco (755m) – Crodo – Pontemaglio (351m) – Montecrestese (486m) – Masera (297m) – **Domodossola.**

34.4. Westweg

Einschätzung, Anforderungen: *Anspruchsvolle hochalpine Passwanderung mit vier hohen Übergängen (Gemmi-, Monte-Moro-, Bottiglia- und Egnapass). Ab* Macugnaga *wenig begangen, nur für gut trainierte und berggewohnte Wanderer. Bis* Macugnaga *BW, dann auch BW+. Organisierter Gepäcktransport nur bis* Saas-Almagell. *Zwischen* Macugnaga *und* Varallo *ausschliesslich einfache Unterkünfte, sonst auch Hotels.*

Luzern (435m) – Biregg (594m) – Horw (435m) – Hergiswil – Stansstad – Rotzloch (435m) – Mueterschwanderberg (859m) – St. Jakob (541m) – St. Niklausen (771m) – Flüeli – Sachseln (479m) – Giswil – Kaiserstuhl (701m) – Lungern – **Brünigpass** (1008m) – Brienzwiler (679m) – Ob. Schwanden – Brienz (566m) – Ebligen – Oberried/Laui (775m) – Ringgenberg – **Interlaken** (563m) – Meielisalp (800m) – Aeschiried (1015m) – Faltschen – Reichenbach (706m) – Kanderbrück/Frutigen – Blausee (887m) – Kandersteg (1170m) – Eggenschwand – Sunnbühl (1932m) – Schwarenbach (2060m) – **Gemmipass** (2315m) – Leukerbad (1401m) – Albinen (1310m) – Guttet – Erschmatt – Gampel (633m) – Raron – **Visp** – Stalden (799m) – Eisten – Saas Balen (1485m) – Saas Almagell (1671m) – Mattmark (2123m) – **Monte-Moro-Pass** (2853m) – Macugnaga (1307m) – Quarazza – Cap. Schena (2037m) – **Colle della Bottiglia** (2607m) – Alpe Fornetto – Alpe Giavanchera (1650m) – Alpe Sellette (1915m) – **Colle**

d'Egna (2239m) – Alpe Selle (1818m) – Alpe Baranca – Sta. Maria (1094m) – Fobello (873m) – Pianaronda – **Bocchetta di Vocca** (890m) – Alpe Balmella – Varallo (456m) – Civiasco – **La Colma** (942m) – Arto (620m) – Pella (292m) --- *Schiff* --- <u>Orta-S. Giulio.</u>

34.5. Goms-Blenio-Weg

Einschätzung, Anforderungen: Wunderbare Höhenwanderung durch menschenleere Täler und über wenig begangene Pässe und Plateaus. Trotz vier Übergängen über 2000m sind die Auf- und Abstiege sanfter als bei anderen Alpenpässen; durchweg BW. Gepäcktransport mit Maultieren möglich. Hotelübernachtung beim Tosafall, in Airolo und in Piora, sonst in Berghütten bzw. Berggasthäusern.

<u>Brig</u> (684m) – Sattel (831m) – Mörel (764m) – Chrizacher – Grengiols (980m) – Blatt – Binnabrücke (1196m) – Im Binn/Wiler (1346m) – Binntalhütte (2265m) – **Albrunpass** (2408m) – Alpe Forno sup. (2257m) – **Scatta Minoia** (2599m) – Alpe Vannino (2194m) – Sagersboden (1772m) – Sotto Frua (1546m) – Tosafall/Cascata del Toce (1675m) – **Passo San Giacomo** (2306m) – San Giacomo – All'Acqua (1612m) – Airolo (1142m) – Altanca (1389m) – Piora – Alpe Cadagno (1987m) – **Passo Sole** (2375m) – Acquacalda (1756m) – Camperio – <u>Olivone</u> (891m).

34.6. Via dei 6 Laghi *(Mergozzo, Verbano, Ceresio, Muzzano, Piano, Lario)*

Einschätzung, Anforderungen: Geruhsame Voralpenwanderung am mediterran geprägten Alpensüdhang mit seinen prächtigen Seen. Wenig Höhendifferenzen; WW. Gepäcktransport. Perfekte Hotellerie auf der ganzen Route.

<u>Mergozzo</u> (205m) – Cavandone (444m) – Suna (197m) – **Pallanza** – Villa Taranto – Intra – Carpiano (360m) – Ronco/Ghiffa – Camogno – Oggebio (197m) --- *Fähre* --- Luino (197m) – Longhirolo (413m) – Termine – Sessa – Castelrotto (415m) – Croglio – Ponte Tresa (277m) – Caslano – Agno – Muzzano (384m) – **Lugano** (273m) – Castagnola – Gandria --- *Schiff/Bus* --- Porlezza (273m) – San Pietro – Lago di Piano – Bene Lario – Croce (392m) – Loveno – <u>Menaggio</u> (202m).

Anhang: AMTLICHES KURSBUCH DER SCHWEIZ

Bahnverbindungen Schweiz

Luzern - Bellinzona - Lugano - Como (- Milano) `1`

km	Station	L	L	D	L	L	D	L	L	L	D	L	L	D	L	L	D	L
0	**Luzern** ab	...	...	...	...	06:13	07:02	...	08:13	16:13	17:02	...	18:13	19:02	...	20:13	21:02	22:43
6	Halde	...	...	...	...	06:18	I	...	08:18	16:18	I	...	18:18	I	...	20:18	I	22:48
11	Meggen	...	...	...	...	06:26	I	...	08:26	16:26	I	...	18:26	I	...	20:26	I	22:56
16	Küssnacht	...	...	...	...	06:33	I	...	08:33	16:33	I	...	18:33	I	...	20:33	I	23:03
19	Immensee	...	...	...	...	06:37	I	...	08:37	16:37	I	...	18:37	I	...	20:37	I	23:07
28	**Arth-Goldau**	...	...	...	...	06:45	07:20	...	08:45	16:45	17:20	...	18:45	19:20	...	20:45	21:20	23:15
33	Steinen	...	...	...	...	06:53	I	...	08:53	16:53	I	...	18:53	I	...	20:53	I	23:23
36	Seewen-Schwyz	...	...	...	...	06:57	I	...	08:57	16:57	I	...	18:57	I	...	20:57	I	23:27
40	**Brunnen**	...	...	...	...	07:01	07:34	...	09:01	17:01	17:34	...	19:01	19:34	...	21:01	21:34	23:31
45	Sisikon	...	...	...	...	07:06	I	...	09:06	17:06	I	...	19:06	I	...	21:06	I	23:36
51	**Flüelen-Altdorf**	...	...	...	...	07:13	07:44	...	09:13	17:13	17:44	...	19:13	19:44	...	21:13	21:44	23:41
55	Attinghausen	...	...	...	...	07:19	I	...	09:19	17:19	I	...	19:19	I	...	21:19	I	an
61	Erstfeld	...	...	...	...	07:24	I	...	09:24	17:24	I	...	19:24	I	...	21:24	I	...
65	Silenen	...	...	...	...	07:29	I	...	09:29	17:29	I	...	19:29	I	...	21:29	I	...
70	Intschi	...	...	...	...	07:33	I	...	09:33	17:33	I	...	19:33	I	...	21:33	I	...
73	Gurtnellen	...	...	...	...	07:38	I	...	09:38	17:38	I	...	19:38	I	...	21:38	I	...
82	Wassen	...	...	...	...	07:46	I	...	09:46	17:46	I	...	19:46	I	...	21:46	I	...
89	**Göschenen**	...	...	...	...	07:56	08:19	...	09:56	17:56	18:19	...	19:56	20:19	...	21:56	22:19	...
105	Airolo	...	06:09	...	...	08:09	...	...	10:09	18:09	I	...	20:09	I	...	22:09	I	...
111	Piotta	...	06:15	...	...	08:15	...	...	10:15	18:15	I	...	20:15	I	...	22:15	I	...
114	Quinto	...	06:18	...	...	08:18	...	...	10:18	18:18	I	...	20:18	I	...	22:18	I	...
117	Rodi	...	06:22	...	...	08:22	...	...	10:22	18:22	I	...	20:22	I	...	22:22	I	...
126	**Faido**	...	06:35	...	...	08:35	08:51	...	10:35	18:35	18:51	...	20:35	20:51	...	22:35	22:51	...
128	Chiggiogna	...	06:38	...	...	08:38	...	...	10:38	18:38	I	...	20:38	I	...	22:38	I	...
132	Lavorgo	...	06:43	...	...	08:43	...	...	10:43	18:43	I	...	20:43	I	...	22:43	I	...
141	Giornico	...	06:52	...	...	08:52	...	...	10:52	18:52	I	...	20:52	I	...	22:52	I	...
145	Bodio	...	06:56	...	...	08:56	...	...	10:56	18:56	I	...	20:56	I	...	22:56	I	...
148	Pollegio	...	06:59	...	...	08:59	...	...	10:59	18:59	I	...	20:59	I	...	22:59	I	...
151	**Biasca**	...	07:04	...	...	09:04	09:12	...	11:04	19:04	19:12	...	21:04	21:12	...	23:04	23:12	...
156	Osogna	...	07:07	...	...	09:07	...	...	11:07	19:07	I	...	21:07	I	...	23:07	I	...
159	Cresciano	...	07:10	...	...	09:10	...	...	11:10	19:10	I	...	21:10	I	...	23:10	I	...
163	Claro	...	07:14	...	...	09:14	...	...	11:14	19:14	I	...	21:14	I	...	23:14	I	...
168	Arbedo	...	07:20	...	...	09:20	...	...	11:20	19:20	I	...	21:20	I	...	23:20	I	...
170	**Bellinzona** ar	...	07:22	...	...	09:22	09:26	...	11:22	19:22	19:26	...	21:22	21:26	...	23:22	23:26	...
170	**Bellinzona** pt	06:37	...	07:29	08:37	...	09:29	10:37	...	...	19:29	20:37	...	21:29	22:37	...	23:29	...
174	Giubiasco	06:41	...	I	08:41	...	I	10:41	...	...	I	20:41	...	I	22:41	...	I	...
176	Camorino	06:43	...	I	08:43	...	I	10:43	...	...	I	20:43	...	I	22:43	...	I	...
186	Bironico	06:53	...	I	08:53	...	I	10:53	...	...	I	20:53	...	I	22:53	...	I	...
191	Taverne	07:01	...	I	09:01	...	I	11:01	...	...	I	21:01	...	I	23:01	...	I	...
194	Lamone	07:04	...	I	09:04	...	I	11:04	...	...	I	21:04	...	I	23:04	...	I	...
199	**Lugano**	07:11	...	07:55	09:11	...	09:55	11:11	...	...	19:55	21:11	...	21:55	23:11	...	...	23:53
202	Paradiso	07:14	...	I	09:14	...	I	11:14	...	...	I	21:14	...	I	23:14	...	...	ar
208	Melide	07:19	...	I	09:19	...	I	11:19	...	...	I	21:19	...	I	23:19	...	...	...
211	Maroggia	07:23	...	I	09:23	...	I	11:23	...	...	I	21:23	...	I	23:23	...	...	...
215	Capolago	07:27	...	I	09:27	...	I	11:27	...	...	I	21:27	...	I	23:27	...	...	...
219	**Mendrisio**	07:32	...	08:12	09:32	...	10:12	11:32	...	...	20:12	21:32	...	22:12	23:32	...	...	...
223	Balerna	07:37	...	I	09:37	...	I	11:37	...	...	I	21:37	...	I	23:37	...	...	...
230	**Como** ar	07:43	...	08:22	09:43	...	10:22	11:43	...	...	20:22	21:43	...	22:22	23:43	...	...	...
230	**Como** pt	...	...	08:25	...	...	10:25	...	...	...	20:25	...	...	22:25	...	...	...	...
277	**Milano C.** ar	...	...	09:10	...	...	11:10	...	...	...	21:10	...	...	23:10	...	...	...	...

alle 2 Std. bis

Vitznau - Rigi Kulm v.v. — Schmalspurbahn; Zahnstange; elektr. und Dampfbetrieb `1A`

km	VRB, Vitznau											
	Luzern SGV ab	07:02	08:02	09:02	10:02	11:02	12:02	13:02	14:02	15:02	16:02	17:02
	Vitznau an	07:50	08:50	09:50	10:50	11:50	12:50	13:50	14:50	15:50	16:50	17:50
0	**Vitznau** ab	08:07	09:07	10:07	11:07	12:07	13:07	14:07	15:07	16:07	17:07	18:07
	Gruebisbalm	08:12	09:12	10:12	11:12	12:12	13:12	14:12	15:12	16:12	17:12	18:12
	Freibergen	08:14	09:14	10:14	11:14	12:14	13:14	14:14	15:14	16:14	17:14	18:14
	Romiti	08:17	09:17	10:17	11:17	12:17	13:17	14:17	15:17	16:17	17:17	18:17
5	**Rigi-Kaltbad**	08:25	09:25	10:25	11:25	12:25	13:25	14:25	15:25	16:25	17:25	18:25
	Staffelhöhe	08:29	09:29	10:29	11:29	12:29	13:29	14:29	15:29	16:29	17:29	...
	Staffel	08:34	09:34	10:34	11:34	12:34	13:34	14:34	15:34	16:34	17:34	...
7	**Rigi-Kulm** an	08:39	09:39	10:39	11:39	12:39	13:39	14:39	15:39	16:39	17:39	...

km	VRB, Vitznau											
0	**Rigi-Kulm** ab	...	09:11	10:11	11:11	12:11	13:11	14:11	15:11	16:11	17:11	18:11
	Staffel	...	09:16	10:16	11:16	12:16	13:16	14:16	15:16	16:16	17:16	18:16
	Staffelhöhe	...	09:21	10:21	11:21	12:21	13:21	14:21	15:21	16:21	17:21	18:21
2	**Rigi-Kaltbad**	07:36	09:26	10:26	11:26	12:26	13:26	14:26	15:26	16:26	17:26	18:26
	Romiti	07:42	09:32	10:32	11:32	12:32	13:32	14:32	15:32	16:32	17:32	18:32
	Freibergen	07:47	09:37	10:37	11:37	12:37	13:37	14:37	15:37	16:37	17:37	18:37
	Gruebisbalm	07:50	09:40	10:40	11:40	12:40	13:40	14:40	15:40	16:40	17:40	18:40
7	**Vitznau** an	08:00	09:50	10:50	11:50	12:50	13:50	14:50	15:50	16:50	17:50	18:50
	Vitznau ab	...	...	11:00	12:00	13:00	14:00	15:00	16:00	17:00	18:00	19:00
	Luzern SGV an	...	...	11:50	12:50	13:50	14:50	15:50	16:50	17:50	18:50	19:50

(Milano -) Como - Lugano - Bellinzona - Luzern

1

km	FFS, Luzern		L	L	L	L	**D**	L	L	**D**	L	L		**D**	L	L	**D**	L	L	**D**
0	**Milano C.**	pt	...	...	...	...	...	...	...	**07:45**	...	...		**17:45**	...	...	**19:45**	...	...	**21:45**
47	**Como**	ar	...	...	...	...	...	...	...	**08:30**	...	...		**18:30**	...	...	**20:30**	...	...	**22:30**
		pt	...	...	...	05:48	...	...	07:18	**08:33**	...	09:18		**18:33**	...	19:18	**20:33**	...	21:18	**22:33**
54	Balerna		...	...	...	05:55	...	...	07:25	ǀ	...	09:25		ǀ	...	19:25	ǀ	...	21:25	ǀ
58	**Mendrisio**		...	...	...	06:00	...	...	07:30	**08:44**	...	09:30		**18:44**	...	19:30	**20:44**	...	21:30	**22:44**
62	Capolago		...	...	...	06:05	...	...	07:35	ǀ	...	09:35		ǀ	...	19:35	ǀ	...	21:35	ǀ
66	Maroggia		...	...	...	06:09	...	...	07:39	ǀ	...	09:39		ǀ	...	19:39	ǀ	...	21:39	ǀ
69	Melide		...	...	...	06:13	...	...	07:43	ǀ	...	09:43		ǀ	...	19:43	ǀ	...	21:43	ǀ
75	Paradiso		...	...	...	06:18	...	...	07:48	ǀ	...	09:48		ǀ	...	19:48	ǀ	...	21:48	ǀ
78	**Lugano**		...	...	...	06:23	**07:00**	...	07:53	**09:00**	...	09:53		**19:00**	...	19:53	**21:00**	...	21:53	**23:00**
83	Lamone		...	...	...	06:29	ǀ	...	07:59	ǀ	...	09:59		ǀ	...	19:59	ǀ	...	21:59	ǀ
86	Taverne		...	...	...	06:32	ǀ	...	08:02	ǀ	...	10:02		ǀ	...	20:02	ǀ	...	22:02	ǀ
91	Bironico		...	...	...	06:40	ǀ	...	08:10	ǀ	...	10:10		ǀ	...	20:10	ǀ	...	22:10	ǀ
101	Camorino		...	...	...	06:50	ǀ	...	08:20	ǀ	...	10:20		ǀ	...	20:20	ǀ	...	22:20	ǀ
103	Giubiasco		...	...	...	06:52	ǀ	...	08:22	ǀ	...	10:22		ǀ	...	20:22	ǀ	...	22:22	ǀ
107	**Bellinzona**	ar	...	...	...	06:55	**07:27**	...	08:25	**09:27**	...	10:25		**19:27**	...	20:25	**21:27**	...	22:25	**23:27**
		pt	...	...	05:34	...	**07:30**	07:34	...	**09:30**	09:34	...		**19:30**	19:34	...	**21:30**	21:34	...	...
109	Arbedo		...	...	05:37	...	ǀ	07:37	...	ǀ	09:37	...		ǀ	19:37	...	ǀ	21:37	...	...
114	Claro		...	...	05:43	...	ǀ	07:43	...	ǀ	09:43	...		ǀ	19:43	...	ǀ	21:43	...	...
118	Cresciano		...	...	05:47	...	ǀ	07:47	...	ǀ	09:47	...		ǀ	19:47	...	ǀ	21:47	...	...
121	Osogna		...	...	05:50	...	ǀ	07:50	...	ǀ	09:50	...		ǀ	19:50	...	ǀ	21:50	...	...
126	**Biasca**		...	...	05:54	...	**07:45**	07:54	...	**09:45**	09:54	...		**19:45**	19:54	...	**21:45**	21:54	...	...
129	Pollegio		...	...	05:58	...	ǀ	07:58	...	ǀ	09:58	...		ǀ	19:58	...	ǀ	21:58	...	...
132	Bodio		...	...	06:01	...	ǀ	08:01	...	ǀ	10:01	...	alle 2 Std. bis	ǀ	20:01	...	ǀ	22:01	...	...
136	Giornico		...	...	06:05	...	ǀ	08:05	...	ǀ	10:05	...		ǀ	20:05	...	ǀ	22:05	...	...
145	Larvorgo		...	...	06:14	...	ǀ	08:14	...	ǀ	10:14	...		ǀ	20:14	...	ǀ	22:14	...	...
149	Chiggiogna		...	...	06:19	...	ǀ	08:19	...	ǀ	10:19	...		ǀ	20:19	...	ǀ	22:19	...	...
151	**Faido**		...	...	06:23	...	**08:06**	08:23	...	**10:06**	10:23	...		**20:06**	20:23	...	**22:06**	22:23	...	...
160	Rodi		...	...	06:35	...	ǀ	08:35	...	ǀ	10:35	...		ǀ	20:35	...	ǀ	22:35	...	...
163	Quinto		...	...	06:39	...	ǀ	08:39	...	ǀ	10:39	...		ǀ	20:39	...	ǀ	22:39	...	...
166	Piotta		...	...	06:42	...	ǀ	08:42	...	ǀ	10:42	...		ǀ	20:42	...	ǀ	22:42	...	...
172	Airolo		...	...	06:48	...	ǀ	08:48	...	ǀ	10:48	...		ǀ	20:48	...	ǀ	22:47	...	...
188	**Göschenen**		...	...	07:01	...	**08:38**	09:01	...	**10:38**	11:01	...		**20:38**	21:01	...	**22:38**	ar	...	...
195	Wassen		...	...	07:11	...	ǀ	09:11	...	ǀ	11:11	...		ǀ	21:11	...	ǀ	...	...	...
204	Gurtnellen		...	...	07:19	...	ǀ	09:19	...	ǀ	11:19	...		ǀ	21:19	...	ǀ	...	...	...
207	Intschi		...	...	07:24	...	ǀ	09:24	...	ǀ	11:24	...		ǀ	21:24	...	ǀ	...	...	...
212	Silenen		...	...	07:28	...	ǀ	09:28	...	ǀ	11:28	...		ǀ	21:28	...	ǀ	...	...	...
216	Erstfeld		...	...	07:33	...	ǀ	09:33	...	ǀ	11:33	...		ǀ	21:33	...	ǀ	...	...	...
222	Attinghausen		...	...	07:38	...	ǀ	09:38	...	ǀ	11:38	...		ǀ	21:38	...	ǀ	...	...	...
226	**Flüelen-Altdorf**		05:38	06:38	07:44	...	**09:13**	09:44	...	**11:13**	11:44	...		**21:13**	21:44	...	**23:13**	...	...	...
232	Sisikon		05:45	06:45	07:51	...	ǀ	09:51	...	ǀ	11:51	...		ǀ	21:51	...	ǀ	...	...	...
237	**Brunnen**		05:50	06:50	07:56	...	**09:23**	09:56	...	**11:23**	11:56	...		**21:23**	21:56	...	**23:23**	...	...	...
241	Seewen-Schwyz		05:54	06:54	08:00	...	ǀ	10:00	...	ǀ	12:00	...		ǀ	22:00	...	ǀ	...	...	...
244	Steinen		05:58	06:58	08:04	...	ǀ	10:04	...	ǀ	12:04	...		ǀ	22:04	...	ǀ	...	...	...
249	**Arth-Goldau**		06:06	07:06	08:12	...	**09:35**	10:12	...	**11:35**	12:12	...		**21:35**	22:12	...	**23:35**	...	...	...
258	Immensee		06:14	07:14	08:20	...	ǀ	10:20	...	ǀ	12:20	...		ǀ	22:20	...	ǀ	...	...	...
261	Küssnacht		06:18	07:18	08:24	...	ǀ	10:24	...	ǀ	12:24	...		ǀ	22:24	...	ǀ	...	...	...
266	Meggen		06:25	07:25	08:31	...	ǀ	10:31	...	ǀ	12:31	...		ǀ	22:31	...	ǀ	...	...	...
271	Halde		06:33	07:33	08:39	...	ǀ	10:39	...	ǀ	12:39	...		ǀ	22:39	...	ǀ	...	...	...
277	**Luzern**	an	06:38	07:38	08:44	...	**09:54**	10:44	...	**11:54**	12:44	...		**21:54**	22:44	...	**23:54**	...	...	...

Autoverlad Gotthard

auch Personenbeförderung ohne Fahrzeug; nur Winterbetrieb

1B

km	SBB, Luzern																			
0	**Göschenen**	ab	06:00	06:30	07:00	07:30	08:00	08:30	09:00	alle 1/2 h	17:00	17:30	18:00	18:30	19:00	19:30	20:30	21:30	22:30
16	**Airolo**	an	06:14	06:44	07:14	07:44	08:14	08:44	09:14		17:14	17:44	18:14	18:44	19:14	19:44	20:44	21:44	22:44
0	**Airolo**	ab	06:30	07:00	07:30	08:00	08:30	09:00	09:30	alle 1/2 h	17:30	18:00	18:30	19:00	19:30	20:00	21:00	22:00	23:00
16	**Göschenen**	an	06:44	07:14	07:44	08:14	08:44	09:14	09:44		17:44	18:14	18:44	19:14	19:44	20:14	21:14	22:14	23:14

Capolago - Monte Generoso v.v.

Scart. ridotto; ingranaggio; traz. vapore e Diesel

1C

km	FMG, Lugano																					
0	**Capolago Lago**	pt	...	10:35	...	...	...	14:35	...	...	...	...	...	...	...	...	...	...	...	...
0	**Capolago**		09:45	10:45	11:45	12:45	13:45	14:45	15:45	16:45	...	...	...	...	...	...	...	...	...	...
3	S. Nicolao		10:00	11:00	12:00	13:00	14:00	15:00	16:00	17:00	...	...	...	...	...	...	...	...	...	...
6	Bellavista		10:15	11:15	12:15	13:15	14:15	15:15	16:15	17:15	...	...	...	...	...	...	...	...	...	...
9	**Generoso**	ar	10:25	11:25	12:25	13:25	14:25	15:25	16:25	17:25	...	...	...	...	...	...	...	...	...	...
0	**Generoso**	pt	10:30	11:30	12:30	13:30	14:30	15:30	16:30	17:30	...	...	...	...	...	...	...	...	...	...
3	Bellavista		10:45	11:45	12:45	13:45	14:45	15:45	16:45	17:45	...	...	...	...	...	...	...	...	...	...
6	S. Nicolao		11:00	12:00	13:00	14:00	15:00	16:00	17:00	18:00	...	...	...	...	...	...	...	...	...	...
9	**Capolago**	ar	11:10	12:10	13:10	14:10	15:10	16:10	17:10	18:10	...	...	...	...	...	...	...	...	...	...
9	**Capolago Lago**	ar	...	...	...	14:20	...	...	...	...	...	...	...	...	...	...	...	...	...	...

Bellinzona - Locarno - Pallanza - Domodossola **2**

km	FFS, Luzern		L	L	R	L	R	L	R	L	R	L	R	L	R	L	R	L
0	Luzern	ab	...	...	...	07:02	...	09:02	...	11:02	...	13:02	...	15:02	...	17:02	...	19:02	...
170	Bellinzona	ar	...	...	...	09:26	...	11:26	...	13:26	...	15:26	...	17:26	...	19:26	...	21:26	...
0	Lugano	pt	...	...	07:00	07:52	09:00	09:52	11:00	11:52	13:00	13:52	15:00	15:52	17:00	17:52	19:00	19:52	21:00	21:52
29	Bellinzona	ar	...	...	07:27	08:25	09:27	10:25	11:27	12:25	13:27	14:25	15:27	16:25	17:27	18:25	19:27	20:25	21:27	22:25
0	Bellinzona	pt	...	06:30	07:35	08:30	09:35	10:30	11:35	12:30	13:35	14:30	15:35	16:30	17:35	18:30	19:35	20:30	21:35	22:30
3	Sementina		...	06:34		08:34		10:34		12:34		14:34		16:34		18:34		20:34		22:34
7	Gudo		...	06:38		08:38		10:38		12:38		14:38		16:38		18:38		20:38		22:38
10	Cugnasco		...	06:42		08:42		10:42		12:42		14:42		16:42		18:42		20:42		22:42
14	Gordola		...	06:46	07:48	08:46	09:48	10:46	11:48	12:46	13:48	14:46	15:48	16:46	17:48	18:46	19:48	20:46	21:48	22:46
19	Locarno		...	06:56	07:57	08:56	09:57	10:56	11:57	12:56	13:57	14:56	15:57	16:56	17:57	18:56	19:57	20:56	21:57	22:56
20	Solduno		...	06:58		08:58		10:58		12:58		14:58		16:58		18:58		20:58		22:58
22	Ascona		...	07:00	08:01	09:00	10:01	11:00	12:01	13:00	14:01	15:00	16:01	17:00	18:01	19:00	20:01	21:00	22:01	23:00
26	Porto-Ronco		...	07:04		09:04		11:04		13:04		15:04		17:04		19:04		21:04		23:04
29	Brissago		...	07:07	08:06	09:07	10:06	11:07	12:06	13:07	14:06	15:07	16:06	17:07	18:06	19:07	20:06	21:07	22:06	23:07
35	Cannobio		...	07:12	08:10	09:12	10:10	11:12	12:10	13:12	14:10	15:12	16:10	17:12	18:10	19:12	20:10	21:12	22:10	23:12
42	Cannero		...	07:17	08:15	09:17	10:15	11:17	12:15	13:17	14:15	15:17	16:15	17:17	18:15	19:17	20:15	21:17	22:15	23:17
46	Oggebbio		...	07:21	08:19	09:21		11:21		13:21	14:19	15:21	16:19	17:21	18:19	19:21		21:21	22:19	23:21
51	Ghiffa		...	07:27		09:27		11:27		13:27		15:27		17:27		19:27		21:27		23:27
55	Intra		06:24	07:31	08:24	09:31	10:24	11:31	12:24	13:31	14:24	15:31	16:24	17:31	18:24	19:31	20:24	21:31	22:24	23:31
58	Pallanza	ar	06:27	07:34	08:27	09:34	10:27	11:34	12:27	13:34	14:27	15:34	16:27	17:34	18:27	19:34	20:27	21:34	22:27	23:34
		pt	06:28	...	08:28	...	10:28	...	12:28	...	14:28	...	16:28	...	18:28	...	20:28	...	22:28	...
64	Fondotoce	ar	06:33	...	08:33	...	10:33	...	12:33	...	14:33	...	16:33	...	18:33	...	20:33	...	22:33	...
		pt	06:35	...	08:35	...	10:35	...	12:35	...	14:35	...	16:35	...	18:35	...	20:35	...	22:35	...
68	Mergozzo		06:40	...	08:40	...	10:40	...	12:40	...	14:40	...	16:40	...	18:40	...	20:40	...	22:40	...
71	Ornavasso		06:44	...	08:44	...	10:44	...	12:44	...	14:44	...	16:44	...	18:44	...	20:44	...	22:44	...
75	Cuzzago		06:48	...	08:48	...	10:48	...	12:48	...	14:48	...	16:48	...	18:48	...	20:48	...	22:48	...
78	Premosello		06:52	...	08:52	...	10:52	...	12:52	...	14:52	...	16:52	...	18:52	...	20:52	...	22:52	...
80	Vogogna		06:55	...	08:55	...	10:55	...	12:55	...	14:55	...	16:55	...	18:55	...	20:55	...	22:55	...
83	Piedimulera		06:59	...	08:59	...	10:59	...	12:59	...	14:59	...	16:59	...	18:59	...	20:59	...	22:59	...
88	Villadossola		07:05	...	09:05	...	11:05	...	13:05	...	15:05	...	17:05	...	19:05	...	21:05	...	23:05	...
94	Domodossola	ar	07:11	...	09:11	...	11:11	...	13:11	...	15:11	...	17:11	...	19:11	...	21:11	...	23:11	...

Domodossola - Pallanza - Locarno - Bellinzona **2**

km	Station		L	R	L	R	L	R	L	R	L	R	L	R	L	R	L	R	L	R
0	Domodossola	pt	...	05:45	...	07:45	...	09:45	...	11:45	...	13:45	...	15:45	...	17:45	...	19:45	...	21:45
6	Villadossola		...	05:52	...	07:52	...	09:52	...	11:52	...	13:52	...	15:52	...	17:52	...	19:52	...	21:52
11	Piedimulera		...	05:58	...	07:58	...	09:58	...	11:58	...	13:58	...	15:58	...	17:58	...	19:58	...	21:58
14	Vogogna		...	06:02	...	08:02	...	10:02	...	12:02	...	14:02	...	16:02	...	18:02	...	20:02	...	22:02
16	Premosello		...	06:05	...	08:05	...	10:05	...	12:05	...	14:05	...	16:05	...	18:05	...	20:05	...	22:05
19	Cuzzago		...	06:09	...	08:09	...	10:09	...	12:09	...	14:09	...	16:09	...	18:09	...	20:09	...	22:09
23	Ornavasso		...	06:13	...	08:13	...	10:13	...	12:13	...	14:13	...	16:13	...	18:13	...	20:13	...	22:13
26	Mergozzo		...	06:17	...	08:17	...	10:17	...	12:17	...	14:17	...	16:17	...	18:17	...	20:17	...	22:17
30	Fondotoce	ar	...	06:21	...	08:21	...	10:21	...	12:21	...	14:21	...	16:21	...	18:21	...	20:21	...	22:21
		pt	...	06:23	...	08:23	...	10:23	...	12:23	...	14:23	...	16:23	...	18:23	...	20:23	...	22:23
36	Pallanza	ar	...	06:28	...	08:28	...	10:28	...	12:28	...	14:28	...	16:28	...	18:28	...	20:28	...	22:28
		pt	05:26	06:29	07:26	08:29	09:26	10:29	11:26	12:29	13:26	14:29	15:26	16:29	17:26	18:29	19:26	20:29	21:26	22:29
39	Intra		05:30	06:33	07:30	08:33	09:30	10:33	11:30	12:33	13:30	14:33	15:30	16:33	17:30	18:33	19:30	20:33	21:30	22:33
43	Ghiffa		05:35		07:35		09:35		11:35		13:35		15:35		17:35		19:35		21:35	
48	Oggebbio		05:40		07:40	08:38	09:40		11:40		13:40	14:38	15:40	16:38	17:40	18:40	19:40		21:40	22:38
52	Cannero		05:44	06:42	07:44	08:42	09:44	10:42	11:44	12:42	13:44	14:42	15:44	16:42	17:44	18:42	19:44	20:42	21:44	22:42
59	Cannobio		05:49	06:47	07:49	08:47	09:49	10:47	11:49	12:47	13:49	14:47	15:49	16:47	17:49	18:47	19:49	20:47	21:49	22:47
65	Brissago		05:54	06:51	07:54	08:51	09:54	10:51	11:54	12:51	13:54	14:51	15:54	16:51	17:54	18:51	19:54	20:51	21:54	22:51
68	Porto-Ronco		05:57		07:57		09:57		11:57		13:57		15:57		17:57		19:57		21:57	
72	Ascona		06:01	06:56	08:01	08:56	10:01	10:56	12:01	12:56	14:01	14:56	16:01	16:56	18:01	18:56	20:01	20:56	22:01	22:56
74	Solduno		06:04		08:04		10:04		12:04		14:04		16:04		18:04		20:04		22:04	
75	Locarno		06:07	07:02	08:07	09:02	10:07	11:02	12:07	13:02	14:07	15:02	16:07	17:02	18:07	19:02	20:07	21:02	22:07	23:02
77	Minusio		06:11		08:11		10:11		12:11		14:11		16:11		18:11		20:11		22:11	
80	Gordola		06:16	07:09	08:16	09:09	10:16	11:09	12:16	13:09	14:16	15:09	16:16	17:09	18:16	19:09	20:16	21:09	22:16	23:09
84	Cugnasco		06:20		08:20		10:20		12:20		14:20		16:20		18:20		20:20		22:20	
87	Gudo		06:25		08:25		10:25		12:25		14:25		16:24		18:24		20:24		22:24	
91	Sementina		06:28		08:28		10:28		12:28		14:28		16:28		18:28		20:28		22:28	
94	Bellinzona	ar	06:31	07:21	08:31	09:21	10:31	11:21	12:31	13:21	14:31	15:21	16:31	17:21	18:31	19:21	20:31	21:21	22:31	23:21
0	Bellinzona	pt	06:37	07:29	08:37	09:29	10:37	11:29	12:37	13:29	14:37	15:29	16:37	17:29	18:37	19:29	20:37	21:29	22:37	23:29
29	Lugano	ar	07:10	07:54	09:10	09:54	11:10	11:54	13:10	13:54	15:10	15:54	17:10	17:54	19:10	19:54	21:10	21:54	23:10	23:54
0	Bellinzona	pt	...	07:30	...	09:30	...	11:30	...	13:30	...	15:30	...	17:30	...	19:30	...	21:30	...	
170	Luzern	an	...	09:54	...	11:54	...	13:54	...	15:54	...	17:54	...	19:54	...	21:54	...	23:54	...	...

Lugano - Luino v.v.

km	FLL, Lugano																
0	**Lugano**	pt	06:06 07:06 08:06	...	10:06	...	12:06 13:06 14:06 15:06 16:06 17:06 18:06 19:06 20:06	...	22:06 23:06
2	Sorengo		06:08 07:08 08:08	...	10:08	...	12:08 13:08 14:08 15:08 16:08 17:08 18:08 19:08 20:08	...	22:08 23:08
3	Cappella		06:10 07:10 08:10	...	10:10	...	12:10 13:10 14:10 15:10 16:10 17:10 18:10 19:10 20:10	...	22:10 23:10
6	Bioggio		06:15 07:15 08:15	...	10:15	...	12:15 13:15 14:15 15:15 16:15 17:15 18:15 19:15 20:15	...	22:15 23:15
8	Agno		06:20 07:20 08:20	...	10:20	...	12:20 13:20 14:20 15:20 16:20 17:20 18:20 19:20 20:20	...	22:20 23:20
10	Magliaso		06:22 07:22 08:22	...	10:22	...	12:22 13:22 14:22 15:22 16:22 17:22 18:22 19:22 20:22	...	22:22 23:22
11	Caslano		06:24 07:24 08:24	...	10:24	...	12:24 13:24 14:24 15:24 16:24 17:24 18:24 19:24 20:24	...	22:24 23:24
13	**Ponte-Tresa**		06:27 07:27 08:27	...	10:27	...	12:27 13:27 14:27 15:27 16:27 17:27 18:27 19:26 20:27	...	22:27 23:26
17	Croglio		06:33 07:33 08:33	...	10:33	...	12:33 13:33 14:33 15:33 16:33 17:33 18:33 ar 20:33	...	22:33 ar
19	Cremenaga		06:36 07:36 08:36	...	10:36	...	12:36 13:36 14:36 15:36 16:36 17:36 18:36 ... 20:36	...	22:36 ...
23	Creva		06:40 07:40 08:40	...	10:40	...	12:40 13:40 14:40 15:40 16:40 17:40 18:40 ... 20:40	...	22:40 ...
25	**Luino**	ar	06:42 07:42 08:42	...	10:42	...	12:42 13:42 14:42 15:42 16:42 17:42 18:42 ... 20:42	...	22:42 ...
0	**Luino**	pt	06:13 07:13 08:13	...	10:13	...	12:13 13:13 14:13 15:13 16:13 17:13 18:13 ... 20:13	...	22:13 ...
2	Creva		06:15 07:15 08:15	...	10:15	...	12:15 13:15 14:15 15:15 16:15 17:15 18:15 ... 20:15	...	22:15 ...
6	Cremenaga		06:19 07:19 08:19	...	10:19	...	12:19 13:19 14:19 15:19 16:19 17:19 18:19 ... 20:19	...	22:19 ...
8	Croglio		06:22 07:22 08:22	...	10:22	...	12:22 13:22 14:22 15:22 16:22 17:22 18:22 ... 20:22	...	22:22 ...
12	**Ponte-Tresa**		06:28 07:28 08:28	...	10:28	...	12:28 13:28 14:28 15:28 16:28 17:28 18:28 19:28 20:28	...	22:28 23:28
14	Caslano		06:31 07:31 08:31	...	10:31	...	12:31 13:31 14:31 15:31 16:31 17:31 18:31 19:31 20:31	...	22:31 23:31
15	Magliaso		06:33 07:33 08:33	...	10:33	...	12:33 13:33 14:33 15:33 16:33 17:33 18:33 19:33 20:33	...	22:33 23:33
17	Agno		06:35 07:35 08:35	...	10:35	...	12:35 13:35 14:35 15:35 16:35 17:35 18:35 19:35 20:35	...	22:35 23:35
19	Bioggio		06:40 07:40 08:40	...	10:40	...	12:40 13:40 14:40 15:40 16:40 17:40 18:40 19:40 20:40	...	22:40 23:40
22	Cappella		06:45 07:45 08:45	...	10:45	...	12:45 13:45 14:45 15:45 16:45 17:45 18:45 19:45 20:45	...	22:45 23:45
23	Sorengo		06:47 07:47 08:47	...	10:47	...	12:47 13:47 14:47 15:47 16:47 17:47 18:47 19:47 20:47	...	22:47 23:47
25	**Lugano**	ar	06:49 07:49 08:49	...	10:49	...	12:49 13:49 14:49 15:49 16:49 17:49 18:49 19:49 20:49	...	22:49 23:49

Luzern - Stans - Engelberg v.v.

km	LSE, Stans														
0	**Luzern**	ab	06:02 06:55 08:02 08:55 10:02 10:55 12:02 12:55 14:02 14:55 16:02 16:55 18:02 18:55 20:02 20:55 22:02 22:56
4	Horw		06:08 I 08:08 I 10:08 I 12:08 I 14:08 I 16:08 I 18:08 I 20:08 I 22:08 23:02
7	Hergiswil-Matt		06:12 I 08:12 I 10:12 I 12:12 I 14:12 I 16:12 I 18:12 I 20:12 I 22:12 23:06
9	**Hergiswil**	an	06:15 07:05 08:15 09:05 10:15 11:05 12:15 13:05 14:15 15:05 16:15 17:05 18:15 19:05 20:15 21:05 22:15 23:09
		ab	06:16 07:07 08:16 09:07 10:16 11:07 12:16 13:07 14:16 15:07 16:16 17:07 18:16 19:07 20:16 21:07 22:16 23:11
12	Stansstad		06:20 07:11 08:20 09:11 10:20 11:11 12:20 13:11 14:20 15:11 16:20 17:11 18:20 19:11 20:20 21:11 22:20 23:15
16	**Stans**	an	06:24 07:15 08:24 09:15 10:24 11:15 12:24 13:15 14:24 15:15 16:24 17:15 18:24 19:15 20:24 21:15 22:24 23:20
		ab	06:25 ... 08:25 ... 10:25 ... 12:25 ... 14:25 ... 16:25 ... 18:25 ... 20:25 ... 22:25 ...
18	Büren		06:28 ... 08:28 ... 10:28 ... 12:28 ... 14:28 ... 16:28 ... 18:28 ... 20:28 ... 22:28 ...
19	Dallenwil		06:31 ... 08:31 ... 10:31 ... 12:31 ... 14:31 ... 16:31 ... 18:31 ... 20:31 ... 22:31 ...
20	Nd.Rickenb. LSE		06:32 ... 08:32 ... 10:32 ... 12:32 ... 14:32 ... 16:32 ... 18:32 ... 20:32 ... 22:32 ...
22	Wolfenschiessen		06:35 ... 08:35 ... 10:35 ... 12:35 ... 14:35 ... 16:35 ... 18:35 ... 20:35 ... 22:35 ...
24	Dörfli		06:37 ... 08:37 ... 10:37 ... 12:37 ... 14:37 ... 16:37 ... 18:37 ... 20:37 ... 22:37 ...
27	Grafenort		06:40 ... 08:40 ... 10:40 ... 12:40 ... 14:40 ... 16:40 ... 18:40 ... 20:40 ... 22:40 ...
30	Obermatt		06:45 ... 08:45 ... 10:45 ... 12:45 ... 14:45 ... 16:45 ... 18:45 ... 20:45 ... 22:45 ...
35	**Engelberg**	an	07:01 ... 08:58 ... 10:58 ... 12:58 ... 14:58 ... 16:58 ... 18:58 ... 20:58 ... 22:58 ...
0	**Engelberg**	ab	... 06:44 07:59 ... 09:59 ... 11:59 ... 13:59 ... 15:59 ... 17:59 ... 19:59 ... 21:59 ...
5	Obermatt		... 06:56 08:11 ... 10:11 ... 12:11 ... 14:11 ... 16:11 ... 18:11 ... 20:11 ... 22:11 ...
8	Grafenort		... 07:02 08:17 ... 10:17 ... 12:17 ... 14:17 ... 16:17 ... 18:17 ... 20:17 ... 22:17 ...
11	Dörfli		... 07:05 08:20 ... 10:20 ... 12:20 ... 14:20 ... 16:20 ... 18:20 ... 20:20 ... 22:10 ...
13	Wolfenschiessen		... 07:07 08:22 ... 10:22 ... 12:22 ... 14:22 ... 16:22 ... 18:22 ... 20:22 ... 22:22 ...
15	Nd.Rickenb. LSE		... 07:10 08:25 ... 10:25 ... 12:25 ... 14:25 ... 16:25 ... 18:25 ... 20:25 ... 22:25 ...
16	Dallenwil		... 07:11 08:26 ... 10:26 ... 12:26 ... 14:26 ... 16:26 ... 18:26 ... 20:26 ... 22:26 ...
17	Büren		... 07:14 08:29 ... 10:29 ... 12:29 ... 14:29 ... 16:29 ... 18:29 ... 20:29 ... 22:29 ...
19	**Stans**	an	... 07:16 08:31 ... 10:31 ... 12:31 ... 14:31 ... 16:31 ... 18:31 ... 20:31 ... 22:31 ...
		ab	06:16 07:17 08:32 09:17 10:32 11:17 12:32 13:17 14:32 15:17 16:32 17:17 18:32 19:17 20:32 21:17 22:32 ...
23	Stansstad		06:21 07:22 08:37 09:22 10:37 11:22 12:37 13:22 14:37 15:22 16:37 17:22 18:37 19:22 20:37 21:22 22:37 ...
26	**Hergiswil**	an	06:26 07:26 08:41 09:26 10:41 11:26 12:41 13:26 14:41 15:26 16:41 17:26 18:41 19:26 20:41 21:26 22:41 ...
		ab	06:27 07:30 08:42 09:30 10:42 11:30 12:42 13:30 14:42 15:30 16:42 17:30 18:42 19:30 20:42 21:30 22:42 ...
28	Hergiswil-Matt		06:30 I 08:45 I 10:45 I 12:45 I 14:45 I 16:45 I 18:45 I 20:45 I 22:45 ...
31	Horw		06:34 I 08:49 I 10:49 I 12:49 I 14:49 I 16:49 I 18:49 I 20:49 I 22:49 ...
35	**Luzern**	an	06:40 07:40 08:55 09:40 10:55 11:40 12:55 13:40 14:55 15:40 16:55 17:40 18:55 19:40 20:55 21:40 22:55 ...

Autoverlad Gemmi

km	SBB, Luzern						
0	**Kandersteg**	ab	06:15 06:41 07:15 07:41	alle 1/2 h	15:15 15:41 16:07 16:41 17:15 17:41	alle 1/2 h	19:15 20:15 21:15 22:15
13	**Leukerbad**	an	06:26 06:52 07:26 07:52		15:26 15:52 16:18 16:52 17:26 17:52		19:26 20:26 21:26 22:26
0	**Leukerbad**	ab	06:28 06:54 07:28 07:54	alle 1/2 h	15:28 15:54 16:28 16:54 17:28 17:54	alle 1/2 h	19:28 20:28 21:28 22:28
13	**Kandersteg**	an	06:39 07:05 07:39 08:05		15:39 16:05 16:39 17:05 17:39 18:05		19:39 20:39 21:39 22:39

Luzern - Interlaken - Bern/Visp - Brig (s. auch 5B)

Schmalspurbahn; Blausee-Gampel z.T. Zahnstange — **5**

km	SBB, Luzern		L	R		R		R	D1	L	R			L	R	L	L	L	L
0	**Luzern**	ab	06:02	...	...	06:55	08:02	08:55	**10:00**	10:02	10:55			16:02	16:55	18:02	18:55	20:02	20:55	22:02	22:56
9	**Hergiswil**	an	06:15	...	...	07:05	08:15	09:05	**10:10**	10:15	11:05			16:15	17:05	18:15	19:05	20:15	21:05	22:15	23:09
		ab	06:17			07:06	08:17	09:06	**10:11**	10:17	11:06			16:17	17:06	18:17	19:06	20:17	21:06	22:17	23:10
13	Alpnachstad		06:21	...	...	07:10	I	09:10	I	I	11:10			I	17:10	I	19:10	I	21:10	I	23:14
15	Alpnach Dorf		06:23	...	...	07:12	08:22	09:12	I	10:22	11:12			16:22	17:12	18:22	19:12	20:22	21:12	22:22	23:16
21	**Sarnen**		06:28	...	...	07:20	08:27	09:20	**10:21**	10:27	11:20			16:27	17:20	18:27	19:20	20:27	21:20	22:27	23:23
23	Sachseln	an		...	...	07:25	an	09:25	I	an	11:25			an	17:25	an	19:25	an	21:25	an	an
36	Lungern		...	...	...	07:38	...	09:38	I	...	11:38			...	17:38	...	19:38	...	21:38	...	...
45	**Brienzwiler**	an	...	...	...	07:48	L	09:48	I	L	11:48			L	17:48	L	19:48	L	21:48	...	...
		ab	...	...	06:44	07:50	08:44	09:50	I	10:44	11:50			16:44	17:50	18:44	19:50	20:44	21:50	...	...
50	**Brienz**		...	...	06:52	07:56	08:52	09:56	**10:50**	10:52	11:56			16:52	17:56	18:52	19:56	20:52	21:57	...	...
68	**Interlaken**	an	...	...	07:16	08:15	09:16	10:15	**11:09**	11:16	12:15			17:16	18:15	19:16	20:15	21:16	22:21	...	...
		ab	...	06:18	...	08:18	...	10:18	**11:11**	...	12:18			...	18:18	...	20:18	...	22:23	...	...
76	Leissigen		...	06:24	...	08:24	...	10:24	I	...	12:24			...	18:24	...	20:24	...	22:30	...	...
84	**Spiez**	an	...	06:33	L	08:33	L	10:33	**11:25**	L	12:33			L	18:33	L	20:33	L	22:40	...	...
84	**Spiez**	ab	...	06:36	08:04	08:36	10:04	10:36	...	12:04	12:36			18:04	18:36	20:04	20:36	22:04	22:41	...	...
95	**Thun**		...	06:47	08:15	08:47	10:15	10:47	...	12:15	12:47			18:15	18:47	20:15	20:47	22:15	22:52	...	
105	Gerzensee SBB		...	06:53	I	08:53	I	10:53	...	I	12:53			I	18:53	I	20:53	I	22:53	...	
119	Gümligen		...	07:02	08:30	09:02	10:30	11:02	...	12:30	13:02			18:30	19:02	20:30	21:02	22:30	23:07	...	
122	**Bern**	an	...	07:05	08:33	09:05	10:33	11:05	...	12:33	13:05			18:33	19:05	20:33	21:05	22:33	23:10	...	
84	**Spiez**	ab	...	06:35	...	08:35	...	10:35	**11:26**	...	12:35			...	18:35	...	20:35	...			
93	Reichenbach		...	06:44	...	08:44	...	10:44	I	...	12:44			...	18:44	...	20:44	...			
98	Frutigen		...	06:49	...	08:49	...	10:49	I	...	12:49			...	18:49	...	20:49	...			
105	Blausee		...	06:54	...	08:54	...	10:54	I	...	12:54			...	18:54	...	20:54	...		**D1: "Gletscher-**	
109	**Kandersteg**		...	07:08	...	09:08	...	11:08	**11:54**	...	13:08			...	19:08	...	21:08	...		**Express" Luzern-**	
123	**Leukerbad**		...	07:19	...	09:19	...	11:19	**12:05**	...	13:19			...	19:19	...	21:19	...		**Visp-Zermatt**	
129	**Inden**		...	07:28	...	09:28	...	11:28	I	...	13:28			...	19:28	...	21:28	...		...	
134	Albinen SBB		...	L 07:33	...	09:33	...	11:33	I	...	13:33			...	19:33	...	21:33	...		...	
139	**Leuk**		06:10	07:38	...	09:38	...	11:38	**12:19**	...	13:38			...	19:38	...	21:38	...		...	
145	**Gampel**		06:19	07:47	...	09:47	...	11:47	I	...	13:47			...	19:47	...	21:47	...		...	
149	Raron		06:26	07:53	...	09:53	...	11:53	I	...	13:53			...	19:53	...	21:53	...		...	
156	**Visp**	an	06:31	08:00	L	10:00	L	12:00	**12:36**	L	14:00			L	20:00	L	22:00	L			
0	**Visp**		...	08:05	...	10:05	...	12:05	**12:41**	...	14:05			...	20:05	...					
42	**Zermatt**		...	09:11	...	11:11	...	13:11	**13:37**	...	15:11			...	21:22	...					
156	**Visp**	ab	06:34	08:02	08:34	10:02	10:34	12:02	...	12:40	14:02			18:34	20:02	20:34	22:02	22:34	...	...	
159	Brigerbad		06:37	I	08:37	I	10:37	I	...	12:43	I			18:37	I	20:37	I	22:37	...	...	
165	**Brig**		06:42	08:08	08:42	10:08	10:42	12:08	...	12:48	14:08			18:42	20:08	20:42	22:08	22:42	...	...	

(alle 2 Std. bis)

Brig - Visp/Bern - Interlaken - Luzern (s. auch 5B)

5

km	Station		L	L		R	L	R	L	R		D2	R	L	R	L	R	R	L
0	**Brig**	ab	...	...	06:06	06:28	07:54	08:28	09:54	10:28	11:54		15:28	15:54	16:28	17:54	18:28	...	20:28	21:54
6	Brigerbad		...	...	06:11	I	07:59	I	09:59	I	11:59		I	15:59	I	17:59	I	...	I	21:59
9	**Visp**	an	...	...	06:14	06:34	08:02	08:34	10:02	10:34	12:02		15:34	16:02	16:34	18:02	18:34	...	20:34	22:02
0	**Zermatt**	ab	...	...	...	...	07:24	...	09:24	...		**14:38**	...	15:24	...	17:24	...	19:24	...
42	**Visp**	an	...	...	...	...	08:30	...	10:30	...		**15:33**	...	16:30	...	18:30	...	20:30	...
9	**Visp**	ab	...	...	06:36	...	08:36	...	10:36	...		**15:37**	...	16:36	...	18:36	...	20:36	22:04
16	Raron		...	...	06:43	...	08:43	...	10:43	...		I	...	16:43	...	18:43	...	20:43	22:11
20	Gampel		...	...	06:49	...	08:49	...	10:49	...		I	...	16:49	...	18:49	...	20:49	22:17
26	**Leuk**		...	**D2: "Gletscher-**	06:58	...	08:58	...	10:58	...		**15:55**	...	16:58	...	18:58	...	20:58	22:25
31	Albinen SBB		...	**Express" Zermatt-**	07:03	...	09:03	...	11:03	...		I	...	17:03	...	19:03	...	21:03	an
36	Inden		...	**Visp-Luzern**	07:08	...	09:08	...	11:08	...		I	...	17:08	...	19:08	...	21:08	...
42	**Leukerbad**		...	...	...	07:17	...	09:17	...	11:17	...	**16:09**	...	17:17	...	19:17	...	21:17	...
56	**Kandersteg**		...	...	...	07:29	...	09:29	...	11:29	...	**16:20**	...	17:29	...	19:29	...	21:29	...
60	Blausee		...	...	...	07:42	...	09:42	...	11:42	...	I	...	17:42	...	19:42	...	21:42	...
67	Frutigen		...	...	...	07:47	...	09:47	...	11:47	...	I	...	17:47	...	19:47	...	21:47	...
72	Reichenbach		...	...	...	07:52	...	09:52	...	11:52	...	I	...	17:52	...	19:52	...	21:52	*Bus*
81	**Spiez**	an	...	...	...	07:59	L	09:59	L	11:59	L	**16:47**	L	17:59	L	19:59	L	21:59	*ab Zytg*
0	**Bern**	ab	...	05:30	06:02	07:30	08:02	09:30	10:02	11:30	12:02	...	16:02	17:30	18:02	19:30	20:02	21:30	*23:00*
3	Gümligen		...	05:39	06:05	07:33	08:05	09:33	10:05	11:33	12:05	...	16:05	17:33	18:05	19:33	20:05	21:33	*23:10*
17	Gerzensee SBB		...	05:39	I	07:39	I	09:39	I	11:39	I	...	I	17:39	I	19:39	I	21:39	*23:17*
27	**Thun**		...	05:45	06:19	07:47	08:19	09:47	10:19	11:47	12:19	...	16:19	17:47	18:19	19:47	20:19	21:47	*23:25*
38	**Spiez**	an	...	05:54	06:30	07:58	08:30	09:58	10:30	11:58	12:30	...	16:30	17:58	18:30	19:58	20:30	21:58	*23:37*
81	**Spiez**	ab	...	05:55	...	08:01	...	10:01	...	12:01	...	**16:48**	...	18:01	...	20:01	...	22:01	*23:38*
89	Leissigen		...	06:05	...	08:12	...	10:12	...	12:12	...	I	...	18:12	...	20:12	...	22:12	*23:49*
97	**Interlaken**	an	...	06:10	L	08:17	L	10:17	...	12:17	...	**17:02**	L	18:17	L	20:17	...	22:17	*23:55*
		ab	...	06:11	07:17	08:20	09:17	10:20	11:17	12:20	13:17	**17:04**	17:17	18:20	19:17	20:20	...	22:25	← L
115	**Brienz**		...	06:36	07:42	08:39	09:42	10:39	11:42	12:39	13:42	**17:23**	17:42	18:39	19:42	20:39	...	22:50	...
120	**Brienzwiler**	an	...	06:43	07:49	08:44	09:49	10:44	11:49	12:44	13:49	I	17:49	18:44	19:49	20:44	...	22:57	...
		ab	...	06:46	...	08:46	...	10:46	...	12:46	...	...	...	18:46	...	20:46	...	...	...
129	Lungern		...	06:56	...	08:56	...	10:56	...	12:56	...	...	...	18:56	...	20:56	...	...	...
142	Sachseln		...	07:09	...	09:09	...	11:09	...	13:09	...	...	L	19:09	L	21:09	...	...	...
144	**Sarnen**		06:09	07:14	08:29	09:14	10:29	11:14	12:29	13:14	14:29	**17:52**	18:29	19:14	20:29	21:14	...	22:29
150	Alpnach Dorf		06:18	07:23	08:34	09:23	10:34	11:23	12:34	13:23	14:34	I	18:34	19:23	20:34	21:23	...	22:34
152	Alpnachstad		06:20	07:23	I	09:25	I	11:25	I	13:25	I	I	19:25	I	21:25	...	I
156	**Hergiswil**	an	06:24	07:28	08:39	09:28	10:39	11:28	12:39	13:28	14:39	**18:01**	18:39	19:28	20:39	21:28	...	22:39
		ab	06:27	07:30	08:42	09:30	10:42	11:30	12:42	13:30	14:42	**18:02**	18:42	19:30	20:42	21:30	...	22:42
165	**Luzern**	an	06:40	07:40	08:55	09:40	10:55	11:40	12:55	13:40	14:55	**18:12**	18:55	19:40	20:55	21:40	...	22:55

(alle 2 Std. bis)

Innertkirchen - Meiringen - Brienz - Interlaken v.v.

Schmalspurbahn — **5B**

km	BOB, Interlaken		L	R	L	R	D	L	R	L	R	L	R	L	R	L	L	L
0	Innertkirchen	ab	06:29	07:29	08:27	...	...	10:27	...	12:27	...	14:27	...	16:27	...	18:27	...	20:27	21:32	...
2	Aareschlucht (O)		I	I	08:30	...	...	10:30	...	12:30	...	14:30	...	16:30	...	18:30	...	20:30	I	...
6	Meiringen		06:35	07:35	08:35	...	...	10:35	...	12:35	...	14:35	...	16:35	...	18:35	...	20:35	21:39	...
14	**Brienzwiler**	an	06:42	07:42	08:42	...	...	10:42	...	12:42	...	14:42	...	16:42	...	18:42	...	20:42	21:46	...
		ab	06:44	07:50	08:44	09:50	..	10:44	11:50	12:44	13:50	14:44	15:50	16:44	17:50	18:44	19:50	20:44	...	21:50
16	Hofstetten		06:46	I	08:46	I	..	10:46	I	12:46	I	14:46	I	16:46	I	18:46	I	20:46	...	21:52
19	**Brienz**		06:52	07:56	08:52	09:56	**10:50**	10:52	11:56	12:52	13:56	14:52	15:56	16:52	17:56	18:52	19:56	20:52	...	21:57
20	Brienz-West		06:54	I	08:54	I	I	10:54	I	12:54	I	14:54	I	16:54	I	18:54	I	20:54	...	21:59
23	Ebligen		06:48	I	08:58	I	I	10:58	I	12:58	I	14:58	I	16:58	I	18:58	I	20:58	...	22:02
26	Oberried		07:02	I	09:02	I	I	11:02	I	13:02	I	15:02	I	17:02	I	19:02	I	21:02	...	22:07
29	Niederried		07:06	I	09:06	I	I	11:06	I	13:06	I	15:06	I	17:06	I	19:06	I	21:06	...	22:11
32	Ringgenberg		07:10	I	09:10	I	I	11:10	I	13:10	I	15:10	I	17:10	I	19:10	I	21:10	...	22:15
34	Goldswil		07:13	I	09:13	I	I	11:13	I	13:13	I	15:13	I	17:13	I	19:13	I	21:13	...	22:18
37	**Interlaken**	an	07:16	08:15	09:16	10:15	11:09	11:16	12:15	13:16	14:15	15:16	16:15	17:16	18:15	19:16	20:15	21:16	...	22:21

km			L	L	R	L	R	L	R	L	R	L	R	L	D	R	L	R	L	L
0	**Interlaken**	ab	06:11	...	07:17	08:20	09:17	10:20	11:17	12:20	13:17	14:20	15:17	16:20	**17:04**	17:17	18:20	19:17	20:20	22:25
3	Goldswil		06:15	...	07:21	I	09:21	I	11:21	I	13:21	I	15:21	I	I	17:21	I	19:21	I	22:29
5	Ringgenberg		06:17	...	07:23	I	09:23	I	11:23	I	13:23	I	15:23	I	I	17:23	I	19:23	I	22:31
8	Niederried		06:21	...	07:27	I	09:27	I	11:27	I	13:27	I	15:27	I	I	17:27	I	19:27	I	22:35
11	Oberried		06:25	...	07:31	I	09:31	I	11:31	I	13:31	I	15:31	I	I	17:31	I	19:31	I	22:39
14	Ebligen		06:29	...	07:35	I	09:35	I	11:35	I	13:35	I	15:35	I	I	17:35	I	19:35	I	22:43
17	Brienz-West		06:33	...	07:39	I	09:39	I	11:39	I	13:39	I	15:39	I	I	17:39	I	19:39	I	22:47
18	**Brienz**		06:36	...	07:42	08:39	09:42	10:39	11:42	12:39	13:42	14:39	15:42	16:39	**17:22**	17:42	18:39	19:42	20:39	22:50
21	Hofstetten		06:41	...	07:47	I	09:47	I	11:47	I	13:47	I	15:47	I	an	17:47	I	19:47	I	22:55
23	**Brienzwiler**	an	06:43	...	07:49	08:44	09:49	10:44	11:49	12:44	13:49	14:44	15:49	16:44	...	17:49	18:44	19:49	20:44	22:57
		ab	...	06:46	07:53	...	09:53	...	11:53	...	13:53	...	15:53	...	...	17:53	...	19:53	20:53	22:58
31	**Meiringen**		...	06:53	08:00	...	10:00	...	12:00	...	14:00	...	16:00	...	...	18:00	...	20:00	21:00	23:05
35	Aareschlucht (O)		...	I	08:05	...	10:05	...	12:05	...	14:05	...	16:05	...	...	18:05	...	I	I	I
37	**Innertkirchen**	an	...	06:59	08:08	...	10:08	...	12:08	...	14:08	...	16:08	...	...	18:08	...	20:06	21:06	23:11

Brig - Visp - Zermatt v.v.

Schmalspurbahn; z.T. Zahnstange — **6**

km	VZ, Visp		L	L	L	L	R	D1	L	L	L	L	L
0	**Brig**	ab	06:06	07:54	09:54	11:54	12:28	...	13:54	15:54	17:54	19:54	21:54
6	Brigerbad		06:11	07:59	09:59	11:59	I	...	13:59	15:59	17:59	19:59	21:59
9	**Visp**	an	06:14	08:02	10:02	12:02	12:34	...	14:02	16:02	18:02	20:02	22:02
		ab	06:15	08:05	10:05	12:05	...	**12:41**	14:05	16:05	18:05	20:05	22:05
14	Ackersand		06:22	08:12	10:12	12:12	...	I	14:12	16:12	18:12	20:12	22:12
16	Stalden		06:27	08:17	10:17	12:17	...	**12:51**	14:17	16:17	18:17	20:17	22:17
20	Kalpetran		06:34	08:24	10:24	12:24	...	I	14:24	16:24	18:24	20:24	22:24
24	St. Niklaus		06:44	08:34	10:34	12:34	...	I	14:34	16:34	18:34	20:34	22:33
30	Herbriggen		06:53	08:43	10:43	12:43	...	I	14:43	16:43	18:43	20:43	an
35	Randa		07:03	08:53	10:53	12:53	...	I	14:56	16:53	18:54	20:54	
38	Täsch		07:08	08:58	10:58	12:58	...	**13:24**	15:01	16:58	18:58	20:58	
42	**Zermatt**	an	07:21	09:11	11:11	13:11	...	**13:37**	15:14	17:11	19:11	21:11	

D1: "Gletscher-Express" Luzern-Visp-Zermatt

km			L	L	L	L	D2	L	L	L	L	L
0	**Zermatt**	ab	...	07:24	09:24	11:24	13:24	**14:38**	...	15:24	17:24	19:24	21:24
4	Täsch		...	07:37	09:37	11:37	13:37	**14:51**	...	15:37	17:37	19:37	21:37
7	Randa		...	07:42	09:42	11:42	13:42	I	...	15:42	17:42	19:42	21:42
12	Herbriggen		...	07:52	09:52	11:52	13:52	I	...	15:52	17:52	19:52	21:52
18	St. Niklaus		06:01	08:01	10:01	12:01	14:01	I	...	16:01	18:01	20:01	22:01
22	Kalpetran		06:11	08:11	10:11	12:11	14:11	I	...	16:11	18:11	20:11	22:11
26	Stalden		06:18	08:18	10:18	12:18	14:18	**15:24**	...	16:18	18:18	20:18	22:18
28	Ackersand		06:23	08:23	10:23	12:23	14:23	I	...	16:23	18:23	20:23	22:23
33	**Visp**	an	06:30	08:30	10:30	12:30	14:30	**15:33**	...	16:30	18:30	20:30	22:30
		ab	06:34	08:34	10:34	12:40	14:34	...	15:37	16:34	18:34	20:34	22:34
36	Brigerbad		06:37	08:37	10:37	12:43	14:37	...	15:40	16:37	18:37	20:37	22:37
42	**Brig**	an	06:42	08:42	10:42	12:48	14:42	...	15:45	16:42	18:42	20:42	22:42

D2: "Gletscher-Express" Zermatt-Visp-Luzern

Zermatt - Gornergrat v.v.

Schmalspurbahn; Zahnstange — **6A**

km	VZ (GGB), Visp												
0	**Zermatt**	ab	07:00	08:00	09:00	10:00	11:00	12:00	13:00	14:00	15:00	16:00	18:00
2	Findelenbach		07:08	08:08	09:08	10:08	11:08	12:08	13:08	14:08	15:08	16:08	I
4	Riffelalp		07:19	08:19	09:19	10:19	11:19	12:19	13:19	14:19	15:19	16:19	18:19
6	Riffelberg		07:30	08:30	09:30	10:30	11:30	12:30	13:30	14:30	15:30	16:30	18:30
8	Rotenboden		07:37	08:37	09:37	10:37	11:37	12:37	13:37	14:37	15:37	16:37	an
9	**Gornergrat**	an	07:43	08:43	09:43	10:43	11:43	12:43	13:43	14:43	15:43	16:43	

km													
0	**Gornergrat**	ab	07:51	08:51	09:51	10:51	11:51	12:51	13:51	14:51	15:51	16:51	
1	Rotenboden		07:59	08:59	09:59	10:59	11:59	12:59	13:59	14:59	15:59	16:59	
3	Riffelberg		08:06	09:06	10:06	11:06	12:06	13:06	14:06	15:06	16:06	17:06	18:41
5	Riffelalp		08:18	09:18	10:18	11:18	12:18	13:18	14:18	15:18	16:18	17:18	18:53
7	Findelenbach		08:31	09:31	10:31	11:31	12:31	13:31	14:31	15:31	16:31	17:31	I
9	**Zermatt**	an	08:38	09:38	10:38	11:38	12:38	13:38	14:38	15:38	16:38	17:38	19:13

Interlaken - Grindelwald / Interlaken - Lauterbrunnen - Stechelberg · *Schmalspurbahn; z.T. Zahnstange* · **7**

km	BOB, Interlaken																	
0	*Luzern*	ab	...	6:55	...	8:55	...	10:55	...	12:55	14:55	16:55	18:55	20:55	...	...	...	...
68	*Interlaken*	an	...	8:15	...	10:15	...	12:15	...	14:15	16:15	18:15	20:15	22:21	...	...	...	...
0	*Interlaken*	ab	06:23	08:23	09:16	10:23	...	12:23	...	14:23	16:23	18:23	20:23	22:26	...			
2	Matten		06:27	08:27	09:20	10:27	...	12:27	...	14:27	16:27	18:27	20:27	22:30	...			
4	Wilderswil		06:31	08:31	09:24	10:31	...	12:31	...	14:31	16:31	18:31	20:31	22:34	...			
9	Zweilütschinen	an	06:38	08:38	09:31	10:38	...	12:38	...	14:38	16:38	18:38	20:38	22:41	...			
		ab	06:41	08:41	...	10:41	...	12:41	...	14:41	16:41	18:41	20:41	22:44	...			
13	Lütschental		06:48	08:48	...	10:48	...	12:48	...	14:48	16:48	18:48	20:48	22:51	...			
15	Burglauenen		06:55	08:55	...	10:55	...	12:55	...	14:55	16:55	18:55	20:55	22:58	...			
18	Schwendi		06:59	08:59	...	10:59	...	12:59	...	14:59	16:59	18:59	20:59	|	...			
20	Grund		07:03	09:03	...	11:03	...	13:03	...	15:03	17:03	19:03	21:03	23:05	...			
21	**Grindelwald**	an	07:06	09:06	...	11:06	...	13:06	...	15:06	17:06	19:06	21:06	23:08	...			
9	Zweilütschinen	ab	06:40	08:40	09:32	10:40	...	12:40	...	14:40	16:40	18:40	20:40	22:43	...			
11	Sandweid		06:44	08:44	09:36	10:44	...	12:44	...	14:44	16:44	18:44	20:44	|				
14	**Lauterbrunnen**	an	06:51	08:51	09:43	10:51	...	12:51	...	14:51	16:51	18:51	20:51	22:53	...			
		ab	06:53	08:53	09:45	10:53	...	12:53	13:53	14:53	16:53	18:53	20:53	22:54	...			
17	Trümmelbach		06:58	08:58	09:50	10:58	...	12:58	13:58	14:58	16:58	18:58	20:58	|	...			
20	**Stechelberg**	an	07:03	09:03	09:55	11:03	...	13:03	14:03	15:03	17:03	19:03	21:03	23:01	...			

Lauterbrunnen - Kleine Scheidegg - Jungfraujoch v.v. · *Schmalspurbahn; Zahnstange* · **7A**

km	BOB (JB), Interl.														
0	**Lauterbrunnen**	ab	06:56	08:56	09:56	10:56	11:56	12:56	...	14:56	16:56	18:56	20:56	22:56	...
4	Wengen	an	07:13	09:10	10:10	11:10	12:10	13:10	...	15:10	17:10	19:10	21:10	23:10	...
		ab	07:13	09:13	10:13	11:13	12:13	13:13	...	15:13	17:13	...			
6	Allmend		07:20	09:20	10:20	11:20	12:20	13:20	...	15:20	17:20	...			
8	Wengernalp		07:30	09:30	10:30	11:30	12:30	13:30	...	15:30	17:30	...			
11	**Kl. Scheidegg**	an	07:38	09:38	10:38	11:38	12:38	13:38	...	15:38	17:38	...			
		ab	...	09:43	10:43	11:43	12:43	13:43	...	15:43	...				
13	Eigergletscher		...	09:53	10:53	11:53	12:53	13:53	...	15:53	...				
20	**Jungfraujoch**	an	...	10:34	11:34	12:34	13:34	14:34	...	16:34	...				

je 5 Min. Aufenthalt auf den Stat. Eigerwand und Eismeer

km																
0	**Jungfraujoch**	ab	...	...	...	10:45	11:45	...	13:45	14:45	15:45	16:45	...			
7	Eigergletscher		...	...	...	11:23	12:23	...	14:23	15:23	16:23	17:23	...			
9	**Kl. Scheidegg**	an	...	...	...	11:33	12:33	...	14:33	15:33	16:33	17:33	...			
		ab	...	08:43	...	11:43	12:43	...	14:43	15:43	16:43	17:43	18:43	...		
12	Wengernalp		...	08:52	...	11:52	12:52	...	14:52	15:52	16:52	17:52	18:52	...		
14	Allmend		...	09:04	...	12:04	13:04	...	15:04	16:04	17:04	18:04	19:04	...		
16	Wengen	an	...	09:12	...	12:12	13:12	...	15:12	16:12	17:12	18:12	19:12	...		
		ab	06:07	07:20	09:16	11:16	12:16	13:16	...	15:16	16:16	17:16	18:16	19:16	21:16	...
20	**Lauterbrunnen**	an	06:23	07:36	09:32	11:32	12:32	13:32	...	15:32	16:32	17:32	18:32	19:32	21:32	...

Stechelberg - Lauterbrunnen - Interlaken / Grindelwald - Interlaken · **7**

km	BOB, Interlaken														
0	**Stechelberg**	ab	06:19	07:32	09:32	11:32	12:32	13:32	...	15:32	16:32	17:32	...	19:32	21:32
3	Trümmelbach		|	07:37	09:37	11:37	12:37	13:37	...	15:37	16:37	17:37	...	19:37	21:37
6	Lauterbrunnen	an	06:27	07:41	09:41	11:41	12:41	13:41	...	15:41	16:41	17:41	...	19:41	21:41
		ab	06:29	07:44	09:44	11:44	...	13:44	...	15:44	...	17:44	18:52	19:44	21:44
9	Sandweid		06:36	07:51	09:51	11:51	...	13:51	...	15:51	...	17:51	18:59	19:51	21:51
11	Zweilütschinen	an	06:38	07:53	09:53	11:53	...	13:53	...	15:53	...	17:53	19:01	19:53	21:53
0	**Grindelwald**	ab	06:14	07:27	09:27	11:27	...	13:27	...	15:27	...	17:27	...	19:27	21:27
1	Grund		06:18	07:31	09:31	11:31	...	13:31	...	15:31	...	17:31	...	19:31	21:31
3	Schwendi		06:22	07:35	09:35	11:35	...	13:35	...	15:35	...	17:35	...	19:35	21:35
6	Burglauenen		06:26	07:39	09:39	11:39	...	13:39	...	15:39	...	17:39	...	19:39	21:39
8	Lütschental		06:33	07:46	09:46	11:46	...	13:46	...	15:46	...	17:46	...	19:46	21:46
12	Zweilütschinen	an	06:39	07:52	09:52	11:52	...	13:52	...	15:52	...	17:52	...	19:52	21:52
		ab	06:42	07:55	09:55	11:55	...	13:55	...	15:55	...	17:55	19:02	19:55	21:55
17	Wilderswil		06:50	08:03	10:03	12:03	...	14:03	...	16:03	...	18:03	19:10	20:03	22:03
19	Matten		06:54	08:07	10:07	12:07	...	14:07	...	16:07	...	18:07	19:14	20:07	22:07
21	**Interlaken**	an	06:57	08:10	10:10	12:10	...	14:10	...	16:10	...	18:10	19:17	20:10	22:10
0	*Interlaken*	ab	...	08:20	10:20	12:20	...	14:20	...	16:20	...	18:20	...	20:20	...
68	*Luzern*	an	...	09:40	11:40	13:40	...	15:40	...	17:40	...	19:40	...	21:40	...

Grindelwald - Grund v.v. (alle Züge) · **7B**

km	BOB, Interlaken																				
0	**Grindelwald**	ab	06:14	06:57	07:27	07:57	08:27	08:57	09:27	09:57	10:27	*alle 1/2 h*	16:27	16:57	17:27	17:57	18:27	19:27	20:27	21:27
1	Grund	an	06:17	07:00	07:30	08:00	08:30	09:00	09:30	10:00	10:30		16:30	17:00	17:30	18:00	18:30	19:30	20:30	21:30
0	Grund	ab	06:33	07:03	07:33	08:03	08:33	09:03	09:33	10:03	10:33		16:33	17:03	17:33	18:03	19:03	20:03	21:03	23:05
1	Grindelwald	an	06:36	07:06	07:36	08:06	08:36	09:06	09:36	10:06	10:36		16:36	17:06	17:36	18:06	19:06	20:06	21:06	23:08

Wilderswil - Schynige Platte v.v.

7C

Schmalspurbahn, Zahnstange; Dampf- & Dieseltraktion; nur Sommerbetrieb

km	BOB (SPB), Interl.																			
0	**Wilderswil**	ab	06:55	07:45	09:55	10:45	12:55	13:45	14:45	15:45	16:45	...	...	...	...	...	...	...	...	...
5	Breitlauenen		07:29	08:19	10:29	11:19	13:29	14:19	15:19	16:19	17:19	...	...	...	...	...	...	...	...	...
7	**Schynige Pl.**	an	07:47	08:37	10:47	11:37	13:47	14:37	15:37	16:37	17:37	...	...	...	...	...	...	...	...	...
0	**Schynige Pl.**	ab	07:59	08:59	10:59	11:59	13:59	14:59	15:59	16:59	17:59	...	...	...	...	...	...	...	...	...
2	Breitlauenen		08:17	09:17	11:17	12:17	14:17	15:17	16:17	17:17	18:17	...	...	...	...	...	...	...	...	...
7	**Wilderswil**	an	08:51	09:51	11:51	12:51	14:51	15:51	16:51	17:51	18:51	...	...	...	...	...	...	...	...	...

Luzern - Bregenz

Dieselbetrieb

Bregenz - Luzern

8

km	SBB, Luzern		D	D	D	D	D	D	
0	**Luzern**	ab	**08:12**	**10:12**	**12:12**	**14:12**	**16:12**	**18:12**	...
74	**Weesen**	an	**08:55**	**10:55**	**12:55**	**14:55**	**16:55**	**18:55**	...
167	**Bregenz**	an	**10:05**	**12:05**	**14:05**	**16:05**	**18:05**	**20:05**	...

km	SBB, Luzern		D	D	D	D	D	D	
0	**Bregenz**	ab	**10:10**	**12:10**	**14:10**	**16:10**	**18:10**	**20:10**	...
93	**Weesen**	ab	**11:17**	**13:17**	**15:17**	**17:17**	**19:17**	**21:17**	...
167	**Luzern**	an	**12:03**	**14:03**	**16:03**	**18:03**	**20:03**	**22:03**	...

Schiffsverkehr Schweiz

Vierwaldstättersee: Luzern - Brunnen - Flüelen v.v.

10

SGV, Luzern		DS		DS		DS								
Luzern SGV	ab	07:02	08:02	09:02	10:02	11:02	12:02	13:02	14:02	15:02	16:02	17:02	18:02	...
Hertenstein		07:31	08:31	09:31	10:31	11:31	12:31	13:31	14:31	15:31	16:31	17:31	18:31	...
Weggis		07:41	08:41	09:41	10:41	11:41	12:41	13:41	14:41	15:41	16:41	17:41	18:41	...
Vitznau	an	07:50	08:50	09:50	10:50	11:50	12:50	13:50	14:50	15:50	16:50	17:50	18:50	...
Vitznau	ab	07:52	...	09:52	...	11:52	...	13:52	...	15:52	...	17:52	...	
Beckenried		08:10	...	10:10	...	12:10	...	14:10	...	16:10	...	18:10	...	
Gersau		08:27	...	10:27	...	12:27	...	14:27	...	16:27	...	18:27	...	*DS: Dampfschiff Uri,*
Treib		08:45	...	10:45	...	12:45	...	14:45	...	16:45	...	18:45	...	*Schwyz & Unterwalden*
Brunnen		08:55	...	10:55	...	12:55	...	14:55	...	16:55	...	18:53	...	
Rütli		09:06	...	11:06	...	13:06	...	15:06	...	17:06	...	an		
Bauen		09:22	...	11:22	...	13:22	...	15:22	...	17:22	...			
Tellsplatte		09:33	...	11:33	...	13:33	...	15:33	...	17:33	...			
Flüelen	an	09:47	...	11:47	...	13:47	...	15:47	...	17:47	...			

				DS		DS		DS					
Flüelen	ab	...	...	10:02	...	12:02	...	14:02	...	16:02	...	18:02	...
Tellsplatte		...	...	10:17	...	12:17	...	14:17	...	16:17	...	18:17	...
Bauen		...	...	10:28	...	12:28	...	14:28	...	16:28	...	18:28	...
Rütli		...	...	10:44	...	12:44	...	14:44	...	16:44	...	18:44	...
Brunnen		...	...	10:55	...	12:55	...	14:55	...	16:55	...	18:55	18:58
Treib		...	...	11:05	...	13:05	...	15:05	...	17:05	...	I	19:08
Gersau		...	...	11:23	...	13:23	...	15:23	...	17:23	...	19:20	I
Beckenried		...	...	11:40	...	13:40	...	15:40	...	17:40	...	I	19:40
Vitznau		09:00	11:00	12:00	13:00	14:00	15:00	16:00	17:00	18:00	19:00	19:38	20:00
Weggis		09:11	11:11	12:11	13:11	14:11	15:11	16:11	17:11	18:11	19:11	19:49	20:11
Hertenstein		09:20	11:20	12:20	13:20	14:20	15:20	16:20	17:20	18:20	19:20	I	20:20
Luzern SGV	an	09:50	11:50	12:50	13:50	14:50	15:50	16:50	17:50	18:50	19:50	20:26	20:50

DS: Dampfschiff Uri, Schwyz & Unterwalden

Vierwaldstättersee: Luzern - Kehrsiten/Bürgenstock - Stansstad - Alpnachstad & Weggis v.v.

10A

SGV, Luzern												
Luzern SGV	ab	08:02	09:02	10:02	11:02	13:02	14:02	15:02	16:02	17:02	18:02	19:02
St. Niklausen		08:21	09:21	10:21	11:21	13:21	14:21	15:21	16:21	17:21	18:21	19:21
Kastanienbaum		08:30	09:30	10:30	11:30	13:30	14:30	15:30	16:30	17:30	18:30	19:30
Kehrsiten	an	I	09:42	I	11:42	13:42	I	15:42	I	17:42	18:42	19:42
	ab	I	09:44	I	11:44	13:44	I	15:44	I	*17:58*		
Hergiswil		I	09:58	I	11:58	13:58	I	15:58	I	I		
Stansstad		08:48	10:08	10:48	12:08	14:08	14:48	16:08	16:48	*18:09*		
Alpnachstad	an	I	10:27	I	12:27	14:27	I	16:27	I	an		
Kehrsiten		09:01	...	11:01	...	...	15:01	...	17:01	...		
Weggis	an	09:25	...	11:25	...		15:25	...	17:25	...		
Weggis	ab	09:34	...	11:34	...		15:34	...	17:34	...		
Kehrsiten		09:58	...	11:58	...		15:58	...	17:58			
Alpnachstad		I	10:31	I	12:31	14:31	I	16:31	...			
Stansstad		10:11	10:51	12:11	12:51	14:51	16:11	16:51	I	18:11	...	
Hergiswil		I	11:01	I	13:01	15:01	I	17:01	...			
Kehrsiten		I	11:15	I	13:15	15:15	I	17:15	17:48	I	18:48	19:48
Kastanienbaum		10:29	11:29	12:29	13:29	15:29	16:29	17:29	18:04	19:04	20:04	
St. Niklausen		10:38	11:38	12:38	13:38	15:38	16:38	17:38	18:13	18:38	19:13	20:13
Luzern SGV	an	10:55	11:55	12:55	13:55	15:55	16:55	17:55	18:30	18:55	19:30	20:30

Vierwaldstättersee: Auto- & Personenfähre Beckenried - Gersau (SGV, Luzern) — 10B

Beckenried	ab	07:30	08:30	09:30	10:30	11:30	...	13:00	14:00	15:00	16:00	17:00	18:00	19:00	...	...	...		Fahrzeit:
Gersau	ab	08:00	09:00	10:00	11:00	12:00	...	13:30	14:30	15:30	16:30	17:30	18:30	19:30	...	...	...		15 Min.

Brienzersee: Interlaken - Brienz Sommerbetrieb

BOB, Interlaken		DS		DS			
Interlaken (O)	ab	08:40	10:40	12:40	14:40	16:40	... ...
Bönigen		09:01	11:01	13:01	15:01	17:01	DS Jungfrau
Ringgenberg		09:07	11:07	13:07	15:07	17:07	... ...
Niederried		09:19	11:19	13:19	15:19	17:19	... ...
Iseltwald		09:29	11:29	13:29	15:29	17:29	... ...
Oberried		09:40	11:40	13:40	15:40	17:40	... ...
Brienz SBB	an	10:03	12:03	14:03	16:03	18:03	... ...

Brienz - Interlaken Sommerbetrieb — 13

		DS		DS			
Brienz SBB	ab	10:14	12:14	14:14	16:14	18:14	... ...
Oberried		10:37	12:37	14:37	16:37	I	DS Jungfrau
Iseltwald		10:48	12:48	14:48	16:48	18:41	... ...
Niederried		10:58	12:58	14:58	16:58	I	... ...
Ringgenberg		11:10	13:10	15:10	17:10	18:58	... ...
Bönigen		11:16	13:16	15:16	17:16	19:04	... ...
Interlaken (O)	an	11:37	13:37	15:37	17:37	19:25	... ...

Thunersee: Thun - Interlaken Sommerbetrieb

BOB, Interlaken							
Thun	ab	10:00	14:00	...	...	...	... ...
Hilterfingen		10:13	14:13				
Oberhofen		10:18	14:15				
Spiez		10:34	14:34				
Faulensee		10:44	14:44				
Leissigen		I	I	16:21			
Sundlauenen		11:07	15:07	I			
Neuhaus		11:15	15:15	I			
Interlaken (U)	an	11:35	15:35	16:51	...	...	... ...

Interlaken - Thun Sommerbetrieb — 14

Interlaken (U)	ab	12:00	15:40	17:00	...	...	... ...
Neuhaus		12:21	I	17:21			
Sundlauenen		12:29	16:06	17:29			
Leissigen		I	16:19	I			
Faulensee		12:51	an	17:51			
Spiez		13:01		18:01			
Oberhofen		13:16		18:16			
Hilterfingen		13:21		18:21			
Thun	an	13:34	...	18:34			

Lago Maggiore: Locarno - Ascona - Luino - Pallanza - Stresa v.v. — 15

NLM, Locarno		NV						
Locarno	pt	08:30	10:30	12:30	14:30	16:30	18:30	...
Ascona		08:50	10:50	12:50	14:50	16:50	18:50	...
Isole di Brissago		09:00	11:00	13:00	15:00	17:00	I	...
Brissago		09:09	11:09	13:09	15:09	17:09	19:06	...
Cannobio		09:28	11:28	13:28	15:28	17:28	19:25	...
Maccagno Sup.		09:40	11:40	13:40	15:40	17:40	19:37	...
Luino	ar	09:50	11:50	13:50	15:50	17:50	19:47	...
	pt	09:52	11:52	13:52	15:52	17:52		...
Cánnero		10:05	12:05	14:05	16:05	18:05	NV	
Oggebbio		10:17	12:17	14:17	16:17	18:17	Monte Rosa	
Ghiffa		10:31	12:31	14:31	16:31	18:31	...	...
Intra		10:41	12:41	14:41	16:41	18:41	...	...
Villa Taranto		10:46	12:46	14:46	16:46	I	...	...
Pallanza		10:51	12:51	14:51	16:51	18:46	...	...
Isola Madre		11:00	13:00	15:00	17:00	ar	...	...
Isola Bella		11:06	13:06	15:06	17:06	...	...	...
Stresa	ar	11:10	13:10	15:10	17:10	...	...	...

		NV						
Stresa	pt	NV	11:15	13:15	15:15	17:15	...	
Isola Bella		Monte Rosa	11:20	13:20	15:20	17:20	...	
Isola Madre			11:26	13:26	15:26	17:26	...	
Pallanza		...	09:35	11:35	13:35	15:35	17:35	...
Villa Taranto		...	09:40	11:40	13:40	15:40	17:40	...
Intra		...	09:45	11:45	13:45	15:45	17:45	...
Ghiffa		...	09:55	11:55	13:55	15:55	I	...
Oggebbio		...	10:09	12:09	14:09	16:09	I	...
Cánnero		...	10:21	12:21	14:21	16:21	18:15	...
Luino	ar	...	10:32	12:32	14:32	16:32	18:26	...
	pt	08:34	10:34	12:34	14:34	16:34	18:28	...
Maccagno Sup.		08:46	10:46	12:46	14:46	16:46	18:40	...
Cannobio		08:59	10:59	12:59	14:59	16:59	18:53	...
Brissago		09:18	11:18	13:18	15:18	17:18	19:12	...
Isole di Briss.		09:27	11:27	13:27	15:27	17:27	I	...
Ascona		09:37	11:37	13:37	15:37	17:37	19:27	...
Locarno	ar	09:55	11:55	13:55	15:55	17:55	19:45	...

Lago Maggiore: Locarno - Gambarogno - Ascona

NLM, Locarno							
Locarno	pt	10:00	13:00	16:00	...	...	...
Magadino		10:15	13:15	16:15	...	...	...
Vira		10:20	13:20	16:20	...	...	...
San Nazzaro		10:30	13:30	16:30	...	...	...
Gerra		10:35	13:35	16:35	...	...	...
Ranzo		10:45	13:45	16:45	...	...	...
Pino		10:55	13:55	16:55	...	...	...
Ascona	ar	11:12	14:12	17:12	...	...	...

Ascona - Gambarogno - Locarno — 15A

Ascona	pt	11:20	14:20	17:20	...	...	...
Pino		11:37	14:37	17:37	...	...	...
Ranzo		11:47	14:47	17:47	...	...	...
Gerra		11:56	14:56	17:56	...	...	...
San Nazzaro		12:02	15:02	18:02	...	...	...
Vira		12:12	15:12	18:12	...	...	...
Magadino		12:17	15:17	18:17	...	...	...
Locarno	ar	12:32	15:32	18:32	...	...	...

Lago Maggiore: Stresa/Baveno/Pallanza - Isole Borromee v.v. (tutte le nave) — 15B

NV, Arona		NV																	
Stresa	pt	08:23	09:23	10:23	11:15	11:23	12:23	13:15	13:23	14:23	15:15	15:23	16:23	17:15	17:23	18:23	19:25	20:25	21:55
Isola Bella		08:27	09:27	10:27	11:20	11:27	12:27	13:20	13:27	14:27	15:20	15:27	16:27	17:20	17:27	18:27	I	I	I
Isola Superiore		08:30	09:30	10:30	I	11:30	12:30	I	13:30	14:30	I	15:30	16:30	I	17:30	18:30	19:30	20:30	22:00
Baveno		08:34	09:34	10:34	I	11:34	12:34	I	13:34	14:34	I	15:34	16:34	I	17:34	18:34	19:34	20:34	22:03
Isola Madre		08:40	09:40	10:40	10:40	11:26	11:40	12:40	13:40	14:40	15:26	15:40	16:40	17:26	17:40	18:40	I	I	ar
Pallanza	ar	08:48	09:48	10:48	11:33	11:48	12:48	13:33	13:48	14:48	15:33	15:48	16:48	17:33	17:48	18:48	19:45	20:45	...

		NV																	
Pallanza	pt	08:51	09:51	10:51	10:55	11:53	12:51	12:55	13:53	14:51	14:55	15:53	16:51	16:55	17:53	18:51	19:51	20:51	...
Isola Madre		09:01	10:01	11:00	I	12:03	13:00	I	14:03	15:00	I	16:03	17:00	I	18:03	19:01	I	I	
Baveno		09:07	10:07	I	11:07	12:09	I	13:07	14:09	I	15:07	16:09	I	17:07	18:09	19:07	20:04	21:04	22:04
Isola Superiore		09:11	10:11	I	11:11	12:13	I	13:11	14:13	I	15:11	16:13	I	17:11	18:13	19:11	20:08	21:08	22:08
Isola Bella		09:14	10:14	11:06	11:14	12:16	13:06	13:14	14:16	15:06	15:14	16:16	17:06	17:14	18:16	19:14	I	I	I
Stresa	ar	09:18	10:18	11:10	11:18	12:20	13:10	13:18	14:20	15:10	15:18	16:20	17:10	17:18	18:20	19:18	20:13	21:13	22:13

Lago Maggiore: Autotraghetto Luino - Oggebbio (FLL, Lugano) `15C`

Luino	pt	06:50 07:50 08:50 09:50 10:50	...	12:50 13:50 14:50 15:50 16:50 17:50 18:50	...	20:50 21:50	Corso:
Oggebbio	pt	07:45 08:45 09:45 10:45 11:45	...	13:45 14:45 15:45 16:45 17:45 18:45 19:45	...	21:45 22:45	20 min.

Lago Maggiore: Autotraghetto Laveno - Stresa (NV, Arona) `15D`

Laveno	pt	07:30 08:30 09:30 10:30 11:30	...	13:00 14:00 15:00 16:00 17:00 18:00 19:00 20:00 21:00 22:00	Corso:
Stresa	pt	08:00 09:00 10:00 11:00 12:00	...	13:30 14:30 15:30 16:30 17:30 18:30 19:30 20:30 21:30 22:30	20 min.

Lago Maggiore: Luino - Laveno - Pallanza - Stresa - Arona v.v. (Bacino italiano) `15E`

NV, Arona							
Luino	pt	10:55	12:55	14:55	16:55	...	... ...
Germignaga		11:00	13:00	15:00	17:00	...	
Porto Valtravaglia		11:14	13:14	15:14	17:14	...	
Caldè		11:18	13:18	15:18	17:18	...	
Laveno		11:35	13:35	15:35	17:35	...	
Pallanza		11:53	13:53	15:53	17:53	...	
Isola Madre		12:03	14:03	16:03	18:03	...	
Baveno		12:09	14:09	16:09	18:09	...	
Isola Superiore		12:13	14:13	16:13	18:13	...	
Isola Bella		12:16	14:16	16:16	18:16	...	
Stresa	ar	12:20	14:20	16:20	18:20	...	
Stresa	pt	12:23	14:23	16:23	18:23	...	
Belgirate		12:37	14:37	16:37	18:37	...	
Ispra		12:50	14:50	16:50	18:50	...	
Ranco		13:03	15:03	17:03			
Meina		13:13	15:13	17:13	19:11	...	
Angera		13:25	15:25	17:25	19:23	...	
Arona	ar	13:33	15:33	17:33	19:31	...	

Arona	pt	10:10	12:10	14:10	16:10	...	... ...
Angera		10:18	12:18	14:18	16:18	...	
Meina		10:30	12:30	14:30	16:30	...	
Ranco		10:40	12:40	14:40	16:40	...	
Ispra		10:53	12:53	14:53	16:53	...	
Belgirate		11:06	13:06	15:06	17:06	...	
Stresa	ar	11:20	13:20	15:20	17:20	...	
Stresa	pt	11:23	13:23	15:23	17:23	...	
Isola Bella		11:27	13:27	15:27	17:27	...	
Isola Superiore		11:30	13:30	15:30	17:30	...	
Baveno		11:34	13:34	15:34	17:34	...	
Isola Madre		11:40	13:40	15:40	17:40	...	
Pallanza		11:50	13:50	15:50	17:50	...	
Laveno		12:08	14:08	16:08	18:08	...	
Caldè		12:25	14:25	16:25	18:25	...	
Porto Valtrav.		12:29	14:29	16:29	18:29	...	
Germignaga		12:43	14:43	16:43	18:43	...	
Luino	ar	12:47	14:47	16:47	18:47	...	

Lago Ceresio: Lugano - Campione - Ponte Tresa

SNL, Lugano								
Lugano	pt	08:30	10:56	11:30	12:56	14:30	15:00	17:00
Cassarate			11:03		13:03		15:07	
Castagnola			11:07		13:07		15:11	
Gandria			11:21		13:21		15:24	
Paradiso		08:35		11:35		14:35		17:05
Campione		08:48	11:45	11:48	13:45	14:48	15:49	17:18
Melide		08:59	ar	11:59	ar	14:59	ar	ar
Brusino-Arsizio		09:10	...	12:10	...	15:10	...	...
Morcote		09:18	...	12:18	...	15:18	...	...
Figino		09:33	...	12:33	...	15:33	...	...
Brusimpiano		09:38	...	12:38	...	15:38	...	...
Lavena		09:46	...	12:46	...	15:46	...	...
Ponte Tresa	ar	09:53	...	12:53	...	15:53	...	...

Ponte Tresa - Campione - Lugano `16`

Ponte Tresa	pt	10:00	...	...	13:00	...	16:00	...
Lavena		10:07	...	...	13:07	...	16:07	...
Brusimpiano		10:15	...	...	13:15	...	16:15	...
Figino		10:20	...	...	13:20	...	16:20	...
Morcote		10:35	...	...	13:35	...	16:35	...
Brusino-Arsizio		10:43	...	...	13:43	...	16:43	...
Melide		10:54	...	...	13:54	...	16:54	...
Campione		11:05	11:50	13:55	14:05	15:55	17:05	17:30
Paradiso		11:18	12:03	14:08	14:18	16:08	17:18		
Gandria								17:57
Castagnola								18:09
Cassarate	pt							18:13
Lugano	ar	11:23	12:08	14:13	14:23	16:13	17:23	18:20

Lago Ceresio: Lugano-Campione-Capolago `16A`

SNL, Lugano							
Lugano	pt	09:30	13:30	Capolago	pt	10:30	14:30
Paradiso		09:35	13:35	Bissone		10:48	14:48
Campione		09:52	13:52	Campione		11:06	15:06
Bissone		10:05	14:05	Gandria		11:33	15:33
Maroggia		10:15	14:15	Castagnola		11:45	15:45
Capolago	ar	10:25	14:25	Lugano	ar	11:58	15:58

Lago Ceresio: Lugano - Porlezza v.v. `16B`

SNL, Lugano							
Lugano	pt	10:30	14:30	Porlezza	pt	12:10	16:10
Castagnola		10:40	14:40	Osteno		12:32	16:32
Gandria		10:52	14:52	S. Mamette		12:50	16:50
Oria		11:10	15:10	Oria		12:58	16:58
S. Mamette		11:17	15:17	Gandria		13:16	17:16
Osteno		11:36	15:36	Castagnola		13:28	17:28
Porlezza	ar	11:57	15:57	Lugano	ar	13:38	17:38

Lago Ceresio: Campione - Morcote - Porto Ceresio

Campionave, Camp.								
Campione	pt	08:30	11:30	14:30	17:30	...	...	...
Brusino-Arsizio		08:49	11:49	14:49	17:49	...		
Morcote*		08:57	11:57	14:57	17:57	* corr. Autoposta Lug.		
Porto Ceresio	ar	09:05	12:05	15:05	18:05	...		

Porto Ceresio - Morcote - Campione `16C`

Porto-Ceresic	pt	09:30	12:30	15:30	18:30	...	...	...
Morcote*		09:39	12:39	15:39	18:39	* corr. Autoposta Lug.		
Brusino-Arsizio		09:47	12:47	15:47	18:47	...		
Campione	ar	10:05	13:05	16:05	19:05	...	...	...

Lago Ceresio: Traghetto Brusino Arsizio - Olivella (SNL, Lugano) `16D`

Brusino Arsizio	pt	06:35 07:35 08:35 09:35 10:35 11:35	...	13:35 14:35 15:35 16:35 17:35 18:35 19:35 20:35	...	22:35	Corso:
Olivella	pt	06:50 07:50 08:50 09:50 10:50 11:50	...	13:50 14:50 15:50 16:50 17:50 18:50 19:50 20:50	...	22:50	10 min.

Lago di Como: Como - Bellagio - Menaggio   Menaggio - Bellagio - Como   17

NLC, Como

Como	pt	09:00	...	14:00	15:00	...	...	...
Cernobbio		09:08	...	14:08	15:08	...	...	...
Moltrasio		09:17	...	14:17	15:17	...	...	...
Torno		09:22	...	14:22	15:22	...	...	...
Carate-Urio		09:28	...	14:28	15:28	...	...	...
Pognana		09:36		14:36	15:36	...	...	...
Careno		09:41		14:41	15:41	...	...	...
Brienno		09:48		14:48	15:48	...	...	...
Nesso		09:53		14:53	15:53	...	...	...
Argegno		10:11		15:11	16:10	...	...	...
Colonno		10:16		15:16	ar	...	...	...
Lenno		10:26		15:26		...	...	...
Tremezzo		10:31		15:31		...	...	...
Bellagio		10:41	12:05	15:41		...	...	...
Varenna		10:54	12:18	15:54		...	...	...
Menaggio	ar	11:04	12:28	16:04		...	...	...

servizio estivale

Menaggio	pt	11:15	12:35	...	16:15	...	...	...
Varenna		11:27	12:47	...	16:27	...	...	...
Bellagio		11:40	12:58	...	16:40	...	...	...
Tremezzo		11:50	ar	...	16:50	...	...	...
Lenno		11:55		...	16:55	...	...	...
Colonno		12:05		...	17:05	...	...	...
Argegno		12:10		16:20	17:10	...	...	...
Nesso		12:28		16:38	17:28	...	...	...
Brienno		12:33		16:43	17:33	...	...	...
Careno		12:40		16:50	17:40	...	...	...
Pognana		12:45		16:55	17:45	...	...	...
Carate-Urio		12:53		17:03	17:53	...	...	...
Torno		12:59	...	17:09	17:59	...	...	...
Moltrasio		13:04	...	17:14	18:04	...	...	...
Cernobbio		13:13	...	17:23	18:13	...	...	...
Como	ar	13:20	...	17:30	18:20	...	...	...

servizio estivale

Lago di Como: Autotraghetto Cadenabbia - Bellagio - Varenna v.v.   17A

NLC, Como

Cadenabbia	pt	...	07:30	08:50	10:10	11:30	12:50	14:10	15:30	16:50	18:10	19:30	20:40	...	...	...	...
Bellagio	ar	...	07:40	09:00	10:20	11:40	13:00	14:20	15:40	17:00	18:20	19:40	20:50	...	...	...	...
Bellagio	pt	...	07:45	09:05	10:25	11:45	13:05	14:25	15:45	17:05	18:25	19:45		...	...	...	...
Varenna	ar	...	07:58	09:18	10:38	11:58	13:18	14:38	15:58	17:18	18:38	19:58		...	...	...	...
Varenna	pt	...	08:07	09:27	10:47	12:07	13:27	14:47	16:07	17:27	18:47	20:07		...	...	...	...
Bellagio	ar	...	08:20	09:40	11:00	12:20	13:40	15:00	16:20	17:40	19:00	20:20		...	...	...	...
Bellagio	pt	07:10	08:25	09:45	11:05	12:25	13:45	15:05	16:25	17:45	19:05	20:25		...	...	...	...
Cadenabbia	ar	07:20	08:35	09:55	11:15	12:35	13:55	15:15	16:35	17:55	19:15	20:35		...	...	...	...

Lago di Como: Lecco-Menaggio v.v.   *serv. estiv.*   17B   Bodensee/Rhein: Bregenz-Rheinfall v.v.   18

NLC, Como

Lecco	pt	11:00	14:30		Menaggio	pt	12:35	*16:15*
Abbadia		11:20	14:50		Varenna		12:47	*16:27*
Mandello		11:28	14:58	Bellagio		ar	12:58	*16:38*
Lierna		11:45	15:15			pt	13:00	*16:45*
Bellagio	ar	12:03	*15:33*	Lierna			13:20	17:05
	pt	12:05	*15:41*	Mandello			13:37	17:22
Varenna		12:18	*15:54*	Abbadia			13:45	17:30
Menaggio	ar	12:28	*16:04*	Lecco		ar	14:03	17:48

SBR, Bregenz

Luzern	ab	08:12	...	...	...	...	...	...
Bregenz	an	10:05	...					
Bregenz	ab	10:20	...	...	...	**Sommerbetrieb:**
Rheinfall	an	12:50	...	...	...	Di, Do, Fr, Sa, So
Rheinfall	ab	14:45	...	...	...	Tragflügelboot
Bregenz	an	17:55	...	...	...	**Rheinpfeil**
Bregenz	ab	18:10	...			
Luzern	an	20:03	...	...	...	...

Fernbusverbindungen Schweiz   (Anschlüsse Tessin)   19

Lugano	pt	07:00	09:00	11:00	13:00	15:00	17:00	19:00
Locarno		07:02	09:02	11:02	13:02	15:02	17:02	19:02
Bellinzona		07:30	09:30	11:30	13:30	15:30	17:30	19:30
Luzern	an	09:54	11:54	13:54	15:54	17:54	19:54	21:54

Luzern	ab	10:00	12:00	14:00	16:00	18:00	20:00	22:00
Brienz*	an	10:55	12:55	14:55	16:55	18:55	20:55	22:55
Interlaken*	an	11:20	13:20	15:20	17:20	19:20	21:20	23:20
Spiez*	an	11:40	13:40	15:40	17:40	19:40	21:40	23:40
Thun*	an	12:00	14:00	16:00	18:00	20:00	22:00	00:00
Bern	an	12:30	14:30	16:30	18:30	20:30	22:30	00:30

* nur Ausstieg   Reservation empfohlen

Bern	ab	06:25	08:25	10:25	12:25	14:25	16:25	18:25
Thun*		06:40	08:40	10:40	12:40	14:40	16:40	18:40
Spiez*		07:00	09:00	11:00	13:00	15:00	17:00	19:00
Interlaken*		07:25	09:25	11:25	13:25	15:25	17:25	19:25
Brienz*		08:00	10:00	12:00	14:00	16:00	18:00	20:00
Luzern	an	08:55	10:55	12:55	14:55	16:55	18:55	20:55
Luzern	ab	09:02	11:02	13:02	15:02	17:02	19:02	21:02
Bellinzona	ar	11:26	13:26	15:26	17:26	19:26	21:26	23:26
Locarno	ar	11:55	13:55	15:55	17:55	19:55	21:55	23:55
Lugano	ar	11:53	13:53	15:54	17:53	19:53	21:53	23:53

* nur Einstieg   Reservation empfohlen

Buslinien Schweiz   20   bis   99

Seilbahnen Schweiz   100   bis   199

Flüge Bern–Magadino v.v.   200   Flüge Luzern-Rheinfall v.v.   201

ganzjährig		Mo,Mi,Do,Fr,Sa			Di,Mi,Do,Fr,So	
Bern	ab	...	07:30	...	...	18:00	...
Magadino	an	...	08:00	...	...	18:30	...

ganzjährig		Mo,Mi,Do,Fr,Sa			Di,Mi,Do,Fr,So	
Magadino	ab	...	08:15	...	...	18:45	...
Bern	an	...	08:45	...	...	19:15	...

Sommer		tägl. ausser Mc
Luzern	ab	10:00	11:00	13:00	14:00	15:00	16:00	...
Rheinfall	an	10:20	11:20	13:20	14:20	15:20	16:20	...

Sommer		tägl. ausser Mc
Rheinfall	ab	10:30	11:30	13:30	14:30	15:30	16:30	...
Luzern	an	10:50	11:50	13:50	14:50	15:50	16:50	...

Eisenbahnen im grenznahen Italien

Como - Monza - Milano C. v.v. — A1

FS, Milano		L	L	L	L	D	L	L	D	L		L	D	L	L	D	L	D	L
Como	pt	05:06	06:06	07:06	08:06	**08:25**	09:06	10:06	**10:25**	11:06		18:06	**18:25**	19:06	20:06	**20:25**	21:06	**22:25**	23:06
Camerlata		05:15	06:15	07:15	08:15	I	09:15	10:15	I	11:15		18:12	I	19:12	20:12	I	21:12	I	23:12
Cantù-Asnago		05:19	06:19	07:19	08:19	I	09:19	10:19	I	11:19		18:19	I	19:19	20:19	I	21:19	I	23:19
Lentate		05:26	06:26	07:26	08:26	I	09:26	10:26	I	11:26		18:26	I	19:26	20:26	I	21:26	I	23:26
Meda-Sud		05:30	06:30	07:30	08:30	I	09:30	10:30	I	11:30		18:30	I	19:30	20:30	I	21:30	I	23:30
Seregno		05:33	06:33	07:33	08:33	I	09:33	10:33	I	11:33		18:33	I	19:33	20:33	I	21:33	I	23:33
Désio		05:37	06:37	07:37	08:37	I	09:37	10:37	I	11:37		18:37	I	19:37	20:37	I	21:37	I	23:37
Lissone		05:41	06:41	07:41	08:41	I	09:41	10:41	I	11:41		18:41	I	19:41	20:41	I	21:41	I	23:41
Monza		05:47	06:47	07:47	08:47	**08:54**	09:47	10:47	**10:54**	11:47		18:47	**18:54**	19:47	20:47	**20:54**	21:47	**22:54**	23:47
Sesto S. Giovanni		05:51	06:51	07:51	08:51	I	09:51	10:51	I	11:51		18:51	I	19:51	20:51	I	21:52	I	23:51
Milano C.	ar	06:03	07:03	08:03	09:03	**09:10**	10:03	11:03	**11:10**	12:03		19:03	**19:10**	20:03	21:03	**21:10**	22:03	**23:10**	00:03

		L	L	L	D	L	L	D	L	L		D	L	L	D	L	D	L	L
Milano C.	pt	05:30	06:30	07:30	**07:45**	08:30	09:30	**09:45**	10:30	11:30		**17:45**	18:30	19:30	**19:45**	20:30	**21:45**	22:30	23:30
Sesto S. Giovanni		05:43	06:43	07:43	I	08:43	09:43	I	10:43	11:43		I	18:43	19:43	I	20:43	I	22:42	23:43
Monza		05:47	06:47	07:47	**08:02**	08:47	09:47	**10:02**	10:47	11:47		**18:02**	18:47	19:47	**20:02**	20:47	**22:02**	22:47	23:47
Lissone		05:53	06:53	07:53	I	08:53	09:53	I	10:53	11:53		I	18:53	19:53	I	20:53	I	22:53	23:53
Désio		05:57	06:57	07:57	I	08:57	09:57	I	10:57	11:57		I	18:57	19:57	I	20:57	I	22:57	23:57
Seregno		06:01	07:01	08:01	I	09:01	10:01	I	11:01	12:01		I	19:01	20:01	I	21:01	I	23:01	00:01
Meda-Sud		06:04	07:04	08:04	I	09:04	10:04	I	11:04	12:04		I	19:04	20:04	I	21:04	I	23:04	00:04
Lentate		06:08	07:08	08:08	I	09:08	10:08	I	11:08	12:08		I	19:08	20:08	I	21:08	I	23:08	00:08
Cantù-Asnago		06:15	07:15	08:15	I	09:15	10:15	I	11:15	12:15		I	19:15	20:15	I	21:15	I	23:15	00:15
Camerlata		06:22	07:22	08:22	I	09:22	10:22	I	11:22	12:22		I	19:22	20:22	I	21:22	I	23:22	00:22
Como	ar	06:26	07:27	08:27	**08:30**	09:27	10:27	**10:30**	11:27	12:27		**18:30**	19:27	20:27	**20:30**	21:27	**22:30**	23:27	00:27

Como - Cantù - Seregno — Scart. ridotto / Seregno - Cantù - Como — A2

TPB, Como									Seregno - Cantù - Como								
Como FS	pt	...	06:27	07:27		19:27	20:27	22:27	**Seregno FS**	pt	06:05	07:05	08:05		20:05	21:05	23:05
Como Torre		...	06:31	07:31		19:31	20:31	22:31	Carate		06:14	07:14	08:14		20:14	21:14	23:14
Camerlata		...	06:35	07:35		19:35	20:35	22:35	Agliate		06:18	07:18	08:18		20:18	21:18	23:18
Albate		...	06:38	07:38		19:38	20:38	22:38	Giussano		06:29	07:29	08:29		20:29	21:29	23:29
Cantù	ar	...	06:46	07:46		19:46	20:46	22:46	Mariano FS		06:34	07:34	08:34		20:34	21:34	23:34
	pt	05:47	06:47	07:47		19:47	20:47	22:47	Vighizzolo		06:42	07:42	08:42		20:42	21:42	23:42
Vighizzolo		05:52	06:52	07:52		19:52	20:52	22:52	**Cantù**	ar	06:46	07:46	08:46		20:46	21:46	23:46
Mariano FS		06:00	07:00	08:00		20:00	21:00	23:00		pt	06:47	07:47	08:47		20:47	22:47	...
Giussano		06:05	07:05	08:05		20:05	21:05	23:05	Albate		06:56	07:56	08:56		20:56	22:56	...
Agliate		06:16	07:16	08:16		20:16	21:16	23:16	Camerlata		06:59	07:59	08:59		20:59	22:59	...
Carate		06:20	07:20	08:20		20:20	21:20	23:20	Como Torre		07:03	08:03	09:03		21:03	23:03	...
Seregno FS	ar	06:28	07:28	08:28		20:28	21:28	23:28	**Como FS**	ar	07:07	08:07	09:07		21:07	23:07	...

Lecco - Monza - Milano C. / Milano C. - Monza - Lecco — A3

FS, Milano									Milano C. - Monza - Lecco								
Lecco	pt	05:34	06:34	07:34		19:34	20:34	22:34	**Milano C.**	pt	06:07	07:07	08:07		20:07	21:07	23:07
Maggianico		05:39	06:39	07:39		19:39	20:39	22:39	Sesto S. Giov.		06:20	07:20	08:20		20:20	21:20	23:20
Calalziocorte		05:44	06:44	07:44		19:44	20:44	22:44	**Monza**		06:24	07:24	08:24		20:24	21:14	23:24
Airuno		05:51	06:51	07:51		19:51	20:51	22:51	Arcore		06:30	07:30	08:30		20:30	21:30	23:30
Olgiate		05:56	06:56	07:56		19:56	20:56	22:56	Carnate		06:34	07:34	08:34		20:34	21:34	23:34
Cernusco-Merate		06:01	07:01	08:01		20:01	21:01	23:01	Cernusco-Merate		06:40	07:40	08:40		20:40	21:40	23:40
Carnate		06:07	07:07	08:07		20:07	21:07	23:07	Olgiate		06:45	07:45	08:45		20:45	21:45	23:45
Arcore		06:11	07:11	08:11		20:11	21:11	23:11	Airuno		06:50	07:50	08:50		20:50	21:50	23:50
Monza		06:17	07:17	08:17		20:17	21:17	23:17	**Calalziocorte**		06:57	07:57	08:57		20:57	21:57	23:57
Sesto S. Giovanni		06:21	07:21	08:21		20:21	21:21	23:21	Maggianico		07:02	08:02	09:02		21:02	22:02	00:02
Milano C.	ar	06:33	07:33	08:33		20:33	21:33	23:33	**Lecco**	ar	07:06	08:06	09:06		21:06	22:06	00:06

Laveno - Varese - Gallarate - Milano C. / Milano C. - Gallarate - Varese - Laveno — A4

FS, Milano									Milano C. - Gallarate - Varese - Laveno								
Laveno	pt	...	06:26	07:26		20:26	...	22:26	**Milano C.**	pt	06:23	07:23	08:23		20:23	22:23	23:23
Cittiglio		...	06:29	07:29		20:29	...	22:29	Rho		06:35	07:35	08:35		20:35	22:35	23:35
Gemonio		...	06:31	07:31		20:31	...	22:31	Parabiago		06:40	07:40	08:40		20:40	22:40	23:40
Cocquio		...	06:33	07:33		20:33	...	22:33	Legnano		06:43	07:43	08:43		20:43	22:43	23:43
Gavirate		...	06:35	07:35		20:35	21:35	22:35	**Busto Arsizio**		06:47	07:47	08:47		20:47	22:47	23:47
Comerio		...	06:37	07:37		20:37	21:37	22:37	**Gallarate**		06:53	07:53	08:53		20:53	22:53	23:53
Casbeno		...	06:40	07:40		20:40	21:40	22:40	Oggiona		06:58	07:58	08:58		20:58	22:58	23:58
Varese		05:45	06:45	07:45		20:45	21:45	22:45	Albizzate		07:02	08:02	09:02		21:02	23:02	00:02
Gazzada		05:49	06:49	07:49		20:49	21:49	22:49	Gazzada		07:07	08:07	09:07		21:07	23:07	00:07
Albizzate		05:54	06:54	07:54		20:54	21:54	22:54	**Varese**		07:15	08:15	09:15		21:15	23:15	00:13
Oggiona		05:57	06:57	07:57		20:57	21:57	22:57	Casbeno		07:17	08:17	09:17		21:17	23:17	ar
Gallarate		06:02	07:02	08:02		21:02	22:02	23:02	Comerio		07:20	08:20	09:20		21:20	23:20	...
Busto Arsizio		06:09	07:09	08:09		21:09	22:09	23:09	**Gavirate**		07:22	08:22	09:22		21:21	23:22	...
Legnano		06:13	07:13	08:13		21:13	22:13	23:13	Cocquio		07:24	08:24	09:24		ar	23:24	...
Parabiago		06:16	07:16	08:16		21:16	22:16	23:16	Gemonio		07:26	08:26	09:26		...	23:26	...
Rho		06:21	07:21	08:21		21:21	22:21	23:21	Cittiglio		07:28	08:28	09:28		...	23:28	...
Milano C.	ar	06:32	07:32	08:32		21:32	22:32	23:32	**Laveno**	ar	07:30	08:30	09:30		...	23:30	...

ugualmente fino alle (A1 columns)
ogni ora fino alle (A2, A3, A4 columns)

Fondotoce - Arona - Gallarate - Milano C.
Arona - Novara

FS, Milano

					Baveno-Milano / Arona-Novara: ogni ora fino alle		
Fondotoce	pt	...	...	08:37	...	20:37	22:37
Baveno		06:42	07:42	08:42	19:42	20:42	22:42
Stresa *		06:48	07:48	08:48	19:48	20:48	22:48
Belgirate		06:53	07:53	08:53	19:53	20:53	22:53
Meina		06:58	07:58	08:58	19:58	20:58	22:58
Arona	ar	07:03	08:03	09:03	20:03	21:03	23:03
Arona	pt	07:08	08:08	09:08	20:08	21:08	23:08
Borgo Ticino		07:15	08:15	09:15	20:15	21:15	23:15
Varallo Pombia		07:18	08:18	09:18	20:18	21:18	23:18
Marano Ticino		07:23	08:23	09:23	20:23	21:23	23:23
Oleggio		07:27	08:27	09:27	20:27	21:27	23:27
Bellinzago		07:31	08:31	09:31	20:31	21:31	23:31
Vignale		07:39	08:39	09:39	20:39	21:39	23:39
Novara	ar	07:43	08:43	09:43	20:43	21:43	23:43
Arona	pt	07:04	08:04	09:04	20:04	21:04	23:04
Sesto Calende		07:14	08:14	09:14	20:14	21:14	23:14
Vergiate		07:18	08:18	09:18	20:18	21:18	23:18
Sommalombardo		07:22	08:22	09:22	20:22	21:22	23:22
Casorate		07:26	08:26	09:26	20:26	21:26	23:26
Gallarate		07:32	08:32	09:32	20:32	21:32	23:32
Busto Arsizio		07:39	08:39	09:39	20:39	21:39	23:39
Legnano		07:43	08:43	09:43	20:43	21:43	23:43
Parabiago		07:46	08:46	09:46	20:46	21:46	23:46
Rho		07:51	08:51	09:51	20:51	21:51	23:51
Milano C.	ar	08:02	09:02	10:02	21:02	22:02	00:02

* primo treno Stresa pt: 05:48

Milano C. - Gallarate - Arona - Fondotoce
Novara - Arona   A5 A6

FS, Milano

					Milano-Baveno / Novara-Arona: ogni ora fino alle		
Milano C.	pt	05:53	06:53	07:53	19:53	20:53	22:53
Rho		06:05	07:05	08:05	20:05	21:05	23:05
Parabiago		06:10	07:10	08:10	20:10	21:10	23:10
Legnano		06:13	07:13	08:13	20:13	21:13	23:13
Busto Arsizio		06:17	07:17	08:17	20:17	21:17	23:17
Gallarate		06:24	07:24	08:24	20:24	21:24	23:24
Casorate		06:27	07:27	08:27	20:27	21:27	23:27
Sommalombardo		06:34	07:34	08:34	20:34	21:34	23:34
Vergiate		06:38	07:38	08:38	20:38	21:38	23:38
Sesto Calende		06:42	07:42	08:42	20:42	21:42	23:42
Arona	ar	06:51	07:51	08:51	20:51	21:51	23:51
Novara	pt	06:10	07:10	08:10	20:10	21:10	23:10
Vignale		06:15	07:15	08:15	20:15	21:15	23:15
Bellinzago		06:23	07:23	08:23	20:23	21:23	23:23
Oleggio		06:27	07:27	08:27	20:27	21:27	23:27
Marano Ticino		06:31	07:31	08:31	20:31	21:31	23:31
Varallo Pombia		06:36	07:36	08:36	20:36	21:36	23:36
Borgo Ticino		06:39	07:39	08:39	20:39	21:39	23:39
Arona	ar	06:45	07:45	08:45	20:45	21:45	23:45
Arona	pt	06:52	07:52	08:52	20:52	21:52	23:52
Meina		06:58	07:58	08:58	20:58	21:58	23:58
Belgirate		07:03	08:03	09:03	21:03	22:03	00:03
Stresa		07:08	08:08	09:08	21:08	22:08	00:07
Baveno		07:12	08:14	09:12	21:12	22:14	ar
Fondotoce	ar	ar	08:19	ar	ar	22:19	...

Orta S. Giulio - Novara

FS, Milano

					ogni ora fino alle		
Orta-S. Giulio	pt	06:04	07:04	08:04	20:04	21:04	23:04
Bolzano Novarese		06:08	07:08	08:08	20:08	21:08	23:08
Gozzano		06:10	07:10	08:10	20:10	21:10	23:10
Borgomanero		06:13	07:13	08:13	20:13	21:13	23:13
Cressa		06:17	07:17	08:17	20:17	21:17	23:17
Suno		06:21	07:21	08:21	20:21	21;21	23:21
Oleggio		06:27	07:27	08:27	20:27	21:27	23:27
Bellinzago		06:31	07:31	08:31	20:31	21:31	23:31
Vignale		06:39	07:39	08:39	20:39	21:39	23:39
Novara	ar	06:43	07:43	08:43	20:43	21:43	23:43

Novara - Orta-S. Giulio   A7

					ogni ora fino alle		
Novara	pt	06:10	07:10	08:10	20:10	21:10	23:10
Vignale		06:15	07:15	08:15	20:15	21:15	23:15
Bellinzago		06:23	07:23	08:23	20:23	21:23	23:23
Oleggio		06:28	07:28	08:28	20:28	21:28	23:28
Suno		06:34	07:34	08:34	20:34	21:34	23:34
Cressa		06:38	07:38	08:38	20:38	21:38	23:38
Borgomanero		06:43	07:43	08:43	20:43	21:43	23:43
Gozzano		06:46	07:46	08:46	20:46	21:46	23:46
Bolzano Novarese		06:48	07:48	08:48	20:48	21:48	23:48
Orta-S. Giulio	ar	06:51	07:51	08:51	20:51	21:51	23:51

Eisenbahn-Fernverbindungen in Europa

Schweiz - Norditalien

km			D1						
0	Luzern	ab	...	07:02	09:02	11:02	13:02	15:02	17:02
170	Bellinzona	pt	07:29	09:29	11:29	13:29	15:29	17:29	19:29
199	Lugano	pt	07:56	09:56	11:56	13:56	15:56	17:56	19:56
277	Milano C.	ar	09:10	11:10	13:10	15:10	17:10	19:10	21:10
0	Milano C.	pt	09:39	11:39	13:39	15:39	17:39	19:39	21:39
50	Novara	ar	10:19	12:19	14:19	16:19	18:19	20:19	22:19
71	Vercelli	ar	10:34	12:34	14:34	16:34	18:34	20:34	22:34
189	Aosta	ar	12:01	14:01	16:01	18:01	20:01	22:01	...
0	Milano C.	pt	09:23	11:23	13:23	15:23	17:23	19:23	21:23
49	Bergamo	ar	10:16	12:16	14:16	16:16	18:16	20:16	22:16
0	Milano C.	pt	09:22	11:22	13:22	15:22	17:22	19:22	21:22
33	Lodi	ar	09:53	11:53	13:53	15:53	17:53	19:53	21:53
83	Cremona	ar	10:33	12:33	14:33	16:33	18:33	20:38	22:33
150	Mantova	ar	11:20	13:20	15:20	17:20	19:20	21:20	23:20

D1

km									
0	Milano C.	pt	09:25	11:25	13:25	15:25	17:25	19:25	21:25
82	Brescia	ar	09:55	11:55	13:55	15:55	17:55	19:55	21:55
124	Peschiera	ar	10:17	12:17	14:17	16:17	18:17	20:17	22:17
147	Verona C.	ar	10:32	12:32	14:32	16:32	18:32	20:32	22:32
0	Verona C.	pt	10:44	12:44	14:44	16:44	18:44	20:44	22:44
93	Trento	ar	11:41	13:41	15:41	17:41	19:41	21:41	23:41
147	Verona C.	pt	10:35	12:35	14:35	16:35	18:35	20:35	22:35
198	Vicenza	ar	11:06	13:06	15:06	17:06	19:06	21:06	23:06
228	Padova	ar	11:24	13:24	15:24	17:24	19:24	21:24	23:24
265	Venezia	ar	11:55	13:55	15:55	17:55	19:55	21:55	23:55
0	Venezia	pt	12:12	14:12	16:12	18:12	20:12	22:12	...
30	Treviso	ar	12:31	14:31	16:31	18:31	20:31	22:31	...
136	Udine	ar	13:40	15:40	17:40	19:40	21:40	23:40	...

D1: Luzern-Milano-Venezia

Norditalien - Schweiz **B**

km									
0	Udine	pt	...	07:11	09:11	11:11	13:11	15:11	17:11
106	Treviso	pt	06:25	08:25	10:25	12:25	14:25	16:25	18:25
136	Venezia	ar	06:43	08:43	10:43	12:43	14:43	16:43	18:43

D2

km									
0	Venezia	pt	06:57	08:57	10:57	12:57	14:57	16:57	18:57
37	Padova	pt	07:26	09:26	11:26	13:26	15:26	17:26	19:26
67	Vicenza	pt	07:45	09:45	11:45	13:45	15:45	17:45	19:45
118	Verona C.	ar	08:17	10:17	12:17	14:17	16:17	18:17	20:17
0	Trento	pt	07:08	09:08	11:08	13:08	15:08	17:08	19:08
93	Verona C.	ar	08:08	10:08	12:08	14:08	16:08	18:08	20:08
118	Verona C. *	pt	08:20	10:20	12:20	14:20	16:20	18:20	20:20
141	Peschiera *	pt	08:34	10:34	12:34	14:34	16:34	18:34	20:34
183	Brescia *	pt	09:01	11:01	13:01	15:01	17:01	19:01	21:01
265	Milano C.	ar	09:31	11:31	13:31	15:31	17:31	19:31	21:31
0	Mantova	pt	07:31	09:31	11:31	13:31	15:31	17:31	19:31
67	Cremona *	pt	08:08	10:08	12:08	14:08	16:08	18:08	20:08
117	Lodi *	ar	08:48	10:48	12:48	14:48	16:48	18:48	20:48
150	Milano C.	ar	09:29	11:29	13:29	15:29	17:29	19:29	21:29
0	Bergamo *	pt	08:23	10:23	12:23	14:23	16:23	18:23	20:23
49	Milano C.	ar	09:16	11:16	13:16	15:16	17:16	19:16	21:16
0	Aosta	pt	06:46	08:46	10:46	12:46	14:46	16:46	18:46
118	Vercelli *	pt	08:13	10:13	12:13	14:13	16:13	18:13	20:13
139	Novara *	pt	08:28	10:28	12:28	14:28	16:28	18:28	20:28
189	Milano C.	ar	09:18	11:18	13:18	15:18	17:18	19:18	21:18

D2

km									
0	Milano C.	pt	09:45	11:45	13:45	15:45	17:45	19:45	21:45
78	Lugano	ar	10:58	12:58	14:58	16:58	18:58	20:58	22:58
107	Bellinzona	ar	11:27	13:27	15:27	17:27	19:27	21:27	23:27
277	Luzern	an	13:54	15:54	17:54	19:54	21:54	23:54	...

* primi treni pt: 2 ore anticip.   D2: Venezia-Milano-Luzern

Schweiz - Ligurien

D1

km									
0	Luzern	ab	...	07:02	09:02	11:02	13:02	15:02	17:02
170	Bellinzona	pt	07:29	09:29	11:29	13:29	15:29	17:29	19:29
199	Lugano	pt	07:56	09:56	11:56	13:56	15:56	17:56	19:56
277	Milano C.	ar	09:10	11:10	13:10	15:10	17:10	19:10	21:10

D1

km									
0	Milano C.	pt	09:38	11:38	13:38	15:38	17:38	19:38	21:38
36	Pavia	ar	10:02	12:02	14:02	16:02	18:02	20:02	22:02
151	Genova C.	ar	11:13	13:13	15:13	17:13	19:13	21:13	23:13
151	Genova C.	pt	11:18	13:18	15:18	17:18	19:18	21:18	23:20
183	Varazze	ar	11:42	13:42	15:42	17:42	19:42	21:42	23:58
194	Savona	ar	11:51	13:51	15:51	17:51	19:51	21:51	00:11
216	Finale Ligure	ar	12:02	14:02	16:02	18:02	20:02	22:02	...
233	Albenga	ar	12:21	14:21	16:21	18:21	20:21	22:21	...
240	Alassio	ar	12:29	14:29	16:29	18:29	20:29	22:29	...
261	Imperia	ar	12:51	14:51	16:51	18:51	20:51	22:51	...
284	San Remo	ar	13:14	15:14	17:14	19:14	21:14	23:14	...
296	Bordighera	ar	13:25	15:25	17:25	19:25	21:25	23:25	...
300	Ventimiglia	ar	13:33	15:33	17:33	19:33	21:33	23:33	...
311	Mentone	ar	13:42	15:42	17:42	19:42	21:42	23:42	...
318	Monte Carlo	ar	13:47	15:47	17:47	19:47	21:47	23:47	...
320	Monaco	ar	13:50	15:50	17:50	19:50	21:50	23:50	...
151	Genova C.	pt	11:47	13:47	15:47	17:47	19:47	21:47	23:21
163	Nervi	ar	12:03	14:03	16:03	18:03	20:03	22:03	23:44
179	S. Margherita	ar	12:22	14:22	16:22	18:22	20:22	22:22	00:07
181	Rapallo	ar	12:27	14:27	16:27	18:27	20:27	22:27	00:11
190	Chiávari	ar	12:35	14:35	16:35	18:35	20:35	22:35	00:20
197	Sestri Levante	ar	12:43	14:43	16:43	18:43	20:43	22:43	00:30
220	Lévanto	ar	13:01	15:01	17:01	19:01	21:01	23:10	...
241	Spezia	ar	13:20	15:20	17:20	19:20	21:20	23:35	...

D1: Luzern-Milano-Genova-Monaco

Ligurien - Schweiz **C**

km									
0	Spezia	pt	...	07:39	09:39	11:39	13:39	15:39	17:39
21	Lévanto	pt	...	07:58	09:58	11:58	13:58	15:58	17:58
44	Sestri Levant	pt	06:10	08:16	10:16	12:16	14:16	16:16	18:16
51	Chiávari	pt	06:21	08:24	10:24	12:24	14:24	16:24	18:24
60	Rapallo	pt	06:30	08:32	10:32	12:32	14:32	16:32	18:32
62	S. Margherita	pt	06:34	08:37	10:37	12:37	14:37	16:37	18:37
78	Nervi	pt	06:57	08:56	10:56	12:56	14:56	16:56	18:56
90	Genova C.	ar	07:20	09:12	11:12	13:12	15:12	17:12	19:12

D2

km									
0	Monaco	pt	...	07:06	09:06	11:06	13:06	15:06	17:06
2	Monte Carlo	pt	...	07:09	09:09	11:09	13:09	15:09	17:09
9	Mentone	pt	...	07:15	09:15	11:15	13:15	15:15	17:15
20	Ventimiglia	pt	...	07:24	09:24	11:24	13:24	15:24	17:24
24	Bordighera	pt	...	07:32	09:32	11:32	13:32	15:32	17:32
36	San Remo	pt	...	07:43	09:43	11:43	13:43	15:43	17:43
59	Imperia	pt	05:33	08:06	10:06	12:06	14:06	16:06	18:06
80	Alassio	pt	06:04	08:28	10:28	12:28	14:28	16:28	18:28
87	Albenga	pt	06:11	08:36	10:36	12:36	14:36	16:36	18:36
104	Finale Ligure	pt	06:33	08:55	10:55	12:55	14:55	16:55	18:55
126	Savona	pt	06:51	09:06	11:06	13:06	15:06	17:06	19:06
137	Varazze	pt	07:04	09:15	11:15	13:15	15:15	17:15	19:15
169	Genova C.	ar	07:41	09:39	11:39	13:39	15:39	17:39	19:39
169	Genova C. *	pt	07:45	09:45	11:45	13:45	15:45	17:45	19:45
284	Pavia *	ar	08:52	10:52	12:52	14:52	16:52	18:52	20:52
320	Milano C.	ar	09:16	11:16	13:16	15:16	17:16	19:16	21:16

D2

km									
0	Milano C.	pt	09:45	11:45	13:45	15:45	17:45	19:45	21:45
78	Lugano	ar	10:58	12:58	14:58	16:58	18:58	20:58	22:58
107	Bellinzona	ar	11:27	13:27	15:27	17:27	19:27	21:27	23:27
277	Luzern	an	13:54	15:54	17:54	19:54	21:54	23:54	...

* primo treno D Genova dp: 05:4...   D2: Monaco-Genova-Milano-Luzern

Schweiz - Emilia & Marche

km			D1						
0	Luzern	ab	...	07:02	09:02	11:02	13:02	15:02	17:02
170	Bellinzona	pt	07:29	09:29	11:29	13:29	15:29	17:29	19:29
199	Lugano	pt	07:56	09:56	11:56	13:56	15:56	17:56	19:56
277	Milano C.	ar	09:10	11:10	13:10	15:10	17:10	19:10	21:10

km			D1						
0	Milano C.	pt	09:24	11:24	13:24	15:24	17:24	19:24	21:24
68	Piacenza	ar	09:54	11:54	13:54	15:54	17:54	19:54	21:54
126	Parma	ar	10:19	12:19	14:19	16:19	18:19	20:19	22:19
154	Reggio	ar	10:36	12:36	14:36	16:36	18:36	20:36	22:36
179	Modena	ar	10:51	12:51	14:51	16:51	18:51	20:51	22:51
216	Bologna C.	ar	11:11	13:11	15:11	17:11	19:11	21:11	23:11
0	Bologna C.	pt	11:32	13:32	15:32	17:32	19:32	21:32	23:32
47	Ferrara	ar	11:48	13:48	15:48	17:48	19:48	21:48	23:57
216	Bologna C.	pt	11:15	13:15	15:15	17:15	19:15	21:15	23:25
266	Faenza	ar	11:41	13:41	15:41	17:41	19:41	21:41	23:56
0	Faenza	pt	11:55	13:55	15:55	17:55	19:55	21:55	...
30	Ravenna	ar	12:29	14:29	16:29	18:29	20:29	22:29	...
266	Faenza	pt	11:43	13:43	15:43	17:43	19:43	21:43	23:58
281	Forlì	ar	11:53	13:53	15:53	17:53	19:53	21:53	00:11
300	Cesena	ar	12:05	14:05	16:05	18:05	20:05	22:05	...
329	Rimini	ar	12:23	14:23	16:23	18:23	20:23	22:23	...
339	Riccione	ar	12:33	14:33	16:33	18:33	20:33	22:33	...
346	Cattólica	ar	12:42	14:42	16:42	18:42	20:42	22:42	...
363	Pésaro	ar	12:52	14:52	16:52	18:52	20:52	22:52	...
375	Fano	ar	13:02	15:02	17:02	19:02	21:02	23:02	...
394	Senigallia	ar	13:13	15:13	17:13	19:13	21:13	23:13	...
425	Ancona	ar	13:34	15:34	17:34	19:34	21:34	23:34	...

D1: Luzern-Milano-Bologna

Marche & Emilia - Schweiz   D

km			D2						
0	Ancona	pt	05:14	07:14	09:14	11:14	13:14	15:14	17:14
31	Senigallia	pt	05:35	07:35	09:35	11:35	13:35	15:35	17:35
50	Fano	pt	05:46	07:46	09:46	11:46	13:46	16:46	17:46
62	Pésaro	pt	05:56	07:56	09:56	11:56	13:56	15:56	17:56
79	Cattólica	pt	06:15	08:15	10:15	12:15	14:15	16:15	18:15
86	Riccione	pt	06:16	08:16	10:16	12:16	14:16	16:16	18:16
96	Rimini	pt	06:26	08:26	10:26	12:26	14:26	16:26	18:26
115	Cesena	pt	06:44	08:44	10:44	12:44	14:44	16:44	18:44
134	Forlì	pt	06:56	08:56	10:56	12:56	14:56	16:56	18:56
159	Faenza	ar	07:06	09:06	11:06	13:06	15:06	17:06	19:06
0	Ravenna	pt	06:16	08:16	10:16	12:16	14:16	16:16	18:16
30	Faenza	ar	06:50	08:50	10:50	12:50	14:50	16:50	18:50
159	Faenza	pt	07:08	09:08	11:08	13:08	15:08	17:08	19:08
209	Bologna C.	ar	07:34	09:34	11:34	13:34	15:34	17:34	19:34
0	Ferrara	pt	06:32	09:02	11:02	13:02	15:02	17:02	19:02
47	Bologna C.	ar	07:08	09:18	11:18	13:18	15:18	17:18	19:18
209	Bologna C. *	pt	07:38	09:38	11:38	13:38	15:38	17:38	19:38
246	Modena *	ar	08:05	10:05	12:05	14:05	16:05	18:05	20:05
271	Reggio *	ar	08:20	10:20	12:20	14:20	16:20	18:20	20:20
299	Parma *	ar	08:37	10:37	12:37	14:37	16:37	18:37	20:37
357	Piacenza *	ar	09:02	11:02	13:02	15:02	17:02	19:02	21:02
425	Milano C.	ar	09:32	11:32	13:32	15:32	17:32	19:32	21:32

		D2							
0	Milano C.	pt	09:45	11:45	13:45	15:45	17:45	19:45	21:45
78	Lugano	ar	10:58	12:58	14:58	16:58	18:58	20:58	22:58
107	Bellinzona	ar	11:27	13:27	15:27	17:27	19:27	21:27	23:27
277	Luzern	an	13:54	15:54	17:54	19:54	21:54	23:54	...

* primo treno D Bologna pt: 05:38   D2: Bologna-Milano-Luzern

Schweiz - Toscana & Umbrien

km			D1						
0	Luzern	ab	...	07:02	09:02	11:02	13:02	15:02	17:02
170	Bellinzona	pt	07:29	09:29	11:29	13:29	15:29	17:29	19:29
199	Lugano	pt	07:56	09:56	11:56	13:56	15:56	17:56	19:56
277	Milano C.	ar	09:10	11:10	13:10	15:10	17:10	19:10	21:10

km			D1						
0	Milano C.	pt	09:24	11:24	13:24	15:24	17:24	19:24	...
126	Parma	ar	10:19	12:19	14:19	16:19	18:19	20:19	...
	Parma	pt	10:32	12:32	14:32	16:32	18:32	20:32	...
280	Viaréggio	ar	12:30	14:30	16:30	18:30	20:30	22:30	...
301	Pisa	ar	12:46	14:46	16:46	18:46	20:46	22:46	...
321	Livorno	ar	13:00	15:00	17:00	19:00	21:00	23:00	...
400	Piombino	ar	13:58	15:58	17:58	19:58	21:58	...	...
	Piombino Porto	pt	...	16:30	...	...	...	...	...
	Bastia Porto	ar	...	19:45	...	...	...	...	...

km			D1						
0	Milano C.	pt	09:24	11:24	13:24	15:24	17:24	19:24	21:24
295	Prato	ar	11:49	13:49	15:49	17:49	19:49	21:49	23:49
313	Firenze C.	ar	12:04	14:04	16:04	18:04	20:04	22:04	00:04
0	Firenze C.	pt	12:28	14:28	16:28	18:28	20:28	22:28	...
95	Siena	ar	13:53	15:53	17:53	19:53	21:53	23:53	...
0	Firenze C.	pt	12:20	14:20	16:20	18:20	20:20	22:20	...
88	Arezzo	ar	12:55	14:55	16:55	18:55	20:55	22:55	...
165	Perugia	ar	13:50	15:50	17:50	19:50	21:50	23:50	...
313	Firenze C.	pt	12:10	14:10	16:10	18:10	20:10	22:10	...
471	Orvieto	ar	13:13	15:13	17:13	19:13	21:13	23:13	...

D1: Luzern-Milano-Firenze-Orvieto

Toscana & Umbrien - Schweiz   E

km			D2						
0	Orvieto	pt	05:39	07:39	09:39	11:39	13:39	15:39	17:39
158	Firenze C.	ar	06:43	08:43	10:43	12:43	14:43	16:43	18:43
0	Perugia C.	pt	...	06:58	08:58	10:58	12:58	14:58	16:58
77	Arezzo	pt	...	07:53	09:53	11:53	13:53	15:53	17:53
165	Firenze C.	ar	...	08:28	10:28	12:28	14:28	16:28	18:28
0	Siena	pt	...	07:06	09:06	11:06	13:06	15:06	17:06
95	Firenze C.	ar	...	08:31	10:31	12:31	14:31	16:31	18:31
0	Firenze C.	pt	06:49	08:49	10:49	12:49	14:49	16:49	18:49
18	Prato	pt	07:07	09:07	11:07	13:07	15:07	17:07	19:07
313	Milano C.	ar	09:32	11:32	13:32	15:32	17:32	19:32	21:32
	Bastia Porto	pt	...	...	...	...	10:00	...	...
	Piombino Porto	ar	...	...	...	...	13:15	...	...
0	Piombino	pt	...	07:54	09:54	11:54	13:54	15:54	17:54
79	Livorno	pt	06:53	08:53	10:53	12:53	14:53	16:53	18:53
99	Pisa	pt	07:07	09:07	11:07	13:07	15:07	17:07	19:07
120	Viaréggio	pt	07:23	09:23	11:23	13:23	15:23	17:23	19:23
274	Parma	ar	08:21	10:21	12:21	14:21	16:21	18:21	20:21
	Parma	pt	08:37	10:37	12:37	14:37	16:37	18:37	20:37
400	Milano C.	ar	09:32	11:32	13:32	15:32	17:32	19:32	21:32

		D2							
0	Milano C.	pt	09:45	11:45	13:45	15:45	17:45	19:45	21:45
78	Lugano	ar	10:58	12:58	14:58	16:58	18:58	20:58	22:58
107	Bellinzona	ar	11:27	13:27	15:27	17:27	19:27	21:27	23:27
277	Luzern	an	13:54	15:54	17:54	19:54	21:54	23:54	...

D2: Orvieto-Firenze-Milano-Luzern

Schweiz - Süditalien

km			D1						
0	Luzern	ab	...	07:02	09:02	11:02	13:02	15:02	19:02
170	Bellinzona	pt	07:29	09:29	11:29	13:29	15:29	17:29	21:29
199	Lugano	pt	07:56	09:56	11:56	13:56	15:56	17:56	21:56
277	Milano C.	ar	09:10	11:10	13:10	15:10	17:10	19:10	23:10

km			D1						
0	Milano C.	pt	09:24	11:24	13:24	15:24	17:24	19:24	23:30
586	Roma C.	ar	13:45	15:45	17:45	19:45	21:45	23:45	05:30
		pt	13:55	15:55	17:55	19:55	21:55	...	05:30
800	Napoli C.	ar	15:28	17:28	19:28	21:28	23:28	...	07:28
	Napoli Porto	pt	...	...	...	07:00	...	...	...
	Palermo Porto	ar	...	...	...	07:00	...	...	...
800	Napoli C.	pt	15:35	17:35	19:35	21:50	...	...	07:35
854	Salerno	ar	16:16	18:16	20:16	22:38	...	...	08:16
924	Porto Velia	ar	17:00	19:00	21:00	...	...	...	09:00
	Pto. Vella Mar.	pt	...	...	22:30	...	...	...	09:30
	Milazzo Porto	ar	...	...	06:00	D1: Luzern-Milano-	...	...	17:00
0	Milazzo	pt	...	...	06:30	Roma-Napoli	...	...	17:30
198	Palermo C.	ar	...	...	08:50	...	...	...	19:50

Süditalien - Schweiz   F

km			D1						
	Palermo C.	pt	...	...	...	...	...	21:00	11:00
198	Milazzo	ar	...	...	...	23:20	D2: Napoli-Roma-		13:20
	Milazzo Porte	pt	...	...	...	23:50	Milano-Luzern		13:50
	Pto. Vella Mar.	ar	...	...	...	07:20			21:20

km			D2						
0	Porto Velia	pt	...	...	07:56	09:56	11:56	13:56	21:56
70	Salerno	pt	...	06:29	08:41	10:41	12:41	14:41	22:41
124	Napoli C.	ar	...	07:17	09:22	11:22	13:22	15:22	23:22
	Palermo Pto.	pt	...	...	...	...	...	...	10:00
	Napoli Porto	ar	...	...	...	...	...	...	19:00
	Napoli C.	pt	05:28	07:28	09:28	11:28	13:28	15:28	22:37
214	Roma C.	ar	07:01	09:01	11:01	13:01	15:01	17:01	00:32
		pt	07:11	09:11	11:11	13:11	15:11	17:11	00:50
800	Milano C.	ar	11:32	13:32	15:32	17:32	19:32	21:32	07:20

		D2							
0	Milano C.	pt	11:45	13:45	15:45	17:45	19:45	21:45	07:45
78	Lugano	ar	12:58	14:58	16:58	18:58	20:58	22:58	08:58
107	Bellinzona	ar	13:27	15:27	17:27	19:27	21:27	23:27	09:27
277	Luzern	an	15:54	17:54	19:54	21:54	23:54	...	11:54

Schweiz - Österreich (via Milano)

km			D1					
0	Luzern	ab	...	07:02	09:02	11:02	13:02	15:02 ...
170	Bellinzona	pt	07:29	09:29	11:29	13:29	15:29	17:29 ...
199	Lugano	pt	07:56	09:56	11:56	13:56	15:56	17:56 ...
277	Milano C.	ar	09:10	11:10	13:10	15:10	17:10	19:10 ...

km			D1					
0	Milano C.	pt	09:25	11:25	13:25	15:25	17:25	19:25 ...
147	Verona C.	ar	10:32	12:32	14:32	16:32	18:32	20:32 ...
265	Venezia	ar	11:55	13:55	15:55	17:55	19:55	21:55 ...
147	Verona C.	pt	10:44	12:44	14:44	16:44	18:44	20:44 ...
295	Bozen		12:24	14:24	16:24	18:24	20:24	22:24 ...
	Bozen	ab	12:30	14:30	16:30	18:30	20:30	22:30 ...
325	Meran	an	13:07	15:07	17:07	19:07	21:07	23:07 ...
0	Venezia	pt	12:24	14:24	16:24	18:24	20:24	...
218	Villach	an	14:06	16:06	18:06	20:06	22:06	...
256	Klagenfurt	an	14:35	16:35	18:35	20:35	22:35	...
347	Graz Hbf	an	15:17	17:17	19:17	21:17	23:17	...
559	Wien Hbf	an	16:42	18:42	20:42	22:42	...	
265	Venezia	an	12:30	14:30	16:30	18:30	20:30	22:30 ...
425	Triest/Trieste	an	14:11	16:11	18:11	20:11	22:11	00:11 ...
478	Adelsberg	an	14:52	16:52	18:52	20:52	22:52	...
	Flume	an	15:51	17:51	19:51	21:51	23:51	...
524	Laibach	an	15:32	17:32	19:32	21:32	23:32	...

D1: Luzern-Milano-Venezia

Österreich - Schweiz (via Milano)　G

km								
0	Laibach	ab	...	...	07:22	09:22	11:22	13:22	15:22
	Flume	ab	...	...	06:28	08:28	10:28	12:28	14:28
46	Adelsberg	ab	...	...	08:01	10:01	12:01	14:01	16:01
99	Triest/Triest	ab	...	06:43	08:43	10:43	12:43	14:43	16:43
259	Venezia	ar	...	08:24	10:24	12:24	14:24	16:24	18:24
0	Wien Hbf	ab	...	...	06:13	08:13	10:13	12:13	14:13
212	Graz Hbf	ab	...	...	07:38	09:38	11:38	13:38	15:38
303	Klagenfurt	ab	...	06:22	08:22	10:22	12:22	14:22	16:22
341	Villach	ab	...	06:49	08:49	10:49	12:49	14:49	16:49
559	Venezia	ar	...	08:33	10:33	12:33	14:33	16:33	18:33
0	Meran	ab	...	07:41	09:41	11:41	13:41	15:41	17:41
30	Bozen		...	08:18	10:18	12:18	14:18	16:18	18:18
	Bozen	ab	06:28	08:28	10:28	12:28	14:28	16:28	18:28
178	Verona C.	ar	08:08	10:08	12:08	14:08	16:08	18:08	20:08

km			D2						
0	Venezia	pt	...	08:57	10:57	12:57	14:57	16:57	18:57
118	Verona C.	pt	08:20	10:20	12:20	14:20	16:20	18:20	20:20
265	Milano C.	ar	09:31	11:31	13:31	15:31	17:31	19:31	21:31

			D2						
0	Milano C.	pt	09:45	11:45	13:45	15:45	17:45	19:45	21:45
78	Lugano	ar	10:58	12:58	14:58	16:58	18:58	20:58	22:58
107	Bellinzona	ar	11:27	13:27	15:27	17:27	19:27	21:27	23:27
277	Luzern	an	13:54	15:54	17:54	19:54	21:54	23:54	...

D2: Venezia-Milano-Luzern

Schweiz - Österreich (via Salzburg)

0	Lugano	pt	...	07:00	09:00	11:00	13:00	15:00	21:00
29	Bellinzona	pt	...	07:30	09:30	11:30	13:30	15:30	21:30
199	Luzern	an	...	09:54	11:54	13:54	15:54	17:54	23:54

km			D1/A	D1/A	D1/A	D1/A	D3/A	D5/A	N1/A
0	Luzern	ab	08:12	10:12	12:12	14:12	16:12	18:12	00:12
169	Bregenz	ab	10:07	12:07	14:07	16:07	18:07	20:07	|
309	Ammersee	an	11:38	13:38	15:38	17:38	19:38	21:38	|
440	Traunstein	an	12:57	14:57	16:57	18:57	20:57	22:57	04:57
474	Salzburg	an	13:37	15:37	17:37	19:37	21:37	23:37	05:37
0	Salzburg	ab	13:55	15:55	17:55	19:55	...	...	05:51*
287	Graz Hbf	an	17:43	19:43	21:43	23:43	...	...	10:17
0	Salzburg	ab	13:51	15:51	17:51	19:51	21:51	...	05:51
105	Bad Gastein	an	15:20	17:20	19:20	21:20	23:35	...	07:35
206	Villach	an	16:22	18:22	20:22	22:22	...	...	08:48
		ab	16:25	18:25	20:25	...	...	...	10:25
337	Laibach	an	18:06	20:06	22:06	...	...	...	12:06
458	Flume	an	19:51	21:51	23:51	...	...	...	13:51
206	Villach	ab	16:39	18:39	20:39	22:39	...	...	09:09
244	Klagenfurt	an	17:09	19:08	21:08	23:08	...	...	09:35
474	Salzburg	ab	13:40	15:40	17:40	19:40	21:40	...	05:40
575	Wels	an	14:48	16:48	18:48	20:48	22:48	...	06:48
599	Linz Hbf	an	15:05	17:05	19:05	21:05	23:05	...	07:05
723	St. Pölten	an	16:19	18:18	20:19	22:19	...	...	08:19
787	Wien Hbf	an	17:08	19:08	21:08	23:08	...	...	09:08
		ab	17:15	19:15	21:15	23:15	...	...	09:15
847	Pressburg	an	17:54	19:54	21:54	23:54	...	...	09:54
0	Wien Hbf	ab	17:16	19:16	21:16	...	...	...	09:16
269	Ostrau	an	19:48	21:48	23:48	...	...	...	11:48
405	Krakau	an	20:56	22:56	...	...	...	...	12:56

D1: Luzern-Pressburg　D3: Luzern-Linz　D5: Luzern-Salzburg
A: Autozüge Luzern-Traunstein　N1: Luzern-Wien

Österreich - Schweiz (via Salzburg)　H

0	Krakau	ab	...	...	...	06:51	08:51	16:51
136	Ostrau	ab	...	...	05:59	07:59	09:59	17:59
405	Wien Hbf	an	...	...	08:36	10:36	12:36	20:36

km			D2/A	D4/A	D6/A	D6/A	D6/A	D6/A	N2/A
0	Pressburg	ab	...	...	06:15	08:15	10:15	12:15	00:15
60	Wien Hbf	an	...	...	06:55	08:55	10:55	12:55	20:55
		ab	...	07:07	09:07	11:07	13:07	21:07	
64	St. Pölten	ab	...	...	07:56	09:56	11:56	13:56	21:56
188	Linz Hbf	ab	...	07:11	09:11	11:11	13:11	15:11	23:11
212	Wels	ab	...	07:27	09:27	11:27	13:27	15:27	23:27
313	Salzburg	an	...	08:35	10:35	12:35	14:35	16:35	00:35
0	Klagenfurt	ab	...	...	07:22	21:22	11:22	13:22	21:22
38	Villach	ab	...	...	07:46	21:46	11:46	13:46	21:46
0	Flume	ab	...	...	18:28	08:28	20:28	10:28	18:28
121	Laibach	ab	...	...	06:08	20:08	10:08	12:08	20:08
252	Villacl	ab	...	...	07:49	21:49	11:49	13:49	21:49
353	Bad Gastein	ab	...	06:20	08:54	22:54	12:54	14:54	22:54
458	Salzburg	an	...	08:16	10:25	00:25	14:25	16:25	00:25
0	Graz Hbf	ab	...	...	06:42	18:42	10:42	12:42	18:42
287	Salzburg	an	...	...	10:30	22:30	14:30	16:30	22:30
313	Salzburg	ab	06:38	08:38	10:38	12:38	14:38	16:38	00:38
347	Traunstein	ab	07:18	09:18	11:18	13:18	15:18	17:18	01:18
478	Ammersee	ab	08:37	10:37	12:37	14:37	16:37	18:37	|
620	Bregenz	an	10:06	12:06	14:06	16:06	18:06	20:06	|
787	Luzern	an	12:03	14:03	16:03	18:03	20:03	22:03	06:03
0	Luzern	ab	13:02	15:02	17:02	19:02	21:02	...	07:02
170	Bellinzona	ar	15:26	17:26	19:26	21:26	23:26	...	09:26
199	Lugano	ar	15:54	17:54	19:54	21:54	23:54	...	09:54

D2: Salzburg-Luzern　D4: Linz-Luzern　D6: Pressburg-Luzern
A: Autozüge Traunstein-Luzern　N2: Wien-Luzern

Schweiz - Tschechien

0	Lugano	pt	...	07:00	09:00	...	21:00	...	...
29	Bellinzona	pt	...	07:30	09:30	...	21:30	...	...
199	Luzern	an	...	09:54	11:54	...	23:54	...	...

km			D1	D1	D1		D1	
0	Luzern	ab	08:12	10:12	12:12	...	00:12	...
599	Linz Hbf	an	15:05	17:05	19:05	...	07:05	D1: Luzern-Linz-Wien
0	Linz Hbf	ab	15:43	17:43	19:43	...	07:43	...
96	Č. Budějovice	an	16:21	18:21	20:21	...	08:21	...
96	Č. Budějovice	ab	16:28	18:28	20:28	...	08:28	...
232	Plzeň	an	17:58	19:58	21:58	...	09:58	...
96	Č. Budějovice	ab	16:25	18:25	20:25	...	08:25	...
241	Praha hl. n.	an	17:06	19:06	21:06	...	09:06	...

			D1	D1	D1		D1	
0	Luzern	ab	08:12	10:12	12:12	...	00:12	...
787	Wien Hbf	an	17:08	19:08	21:08	...	09:08	...
0	Wien Hbf	ab	17:32	19:32	21:32	...	09:32	...
146	Brno hl. n.	an	19:12	21:12	23:12	...	11:12	...

Tschechien - Schweiz　I

km								
0	Brno hl. n.	ab	...	...	07:30	09:30	17:30	...
146	Wien Hbf	an	...	...	09:10	11:10	19:10	...

			D4	D4	D4	D4	
0	Wien Hbf	ab	...	07:07	11:07	13:07	21:07	D4: Wien-Linz-Luzern
787	Luzern	an	...	16:05	20:05	22:05	06:05	
0	Praha hl. n.	ab	05:40	07:40	11:40	13:40	21:40	D2: Linz-Luzern
145	Č. Budějovice	an	06:20	08:20	10:20	12:20	22:20	
0	Plzeň	ab	...	06:48	10:48	12:48	20:48	...
136	Č. Budějovice	an	...	08:18	12:18	14:18	22:18	...
145	Č. Budějovice	ab	06:25	08:25	12:25	14:25	22:25	...
241	Linz Hbf	an	07:03	09:03	13:03	15:03	23:03	...

			D2	D4	D4	D4	D4	
0	Linz Hbf	ab	07:11	09:11	13:11	15:11	23:11	...
599	Luzern	an	14:03	16:03	20:03	22:03	06:03	...
0	Luzern	ab	15:02	17:02	21:02	...	07:02	...
170	Bellinzona	ar	17:26	19:26	23:26	...	09:26	...
199	Lugano	ar	17:54	19:54	23:54	...	09:54	...

Schweiz - Nordböhmen & Mitteldeutschland

km									
0	Lugano	pt	...	07:00	09:00	13:00	...	21:00	...
29	Bellinzona	pt	...	07:30	09:30	13:30	...	21:30	...
199	Luzern	an	...	09:54	11:54	15:54	...	23:54	...
km			D1	D1	D1	D1		D1	
0	Luzern	ab	08:12	10:12	12:12	16:12		00:12	...
599	Linz Hbf	an	15:05	17:05	19:05	23:05		07:05	...
0	Linz Hbf	ab	15:43	17:43	19:43	...		07:43	...
96	Č. Budějovice	an	16:21	18:21	20:21	...		08:21	...
	Č. Budějovice	ab	16:28	18:28	20:28	...		08:28	...
307	Marienbad	an	18:48	20:48	22:48	...	...	10:48	...
338	Eger	an	19:10	21:10	23:10	...	...	11:10	...
390	Karlsbad Hbf	an	19:46	21:46	23:58	...	...	11:46	...

km									
0	Linz Hbf	ab	15:43	17:43	19:43	01:51	...	07:43	...
323	Aussig	an	17:34	19:34	21:34	05:11	...	09:34	...
402	Dresden Hbf	an	18:21	20:21	22:21	06:10	...	10:21	...
0	Dresden Hbf	ab	18:38	20:38	22:38	06:38	...	10:38	...
60	Bautzen	an	19:28	21:28	23:28	07:28	...	11:28	...
106	Görlitz	an	19:57	21:57	23:57	07:57	...	11:57	...
270	Breslau Hbf	an	21:50	23:50	...	09:50	...	13:50	...
0	Dresden Hbf	ab	18:41	20:41	22:41	06:41	...	10:41	...
40	Freiberg	an	19:07	21:07	23:07	07:07	...	11:07	...
80	Chemnitz	an	19:34	21:34	23:34	07:34	...	11:34	...
128	Zwickau	an	20:06	22:06	00:06	08:06	...	12:06	...
402	Dresden Hbf	ab	18:25	20:25	22:25	06:25	...	10:25	...
510	Leipzig Hbf	an	19:00	21:00	23:00	07:00	...	11:00	...
0	Leipzig Hbf	ab	19:36	21:36	...	07:36	...	11:36	...
53	Naumburg	an	20:33	22:33	...	08:33	...	12:33	...
95	Weimar	an	20:58	22:58	...	08:58	...	12:58	...
116	Erfurt	an	21:15	23:15	...	09:15	...	13:15	...
144	Gotha	an	21:32	23:32	...	09:32	...	13:32	...
173	Eisenach	an	21:47	23:47	...	09:47	...	13:47	...
0	Leipzig Hbf	ab	19:11	21:11	23:11	07:11	...	11:11	...
57	Dessau	an	20:04	22:04	00:04	08:04	...	12:04	...
510	Leipzig Hbf	ab	19:10	21:10	23:10	07:10	...	11:10	...
543	Halle Hbf	an	19:35	21:35	23:35	07:35	...	11:35	...
629	Magdeburg Hbf	an	20:26	22:26	...	08:26	...	12:26	...
0	Magdeburg Hbf	ab	20:32	22:32	...	08:32	...	12:32	...
85	Braunschweig	an	21:19	23:19	...	09:19	...	13:19	...
127	Hildesheim	an	21:53	23:53	...	09:53	...	13:53	...

D1: Luzern-Linz

Mitteldeutschland & Nordböhmen - Schweiz J

km									
0	Hildesheim	ab	...	...	06:47	08:47	16:47	20:47	...
42	Braunschweig	ab	...	...	07:21	09:21	17:21	21:21	...
127	Magdeburg Hbf	ar	...	...	08:08	10:08	18:08	22:08	...
km									
0	Magdeburg Hbf	ab	...	06:18	08:18	10:18	18:18	22:18	...
86	Halle Hbf	ab	05:09	07:09	09:09	11:09	19:09	23:09	
119	Leipzig Hbf	an	05:34	07:34	09:34	11:34	19:34	23:34	
0	Dessau	ab	...	06:38	08:38	10:38	18:38	22:38	...
57	Leipzig Hbf	an	...	07:31	09:31	11:31	19:31	23:31	
0	Eisenach	ab	...	...	07:09	09:09	17:09	21:09	...
29	Gotha	ab	...	...	07:24	09:24	17:24	21:24	...
57	Erfurt	ab	...	05:20	07:41	09:41	17:41	21:41	...
78	Weimar	ab	...	05:42	07:59	09:59	17:59	21:59	...
120	Naumburg	ab	...	06:18	08:34	10:34	18:34	22:34	...
173	Leipzig Hbf	ab	...	07:20	09:16	11:16	19:16	23:16	...
119	Leipzig Hbf	ab	05:45	07:45	09:45	11:45	19:45	23:45	...
227	Dresden Hbf	an	06:20	08:20	10:20	12:20	20:20	00:20	...
0	Zwickau	ab	...	06:41	08:41	10:41	18:41	22:41	...
48	Chemnitz	ab	...	07:14	09:14	11:14	19:14	23:14	...
88	Freiberg	ab	...	07:40	09:40	11:40	19:40	23:40	...
128	Dresden Hbf	an	...	08:06	10:06	12:06	20:06	00:06	...
0	Breslau Hbf	ab	...	05:00	07:00	09:00	19:00	21:00	...
164	Görlitz	ab	...	06:53	08:53	10:53	20:53	22:53	...
210	Bautzen	ab	...	07:22	09:22	11:22	19:22	23:22	...
270	Dresden Hbf	ab	...	08:12	10:12	12:12	20:12	00:12	...
227	Dresden Hbf	ab	06:24	08:24	10:24	12:24	20:24	00:35	...
306	Aussig	ab	07:14	09:14	11:14	13:14	21:14	01:35	...
629	Linz Hbf	an	09:03	11:03	13:03	15:03	23:03	04:55	...
0	Karlsbad Hbf	ab	...	07:00	09:00	11:00	19:00		...
52	Eger	ab	...	07:36	09:36	11:36	19:36		...
83	Marienbad	ab	...	07:58	09:58	11:58	19:58		...
294	Č. Budějovice	an	...	10:18	12:18	14:18	22:18		...
	Č. Budějovice	ab	...	10:25	12:25	14:25	22:25		...
390	Linz Hbf	an	...	11:03	13:03	15:03	23:03		...
			D2	D2	D2	D2	D2	D2	
0	Linz Hbf	ab	09:11	11:11	13:11	15:11	23:11	07:11	
599	Luzern	an	16:03	18:03	20:03	22:03	06:03	14:03	...
0	Luzern	ab	17:02	19:02	21:02	...	07:02	15:02	...
170	Bellinzona	ar	19:26	21:26	23:26	...	09:26	17:26	...
199	Lugano	ar	19:54	21:54	23:54	...	09:54	17:54	...

D2: Linz-Luzern

Schweiz - Norddeutschland

km									
0	Lugano	pt	...	07:00	11:00	...	13:00	21:00	...
29	Bellinzona	pt	...	07:30	09:30	...	13:30	21:30	...
199	Luzern	an	...	09:54	11:54	...	15:54	23:54	...
km			D1	D1	D1		D1	D1	
0	Luzern	ab	08:12	10:12	12:12	...	16:12	00:12	...
599	Linz Hbf	an	15:05	17:05	19:05	...	23:05	07:05	...
0	Linz Hbf	ab	15:43	17:43	19:43	...	01:51	07:43	...
587	Berlin Hbf	an	19:37	21:37	23:37	...	07:37	11:37	...
0	Berlin Hbf	ab	19:55	21:55	...		07:55	11:55	...
26	Potsdam	an	20:16	22:16	...		08:16	12:16	...
61	Brandenburg	an	20:45	22:45	...		08:45	12:45	...
0	Berlin Hbf (T)	ab	19:51	21:49	...		07:51	11:51	...
238	Wismar	an	22:42	00:47	...		10:42	14:42	...
294	Lübeck Hbf	an	23:22	...	...		11:22	15:22	...
0	Berlin Hbf (T)	ab	19:49	21:49	...		07:49	11:49	...
223	Rostock	an	22:32	00:32	...		10:32	14:32	...
235	Warnemünde	an	22:45	...	...		10:45	14:45	...
0	Berlin Hbf (T)	ab	19:53	...	...		07:53	11:53	...
136	Pasewalk	an	21:26	...			09:26	13:26	...
			21:28	...			09:28	13:28	...
213	Greifswald	an	22:22	...			10:22	14:22	...
244	Stralsund	an	22:44	...			10:44	14:44	...
283	Binz	an	23:22	...			11:22	15:22	...
136	Pasewalk	ab	21:32	...			09:32	13:32	...
206	Swinemünde	an	22:21	...			10:21	14:21	...
213	Heringsdorf	an	22:31	...			10:31	14:31	...
0	Berlin Hbf (T)	ab	19:55	21:55	00:10	...	07:55	11:55	...
138	Stettin Hbf	an	21:18	23:18	01:52	...	09:18	13:18	...
502	Danzig Hbf	an	...	...	07:08	...	13:08	17:08	...
581	Elbing	an	...	...	08:00	...	14:00	18:00	...
697	Königsberg	an	...	...	09:39	...	15:39	19:39	...

D1: Luzern-Linz

Norddeutschland - Schweiz K

km									
0	Königsberg	ab	...	...	21:05	...	11:05	15:05	...
116	Elbing	ab	...	...	22:44	...	14:44	16:44	...
195	Danzig Hbf	ab	...	...	23:50	05:36	13:36	17:36	...
559	Stettin Hbf	ab	...	05:26	07:26	09:26	17:26	21:26	...
697	Berlin Hbf (T)	an	...	06:49	08:49	10:49	18:49	22:49	...
0	Heringsdorf	ab	...	...	06:13	08:13	16:13	20:13	...
7	Swinemünde	ab	...	...	06:23	08:23	16:23	20:23	...
77	Pasewalk	an	...	...	07:12	09:12	17:12	21:12	...
0	Binz	ab	...	...	...	07:23	15:23	17:23	
39	Stralsund	ab	...	...	06:00	08:00	16:00	20:00	...
70	Greifswald	ab	...	...	06:22	08:22	16:22	20:22	...
144	Pasewalk	an	...	...	07:16	09:16	17:16	21:16	...
		ab	...	...	07:19	09:19	17:19	21:19	...
283	Berlin Hbf (T)	an	...	...	08:52	10:52	18:52	22:52	...
0	Warnemünde	ab	...	...	06:01	08:01	16:01	20:01	...
12	Rostock	ab	...	...	06:14	08:14	16:14	20:14	...
283	Berlin Hbf (T)	an	...	...	08:57	10:57	18:57	22:57	...
0	Lübeck	ab	...	...	07:24	15:24	19:24		...
56	Wismar	ab	...	06:00	08:04	16:04	20:04		...
294	Berlin Hbf (T)	an	...	08:57	10:57	18:57	22:57		...
0	Brandenburg	ab	...	06:00	08:00	10:00	18:00	22:00	...
35	Potsdam	ab	...	06:29	08:29	10:29	18:29	22:29	...
61	Berlin Hbf	ab	...	06:50	08:50	10:50	18:50	22:50	...
km									
0	Berlin Hbf	ab	05:09	07:09	09:09	11:09	19:09	23:09	...
587	Linz Hbf	an	09:03	11:03	13:03	15:03	03:03	04:55	...
			D2	D2	D2	D2	D2	D2	
0	Linz Hbf	ab	09:11	11:11	13:11	15:11	23:11	07:11	
599	Luzern	an	16:03	18:03	20:03	22:03	06:03	14:03	...
0	Luzern	ab	17:02	19:02	21:02	...	07:02	15:02	...
170	Bellinzona	ar	19:26	21:26	23:26	...	09:26	17:26	...
199	Lugano	ar	19:54	21:54	23:54	...	09:54	17:54	...

D2: Linz-Luzern

Internationale Flugverbindungen

Direktverbindungen ab/nach Luzern

Flugstrecke	Wochentage	Abflug	Ankunft	Flugnummer	Flugzeugtyp	
Luzern - Berlin	1234567	10:05	11:30	LH-74	A319	**L1**
	1234567	16:00	17:25	AR-03	A319	
Berlin - Luzern	1234567	08:00	09:25	LH-73	A319	
	1234567	18:10	19:35	AR-04	A319	
Luzern - Bordighera	--3-5-7	08:30	09:50	AR-25	ATR7	**L2**
Bordighera - Luzern	--3-5-7	10:20	11:40	AR-26	ATR7	
Luzern - Firenze	1--4-6-	14:00	15:30	AR-23	ATR7	**L3**
Firenze - Luzern	1--4-6-	16:00	17:30	AR-24	ATR7	
Luzern - Leipzig	1-34-6-	11:50	13:10	AR-15	A319	**L4**
	-2--5-7	15:30	17:00	LH-106	ATR7	
Leipzig - Luzern	1-34-6-	13:55	15:15	AR-16	A319	
	-2--5-7	13:25	14:55	LH-105	ATR7	
Luzern - Milano	123456-	09:40	10:30	AZ-92	ATR7	**L5**
	12345-7	17:20	18:00	AR-09	A319	
Milano - Luzern	123456-	08:15	09:05	AZ-91	ATR7	
	12345-7	18:40	19:20	AR-10	A319	
Luzern - Palma di M.	--3--6-	11:45	13:30	AR-11	A319	**L6**
Palma di M. - Luzern	--3--6-	14:15	16:00	AR-12	A319	
Luzern - Praha	--2--5-7	11:50	13:05	AR-05	A319	**L7**
	1-34-6-	13:10	14:40	CA-34	ATR7	
Praha - Luzern	1-34-6-	11:05	12:35	CA-33	ATR7	
	-2--5-7	13:50	15:05	AR-06	A319	
Luzern - Roma	1234567	07:25	08:45	AR-07	A319	**L8**
	1234567	18:50	20:10	AZ-86	A319	
Roma - Luzern	1234567	09:30	10:50	AR-08	A319	
	1234567	16:50	18:10	AZ-85	A319	
Luzern - Venezia	1--4-6-	08:30	09:50	AR-21	ATR7	**L9**
Venezia - Luzern	1--4-6-	10:20	11:40	AR-22	ATR7	
Luzern - Wien	1234567	07:30	08:40	AR-01	A319	**L10**
	1234567	19:20	20:30	LH-82	A319	
Wien - Luzern	1234567	09:20	10:30	AR-02	A319	
	1234567	17:20	18:30	LH-81	A319	

AR	Alpar
AZ	Alitalia
CA	České Aerolinie
LH	Lufthansa
A319	Airbus A319
ATR7	AeroTRasporto 72

Zeitfracht Medien GmbH
Ferdinand-Jühlke-Straße 7
99095 Erfurt, Deutschland
produktsicherheit@kolibri360.de